Knaur

Von Raymond A. Scofield sind außerdem erschienen:

Gelber Kaiser
Die Tibet-Verschwörung
Babylon

Über den Autor:

Raymond A. Scofield, geboren 1953, hat Asiatische Geschichte und Sprachen studiert und ist seit vielen Jahren als Journalist und Fernsehkorrespondent in Ostasien tätig, gegenwärtig in Tokio.

Raymond A. Scofield

Unternehmen Hydra

Roman

Knaur

Besuchen Sie uns im Internet:
www.knaur.de

Originalausgabe 2002

Redaktion: Anne Stalfort
Umschlaggestaltung: ZERO Werbeagentur, München
Umschlagabbildung: Picture Press, Hamburg
Satz: Ventura Publisher im Verlag
Druck und Bindung: Clausen & Bosse, Leck
Printed in Germany
ISBN 3-426-62222-X

2 4 5 3 1

Für meine kluge Frau

Ein trockener Wind weht durch den Osten und das
verdorrte Gras erwartet den Funken.

John Buchan, *Grünmantel*

Can you tell me where I might find the Hydra?
Is he wearing a familiar face?

Toto, »St. George and the Dragon«

When you're wounded and left on Afghanistan's plains
And the women come out to cut up what remains
Just roll to your rifle and blow out your brains

Rudyard Kipling, *The Young British Soldier*

Die Hauptpersonen

Miles Spencer	CIA-Vizedirektor
Serene Shepard	Kundenbetreuerin der CIA
Greg Foster	Leiter der CT-Abteilung
Stephen Margolis	stellvertretender Leiter der CT-Abteilung
Kalim Fazzar	Mitarbeiter der CT-Abteilung
Mustafa Mbir	Anwalt aus Abijan
Jurij Titov	Veteran der Sowjetarmee
Abdul Gahid	Geschäftsmann aus Beirut
Aziz	sein Sekretär
Nadir Hayar	afghanischer Freiheitskämpfer
Tony Woodall	FBI-Agent
Edward Logan	privater Ermittler
John Matini	privater Ermittler
Murat Bhengal	Menschenschmuggler aus Bari
Rick Ullrich	Elitesoldat der Delta Force

Prolog

CIA-Hauptquartier, Langley, Virginia

Stephen Margolis wusste in dem Moment, als ihm das Foto vorgelegt wurde, dass er ein toter Mann war. Vizedirektor Miles Spencer hatte ihn schon die ganze Zeit über mit unverhohlen feindseligen Blicken von der Seite gemustert. Dann schob er ihm das Foto über den Tisch wie einen Royal Flush. Aber in Spencers Miene zeigte sich keine Spur von Triumph über diesen Coup. Sein Gesicht war wie eine steinerne Maske – nur plötzlich um zwanzig Jahre gealtert. Wie alle Gesichter heute.

»Wissen Sie, wer das ist?«, fragte Spencer. Seine Stimme hörte sich an wie eine Rakete, kurz bevor sie ihr Ziel erreicht.

Margolis fühlte, wie sich der Boden unter ihm auftat. Das Blut stieg ihm in den Kopf, während gleichzeitig sein Magen zusammenklappte und seine Lunge aufhörte, Sauerstoff aufzunehmen – als habe sein Herz beschlossen, alle anderen Kunden zu ignorieren und Nachschub nur noch in den Körperteil zu pumpen, der kurz davor stand, abgerissen zu werden, wenn er nicht vorher von selbst zersprang. Hätte er nicht auf einem Stuhl gesessen, Margolis, ein stattlicher Mittvierziger mit athletischem Körperbau, wäre lautlos zusammengeknickt.

Spencer blickte in die Runde, doch keiner der sieben Männer, die sich außer ihm in dem fensterlosen Raum im Keller des CIA-Hauptquartiers befanden, konnte seinem Blick standhalten. Sie alle waren müde bis zum Umfallen. Geschockt wie noch nie in ihrem Leben. Sie alle fühlten sich schuldig, machtlos, einsam. Einige hatten geweint, andere gebetet. Keiner wusste einen Rat.

Der Fernseher am Kopfende des fensterlosen Raumes zeigte stumm und vorwurfsvoll wieder und wieder die Szenen, die sie niemals vergessen würden und die sie selbst in ihren Träumen bis zum jüngsten Tag vor sich sehen würden. Die Postkartenkulisse von New York, das World Trade Center an einem strahlenden, friedlichen Spätsommermorgen.

Und dann ...

»Ja«, sagte Margolis. »Ich weiß, wer das ist.«

»Gut«, sagte Vizedirektor Spencer. Nichts weiter. Er lehnte sich in seinem Stuhl zurück und fingerte eine Zigarette aus seiner Brusttasche. Das Rauchen hatte er vor fünfzehn Jahren aufgegeben und wenn sein Arzt ihn nun gesehen hätte, dann wäre der besorgte Doktor sicherlich in Ohnmacht gefallen. Außerdem war in diesem Raum, wie in allen anderen Räumen des Gebäudekomplexes, das Rauchen streng verboten. Egal. Alles egal an diesem Tag. Spencers zittrige Hand knickte zwei Streichhölzer, bevor das dritte endlich seinen Zweck erfüllte. Erlöst zückten zwei weitere Männer ihre eigenen Zigaretten.

Schweigen lastete über der Runde wie ein dunkler Schatten. Das Foto begab sich auf Wanderschaft. Von Stephen Margolis, der es von sich geschoben hatte, als übertrage es eine schlimme Krankheit, wanderte es zu seinem Nachbarn, Frank Dreyfus, Koordinator für den Mittleren Osten, zu Tony Woodall, dem Verbindungsmann des FBI, und weiter in der Runde, bis es wieder vor Vizedirektor Spencer lag wie Hohn und Anklage zugleich.

Manche sahen den Mann auf dem Foto zum ersten Mal, andere kannten ihn bereits. Er blickte in die Linse des Aufnahmegeräts, als habe irgendjemand, den er nicht leiden konnte, gerade seinen Namen gerufen. Hellwache Augen, eine bemerkenswert unangenehme, krumme Nase. Ein schmaler, verkniffener Mund. Es war Abdullah al-Haq, ein saudi-arabischer Staatsbürger, der Maschinenbau in Boston studiert hatte und vor einigen Monaten als Informant der CIA angeheuert worden war.

»Sein Name stand auf der Passagierliste der American Airlines, Flugnummer elf«, sagte Spencer. Nach einer Pause, die lang genug war, um vor Margolis' innerem Auge sein ganzes Leben abspulen zu lassen, fragte Spencer endlich: »Wie konnte das geschehen, Stephen? Wie um alles in der Welt war das möglich?«

»Ich weiß es nicht«, antwortete Margolis viel zu schnell. Im Moment konnte er nicht mehr sagen, weil er fürchtete, seine heisere Stimme würde nicht mehr als diese vier Worte tragen. Er dachte an seine Frau und seine beiden Töchter. Rosie war gerade nach New York gezogen. In eine Wohnung in der Water Street, nicht weit vom Schauplatz der Katastrophe. Er hatte in jeder freien Sekunde – und davon gab es nicht viele an diesem Tag – versucht, Rosie zu erreichen, aber die Telefonleitungen waren zusammengebrochen. Zu diesem Zeitpunkt, mehr als zwölf Stunden, nachdem das Unfassbare geschehen war, wusste er nicht einmal, ob seine eigene Tochter noch lebte. Die Trauer und die Wut schnürten ihm die Kehle zu. Trauer über seine eigene Unzulänglichkeit und sein Versagen. Wut über den verdammten, gottverdammten Verräter, in dessen widerliche, selbstzufriedene, arrogante Visage er soeben hatte blicken müssen. Margolis war verantwortlich für die Aufklärung, die Gegenspionage. Stephen Margolis von der Abteilung CT, *Counterterrorism,* wählte angeblich mit Bedacht diejenigen Informanten und Spitzel aus, die Geld, falsche Pässe, doppelte Identitäten, Geld und noch mal Geld von den US-Sicherheitsbehörden bekamen, damit sie Informationen lieferten, die helfen sollten, genau das zu verhindern, was heute Morgen vor den Augen der ganzen Welt passiert war.

Margolis räusperte sich so laut, dass einige der Männer, deren Nervenkostüm bis an die Grenze der offenen Hysterie abgenutzt war, zusammenzuckten: »Es gab keine Anzeichen dafür, dass er so was im Schilde führte ...« Kalim Fazzar hatte ihm dieses faule Ei ins Nest gelegt, aber Margolis verkniff es sich, seinem Mitarbeiter, der schräg gegenüber an diesem Tisch saß, die Schuld zuzuweisen. Fazzar hatte ihm diesen und einige andere

Kandidaten vorgeschlagen und Margolis hatte sich für Abdullah al-Haq entschieden. Er allein hatte es verbockt und sonst niemand.

Greg Foster, Chef der CT-Abteilung, stand seinem bedrängten Mitarbeiter bei. »Im Gegenteil. Er schien sehr eifrig und zuverlässig. Er lieferte uns die Warnung, dass irgendwas in Fernost geplant sei ...«

»Fernost ...«, echote Spencer vorwurfsvoll. Ihm war unter allen Anwesenden vielleicht am unwohlsten in seiner Haut. Er war derjenige, der noch im Lauf dieser Nacht vor den Präsidenten und den Nationalen Sicherheitsrat treten musste, um zu erklären, warum niemand auch nur die Spur eines Hinweises auf die Anschläge in New York und Washington gehabt hatte. Er war derjenige, den die hohen Herren in Zivil und in Uniform grillen, beleidigen und in den Staub treten würden. Verfluchter Job, den ich da habe, dachte er in einem Anflug von Verzweiflung. Wenn wir Erfolg haben, dürfen wir nicht damit prahlen, und wenn wir versagen, dann weiß es mit einem Schlag die ganze Welt.

»Ich habe al-Haq als Informanten aufgetan«, meldete sich endlich Kalim Fazzar, der einzige Orientale in dieser Runde. Margolis blickte ihn dankbar an. Fazzar galt als der beste Experte für alles, was sich zwischen Tel Aviv und Islamabad tat. Nachrichtenanalyst von hohem Rang und Ansehen – bis heute. Wie er hatten alle in dieser Runde ihre Glaubwürdigkeit verloren. Fazzar hatte es noch schwerer, denn weil er von Geburt Syrer war, fühlte er sich heute irgendwie als Schuldiger. Als einer, dem man nicht vertrauen konnte. Als einer, dem die anderen plötzlich mit ungeschickt verborgenem Misstrauen begegneten. Daran änderten auch mehr als zwanzig makellose Jahre im Dienst der CIA nicht das geringste. Nicht heute, nicht nach dem, was passiert war. Nichts, was jetzt kommen konnte, war so schlimm wie das, was gerade geschehen war, dachte Fazzar.

Alle in dem fensterlosen Raum dachten das. Amerika würde nun Krieg führen, das war abzusehen. Aber der Krieg, wie blutig und lang auch immer er sein sollte, würde nicht solchen Schrecken über das Land bringen wie an diesem sonnigen Tag in New York. Nicht die Opfer eines Feldzuges, nicht einmal neue Anschläge neuer Killer und Fanatiker, selbst wenn sie noch brutaler und noch vernichtender waren, konnten das übertreffen, was heute passiert war. Alles hatte sich verändert. Amerika hatte seine Macht verloren. Seine Überlegenheit und Sorglosigkeit.

»Er schien ein vertrauenswürdiger Typ zu sein«, sagt Fazzar in die Stille hinein. »Intelligent und kooperativ. Gläubig, sicherlich. Ein frommer Mann. Aber auch ein toleranter Mann. Und bestimmt keiner, der zu so was in der Lage ist.« Fazzar schwieg einen Moment. »Er hat uns getäuscht.«

»Soso, er hat uns getäuscht. Und was bedeutet das für uns?«, unterbrach ihn Spencer.

Keiner wagte eine Antwort, weil keiner sich eine Antwort auch nur vorstellen konnte. Sie würden in die Geschichte eingehen als die größten Nieten der Nation und ihre einzige Rettung war, dass kein Außenstehender, keiner, der nicht Zugang zu internen Papieren hatte, jemals auch nur erfahren würde, wer sie waren und welche Katastrophe sie zu verantworten hatten. Sonst würden zukünftige Generationen von Amerikanern ihre Hunde zu den Gräbern dieser Männer führen, damit sie auf sie pissten.

»Ich habe noch einen Namen für Sie«, sagte der Vizedirektor, der immer nervöser wurde, je näher der Termin im Weißen Haus rückte. »Der Name, oder besser, der Deckname, lautet Omar.«

Margolis und auch Fazzar hatten es kommen sehen wie einen Güterzug, der mit Höchstgeschwindigkeit auf sie zuraste. Omar. Omar war Margolis' Mann, ein Geschenk des Himmels,

ein echter Glücksfall in einem Geschäft, in dem es kein Glück gab.
Margolis hatte Omar aufgebaut und dann aus den Augen verloren, wie es oft ging in Beziehungen, die über Jahre geknüpft wurden. Schließlich hatte er ihn wiedergefunden. Und als er ihn fand – oder besser: als Omar Margolis wiederfand, da saß er wie ein Rodeo-Reiter auf einer rasenden Rakete, die auf das Herz Amerikas zielte. Wie und wann Margolis diesen Mann angeheuert hatte, wo genau er saß und wie sein richtiger Name lautete, das hatte er selbst seinen engsten Mitarbeitern verschwiegen, auch Kalim Fazzar. Aber zusammen hatten sie Omars Informationen analysiert und festgestellt, dass sie zutrafen. Omar steckte tief drinnen im Wolfsrudel der Terroristen, irgendwo im Staub und Dreck der Berge in Afghanistan. Doch er hatte geschwiegen. Seit zwei Wochen hatten sie nichts von ihrem Informanten gehört, in den sie doch die größten Hoffnungen gesetzt hatten. Er hatte sie noch gewarnt vor Anschlägen auf die Botschaften in Athen, Rom und auf die Luftwaffenbasis im türkischen Incirlik – Angaben, die von Abdullah al-Haq, der Schlange, bestätigt wurden. Die Anschläge waren vereitelt worden – oder waren sie gar nicht geplant gewesen? Hatten al-Haq und Omar sie getäuscht und von dem großen, dem größten Angriff abgelenkt?
»Er ist umgekippt, nicht wahr?«, fragte Spencer leidenschaftslos. Er war selbst zu müde und zu zerschmettert, um noch zu einem seiner gefürchteten Wutausbrüche fähig zu sein. »Ihr Omar ist einer von denen. Er hat uns erst in Sicherheit gewiegt und dann ans Messer geliefert.«
Margolis und Fazzar senkten die Köpfe. Und nachdem Spencer sie eine Weile hatte schmoren lassen, sagte er, während er die Papiere vor sich zusammenpackte: »Ich muss jetzt zum Präsidenten. Ich muss Fragen beantworten und Erklärungen geben. Ich muss für Sie alle meinen Kopf hinhalten. Und das werde ich

tun.« Er richtete sich in seinem Stuhl auf wie der Held, als der er sich in diesem Moment fühlte – und als den ihn diese sieben Versager gefälligst anzusehen hatten. »Der Präsident wird mich fragen, was wir nun zu tun gedenken. Und ich werde ihm sagen, dass wir einen Fehler gemacht haben, den wir nun korrigieren müssen. Es wird mir vergleichsweise leicht fallen, diesen Fehler zuzugeben, denn es war nicht mein Fehler. Ich erinnere mich noch genau daran, wie wir alle hier saßen und beschlossen wurde, dass Abdul Gahid nicht in unsere Dienste treten sollte.«
Margolis, Fazzar und noch zwei andere am Tisch zuckten bei der Erwähnung dieses Namens zusammen. Spencer fuhr fort: »Ich war damals der Meinung, wir sollten Gahid eine Chance geben, aber ich wurde überstimmt. Von ein paar Gutmenschen, Liberalen und Bedenkenträgern. Es war mein Fehler, das geschehen zu lassen. Ihr Fehler, meine Herren, war, dass Sie Gahid verhinderten. Er hätte uns helfen können. Mit ihm als Quelle säßen wir heute nicht da wie ein Haufen Vollidioten. Dieser Omar ist entweder ein Feigling oder ein Verräter, genau wie dieser Drecksack hier.« Er schob das Bild Abdullah al-Haqs von sich weg. »Ich werde den Präsidenten davon in Kenntnis setzen und die Ermächtigung verlangen, Abdul Gahid anzuwerben. Koste es, was es wolle. Und ich werde sie bekommen, denn wir befinden uns in einem Krieg. Einem Krieg mit allen Mitteln. Wir werden unseren Stil ändern. Ich werde auch Serene Shepard wieder aktivieren. Die Zeit der Pfadfinder ist vorbei. Guten Abend, meine Herren.«
Als er zur Tür hinausging, kam seine böswillige Ader, die er bis jetzt unter Kontrolle gehabt hatte, doch noch zum Vorschein. Er zischte: »Und schlafen Sie gut …«

1. Kapitel

Moskau

Jurij Titov erwachte wie fast immer an diesen heißen Spätsommertagen stöhnend und hustend in einer Lache seines Schweißes und konnte nichts sehen. Obwohl die Morgensonne direkt in sein Fenster fiel, drang kaum Licht durch die fest geschlossenen Fensterläden. Jurij konnte das Licht nicht vertragen. Seine Augen, die meistens eine halbe Stunde brauchten, bevor der Wodka des Vorabends sie endlich aus seinem Bann entließ und ihnen gestattete, geradeaus zu sehen – und die nächste Flasche zu finden –, nahmen nur Schatten wahr und Umrisse. Nichts mehr wollte er von dieser Welt sehen. Schatten und Umrisse, das reichte. Keine Häuser, keine Wälder, keine Berge, keinen Straßenverkehr, nicht das staubbedeckte Chaos seiner Wohnung und vor allem keine Menschen. An manchen Tagen waren ihm sogar die paar Schritte bis zum Spirituosenhändler auf der gegenüberliegenden Straßenseite zuwider. Dann musste er sich überwinden und zu seiner Nachbarin gehen, einer fetten, schmierigen Schlampe. Diese liebestolle Witwe hatte ihm schon die abenteuerlichsten Anträge gemacht, in ihrem blauen Hauskittel, unter dem sie nach eigenem Bekunden nichts trug und aus dem ihre fettgepolsterten Arme hervorquollen wie die Tentakel eines von schrecklichen Ekzemen befallenen Kraken. Aber die Schlampe hatte ein Telefon, das sie ihn benutzen ließ, um Wodka zu ordern. Manchmal stellte sie ihm als Zeichen ihrer Verbundenheit und Sehnsucht einen Teller mit Essen vor die Tür. Nichts Besonders, Kartoffeln und Kohl oder eine zähe Pampe aus Roter Beete und nur ganz selten mal ein Stück fettiges Fleisch. Aber für einen, der sich sonst nur von Toastbrot

und schlechtem Käse ernährte, war das geradezu ein Leckerbissen.
Jurij wälzte sich grunzend aus dem Bett und versuchte, seine verklebten Augen gefügig zu machen, während er durch das Zimmer zu der Kiste neben dem Fernseher stolperte. Er registrierte erleichtert noch drei volle Flaschen Wodka. Polnischer Wodka, den er eigentlich nicht mochte. Verdammt, dieser polnische Wodka war vielleicht nicht gerade seine erste Wahl, aber er war gerade billig im Laden gegenüber zu haben und er erfüllte seinen Zweck. Außerdem besagte eine alte russische Weisheit, dass es auf dieser Welt keinen schlechten Wodka gab, sondern allenfalls zu wenig Wodka.
Jurij trug nichts als eine weiße Unterhose, die er schon vor einigen Tagen hätte wechseln sollen, und ein Unterhemd, für das dies ebenfalls galt. Mit drei Flaschen Wodka im Haus konnte ihm aber einstweilen nichts passieren, weswegen er sich auch nicht die Mühe machte, über Hygiene und Gerüche nachzudenken.
Morgen. Vielleicht.
Er holte sich eine Packung Käse und eine blasse Scheibe Toast aus dem Kühlschrank, untersuchte beides auf Schimmel und fand zu seiner freudigen Überraschung noch eine vierte, halbvolle Flasche polnischen Wodka, die er wohl gestern Abend und trotz heftiger Umnachtung noch hier deponiert hatte. Gelobt seien die Reflexe, die selbst dann noch funktionieren, wenn das Hirn sich bereits abgemeldet hat. Mit der Scheibe Toast und dem Käse in der Linken und der Flasche Wodka in der Rechten ließ er sich erleichtert auf den einsamen Stuhl in seiner winzigen Küche sinken und begann sein Frühstück. Von oben hörte er den einbeinigen Major schreien und Gegenstände nach seiner Frau werfen. Die Frau war irgendwann mal eine Schönheit gewesen, das konnte man ihr immer noch ansehen. Trotz ihres verquollenen und manchmal verbeulten Gesichts. Und auch der

einbeinige Major war, als die beiden sich vor vielen Jahren kennen lernten und er noch beide Beine besaß, ein stattlicher Bursche gewesen. Der Major hatte immer das Foto von früher dabei, das er jedem, der nicht schnell genug das Weite suchen konnte, unter die Nase hielt. Weil es nicht eben viele waren, die einem Gehbehinderten nicht schnell genug ausweichen konnten, fand er aber kein großes Publikum. Jurij hatte er schon zwei Mal erwischt, als dieser sturzbetrunken und jeden Schritt sorgfältig abwägend auf dem Weg zum oder vom Spirituosenhändler war. Es war ihr Hochzeitsfoto. Aufgenommen eine Woche bevor der Major in den Krieg zog, wo er nach weiteren drei Wochen sein rechtes Bein gelassen hatte. Seine Frau war bei ihm geblieben.

Wie schön die Liebe doch sein musste, dachte Jurij, der sie nie gekannt hatte. Und wie beschissen die Liebe doch war, wenn ihr Lohn darin bestand, dass einem ein Krüppel zum Dank für Treue und Hingabe Gegenstände hinterherwarf, nur damit er nicht in seinem Selbstmitleid ersoff. So wie Jurij. Doch der ersoff nicht, er ertränkte sich. Seit über vierzehn Jahren ertränkte er sich in Alkohol und nach seinen eigenen Berechnungen hätte er es längst geschafft haben sollen. Vermutlich lag es daran, dass er seinen ersten Tropfen erst angerührt hatte, als er schon sechsundzwanzig war und ein weiterer Grund mochte sein, dass seine Familie mit Langlebigkeit gesegnet oder besser gestraft war. Sein Großvater war hundertzwei Jahre alt geworden, daran konnten nicht mal die vereinten Kräfte Stalins und der deutschen Invasionstruppen etwas ändern. Sein Vater war achtundsiebzig und gesund wie ein Bär. Jedenfalls war das das Letzte, was er von dem unverbesserlichen Kommunisten gehört und gesehen hatte, und das lag schon mindestens drei Jahre zurück. Jurij, der im Durchschnitt jeden Tag zwei Flaschen Wodka leerte und dazu mindestens drei Päckchen filterloser chinesischer Zigaretten rauchte, die ihm ein Grenzhändler aus Wladiwostok billig besorgte; Jurij, der sich kaum bewegte, kaum etwas aß und selten das Licht der Sonne sah, fühlte sich immer noch zu stark, um zu sterben. Wenn er sich zu voller Größe aufrichtete, dann machte er noch immer eine ansehnliche Figur. Seine strohblonden Haare waren zwar gelichtet, aber aus Haaren hatte er sich nie sehr viel gemacht. Sein Gesicht war gealtert, von tiefen Falten durchzogen, aber noch längst nicht reif für das Jenseits. Seine Augen, die er manchmal im Spiegel sah, waren blau und fest, nur seine Haut war weiß wie Kalk und sein Geist war gebrochen. Denn jeder Tag war eine Qual für ihn und jede Nacht ein Albtraum.

Er begrüßte den ersten Schluck eiskalten Wodka mit einem wohligen Knurren. Mit einer Scheibe Käsetoast ging er zum Fernsehgerät und nahm auf einem Hocker Platz, der mitten im Zimmer stand. Das Mittagsprogramm brachte eine Kochsendung. Jurij liebte diese Sendung und besonders die blonde Moderatorin in der blauweißen Schürze, in die er sich unsterblich verliebt hatte. Sie hieß Nadja und war die einzige Frau in seinem Leben. Sie kochte irgendwas mit Rindfleisch. Jurij versuchte, sich an den Geschmack von Rindfleisch zu erinnern. Leider hatte er zu spät eingeschaltet und das Gericht war schon fast fertig, Nadja verabschiedete sich und schon war es wieder Zeit für die Nachrichten. Die Moderatorin der Nachrichten hatte einen leichten Silberblick, der manchmal wirklich reizend aussehen konnte, aber sie kam nicht an Nadja heran. Nadja war die Schönste, die Sanfteste, und sie war eine gute Köchin. Mehrere Male hatte Jurij schon begonnen, ihr einen Brief zu schreiben, aber er war über die Worte »Liebe Nadja, ich bin ein großer Bewunderer Ihrer Kochkunst …« nicht hinausgekommen. Bestimmt bekam Nadja jeden Tag tausende solcher Briefe und wenn er sie fragen würde, ob sie vielleicht Lust hätte, einmal für ihn zu kochen, dann würde sie den Brief vermutlich zerreißen.

Jetzt erschien der russische Präsident auf dem Bildschirm. Anscheinend wohnte er da, denn jeden Tag zu jeder Stunde erschien der Präsident auf dem Bildschirm, um irgendetwas zu verkünden. Feierlich und würdig. Ein Mann, der die Lage unter Kontrolle hatte. Man konnte direkt stolz darauf sein, vergessener, verachteter Abschaum in einem Land zu sein, das einen solch energischen und zupackenden Präsidenten hatte. Der Präsident verkündete, dass Russland fest an der Seite der Amerikaner stehe und ihnen helfen werde, den Terror zu besiegen. Russland und Amerika gingen Hand in Hand, sagte der Präsident. Jurij hatte es schon längst aufgegeben, sich über Dinge wie Politik zu wundern. Oben randalierte der einbeinige Major und wenn Jurij sich nicht täuschte, dann warf er diesmal einen Gegenstand nicht nach seiner Frau, sondern nach dem Fernsehgerät. Jurij stand den Politikern nicht ganz so ablehnend gegenüber. Er wusste, dass es durchaus nicht selbstverständlich war, dass sie hier wohnen durften. Er wusste, dass er dem Staat sogar in einem gewissen, perversen Sinne zu Dank verpflichtet war. Die Siedlung für verdiente Veteranen war ein Geschenk des Staates an seine treuesten Diener. Sicherlich, die Siedlung war ein Müllplatz. Die Häuser waren baufällig und die Dächer undicht. Es stank und schimmelte, und wenn es mal brannte, zeigte sich stundenlang keine Feuerwehr – wohl in der Hoffnung, dass der Schandfleck am Moskauer Stadtrand endlich abbrennen würde. Am liebsten mitsamt seinen Insassen, die zu nichts weiter gut waren, als eine stolze Nation an ihr größtes Debakel zu erinnern. Und die monatliche Kriegsversehrtenrente, die er einstrich, reichte gerade, um nicht zu verdursten. Manchmal dachte Jurij, die staatliche Unterstützung für Veteranen sei genau nach dem Preis von zwei Flaschen Wodka und drei Päckchen chinesischer Zigaretten pro Tag berechnet worden, außerdem zwei Packungen Toast und einem Klumpen Käse pro Woche. Er kam jedenfalls damit aus. Aber viele hier, nicht zuletzt der Einbeinige, schienen anderer Meinung zu sein. Er polterte oben herum und schrie den Präsidenten auf dem Bildschirm an. »Wieso willst du den amerikanischen Schweinehunden helfen und nicht mir, du verdammter Hurensohn?«, hörte Jurij mit. Der Major ließ an Amerika kein gutes Haar, denn es war eine Granate amerikanischer Bauart gewesen, die ihm in der Gegend von Masar-i-Sharif sein Bein weggerissen hatte.

Halt doch die Klappe, dachte Jurij kraftlos. Hast du denn immer noch nichts kapiert?

Ein plötzliches Geräusch erschreckte und alarmierte ihn so sehr, dass er um ein Haar die Flasche hätte fallen lassen. Und als ihm klar wurde, warum, war er noch erschrockener. Langsam dämmerte ihm, dass er in den vierzehn Jahren, in denen er nun hier wohnte, noch niemals das Geräusch seiner Türklingel vernommen hatte. Niemals hatte ihn jemand besucht. Und die Schlampenwitwe nebenan klingelte nicht, sie klopfte, wenn sie das Essen vor seiner Tür abstellte, als sei es die Zellentür eines lebenslänglich Gefangenen. Es war ein ausnehmend hässliches Geräusch, das diese Klingel verursachte. Schrill und durchdringend, als würden darin schon die schlechten Nachrichten mitschwingen, die noch überbracht werden sollten. So als hätten die Leute in dieser Siedlung der Verdammten nichts anderes zu erwarten. Das nervtötende Schellen klang nach unbezahlten Rechnungen, Todesmeldungen und Räumungsbefehl. Wer immer nun vor seiner Tür stand, klingelte nicht nur, sondern gab schon ein Urteil ab über den armen Wicht, der das Klingeln gleich beantworten sollte. Jurij beschloss, das Geräusch zu ignorieren. Aber es wollte nicht aufhören. Schließlich klopfte dazu noch jemand kraftvoll an die Tür. So kraftvoll, dass die Tür es nicht lange aushalten würde.

»Jurij Titov!«, hörte er schließlich eine männliche Stimme rufen.

»Was ist?«, schrie er zurück. »Was wollt ihr? Ich habe nichts ausgefressen. Schert euch zum Teufel! Lasst mich in Ruhe.«
Kurze Pause. Jurij hörte ein Flüstern.
»Oberst Jurij Titov!«, erklang es schließlich aus dem Korridor.
»Ich scheiße auf den Oberst!«, gab er zurück. »Verpisst euch!«
Wieder Flüstern.
»Kamerad! Bitte mach auf, wir wollen mit dir reden.«
Kamerad. Wie lange war es her, dass er dieses Wort gehört hatte? Vierzehn Jahre? Bestimmt. Hier in der Siedlung, so flüchtig und oberflächlich die Kontakte auch waren, nannte man einander nicht Kamerad. Kamerad, das klang nicht gut. Das klang nicht nach Vertrautheit oder Gemeinsamkeit, sondern allenfalls nach gemeinsamem Tod.
»Ich habe nichts mit niemandem zu schaffen!«, schrie Jurij der verschlossenen Tür entgegen. Aber die Besucher wollten sich nicht so leicht abwimmeln lassen.
»Wir haben ein Geschenk!«, sagte die Stimme. »Wir sind gekommen, um dir ein Geschenk zu bringen, das du dir verdient hast.«
»Ich nehme keine Geschenke an!« Jurij hielt sich die Ohren zu, als der Besucher weiterredete. »Ich brauche nichts und ich will nichts geschenkt haben«, schrie er immer wieder.
Als er aufblickte, standen sie mitten im Raum. Zwei Uniformierte. Keine niedrigen Dienstgrade, sondern ziemlich hohe Offiziere. Zwei kräftige Kerle. Jung, zackig, rücksichtslos. Sie hatten seine Tür eingetreten.
»Was soll das?«, schrie er und erhob sich voller Entrüstung von seinem Hocker. Doch der Wodka hatte ihm bereits zugesetzt und er ließ sich schnell wieder sinken.
»Kamerad, wir haben Befehl, dich mitzunehmen«, sagte einer, der seine Mütze in der Hand hielt. »Bitte, zieh dir was an und mach kein Aufsehen.«
Jurij schüttelte den Kopf. Im Fernsehen erschien wieder die

Nachrichtensprecherin mit dem süßen Silberblick. Jurij starrte sie an, als könne sie ihm eine rettende Hand entgegenstrecken und ihn aus dieser Situation erlösen. »Ich gehe nirgendwo hin. Da müsst ihr mich schon erschießen.«

»Kamerad«, der Offizier fischte aus seiner Tasche etwas, das er Jurij hinhielt. »Das gehört dir und wir wollten es dir geben. Du hast bei deinem Abschied versäumt, es einzustecken.«

Ein Blick genügte und Jurij begann zu würgen. Es war der Dankesorden des afghanischen Volkes für den Dienst in ihrem Land – eine sowjetische und eine afghanische Flagge über einem Sonnenaufgang in den Bergen und einem Lorbeerblatt.

»Es ist echtes Gold«, sagte der Offizier. »Für besondere Verdienste.«

»Ich scheiße auf euer echtes Gold« schrie Jurij. »Ich will das Ding nicht! Und jetzt verschwindet! Tragt es meinetwegen auf den Flohmarkt und lasst mich in Ruhe.«

Aber es war schon zu spät. Eine Lawine von Erinnerungen, die er sonst mit viel Wodka unter Kontrolle hielt, war ins Rollen gekommen. Bildfetzen wirbelten durch seinen Kopf. Das Tal, die staubige Salang-Straße, die Panzer und Lastwagen, die plötzlich zum Stillstand gekommen waren. Rufe, dann Schreie. Turbane, Bärte und Gewehrläufe waren plötzlich überall. *Dukhi*, wie die russischen Soldaten ihre Feinde nannten. Gespenster. Als wären sie vom Himmel geregnet, tauchten die Afghanen ohne Vorwarnung aus dem Nichts auf. Noch mehr Schüsse, noch mehr Schreie. Und dann Stille. Und Sergej, sein Kamerad, sein Freund. Sergej, den er kannte, seit sie zusammen zur Schule gegangen waren. Nackt kroch er über die Straße, direkt vor dem Laster, unter dem Jurij und einige andere sich verschanzt hatten. Sergej konnte sich nicht erheben, denn sie hatten ihm mit Gewehrkolbenhieben beide Füße an den Gelenken gebrochen. Auch seine Handgelenke waren zertrümmert, nutzlos hingen die Hände herab und flatterten an der Haut wie Fahnen.

Er bewegte sich fort, indem er seinen Körper mit den Ellenbogen zog. Er weinte und schluchzte, sein Gesicht verzerrt von Angst, Dreck und Wahn. Zwei *dukhis,* bärtig, mit Turbanen und Steppwesten über ihrer Lumpenkleidung, schlenderten ihm voraus, die Kalaschnikows lässig über die Schultern gelegt. Sergej kroch wimmernd hinter ihnen her. Die Kriechspur, die er im kalten Straßenstaub hinterließ, war blutig. Erst jetzt sah Jurij, dass einer der beiden *dukhi* etwas Blutiges in seiner Hand hielt. Er wedelte damit, wie man einen Hund neckt, um Sergej weiter zu locken, und sein Freund streckte die nutzlose Hand danach aus. Es war sein Penis.

In seinen drei Jahren in dem verfluchten Land hatte Jurij viele grausam verstümmelte Leichen vieler Kameraden sehen müssen. Aber kein Anblick hatte ihn so getroffen wie der Anblick seines besten Freundes, der durch den kalten Dreck robbte und seinen Penis wiederhaben wollte. Alles, was von diesem Moment an mit ihm geschah, erlebte Jurij wie einen Traum innerhalb eines Traumes. Das Abschlachten fast aller seiner Begleiter aus dem überfallenen Konvoi, seine Gefangennahme, die Monate seiner Gefangenschaft und schließlich die Befreiung durch General Oblomow. Sie hatten ihm schnell eine Medaille angeheftet und ihn nach Hause geschickt. Aber er war kein Mensch mehr. Er war nur eine Hülle, durchblutet, mit intakten inneren Organen, in der Lage zu denken und sich zu bewegen. In der Lage, ein wenig zu essen und viel zu trinken. Aber nicht mehr in der Lage, ein Leben zu führen.

»Kamerad«, sagte der Offizier streng. »Das Vaterland braucht deine Hilfe.«

»Ich scheiß auch auf das Vaterland! Nachdem es auf mich geschissen hat!« Jurij schrie und fragte sich, ob das Klopfen aus der Wohnung über ihm als Zustimmung des einbeinigen Majors zu werten war.

Der Offizier entwand ihm mit sanftem Druck die Wodkaflasche,

wohl um zu verhindern, dass Jurij ihn damit angriff. Mit ruhiger Stimme wiederholte er: »Zieh dir was an, Kamerad. General Oblomow wünscht dich zu sehen.«
Jurij, jetzt zusammengesunken und zitternd auf seinem Hocker, verbarg das Gesicht in den Händen. Es gab keinen Ausweg, wenn Oblomow ihn sehen wollte. Er schuldete dem General sein Leben und der General hatte beschlossen, seine Schuld einzufordern.

2. Kapitel

Vanua Levu, Fidschi

Die Frau, die am Bug des Hausbootes stand, hatte viele Namen. Im Hafen von Savusavu kannten sie Einheimische und Touristen als »Lioness«, die Löwin, denn ihre wilde, blonde Mähne leuchtete schon von fern wie ein Signalfeuer in der Nacht. Der Einwanderungsbehörde auf Fidschi, die soeben ihre Aufenthaltsgenehmigung ohne besondere Nachfragen um weitere fünf Jahre verlängert hatte, war die Frau als Serene Shepard bekannt. Ihre Begleiterin in dieser Nacht, eine blutjunge Hobbytaucherin, die sich wohlig auf dem Doppelbett im Wohnraum ihres Hausbootes räkelte, dachte, ihr Name sei Jane. In den verschlossenen Schubladen eines fast vergessenen Arbeitgebers viele tausend Meilen entfernt lagen Ausweise sieben verschiedener Staaten, dazu falsche Führerscheine und falsche Geburtsurkunden, erdachte Sozialversicherungsnummern, Heiratsurkunden, Sterbeurkunden und dergleichen mehr, welche der Lioness im Handumdrehen jede beliebige Identität verschaffen konnten. Tatsächlich war sie Amerikanerin, vor neunundvierzig Jahren in Chicago geboren. Doch man sah ihr dieses Alter nicht an, wenn sie wie jetzt hoch aufgerichtet und konzentriert in die Bucht spähte, durch die sich ein schmales Motorboot ihrem schwimmenden Haus näherte. Braun gebrannt war sie, in jenem verlockenden Ton, der nur den Beneidenswertesten aller Menschen vergönnt ist – denen, die sich keine Sorgen um nichts machen und tun und lassen, was sie wollen. Sie hatte soeben ihre morgendlichen Gymnastikübungen beendet, die ruhigen, fließenden Bewegungen des chinesischen Tai-Chi, und fühlte sich stark und gereinigt. Bereit, es mit jedem Besuch aufzunehmen.

»Tigger, Robarb – aufgepasst!«, befahl sie den beiden Rottweilern, die in gespannter Erwartung und mit heraushängenden Zungen links und rechts neben ihr standen. Die Hunde setzten sich sofort hin, ihr Hecheln und das Brummen des näher kommenden Bootes die einzigen Geräusche an diesem friedlichen Morgen. Schwere, blaugraue Regenwolken hingen über den sattgrünen Bergen. Aus den Häusern und Hütten von Savusavu stiegen die ersten Rauchfahnen auf, Kinder rannten ans Wasser, um vielleicht zum Frühstück einen Fisch zu erwischen, verfolgt von ihren Hunden. Die Schwüle, die über der Bucht lag, war so dick und so fleischig, dass man sie mit dem Messer schneiden konnte.

Serene Shepard trug kurze Hosen, aus denen ihre muskulösen und sehr attraktiven Beine hervorragten, und ein ärmelloses T-Shirt, dessen letzte gründliche Wäsche schon eine Weile zurücklag.

Das kleine Boot hielt strammen Kurs auf ihre schwimmende Festung. Das war kein Zufall und kein Versehen – wer immer um diese Zeit diesen Kurs einschlug, der wollte gezielt zu ihr. Aber sie erwartete niemanden. Zudem kam das erste Flugzeug aus der Hauptstadt Suva planmäßig erst in zwei Stunden hier an und Serene schloss daraus, dass die Besucher keine Tauchtouristen sein konnten, mit denen sie es sonst zu tun hatte. Die ungebetenen Gäste waren mit ihrem eigenen Flugzeug gekommen.

Serene Shepard war Gründerin, Besitzerin, Geschäftsführerin und einzige Angestellte der Sharkfin Diving Inc. in Savusavu und führte Unterwasserexpeditionen in die prächtigen Korallenriffe von Taveuni, der Nachbarinsel. Sie tat das seit nunmehr fast zwanzig Jahren, seit sie ihre alte Anstellung verloren hatte, und sie genoss es. Sie liebte das Tauchen, sie hatte nichts gegen Besucher – wenn die sich anständig verhielten –, sie schätzte die Dollars, die sie ihr bezahlten, und sie genoss die Freiheit auf ihrem Hausboot und ab und zu die Gesellschaft einer abenteuerlustigen Unterwassernixe wie dieser Ginger – oder hieß sie Amber? –, die sie unten im Bett zurückgelassen hatte, als sie ihre Gymnastik begann. Seltener und wählerischer nahm sich Serene auch Männer mit ins Bett, aber nicht aus Überzeugung, sondern allenfalls aus Langweile. Serene liebte so ziemlich alles hier in dieser lauschigen Bucht fernab der Zivilisation, aber glücklich war sie nicht. Ihr fehlte etwas, das sie einmal besessen hatte. Es war wie das dunkle Verlangen nach einem Rauschgift, das sie manchmal in einsamen Stunden wach liegen ließ, in die tropische Nacht mit ihren tausend Geräuschen lauschend, auf die spitzen Schreie der Flughunde, auf fernen Donner und auf das Plätschern des Wassers an den Planken ihres Hausbootes. Ihr fehlte etwas, ohne das sie nie wieder ganz der Mensch sein konnte, der sie einmal gewesen war. Aber weil Selbstdisziplin so ziemlich ihre einzige Tugend war, gestattete sie sich nicht einmal einen Gedanken an das Rauschgift namens Macht, das vor vielen Jahren zusammen mit ihrem Blut durch ihre Adern geflossen war. Die einzige Tochter eines hoch dekorierten Generals der US-Armee hatte ein Gift geleckt, das wenige Frauen gekostet hatten. Und dieses Gift fehlte ihr sehr.

Drei Männer saßen in dem Boot und sie kannte nur einen – Duke, den dämlichen Bootsführer, der am Heck hockte, die Nussschale steuerte und ihr mit der freien Hand freudig zuwinkte. Serene winkte nicht zurück. Die beiden Männer, die Duke zu ihr brachte, waren entweder Mormonen, die mit ihr über den Weltfrieden reden wollten, oder CIA-Agenten. Anzüge, Schlipse, gut sitzende Frisuren. Sie sah sich um und vergewisserte sich, dass an der Bordwand der Baseballschläger hing, mit dem sie sich unangemeldeten Besuch persönlich vom Hals halten konnte, wenn Tigger und Robarb beschließen sollten, plötzlich ihre pazifistische oder ihre vegetarische Ader zu entdecken. Diese Gefahr bestand allerdings nicht, denn als der

Motor aufheulte und erstarb und das Boot langsam auf zehn Meter herangeglitten kam, hoben die beiden Bestien ein so durchdringendes und feindseliges Knurren an, als seien sie ihrerseits Löwen, die durch ein Missverständnis der Seelenwanderung in den Körpern von Rottweilern gelandet waren.

»Guten Morgen, Lioness!«, rief Duke fröhlich. Sein schwarzes Gesicht strahlte, als habe er den Weihnachtsstern gesehen – vermutlich hatten ihm die Mormonen für den morgendlichen Ausflug in die Bucht eine fürstliche Charter bezahlt. Serene sagte nichts, nickte nicht einmal und überließ die Begrüßung den Hunden.

Einer der beiden Männer wollte sich aufrichten, aber das bedrohliche Schwanken des Bootes schreckte ihn und er ließ sich schnell wieder auf die Sitzplanke sinken. »Miss Shepard? Mein Name ist Special Agent Walls. Das hier ist Special Agent Cleveland.« Ihr Boot war nun bis auf zwei Meter an Serenes Hausboot herangekommen und die Hunde machten sich bereit zum Sprung, wie ihr Frauchen es ihnen beigebracht hatte.

»Ich würde an Ihrer Stelle nicht näher kommen«, sagte Serene. Ihre Stimme war angenehm dunkel, aber durch und durch weiblich. Eine Stimme, die alle Register ziehen konnte: von verführerischem Gurren bis zum kraftvollen Kriegsschrei, wenn sie mit einem der gefürchteten Kung-Fu-Schläge, die sie beherrschte, einen Backstein durchhieb. Duke verstand den Wink und drehte das Ruder ab, so dass sie in sicherer Entfernung blieben.

»Wir würden gerne mit Ihnen reden.« Special Agent Cleveland wollte zeigen, dass er auch sprechen konnte.

»Dann reden Sie.«

Walls und Cleveland tauschten einen amüsierten Blick. »Hier?«, fragten sie fast gleichzeitig.

»Sicher. Was wollen Sie? Ich gebe Ihnen genau eine Minute. Wenn Sie mich bis dahin nicht davon überzeugt haben, dass Sie meinen Morgenfrieden mit gutem Grund stören, hole ich meine Flinte.«

»Okay, okay!« Special Agent Walls hob beide Hände in die Luft und suchte den Blick seines Partners. Sie waren bemüht, sich nicht anmerken zu lassen, wie schwer es ihnen fiel, einer Frau Respekt zu bezeugen. Und dabei hätten sie, wäre ihnen nur die Zeit vergönnt gewesen, Serenes Akten sorgfältig zu studieren, nicht nur allen Grund gehabt, Respekt vor Serene Shepard zu empfinden, sondern auch Angst.

»Wir sind gekommen, um Ihnen ein Jobangebot zu machen«, sagte Cleveland schnell. »Wie früher. Sie erinnern sich doch.«

»Vielleicht«, antwortete Serene unbestimmt und ihr Herz begann zu klopfen, denn noch ehe die beiden Vögel gesagt hatten, was sie eigentlich wollten, wusste die Löwin, dass sie das Rauschgift bei sich führten. Die Zeit des Wartens, der Verkleidung und der Verstellung war vorüber. Endlich.

»Jane, Jane? – Wo bist du? Was ist denn das für ein Lärm?« Amber oder Ginger kam die Treppe herauf an Deck und rieb sich die Augen. Sie hatte kurzes, dunkles Haar und eine bezaubernde Taille. Sie trug nichts außer einem knappen T-Shirt und einem noch knapperen Slip. Sie gähnte. »Wer ist das?«

Serene lächelte sie an. »Ich kenne sie nicht. Sie wollen mir ein Jobangebot machen.«

»Dann sag ihnen, sie sollen später noch mal wiederkommen. Ich gehe wieder ins Bett.«

»Nein, nein, bleib bitte hier«, Serene nahm die Hand der jüngeren und zierlichen Frau und zog ihren Körper an sich. Das Mädchen war höchstens fünfundzwanzig, Australierin, dem Akzent nach zu urteilen. Eine der Teilnehmerinnen am gestrigen Tauchgang, die nicht genug von dieser tapferen, gut aussehenden Amazone bekommen konnte, die in ihrem Tauchanzug aussah wie eine Meeresgöttin und die noch nicht einmal gezuckt hatte, als ein Rudel Riffhaie sich zum Angriff sammelte und dann doch wieder verschwunden war. Serene genoss die Verwunderung in den Augen von Walls und Cleveland. Genoss ihren Neid, wenn es das war, das sie in ihren Gesichtern sah. Oder vielleicht war es Befremden.

»Vielleicht sollten wir das Gespräch woanders fortsetzen«, regte Special Agent Cleveland an. »Möchten Sie nicht mit uns kommen, Miss Shepard?«

Serene schüttelte den Kopf und ihre Mähne fiel verspielt über ihre Schultern. Mal sehen, wie ernst den beiden Clowns diese Sache wirklich war. Man nannte so was das Hühnchenspiel. Wer zuerst Nerven zeigte, der hatte verloren. Setze den Preis, der Situation angemessen, so hoch wie möglich und rase auf dein Ziel zu. Wenn der andere ausweicht, dann hast du gewonnen. Wenn der andere hart bleibt, sieh zu, dass du Land gewinnst. Niemals hatte die Lioness dieses Spiel verloren.

»Ihre Minute ist beinahe abgelaufen und Sie haben mich noch nicht überzeugt«, sagte sie, eine genau berechnete Spur des Bedauerns in ihrer Stimme. »Ich fürchte, wenn Sie nicht bald sagen, weswegen Sie gekommen sind, und zwar laut und deutlich und geradeheraus, dann muss ich Sie wegschicken.«

Walls hatte in den Akten immerhin so viel über die Frau auf dem Hausboot gelesen, dass er wusste, Serene Shepard machte keine Scherze. Sie meinte, was sie sagte, und wer sie gewinnen wollte, der tat besser, was Serene wollte. Und sie zu gewinnen, um jeden Preis, war ihr Auftrag. Sie konnten es sich nicht leisten zurückzukehren ohne Serene im Boot.

»Die Sache ist die«, fasste Walls sich ein Herz und war sich der brennenden Blicke seines Partners sehr wohl bewusst. »Die Firma hat Sie damals aus Ihrem Vertrag entlassen, weil sich die politischen Vorzeichen geändert hatten. Und wir sind hier, weil sich die politischen Vorzeichen abermals geändert haben. Miles Spencer schickt uns. Sie erinnern sich doch an ihn?«

»Vielleicht«, Serene hatte sofort sein Bild vor Augen. Ein bulliger Kerl mit niedrigem Haaransatz und kleinen Schweinsaugen, der jahrelang die Abteilung für schmutzige Tricks geleitet hatte und sie immer dann anheuerte, wenn ihm die Ideen ausgingen.

»Er bietet Ihnen eine Fortsetzung Ihrer Tätigkeit an, inklusive aller Vergünstigungen. Sie sollen wieder dieselbe Arbeit erledigen wie damals. Ab sofort.«

»Was Sie nicht sagen ...«, sagte Serene mit gespielter Verwunderung.

»Welche Firma ist denn das, Jane? Und welche Arbeit hast du denn für die erledigt?«, fragte Ginger oder Amber. Serene zuckte unschuldig die Achseln. »Ich weiß es nicht, mein Täubchen. Ich frage mal. Hey, Special Agent, meine Freundin hier würde gerne wissen, welche Firma das ist und um welche Arbeit es sich handelt.«

Walls holte tief Luft. Die Situation überforderte ihn maßlos. Wie man sich verhalten sollte, wenn man gezwungen war, in einem schwankenden Boot in einer von Mangroven auf der einen und einem dreckigen Nest auf der anderen Seite eingerahmten tropischen Bucht unter einem graublauen Morgenhimmel etwas auszusprechen, was zu verschweigen seine Religion war – das war nichts, das einem auf Lehrgängen und Seminaren beigebracht wurde. War sich denn diese Hexe Shepard nicht darüber im Klaren, dass sie zwei Zeugen hatten? Den dümmlich grinsenden Bootsführer und die Maus, die sie im Arm hielt? Wie sollten er und Cleveland ihren Vorgesetzten in Langley erklären, dass sie gezwungen worden waren, streng geheime Informationen über eine gewisse Distanz hinweg hinauszubrüllen? Serene Shepard, das konnte Walls genau sehen, genoss seine Not, weidete sich an seinem Zwiespalt.

»Noch fünf Sekunden, Special Agent«, grinste sie und zeigte eine Reihe makelloser Zähne.

»Die Firma ist die CIA und die Arbeit, die sie erledigte, sind

Attentate«, spuckte Walls aus. Cleveland schloss die Augen und hoffte, dieser Tag würde schnell vorbeigehen.
»Wirklich?«, fragte die schlaftrunkene Brünette. Sie hatte beschlossen, das Ganze als Witz aufzufassen. Aber es wollte ihr nicht ganz gelingen. »Jane, ist das wahr?«
»Ich weiß nicht, wovon der Mann redet«, neckte die Löwin. »Ich bin eine friedliebende Tauchlehrerin.«
Duke, der Bootsmann, bekam es mit der Angst. Man konnte sehen, wie er kombinierte. Serene war ihm in all den Jahren, die er diese Frau nun kannte, nicht ganz geheuer gewesen. Schweigsam und verschlossen, manchmal mit Ausbrüchen unvermuteter und unerklärlicher Heiterkeit, dann wieder kurz angebunden und direkt feindselig. Furchtlos und gleichgültig, so als könne ihr keiner etwas anhaben auf ihrem Hausboot hier draußen. Obwohl sie eine Frau war und allein. Vielleicht war sie im Besitz eines Zaubers, der sie unantastbar machte. Und dann die beiden Hunde, von denen es hieß, sie hätten einmal einen Jungen aus dem Dorf in Stücke gerissen, der sich während Serenes Abwesenheit auf das Boot geschlichen hatte. Beweise gab es natürlich nicht, im Polizeibericht stand, der Junge sei von Haien zerfleischt worden. Aber manche behaupteten immer noch, dass es Tigger und Robarb gewesen waren. Was Duke nun hörte, machte ihm Angst. Er wünschte sich, er hätte die beiden Männer, die in aller Frühe an seiner Tür geklopft hatten, zum Teufel geschickt, statt sie hier herauszufahren.
»Ich muss zurück, ich muss an die Arbeit«, sagte er vorsichtig. Niemand beachtete ihn.
»Erklären Sie doch mal, was genau Sie damit meinen, Special Agent. Ich bin doch eine friedliebende Tauchlehrerin – oder täusche ich mich?«
Walls holte tief Luft und blickte Hilfe suchend zu seinem Partner, der aus irgendeinem Grund einen Taschenkalender hervorgeholt hatte, in dem er aufgeregt blätterte. Dann sagte er: »Sie

waren unser bester Mann.« Sofort biss er sich auf die Zunge. »Unsere beste Frau, meine ich.«

»Nur zu, weiter so, Special Agent«, höhnte die Löwin.

»Serene Shepard oder Linda Mandis oder Roberta Glick oder welchen Namen Sie auch immer führten. Wir haben vierundzwanzig Auftragsmorde in unserer Kartei, die Sie ausgeführt haben. Zwei mittelamerikanische Präsidenten, drei Minister in Asien und Afrika, drei Botschafter, einen Kardinal und noch eine Anzahl von Industriellen, Militärs und Journalisten. Alles im Auftrag der CIA, bevor derartige Aktionen für ›unamerikanisch‹ erklärt wurden.«

Serene zog die Stirn kraus, als versuche sie sich zu erinnern. Dann entspannte sich ihr schönes, ebenmäßiges Gesicht wieder und strahlte zufrieden.

»Kaum zu glauben, was?«, fragte sie die Australierin, die mittlerweile hellwach war und versuchte, sich aus ihrer Umarmung zu lösen. Aber Serene hielt sie fest. Ihr Griff unerbittlich und hart, viel stärker, als man ihren sonnengebräunten Armen zugetraut hätte. »Was sagst du dazu, Duke?«, rief sie dem Bootsführer zu.

»Ich muss jetzt los«, war die kraftlose Antwort. »Die anderen warten schon auf mich …«

Walls und Cleveland wussten, dass ihre heikle Mission gründlich misslungen war. Serene Shepard ohne Aufsehen und in gutem Einvernehmen wieder in die Firma zu bringen, war schlicht nicht möglich. Sie wussten auch, dass sie entweder kläglich versagt hatten oder dass Serene Shepard das getan hatte, wofür sie bekannt war und wovor man die Agenten gewarnt hatte: ihnen ihren eigenen Willen und ihren Stil aufzuzwingen. Die erste Möglichkeit hätte sie beide einige Jahre ihrer Karriere gekostet – die zweite, Shepards Weg, war machbar, aber unsagbar hässlich. Sie hatten es hier mit einem Raubtier zu tun, das den Dschungel beherrscht hatte, lange bevor sie selbst zur Firma kamen. Sogar noch bevor sie selbst aus den Windeln gekrochen waren. Aber sie wussten, was zu tun war. Cleveland steckte seinen Taschenkalender ein, doch seine Hand kam nicht wieder zum Vorschein.

»Und, meine Herren, was wird geboten?«

»Eine Millionen pro Kunden, plus Spesen, logistische Vorarbeit, Bewaffnung nach Wahl inklusive Luftunterstützung, wenn nötig Cruise-Missiles.«

»Das ist neu«, staunte Serene, als inspiziere sie den Motorraum eines hochgezüchteten Sportwagens.

»Technologischer Fortschritt«, erklärte Walls leichthin.

»Lass mich los!«, begehrte die Australierin auf. »Ich will weg.«

»Nicht so hastig, meine Liebe«, sagte Serene, legte beide Arme um den Kopf des Mädchens, als wolle sie es schützen, und brach ihr mit einer kräftigen Bewegung das Genick. Sie ließ die Leiche ihrer Freundin achtlos auf den Boden des Hausbootes sinken, wo Tigger und Robarb sie beschnüffelten. Zwei Sekunden später zog Special Agent Cleveland aus seinem Jackett eine Pistole mit Schalldämpfer und spuckte eine Kugel in die Stirn von Duke, dem Bootsführer.

»Ich sehe, wir verstehen uns«, sagte Serene und verschwand unter Deck. »Sie können jetzt an Bord kommen.«

Sie waren zurückgekommen und sie boten ihr wieder die Macht. Die Macht, die sie so sehr vermisste. Die Macht über Leben und Tod. Endlich.

3. Kapitel

Forrest Lane, Virgina

Sie war wunderschön. In den bald fünfundzwanzig Jahren ihrer Ehe hatte er sie nie anders gesehen. Wunderschön war sie, wenn sie morgens aus der Dusche stieg, ihr voll erblühter Körper straff und ebenmäßig, als seien ihre Formen erhaben über die Jahre, die andere Frauen schon längst in die Praxen der Schönheitschirurgen getrieben hatten. Wenn sie in Jeans und kariertem Hemd im Garten stand und mit Gummihandschuhen in der Erde wühlte. Oder wenn sie sich ankleidete für einen offiziellen Abend, wenn sie tanzte und lachte und er auf jeden Blick neidisch wurde, der nicht ihm selbst galt – als sei er immer noch der Jüngling, der ihr einst so ungestüm den Hof gemacht hatte. Wunderschön war sie, wenn sie schlief und ihr Haar über das Kopfkissen floss. Aber in keiner Situation war Lisa so schön und so begehrenswert wie im Griff ihrer Wut. Wenn ihre Augen Blitze schleuderten und die Adern an Hals und Stirn leicht anschwollen, wenn ihr Mund schmal und feurig wurde, dann liebte Stephen Margolis seine Frau so sehr, dass es fast wehtat.

»Das kann er doch nicht einfach machen!«, fauchte Lisa. Sie stand, die Hände zu Fäusten geballt, am Fußende des Bettes und sah ihm fassungslos beim Packen zu. »Er kann dich nicht einfach wegschicken! Was glaubt der Kerl eigentlich, wer er ist?«

»Und wie er das kann«, entgegnete Stephen. »Er ist mein Chef und er ist der Vizedirektor der Firma. Hast du irgendwo mein blaues Hemd gesehen?«

»Das blaue Hemd habe ich schon vor Monaten in die Altkleidersammlung gegeben.«

»Es war mein Lieblingshemd.«

»Lenk jetzt nicht ab!«, fuhr Lisa ihn an. »Du hast seit Jahren keine solchen Sachen mehr gemacht! Und ich finde, bei aller Liebe, du bist zu alt für diese Scheiße!«

»Ganz meine Meinung«, sagte er und stopfte die Freiräume in seiner Reisetasche mit Socken und Unterwäsche aus.

»Dann ruf ihn an und sag ihm, dass du nicht auf Reisen gehst. Niemand kann dich zwingen. Auch nicht Miles Arschloch Spencer!«

Margolis versuchte ein Lächeln, brachte aber nur eine humorlose Grimasse zustande. »Lisa, ich habe einen Fehler gemacht. Einen kapitalen Fehler. Einen Fehler, der …« tausende Menschen das Leben gekostet hat, wollte er sagen, aber er konnte und durfte es nicht. Es bedurfte auch keiner großen Erklärungen. Lisa wusste nichts, sie ahnte es nur. Aber sie ahnte so gut wie niemand auf der Welt. Auch jetzt.

Sie kam zu ihm, nahm seine Hand und ließ sich neben ihm auf der Bettkante nieder. Das Licht der Herbstsonne fiel durch das goldene Laub der Bäume in ihr Schlafzimmer und für einen Moment kam es Lisa so vor, als wäre alle Bosheit und aller Krieg unendlich weit weg und könnte sie nicht berühren. Hier, in ihrem Haus in einer friedlichen Nachbarschaft und einer liebenswerten Stadt, schien die schmutzige, gemeine Realität der Welt da draußen nicht zu gelten.

Margolis ließ sich neben seiner Frau nieder. »Ich habe einen Fehler gemacht, und ich muss wenigstens versuchen, ihn wieder auszubügeln. Ich tue das nicht für Miles Spencer. Ich tue es für mich. Und für dich. Und für die Mädchen.«

Sie legte die Arme um seine Schultern und drückte ihn an sich. Sie wollte ihn nicht gehen lassen. Sie wollte ihn trösten und für sich haben in dieser ruhigen Sicherheit ihrer gemeinsamen Burg.

»Es hat mit der schrecklichen Sache in New York zu tun, ja?«

»Lisa, bitte … Ich kann nichts sagen.«

»Musst du auch nicht. Musst du nicht …« Sie streichelte ihm

sanft über den Kopf. Ihr Zorn war verflogen, nur noch Sorge stand in ihrem Gesicht. Aber auch mit sorgenvollem Gesicht fand Margolis seine Frau wunderschön. Natürlich hatte sie Recht. Obwohl sie noch nicht einmal wusste, warum er nun auf Reisen geschickt wurde.

Er sollte Abdul Gahid finden. Margolis hatte diesen Mann vor Jahren schon einmal gesucht – aber damals, um ihn entweder zu töten oder, wenn das nicht gelingen sollte, vor ein Gericht zu bringen. Nun sollte er ihn um seine Mitarbeit bitten, wenn nötig auf Knien. Gahid war jahrelang einer der meistgesuchten Terroristen gewesen. Er wurde verdächtigt, an einem blutigen Anschlag auf amerikanische Soldaten beteiligt gewesen zu sein. Ein Anschlag, der Margolis selbst fast das Leben gekostet hätte. Abdul Gahid, Libanese, Sohn einer steinreichen Händlerfamilie. Erzogen, ausgebildet und verwöhnt in Amerika, dann Heimkehrer im Mittleren Osten und »Geschäftsmann«. Berichten und glaubwürdigen Zeugenaussagen zufolge war er einer der Hintermänner des Attentates auf die Kaserne der Marines 1983 in Beirut. Es hieß, Gahid habe den Sprengstoff und den unverdächtigen LKW besorgt, der den Sprengstoff zur Kaserne brachte. Eine Zeit lang galt seine Ergreifung als oberste Priorität für die CIA. Margolis und andere Agenten durchsuchten große Teile des Nahen und Mittleren Ostens nach ihm, ohne fündig zu werden. Gahid war wie ein Skorpion, der bei Tageslicht vorsichtig und schnell von einem Erdloch zum anderen huschte und erst in der Nacht wieder auftauchte. Sein Name und sein Foto prangten monatelang auf der Liste der zehn meistgesuchten Verbrecher des FBI, waren aber dann plötzlich verschwunden, als neue und noch monströsere Verbrecher ihm den Rang abliefen. Das Attentat in New York hatte, wie so vieles, auch die Haltung der Firma zu ihrem ehemaligen Feind geändert. Jetzt wurde Gahid gebraucht und die Opfer von damals zählten nicht mehr. Denn der »Geschäftsmann« aus Beirut

hatte Verbindungen und Kontakte, die weit in den Osten reichten. Er kannte allen Abschaum zwischen New York und Kandahar beim Vornamen und wusste von jedem Bombenleger, noch bevor der Betreffende selbst erfuhr, dass er ein Bombenleger werden sollte. Abdul Gahid, sagten manche, war der magische Schlüssel zum Orient.
Und ausgerechnet Stephen Margolis, der allen Grund hatte, Abdul Gahid zu hassen, der manchmal immer noch schweißgebadet aufwachte und an die verstümmelten und toten Kameraden von damals dachte, war die Aufgabe zugefallen, mit Abdul Gahid zu verhandeln und ihn zur Mitarbeit zu gewinnen. Dank Vizedirektor Miles Spencer und seinem unglaublich feinen Gespür für Strafe und Rache.
Margolis erwiderte Lisas Umarmung, doch dann stand er auf und machte sich wieder ans Packen. »Es ist nicht wie früher«, beruhigte er sie, obwohl sie keinen blassen Schimmer hatte, wie es früher war, denn er hatte ihr nie viel von seinen Reisen berichtet. »Ich soll lediglich einen Mann finden, der gebraucht wird, um ein paar Leuten das Handwerk zu legen. Nichts Gefährliches. Ein mittelmäßig begabter Tanzbär könnte das auch erledigen.«
Lisa seufzte und schüttelte unwillig den Kopf. »Wie lange bleibst du weg?«
»Ich weiß es nicht. Vielleicht ein paar Tage, vielleicht länger.«
»Ich dachte wirklich, diese Zeiten seien vorbei. Du hast eine Familie, Stephen, du hast zwei Töchter, die dich brauchen. Bitte vergiss das nicht.«
Er hatte das nie vergessen. Margolis war durch und durch das, was seine Kollegen mit leichtem Spott einen *family man* nannten – einer, der glücklich war, wenn er daheim sein und im Garten für seine Lieben und ein paar Freunde Steaks auf den Grill werfen konnte. Er liebte es, seine Frauen um sich zu haben und mit einem Sechserpack Bier die Übertragung eines Football-

Spieles im Fernsehen zu verfolgen, denn dann waren ihm seine eigenen sportlichen Glanzzeiten am nächsten. »Je älter ich werde, umso besser war ich ...« stand auf einem Sweatshirt, dass ihm Rosie und Paula zum letzten Geburtstag geschenkt hatten. Wohl ein wenig genervt von seinen ewigen Football-Geschichten. Von anderen Heldentaten zu sprechen, war ihm ja nicht erlaubt. Seine Töchter wussten zwar, dass er bei der CIA arbeitete, aber er war stets bemüht, ihnen weiszumachen, dass er dort lediglich Zeitungen las und Übersetzungen anfertigte. Dass er zu einem Zeitpunkt, als Paula schon in den Kindergarten ging und Rosie laufen lernte, in Kriegsgebieten herumgereist war, um Widerstandskämpfer auszubilden und zu bewaffnen, das ahnten sie nicht. Paula hätte ihn mit ihren liberalen Ansichten als Kriegstreiber und Hegemonisten beschimpft und Rosie hätte es unweigerlich *cool* gefunden. Lisa, die alles ahnte, ahnte sicherlich auch, dass er seinerzeit nicht wirklich nach Pakistan aufgebrochen war, um die Reisekostenabrechnungen der dortigen Agenten zu überprüfen, und dass er nicht im südlichen Sudan war, um dort mit dem US-Botschafter über Entwicklungshilfeprojekte, besonders den Bau von Brunnen, zu sprechen. Und als er ihr gestern eröffnen musste, dass er kurzfristig in den Nahen Osten musste, um dort – rein routinemäßig – mal nach dem Rechten zu sehen, da hatte sie ihn angeschaut, als habe er eine Reise zum Weihnachtsmann nach Lappland angekündigt. Lisa und er hatten stillschweigend ein Abkommen getroffen: sie fragte nicht und er musste sie nicht belügen. Beide lebten gut damit. Sie wusste, dass er sein Glück gefunden hatte und sein Leben nicht mit einem James-Bond-Film verwechselte. Und er wusste, dass sie ihn gerade dafür liebte.

»Bitte, sag den Mädchen nicht, wo ich hinfahre. Ich will nicht, dass sie sich Sorgen machen.«

»Oder sich verplappern.«

»Auch das.«

Die Tasche war fertig und er hob sie mit einem Ruck an und warf sie sich über die Schulter.
»Fühlt sich doch ein bisschen an wie früher, was?«, sagte sie mit bitterer Ironie. »Der große Held bricht wieder auf, um das Vaterland zu retten.« Lieber Gott, dachte Margolis, sie kann wirklich Gedanken lesen.
»Ach, Steve ... ich glaube, du hast als Kind zu viele John-Wayne-Filme gesehen. Aber bevor du gehst, muss ich noch was mit dir besprechen.« Ihr Ton war plötzlich so entschieden, dass der Retter des Vaterlandes die Reisetasche sofort wieder auf den Boden stellte und sich zurück auf das Bett setzte.
»Ist was mit Rosie?« Ihre Tochter, Stephens Sonnenschein, war nach dem Angriff auf New York, den sie aus nächster Nähe in ihrem gerade eingerichteten Apartment erlebt hatte, wieder zu ihnen nach Forrest Lane gekommen. Völlig verstört und unter Schock. Sie hatten über die Firma einen Psychologen gesucht und gefunden, der sich ihrer nun annahm. Rosie litt unter Schlaf- und Essstörungen, hatte lange Phasen völliger Abwesenheit und war absolut nicht mehr das fröhliche, lebenshungrige junge Mädchen, das vor einigen Monaten ihre Eltern verlassen hatte.
»Es geht um Paula. Ich mache mir Sorgen um sie.« Paula, ihre erste Tochter und das krasse Gegenteil von Rosie, war von Kindesbeinen an verschlossen und ernst, oft abweisend und unnahbar. Sie war besonders nach Rosies Geburt von ihrem Vater vernachlässigt worden. Margolis schämte sich dafür, konnte aber nichts daran ändern. Natürlich liebte er Paula nicht weniger als Rosie, seine Lieblingstochter. Er liebte sie nur anders. Er nahm sie ernster, war strenger mit ihr und kritischer. Aber das galt genauso für ihren Umgang mit ihm. Paula liebte ihre jüngere Schwester genauso abgöttisch wie Stephen. Es gab einfach keine Möglichkeit, Rosie nicht zu lieben. Paula war aus ihrem Apartment in Washington, wo sie allein lebte und einem von

ihrem Vater besonders kritisch beurteilten Job bei einer Sozialstation nachging, wieder zurück in die beschauliche Wohngegend von Forrest Lane und in ihr altes Zimmer gezogen, um sich um Rosie zu kümmern.

»Sie studiert Arabisch«, sagte Lisa, als bedeute das, ihre Tochter sei einem Satanskult verfallen. »Ich habe Lehrbücher in ihrem Zimmer gesehen.«

»Ja und?« Margolis fiel ein Stein vom Herzen. Wenn er eines jetzt nicht gebrauchen konnte, dann waren es Familiensorgen.

»Ich kenne nur eine Person in dieser Familie, die Arabisch spricht, und das bist du«, sagte Lisa vorwurfsvoll. »Und ich weiß, wie sehr sie immer um deine Anerkennung bemüht war. Aber ich will nicht« – sie nahm seine Hand und drückte sie so fest, dass er sie erstaunt ansah –, »ich will nicht, dass sie sich einbildet, sie müsste dir gefallen und auch noch in deine beschissene Firma eintreten. Das geschieht nur über meine Leiche.«

»Liebes«, sagte er und tupfte ihr einen Kuss auf die Wange. »Ich glaube, Paula würde eher der Hisbollah beitreten als der CIA. Mach dir keine Sorgen. Vielleicht hat sie einen arabischen Freund ...«

»O Gott«, sagte Lisa schockiert. »Daran habe ich überhaupt noch nicht gedacht.«

4. Kapitel

Provinz Uruzgan, Afghanistan

Tag und Nacht waren sie unterwegs gewesen, durch Regen und Sturm. Ein Konvoi von siebzehn Fahrzeugen. Die meisten waren betagte Pickups japanischer Bauart, aber auch zwei deutsche Luxuslimousinen, die irgendwann einmal zum Fuhrpark des Präsidenten gehörten – bevor der Präsident gefangen genommen und aufgeknüpft wurde. Dieses war kein Land, das Gnade und Recht kannte. Die Reisenden führten nur das Nötigste bei sich: ihre Waffen. Selbst Munition brauchten sie nicht – wo sie hinfuhren, gab es Munitionslager, die bis in alle Ewigkeit reichen. Keine Ersatzteile für die Autos, nicht einmal Ersatzreifen hatten sie mitnehmen können. Zwei Fahrzeuge hatten unterwegs auf den unebenen, mit Schlaglöchern übersäten Pisten den Geist aufgegeben und die Kämpfer, die auf den Ladeflächen hockten, wurden auf andere Ladeflächen verteilt. Es waren fast zweihundert Mann, alle bis an die Zähne bewaffnet. Ein zusammengewürfelter Haufen aus vieler Herren Länder. Der Prinz hatte dafür gesorgt, dass seine Leibgarde nicht der Versuchung erlag, fern von der Heimat nationale Zellen zu bilden. Unter den Kämpfern waren Marokkaner, Algerier und Sudanesen. Brüder aus Saudi-Arabien, dem Jemen und Ägypten, dem Libanon und sogar aus Albanien. Araber, Syrer und Pakistanis.

Sie alle hatten eines gemeinsam – den vergangenen Krieg und den gerade begonnenen Krieg unter der Führung eines Mannes, den sie den Prinzen nannten. Der Prinz hatte sie damals zu den Waffen gerufen, als es galt, die Russen aus diesem Land zu werfen. Und als das erledigt war, stellten die meisten fest, dass sie eigentlich nichts mehr nach Hause zog. Der Kampf war ihnen zur zweiten Natur geworden, sie konnten sich ein Leben ohne Krieg nicht mehr vorstellen und wollten nicht Allahs Zorn auf sich ziehen, wenn sie auf halber Strecke umkehrten und die Waffen schweigen ließen. Und immer noch kamen Nachzügler, die sich am Krieg beteiligen wollten. Inzwischen war das Heer auf über fünfzehntausend Mann angeschwollen. Solange der Prinz neue Ideen hatte und neue Pläne entwarf, solange er dafür sorgte, dass sie zu essen hatten, dass ihre Magazine nie leer waren und dass sie sich wie die gerechten und unbezwingbaren Herren der Welt fühlen konnten, so lange standen sie an seiner Seite. Ihre Verstecke und ihre Festungen waren über das ganze Land verteilt und der Einzige, der den Aufenthaltsort zumindest des größten Teils dieser Schattenarmee kannte, war der Prinz. Er wurde immer von seinem Gefolge begleitet, hundertfünfzig bis zweihundertfünfzig Mann, *fedayin*, die ihm Treue bis in den Tod geschworen hatten.

In den frühen Morgenstunden des 11. September war der Prinz mit dem Konvoi in Kandahar aufgebrochen, ohne dass die Männer wussten, wohin diese Fahrt ging und was der Grund für die hastige Abreise war. Sie fragten nicht, sie gehorchten. Ihr Führer war keiner, der unnötige Ausflüge unternahm. Ihr Führer plante jeden Schritt, und zwar weit im Voraus. Sie begriffen erst, was geschehen war, als sie bei Einbruch der Nacht, gut hundert Kilometer nördlich von Kandahar und schon fast in der Sicherheit der Berge, erfuhren, was an diesem Tag auf der anderen Seite der Welt, in New York City und Washington, D.C., geschehen war. Feuerten Freudensalven in die Luft, riefen immer wieder »Gott ist groß!«, umarmten und küssten einander, verhöhnten den Feind und lachten über seine Schwäche. Ein Sieg für die Gerechtigkeit, ein Dolchstoß in das Herz der Gegner. Gott war nicht nur groß, er war auch auf ihrer Seite und hatte geholfen, die Gottlosen zu strafen. Nur die ewigen

Nörgler murmelten, dass man mehr hätte erreichen können. Das Weiße Haus stand schließlich noch. Sein verhasster Bewohner war davongekommen. Und auch das Kapitol, Wohnstatt seiner Lakaien und Speichellecker, war unversehrt geblieben. Aber andererseits, je mehr Ziele noch erhalten blieben, umso größer der Mut und die Entschlossenheit. Bisher war alles nur Geplänkel gewesen. Der große Kampf hatte gerade erst begonnen. Nur ganz wenige aus der Truppe, eine ganz kleine Zahl von engen Vertrauten, die Zugang zum Haus des Prinzen hatten, hatten vorab von der geplanten Heldentat gewusst. Für die meisten kam die Nachricht wie ein unerwarteter, warmer Regen nach langer Zeit der Trockenheit.

In dieser Stunde des Jubels sahen sie den Prinzen nicht. Er hatte sich mit seinem Satellitentelefon in einen ruhigen Winkel abseits der Straße begeben und führte einige Gespräche. Die Männer bewunderten seine Weisheit und Weitsicht. Denn nun war die Nacht hereingebrochen und sie waren nicht mehr so schnell zu finden. Wenn die Amerikaner, was sie schon einmal versucht hatten, wieder ihre Raketen in eines ihrer Lager schickten, dann würde niemand verletzt außer vielleicht ein paar Ziegen oder Frauen. Noch vor Morgengrauen würden sie die Schlucht von Ghanzi erreichen und am Abend des morgigen Tages in der ersten Höhle in Sicherheit sein. Sollte ihr Weg noch weiter nach Norden, in die Täler des Hindukusch führen, konnten sie sich mit Pferden unentdeckt von Schlupfwinkel zu Schlupfwinkel bewegen.

Die lange, hagere Gestalt des Prinzen kam hinter den Felsen zum Vorschein. Hinter ihm ging ein Afghane, der das Telefon trug. Der Himmel am Saum der schwarzen Berggipfel hatte das dunkle Blau eines Lapislazuli angenommen. Die ersten Sterne blinzelten wie Edelsteine. Im blassen Licht des vergangenen, ruhmreichen Tages und dem Glanz des sichelförmigen Mondes erschien den Männern ihr Führer wie ein Prophet. Ein Jubel aus

fast zweihundert Kehlen empfing ihn. Er winkte nur und setzte sich auf den Beifahrersitz des dritten Fahrzeuges, eines altersschwachen Toyota-Transporters. Der Afghane mit dem Telefon kletterte auf die Ladefläche zu den anderen Kämpfern. Der Mann, neben den er sich setzte, klopfte ihm auf die Schultern.
»Ich teile deine Freude über diesen Sieg, Nadir«, sagte der Mann, der Mahood hieß und vor vielen Jahren aus dem Libanon gekommen war. »Endlich ist deine Familie gerächt. Endlich können sie in ihren Märtyrergräbern ruhen und sich an den Brunnen des Paradieses laben.«
Nadir schüttelte den Kopf. »Sie sind noch lange nicht gerächt, Mahood. Die Geister meiner Söhne rufen mich jede Nacht und schreien nach dem Blut der Mörder. Solange ich lebe, wird Amerika nicht zur Ruhe kommen. Solange ich lebe, wird kein Amerikaner ruhig schlafen.«
»Wahr gesprochen, Bruder«, pflichtete eine Stimme aus der Dunkelheit bei. Sie gehörte Kalim. In einem früheren Leben war er Goldschmied in der Altstadt von Sana'a gewesen und er trug noch immer den reich verzierten Krummdolch an seiner Bauchbinde, ohne den sich kein Jemenite als Mann fühlt. »Wer deinen Verlust kennt, der fühlt mit dir.«
Die Männer nickten und murmelten gottgefällige Worte. Nadir würde nicht ruhen, bis jeder einzelne Amerikaner, dessen er habhaft werden konnte, in seinem kalten Grab lag.
Nadir war ein Außenseiter in der Horde dieser Krieger. Er war jünger, schmaler und gebildeter als alle anderen in dieser Truppe. Sein Bart war dünner und seine Kleidung sauberer. Seine Hände waren nicht die eines Soldaten, sondern die eines Gelehrten. Und obwohl sie alle sich »Afghanen« nannten, war Nadir doch der einzige gebürtige Afghane im Gefolge des Prinzen. Auch war er, anders als alle anderen, nicht gegen die Russen zu Felde gezogen. Als die Russen das Land überfielen, war Nadir noch ein Jüngling und sein Bart nicht mehr als ein schwacher

Flaum. Anders als die anderen wusste er ziemlich genau, wie ihr neuer Erzfeind aussah, denn er hatte eine Zeit lang im Feindesland gelebt. Als Siebzehnjähriger, 1985, als der Krieg mit den Russen immer noch gnadenlos tobte, hatte Nadir sein Land auf verschlungenen Wegen verlassen. Er war ausgewählt worden für ein Stipendium, das von einer steinreichen saudi-arabischen Organisation ausgeschrieben war, der »Bruderschaft des Propheten«, und er hatte zwei Jahre in Virginia verbracht. Er hatte sogar einige Monate bei einer amerikanischen Familie gelebt, die ihn herzlich aufnahm. Nadir hatte die Sprache seines Gastlandes gelernt und amerikanische Literatur studiert. Nach seiner Rückkehr begann er, als Englischlehrer in seinem Dorf unweit von Kandahar zu arbeiten. Er hatte im Ausland genug Geld gespart, um sich eine Braut leisten zu können, und obwohl er erst zwanzig Jahre alt war, gründete er eine Familie.

In der schlimmen Zeit nach dem Sieg über die Russen, als schwer bewaffnete Banden arbeitsloser Freiheitskämpfer das Land terrorisierten und überall Gesetzlosigkeit herrschte, hatte Nadir es fertig gebracht – weiß Gott, wie ihm das gelang –, ein halbwegs normales und friedliches Leben zu führen. Er wohnte in einem Haus aus Stein, hatte drei prächtige Söhne und besaß einige recht wertvolle Teppiche – ein sicheres Zeichen für Wohlstand in diesem Land. Nadir unterrichtete Englisch an der örtlichen Schule, auch wenn keine Schulbehörde existierte, die ihm ein Gehalt zahlte. Sein Geld verdiente er, indem er umtriebigen Händlern, die ihre Antiquitäten, ihre Teppiche und ihr Opium ins Ausland verkaufen wollten, Briefe, Faxe und Telexe ins Englische übersetzte. Das war zu der Zeit, als es noch Briefe, Faxe und Telexe gab – und umtriebige Händler. Diese guten Zeiten dauerten nicht lange, denn dann kamen die Taliban mit den schwarzen Turbanen, die frommen Koranstudenten aus Pakistan, und verjagten die mordenden Banden. Sie verboten alles, was sie für gottlos hielten, sie schlossen auch die

Schule und untersagten den Englischunterricht. Von nun an waren fast nur noch Koranstudien erlaubt. Selbst die wenigen Unterrichtsstunden, die für Mathematik, Geografie und andere Disziplinen erübrigt wurden, hatten im Grunde keinen anderen Zweck, als die Taliban-Doktrin vom Heiligen Krieg in unschuldige kleine Köpfe zu hämmern. Nadir hatte zu diesem Zeitpunkt bereits beschlossen, seiner Heimat den Rücken zu kehren. Was hier geschah, war die Verwüstung eines Landes, seiner Menschen und seiner Kultur durch eine Bande von Wahnsinnigen. Das war wie Nazi-Deutschland, wie Kambodscha unter den Roten Khmer, war wie China in der Kulturrevolution. Ein Mahlstrom aus Bosheit und Rechtlosigkeit, aus Mord und Unterdrückung.

Eines Tages wurde Nadir zusammen mit hunderten anderen Männern von den Irren mit den schwarzen Turbanen auf den Sportplatz getrieben, um einer Massenhinrichtung beizuwohnen. Sie schossen vier Frauen in den Kopf, weil unter ihrem Schleier ihr Haar sichtbar gewesen war. Sechs Männer hängten sie an den Fußballtoren auf, weil sie angeblich mit dem Feind paktiert hatten. Einer hatte ein Bündel amerikanischer Dollars in seinem Haus versteckt, einer hatte ein Radiogerät besessen. Was das Verbrechen der anderen war, wurde nicht genauer erläutert. Die Männer zappelten minutenlang in ihrem Todeskampf.

Nadir war bis ins Mark verängstigt – denn auch er besaß eine ganze Menge amerikanischer Dollars. Aber statt sie der Religionspolizei zu übergeben, wie das verlangt wurde, machte er sich auf die Suche nach einem der Fluchthelfer, die auf dem Basar in Kandahar diskret ihre Kontakte unterhielten. Der Mann verlangte die ungeheure Summe von fünfzigtausend US-Dollar. Aber dafür bot er ein ausgeklügeltes Fluchtpaket. In nur drei Wochen über den Iran nach Europa, Deutschland als Etappenziel, dann Großbritannien und von dort aus weiter nach

Amerika. Nadir wusste nicht, was er dort anfangen konnte, aber er hatte vorsichtig und über Umwege wieder Verbindungen zu jener Familie aufgenommen, die ihn seinerzeit beherbergt hatte. Die Familie hatte versprochen, ihm und den Seinen zu helfen. Über einen Mittelsmann schickte ihm die Familie sogar Geld – zehntausend Dollar in bar. Nadir verkaufte alles, was er besaß, seine Möbel, den Schmuck seiner Frau, ihrer Mutter und ihrer Großmutter, er verkaufte sogar seine Teppiche und am Schluss fehlten ihm nur noch zweihundert Dollar, die er an jenem Abend von einem befreundeten Tankstellenbesitzer ausleihen wollte. Doch als er zurückkam, war alles verloren.

Eine amerikanische Rakete, die eigentlich ein Trainingscamp der Terroristen ein paar Kilometer ostwärts treffen sollte – ein Camp, von dem weder Nadir noch irgendwer in Kandahar jemals gehört hatte –, war während seiner Abwesenheit in seinem Garten eingeschlagen. Sein Haus war nur noch Staub, der über einem Krater in der feuerfarbenen Nachtluft schwebte. In dem Krater lagen, ebenfalls nur noch Staub, seine Frau und seine drei Söhne, die gepackten Koffer und 49 800 Dollar.

Nadir stand weinend am Krater seines Lebens. Er konnte an nichts anderes denken als an die Stimme seiner Frau, die ihm wieder und wieder befahl, Gerechtigkeit zu suchen. Sie war bereit, dafür zu sterben und ihre Söhne zu opfern, hatte sie geschworen. Wenn nur er allein übrig blieb, dann müsse er alleine dafür sorgen. Gerechtigkeit.

Noch in dieser Nacht suchte er Verbindung zu den Männern, denen der feige Raketenangriff gegolten hatte, um sich ihnen anzuschließen. Wenige Tage später hatte er sie gefunden, in einem Versteck in den Bergen, und sie nahmen ihn auf. Zuerst skeptisch, denn obwohl sie angeblich für die Freiheit Afghanistans kämpften, hatten die Männer keine sehr hohe Meinung von den Bewohnern dieses Landes. Den Veteranen aus

dem arabischen Ausland waren die Afghanen unheimlich, ihre undurchsichtigen Loyalitäten suspekt und ihre komplizierten Standes-, Stammes- und Sprachstrukturen ein Gräuel. Auch die neuen Herrscher dieses unwirtlichen Landes, die mörderischen Taliban, waren den Heiligen Kriegern und *fedayin* nicht geheuer. Zu geheimnisvoll, zu unberechenbar in ihrem willkürlichen Zorn, zu verklärt in ihrer ans Absurde grenzenden Gottesfürchtigkeit. Insgeheim machten sich viele der Araber sogar lustig über die frommen Koranschüler, deren Gäste sie waren. Sie witzelten vor allem über ihren Hang zur Homosexualität. Die würden irgendwann aussterben, spotteten die Veteranen, weil sie Frauen für so gering ansahen, dass sie lieber mit Ziegen ins Bett gingen. Die Taliban ihrerseits beobachteten die schwer bewaffneten Gotteskrieger mit Misstrauen, verabscheuten ihre rauen Sitten und ihre derbe Sprache, doch sie brauchten ihre Unterstützung im Kampf. Zunächst gegen die Nördliche Allianz, die noch gut zehn Prozent des Staatsgebietes kontrollierte, und dann im Kampf gegen einen viel mächtigeren Feind.
Trotz ihrer Skepsis gegen Afghanen nahmen die Gotteskrieger den verzweifelten Nadir bei sich auf. Sie kannten die übermenschliche Kraft, die der Durst nach Rache einem Mann verleihen konnte, dem alles genommen worden war. Genau solche Leute waren es, die sie am liebsten in ihren Reihen hatten. Nadir unterzog sich ihrer täglichen Routine, lernte den Umgang mit der Waffe und sog bereitwillig ihren Hass in sich auf. Er bestand ihre Mutproben, betete mit ihnen und verfluchte lautstark und selbstkritisch die zwei Jahre seines Lebens, die er im Land der Frauen- und Kindermörder verbracht hatte. Zwei Jahre, deklamierte er mit rollenden Augen, die ihn besudelt und beschmutzt hatten mit dem Gift der Ungläubigen. Seine Zunge wollte er sich lieber abschneiden, rief er, als noch einmal die Sprache dieser Teufel zu benutzen.
Andererseits wäre Nadir niemals in den inneren Kreis der Krie-

ger aufgerückt und hätte niemals das Vertrauen des Prinzen gewonnen, wären nicht genau diese besonderen Fähigkeiten gebraucht worden. Keiner der selbst ernannten Afghanen im Umfeld des Prinzen sprach auch nur halbwegs passables Englisch. Keiner verfügte über einen Wortschatz, der groß genug war, eine Nachrichtensendung der *Voice of America* zu entschlüsseln oder Informationen des Feindes aus einer Zeitung zu entnehmen. Keiner der Gotteskrieger konnte Satellitengespräche nach Übersee führen, bei denen es darauf ankam, sich durch Telefonzentralen und Vorzimmer zu navigieren. Wie ein aufsteigender Stern fand Nadir innerhalb nur weniger Wochen seinen Weg zur Sonne und zum Mittelpunkt des Universums: in das Zelt des Prinzen.

Der große Mann saß unter einem Foto der Al-Aksa-Moschee in einer Ecke seines Zeltes und trank Tee, als sie Nadir zu ihm brachten. Wortlos wurde ihm bedeutet, sich auf den Teppich zu setzen, dann verschwanden die Begleiter. Er war allein mit dem Mann, der für seine Gefährten der unumschränkte Herrscher war. Der Prinz hatte weiche, fast gütige Züge, seine Augen waren tief und wissend. Sein Bart war gut gepflegt und strahlte Ruhe und Weisheit aus. Seine Stimme, als er endlich sprach, nachdem er volle fünf Minuten lang seinen Besucher nicht einmal angesehen hatte, war ruhig und mild, sie ließ nicht ahnen, welche Kraft und welcher Hass ihn trieb.

»Wer bist du und was ist deine Geschichte?«, fragte der Prinz und führte langsam die Teetasse an seine Lippen.

Nadir berichtete ihm, zunächst mit stockender Stimme, dann selbstsicher und bestimmt, von seinen Erfahrungen, seinem Verlust und seinem Hass auf Amerika. Der Prinz schien nicht zuzuhören. Während Nadir sprach, räkelte er sich auf seinen Kissen, blätterte in einer Zeitschrift und schickte seinen Diener nach mehr Tee. Als Nadir alles berichtet hatte, entließ er ihn wortlos durch eine wegwerfende Handbewegung.

Für Wochen war das alles, was Nadir vom obersten Herrn des Heiligen Krieges sah oder hörte. Seine nächste Prüfung war die Übersetzung einer Gebrauchsanweisung für ein Satellitentelefon, das kleiner und praktischer war als die bisherige Anlage. Ein anonymer Wohltäter hatte drei Modelle des neuesten Typs gestiftet, aber niemand weit und breit wusste, wie sie funktionierten. Nadir erwies sich als hilfreich. Wiederum Wochen später wurde er mitten in der Nacht geweckt und in das Zelt des Prinzen gebracht. Fünf Männer standen ratlos um den kleinen, schwarzen Kasten herum.

»Wir müssen einen dringenden Anruf erledigen, aber wir verstehen nicht, was die amerikanische Hure sagt.« Einer der Diener des Prinzen tippte, von einem Zettel ablesend, eine Nummer ein und reichte Nadir den Hörer mit den Worten. »Wir wollen nichts weiter als Doktor Jamal sprechen.«

Der kleine Lautsprecher am Telefon war auf »Mithören« gestellt. *»Thank you for calling Gortheon Research Institute«*, sagte eine weibliche Tonbandstimme und das unwillige Knurren der Veteranen zeigte ihm, dass sie mehrmals an dieser Stimme und ihrer Botschaft gescheitert waren. *»If you have any questions concerning our products and services, please dial 1. If you want information about our global partners and business strategy, please dial 2. If you want to talk to our sales or marketing department, please dial 3. If you need to talk to an operator, please dial 9.«*

Nadir drückte die 9. Die Männer horchten auf und einer zischte etwas, das darauf hindeute, dass er diese Idee auch schon gehabt hatte.

»Operators are standing by to take your call. We will connect you as soon as possible. Please hold the line.«

»Doktor Jamal!«, zischte ihm der Diener zu und Nadir sammelte sich für das, was vielleicht das wichtigste Telefongespräch seines Lebens war.

»Danke, dass Sie das Gortheon Research Institute angerufen haben. Mein Name ist Stacy«, meldete sich nach kurzer Wartezeit eine Stimme. Wiederum eine Frau, wenn auch nicht ganz so nervtötend wie die Tonbandstimme.
»Hi, Stacy«, sagte Nadir. Nicht die Spur eines ausländischen Akzentes trübte sein Englisch. Jeder Amerikaner, der am Telefon mit ihm sprach, hätte ihn für seinen Nachbarn halten können. »Ich hätte gerne Doktor Jamal gesprochen. Ich bin sein Schwager.«
»Oh, hi«, sagte die Telefonistin begeistert. »Moment, bitte, ich suche die Durchwahl ...« In den Sekunden, die es dauerte, bis sie das firmeninterne Telefonbuch nach dem gesuchten Teilnehmer durchkämmte, klimperte aus einer anderen Welt irgendeine Computermelodie in das Zelt des Prinzen, die jeder Mensch im Westen mitsummen konnte, die aber den Kämpfern in ihrem felsigen Camp in den Bergen im südöstlichen Afghanistans nichts sagte.
»Sorry, es tut mir wirklich Leid, *Sir*. Aber ich kann Sie nicht durchstellen«, sagte Stacy mit professionellem Bedauern. »Vielleicht versuchen Sie es später bei ihm zu Hause? Sie sind ja sein Schwager, dann haben Sie bestimmt die Nummer.«
Nadir gewahrte die Blicke der Umstehenden, die ihm zu verstehen gaben, dass sie jetzt etwas Besonderes von ihm erwarteten, eine Art Wunder. Bis zu diesem Punkt hätte jeder von ihnen kommen können, wenn er nur weltläufig genug gewesen wäre, die Tonbandansagen zu verstehen. Jetzt aber war eine höhere Kunst gefordert, und über die verfügte keiner der Männer.
»Okay, ich verstehe«, sagte Nadir enttäuscht zu der ahnungslosen Telefonistin tausende von Meilen entfernt. »Ich rufe ihn später daheim an, klar. Ich wollte nur, dass er es zuerst erfährt.«
»Sorry«, sagte die Telefonistin und ihre Stimme verriet, dass sie schon den nächsten Anrufer in der Leitung hatte, den sie abwimmeln musste.

»Ach, nur eine Bitte«, sagte Nadir schnell, bevor sie auflegen konnte. »Würden Sie ihm ausrichten, dass er einen Neffen hat. Seine Schwester hat vor zehn Minuten einen gesunden Jungen zur Welt gebracht. Wir haben beschlossen, ihn nach Jamal zu benennen. Würden Sie ihm das bitte sagen?«

»Oh«, sagte die Stimme, als ginge ihr Herz auf. »Meine Schwester hat auch gerade ein Baby bekommen. Wie schwer war denn ihrer?«

»Fast vier Kilo«, strahlte Nadir. »Ein echter Brocken, der kleine Jamal!«

»Wow! Gratuliere!«

»Danke! Ich will nicht länger stören. Aber es wäre wirklich nett, wenn Sie meinem Schwager ...«

»Ach, verdammt«, seufzte das Mädchen. »Es ist gegen die Regeln, aber wissen Sie was? Heute ist ein besonderer Tag. Sagen Sie es Ihrem Schwager lieber selbst. Und alles Gute, auch für Ihre Frau!«

Wieder die unbekannte Melodie und zwanzig Sekunden später meldete sich Doktor Jamal. Nadir sagte nichts, gab den Telefonhörer an den Diener weiter und erhob sich. Mit einem Ohr hörte er, wie der Mann, dem er den Hörer übergeben hatte, in scheußlichem Englisch fragte: »Spricht dort Doktor Jamal?«

Jemand klopfte Nadir auf die Schulter. Dann betrat der Prinz den Schauplatz und er wurde aus dem Zelt geschoben.

»Du kennst dich gut aus mit den Amerikanern«, sagte einer der Männer, als sie in der kalten Nacht unter einem glasklaren Sternenhimmel standen. »Ich spreche auch ein wenig ihre Sprache. Aber du kannst mehr. Du sprichst ihre Gedanken ...«

Nadir senkte demütig den Kopf. »Das ist meine Waffe«, sagte er. »Die Waffe, die meine Familie rächen kann.«

»Gut, Bruder.« Noch ein Schulterklopfen und die Männer verschwanden in der Dunkelheit. Nadir blieb allein am Zelt des Prinzen zurück und hörte die sanfte Stimme des Kriegsherrn, aber er verstand nicht, was gesprochen wurde. Langsam ging er zurück zu seinem Lager und streckte sich aus. Tausend Gedanken gingen durch seinen Kopf. Er hatte sich soeben als Dolmetscher bewährt. Lange starrte er in den Himmel, der ihm irgendwie greifbarer und näher vorkam. Die Sterne funkelten, er sah Sternschnuppen fallen und ab und zu zog in gerader Linie ein helles Licht vorbei, vielleicht ein Satellit der Amerikaner. Mit leiser Stimme hatte Nadir seinen Söhnen immer wieder erzählt, dass nichts, was hier geschah, unbemerkt blieb. Er tröstete sie immer wieder damit, wenn sie verstört nach Hause kamen und weinten, weil sie gesehen hatten, wie eine Frau geschlagen oder gesteinigt wurde. Wenn man sie wieder einmal gezwungen hatte, eine Hinrichtung anzusehen. Nadir streichelte vor dem Einschlafen die Köpfe seiner Söhne und murmelte, dass das nicht ewig so weitergehen könnte und dass irgendwann die Welt aufwachen und etwas unternehmen würde. Die Amerikaner, deren heimliche Augen wie nächtliche Vögel über das Land zögen, sähen alles und irgendwann, wenn es endlich genug sei, dann würden sie kommen.

O ja, sie kamen tatsächlich. Aber ganz und gar nicht so, wie Nadir es seinen Söhnen versprochen hatte.

Von der Nacht an, da er das Telefongespräch mit der Telefonistin in Amerika geführt hatte, wurde Nadir als eine Art Geheimwaffe angesehen. Seine Essensrationen wurden üppiger, die Worte seiner Gefährten freundlicher und vertrauter. Wenn die Truppe auf Reisen ging, dann bekam er nicht selten einen der bevorzugten Plätze in der Fahrerkabine der Transporter. Oft wurde er nachts geweckt und musste Gespräche mit Telefonistinnen oder Sekretärinnen in Amerika und Großbritannien, in Australien und Indien führen. Schließlich ließ man ihn das Telefon tragen, wenn der Prinz sich ungestört mit seinen Freunden und Helfern in Übersee unterhalten wollte. Nadir saß nie weit entfernt, denn der Prinz wusste nicht, dass der Afghane auch

Arabisch verstand. Nadir vermittelte viele Gespräche und jedes Gespräch hörte er mit. Bald bekam er sogar das kostbare Satellitentelefon in seine Obhut. Er war dafür zuständig, dass die Akkus stets bereit und die Verbindung einwandfrei war. Niemand zweifelte an seinem Können und niemand hatte Grund, seine aus Hass geborene Loyalität in Frage zu stellen. Und niemand wusste, dass er, wenn alle schliefen und nur die Wachen in sicherer Entfernung ihre Rundgänge machten, eine Nummer anrief, die er auswendig kannte. Die Nummer der Gastfamilie, die ihn vor vielen Jahren aufgenommen hatte wie einen der Ihren. Die Familie, die ihm, als er sie um Hilfe bat, ohne Fragen zehntausend Dollar für seine illegale Ausreise geschickt hatte. Die Familie, die ihn und die Seinen aufgenommen hätte, wenn nicht diese verfluchte, verirrte amerikanische Rakete ihnen zuvorgekommen wäre.

Familie Margolis in Virginia.

5. Kapitel

Moskau

Die gescheiterten Helden der Vergangenheit hatten offenbar beschlossen, ihre tief sitzende Abneigung gegen Politiker dadurch zu kurieren, dass sie selbst zu Politikern wurden. General Gromov, der am 15. Februar 1989 als Letzter die so genannte »Brücke der Freundschaft« in Richtung Heimat überquert hatte, war heute Gouverneur der Moskauer Region. General Lebed hatte sich, ebenfalls als Gouverneur, ins sibirische Krasnojarsk begeben. Und Kommandeur Ruslan Aushev hatte sich gar zum Präsidenten von Inguschetien wählen lassen.

General Oblomow aber, den seine Truppen einst in einer Verehrung hielten, wie sie sonst nur Heiligen vorbehalten war, züchtete Rosen in einem unscheinbaren Häuschen gar nicht weit von der Siedlung, in der Jurij Titov und die anderen Verlierer des afghanischen Krieges ihr Dasein fristeten. Die ruhige Arbeit mit den Blumen schien dem Mann, der damals unter dem Kampfnamen »Bergwolf« bekannt war, allerdings nicht besonders gut zu tun. Er war schnell gealtert, seine einst Ehrfurcht gebietende Statur schien geschrumpft und erinnerte mehr an eine Mumie als an einen Helden des Vaterlandes. General im Ruhestand Oblomow litt an Krebs und hatte, wenn man seinen Ärzten glauben wollte, nicht mehr viel länger als ein halbes Jahr zu leben. Vermutlich weniger.

Jurij Titov erkannte seinen Retter trotzdem sofort wieder, als die beiden Offiziere ihn in das Gewächshaus führten, wo der General gerade mit großem Wohlgefallen seine Lieblinge betrachtete – einen stattlichen Stock von American-Beauty-Rosen. Jurij schämte sich für sein schlampiges Aussehen, für den Geruch, den er ausströmte, und den jämmerlichen Anblick, den er bot. Während der General, der nicht weniger Elend und Blut gesehen hatte als er selbst, in Haltung und Würde von einer heimtückischen Krankheit aufgefressen wurde, war Oberst Titov dabei, dem Tod mit einer Wodkaflasche in der Hand schnurstracks in die Arme zu laufen.

»Oberst Titov!«, sagte der General, ohne zunächst den Blick von seinen Rosen zu nehmen. »Es freut mich, dass Sie Zeit gefunden haben, meinem Ruf zu folgen.«

Jurij räusperte sich verlegen, sagte aber nichts. Oblomow schnupperte verzückt an dem Strauch und drehte sich zu seinem Gast um. Die beiden Offiziere, die Jurij hergeleitet hatten, entließ er mit einer Handbewegung. Sie schlossen die Glastür und trollten sich zum Haus.

»Sie sehen, offen gesagt, beschissen aus, Oberst«, sagte der General streng.

Jurij senkte den Kopf und sofort stiegen Tränen der Scham in seine Augen. »Ich weiß, General. Es tut mir Leid ...«

»Ach, schon gut«, raunzte Oblomow unwirsch. »Ich sehe auch nicht gerade aus wie ein Präsentkorb, was? So nagt eben die Vergangenheit an uns und lässt uns nicht los, bis wir ins Grab fallen. Man sagt, dass der Wodka hinterher mehr russische Afghanistansoldaten umgebracht hat als die verdammten *dukhi*.«

Der General schüttelte die düsteren Gedanken ab und führte Jurij in eine Ecke des Gewächshauses, wo zwei Baststühle standen. Die Sonne schien angenehm warm durch die Scheiben, es war ein warmer Tag und im Rosengarten seines damaligen Retters, umgeben von angenehmen Düften, fühlte sich Jurij wohl und geborgen wie schon seit langer Zeit nicht mehr.

»Ich habe Sie zu mir gebeten, Oberst, weil ich heute Morgen einen seltsamen Anruf hatte. Höchst seltsam. Ich glaube eigentlich immer noch, dass jemand mich auf den Arm nehmen will.

Aber wenn man's genau bedenkt – die beiden Offiziere, die eine halbe Stunde nach dem Anruf vor meiner Tür standen, sind jedenfalls nicht aus Marzipan. Die sind echt.«
Jurij blinzelte den alten Mann an. Das Licht biss in seinen verquollenen Augen, doch er hielt ihm stand.
»Also muss ich wohl davon ausgehen, dass der Anruf kein Scherz war. Der Präsident war am Telefon. Persönlich. Gratulierte mir zu meinem Einsatz damals und so weiter. Und dann kam er zur Sache. Ob ich mir vorstellen könnte, wieder nach Afghanistan zu gehen und da ein wenig aufzuräumen. Hatte wohl die eine oder andere alte Geschichte gehört. Aber die neue Geschichte über mich kannte er natürlich noch nicht – dass ich von innen aufgefressen werde. Ich musste ihm leider sagen, dass ich verhindert bin.«
»Der Präsident wollte Sie wieder nach Afghanistan schicken?«, wiederholte Jurij benommen. »Haben die denn nichts aus der Vergangenheit gelernt?«
Oblomow zog unwillig die Augenbrauen zusammen.
»Unsinn!«, brummte er. »Sie wollen das Land nicht wieder erobern. Sie wollen nur ein bisschen mitspielen. Jetzt, wo die Karten neu gemischt werden.« Lange blickte Oblomow forschend in das Gesicht des verwahrlosten Trinkers, der neben ihm saß und roch wie eine Schnapsfabrik. Dann seufzte er. »Sie verfolgen die Nachrichten nicht immer, was?«
»Ich weiß, dass Russland und Amerika Hand in Hand gegen den Terror kämpfen«, sagte Jurij und war fast ein wenig stolz darauf, dass er sich an die Worte des Präsidenten erinnern konnte.
»Na, das ist immerhin ein Anfang. Was die in Moskau jetzt vorhaben und warum sie mich wieder losschicken wollten, das sagen sie natürlich nicht in den Nachrichten. Aber für einen, der denken kann, liegt es klar auf der Hand: Die Amerikaner werden Afghanistan angreifen und ein bisschen Krieg führen.

Aber anders als wir damals werden sie vermutlich gewinnen. Und deswegen müssen wir unbedingt in der einen oder anderen Form dabei sein – das denkt sich zumindest unser Herr Präsident.«

»Weil die Feinde der Amerikaner nun auch unsere Feinde sind?«

»Ja, auch das. Aber nicht nur das. Die Leute, auf die es die Amerikaner abgesehen haben, sind zum Teil dieselben, die uns das Leben schwer machen. In Tschetschenien, aber nicht nur dort. Diese verdammten *dukhi* haben sich überall breit gemacht und wir bekommen sie nicht mehr in den Griff. Deswegen will der Präsident dafür sorgen, dass wir alles mitbekommen, was den Amerikanern in die Hände fällt. Regierungen misstrauen einander, Oberst Titov. Wir brauchen alle Informationen, Namen, Aufenthaltsorte, Pläne, die die Amerikaner bekommen. Und das geht nur, wenn wir dabei sind.«

Jurij dachte nach. »Ich verstehe«, sagte er schließlich. »Aber ich weiß nicht, was ich damit zu tun habe.«

»Ich auch nicht. Deswegen habe ich Sie ja rufen lassen. Ihr Name wurde mir genannt, und zwar vom Präsidenten persönlich. Der war schließlich mal beim Geheimdienst, also weiß er eine Menge. Er hat mir gesagt, ich sollte Sie an Bord holen.«

»Mich?« Jurij war sprachlos. Allein die Tatsache, dass der Mann aus dem Fernseher wusste, dass es ihn gab, ihn, den Wodkatrinker, der seit einer Woche seine Wäsche nicht gewechselt hatte, überstieg seine Phantasie bei weitem. Und wenn er nicht schon längst mit diesem Staat und allen seinen vergangenen und zukünftigen Präsidenten abgeschlossen hätte, dann wäre er direkt geschmeichelt gewesen.

»Ja. Sie sind, nach allem, was ich erkennen kann, ein Wrack, Oberst. Vermutlich waren Sie seit Ihrem Abschied aus der Truppe keinen einzigen Tag mehr nüchtern.«

Jurij errötete und ließ den Kopf noch tiefer sinken.

»Aber da das für den größten Teil unserer Soldaten gilt, überrascht mich das nicht. Eigentlich gilt es für den größten Teil aller Russen, also denken Sie nicht allzu viel darüber nach. Ein Wrack oder nicht – Sie sind der Einzige, der drei Monate Gefangenschaft überlebt hat, der alle wichtigen Kommandeure der *dukhi* zu Gesicht bekommen und ihre Verstecke gesehen hat. Die dachten natürlich, dass Sie den Tag nicht erleben würden, wo Sie jemandem darüber berichten könnten. Aber sie hatten eben nicht mit dem Bergwolf gerechnet, was? Und mit den fünfzehn Tonnen Sprengstoff, die ich ihnen auf ihre schmutzigen Turbane geworfen habe.«

Im zerknitterten Gesicht des Generals breitete sich ein Funken von Freude aus. Es war sein größter Coup gewesen. Am 12. Juni 1987 hatte er aus der Luft fünfzehn Tonnen Sprengstoff auf das unzugängliche Gebirgsmassiv von Ghostum regnen lassen, in dem eine größere Einheit der Mudschaheddin vermutet wurde. Es war der gewaltigste Knall in diesem Krieg. Noch in mehr als hundert Kilometern Entfernung konnte man ihn hören. Oblomow, der immer in großen Dimensionen dachte, wollte mit diesem Bombardement ein Erdbeben auslösen, das die Höhlen der Feinde zum Einsturz brachte. Aber der Plan ging nicht auf – die Berge sahen nach dem Angriff noch genauso zerklüftet und feindselig aus wie vorher. Oblomow schickte keine Kundschafter – er flog, wie es seine Art war, persönlich in das Zielgebiet, um sich über Erfolg oder Misserfolg zu informieren. Und als er mit seinem Hubschrauber mitten im Feindesland herunterging, überraschte er eine berittene Bande von Kriegern, die eben im Begriff waren, in einer Seitenschlucht zu verschwinden. Oblomow, schlecht gelaunt wegen des offensichtlichen Fehlschlages, zögerte nicht und tötete die ersten drei Afghanen noch aus der Luft. Die anderen drei sprangen von ihren Mulis und rannten, was das Zeug hielt, in die Schlucht, in die der Hubschrauber ihnen nicht folgen konnte. Zurück blieb einer, der keine Anstalten machte zu fliehen. Statt ihn zu erschießen, ließ der General den Hubschrauber landen und ging mit gezückter Waffe auf ihn zu. Beim Näherkommen erkannte er, dass der Mann gefesselt war, seine Augen waren verbunden. Er blutete aus einer klaffenden Wunde am Oberarm – offenbar hatten seine Bewacher versucht, ihm die Kehle durchzuschneiden, aber nicht richtig getroffen. Es war ein Russe, es war Oberst Titov vom Dritten Aufklärungsbataillon der Vierzigsten Sowjetarmee, der seit dem Überfall auf den Konvoi vor drei Monaten vermisst wurde. Die Afghanen hatten ihn gefangengenommen und verhört, hatten ihn gefoltert und fast verhungern lassen, dann aber mitgeschleift, weil er ihre Sprache beherrschte und sie glaubten, daraus Nutzen ziehen zu können. Was er ihnen verraten hatte und was er für sie getan hatte, das erfuhr niemand, denn der Oberst stand unter Schock und hatte schwere Gedächtnislücken.

Jurij glaubte für einen Moment, den Geruch des Krieges wieder in der Nase zu haben. Obwohl er umgeben war von den angenehmsten Düften der Rosen, kribbelten in seiner Nase die Ausdünstungen von ungewaschenen Männern, das schwarze Kraut, das sie rauchten, der Gestank ihrer Maultiere, bei denen er meistens angebunden wurde, und der widerwärtige Geruch seiner eigenen Angst.

»Ich gehe nicht zurück in dieses Land«, sagte er heiser.

Oblomow klopfte ihm auf die Schulter. »Nun stellen Sie sich mal nicht so zimperlich an, Oberst Titov. Sie sind nicht der Erste, der mit unangenehmen Erinnerungen aus einem Krieg zurückgekommen ist. Aber Sie sind einer der wenigen, denen nun die Chance zuteil wird, die eine oder andere Sache richtig zu stellen. Darum beneide ich Sie. Lassen Sie die Finger von der Flasche und reißen Sie sich zusammen, ja? Wir haben Sie nämlich schon angemeldet. Die beiden Jungs da draußen werden Sie waschen, einkleiden und mit etwas Reisegeld ausstatten. Heute

Nachmittag sind Sie schon auf dem Weg nach Duschanbe. Und jetzt etwas Haltung, Soldat, wenn ich bitten darf.«

Jurij sah ihn entgeistert an. »Ich kann nicht!« Beinahe wäre er in Tränen ausgebrochen.

»Ich sage es noch einmal: Sie sind der Einzige, der sich in der Gegend wirklich auskennt. Sie sind monatelang mit den *dukhi* durch die Berge geritten. Sie sprechen ihre Sprache und Sie kennen ihre Gesichter.«

»Meine Augen waren die meiste Zeit verbunden!«, protestierte Jurij.

»Dann waren Ihre Ohren umso offener. Ihr Land braucht Sie jetzt, Oberst. Ich würde selbst mitgehen, denn ich habe mit den *dukhi* noch die eine oder andere Rechnung offen. Aber ich kann nicht. Ich werde hier zum Sterben gebraucht.«

Jurij war, als habe ein bösartiger Gott beschlossen, ihn in seinen schlimmsten Albtraum zu werfen und langsam darin zu braten.

»Bitte ...«, hörte er sich flehen.

»Kommen Sie schon, zeigen Sie, dass ich Sie damals nicht umsonst gerettet habe, Oberst Titov. Glauben Sie mir, ich hätte einem anderen Mann den Vorzug gegeben. Einem, der nüchtern ist. Aber ich habe keinen. Und Ihr Name, ich sage es noch einmal, wurde mir vom Präsidenten persönlich genannt. Sie sind das letzte Aufgebot. So traurig das ist. Gehen Sie und tun Sie Ihre Pflicht.« Der General erhob sich und schien wieder um einige Jahre gealtert. Er sah aus, als sei er schon tot. Nur seine Stimme war noch stark und befehlsgewohnt.

»Abtreten!«, befahl er dem Häuflein Elend, das zusammengesunken auf dem Stuhl hockte und sich nun mühsam erhob, ungeschickt salutierte und nach draußen trat, wo die beiden Offiziere ihn in Empfang nahmen. General Oblomow schaute ihm durch die Scheiben seines Gewächshauses hinterher und in seinen klaren, blauen Augen bildete sich eine Träne, die langsam seine zerklüfteten Wangen hinunterlief.

Seine Unterlippe begann zu zucken. Mit einer Stimme, die in nichts mehr an das herrische Organ erinnerte, mit dem er soeben den Oberst in den Krieg geschickt hatte, sagte er leise: »Geh mit Gott, mein Sohn. Und verzeih einem alten, todkranken Mann.«

6. Kapitel

Beirut

Dies waren die Tage der Demütigung und der unterdrückten Wut, der nagenden Angst und der Sorge um das, was noch kommen würde. Und der Furcht vor dem, was man nicht verhindern konnte. Dies waren die Tage der starken Worte, mit denen die Politiker hohe Zustimmungsraten einfuhren. Es waren die Tage der heimlichen Gebete, der Bombenangriffe und der Drohungen. Und für manche Leute waren es die Tage des Duckens und des Schleichens.

Stephen Margolis konnte sich nicht erinnern, jemals geschlichen zu sein. Schon der Begriff schien unvereinbar mit seinen einsneunzig Körpergröße, den muskulösen Schultern und entschlossenen Gesichtszügen, die immer noch so frisch und jugendlich waren, als gehörten sie noch dem legendären Quarterback des College-Footballteams und nicht einem achtundvierzigjährigen, ziemlich gescheiterten Vize-Abteilungsleiter der CIA.

Und dennoch schlich er. Seine Körperhaltung war gebeugt und seine Blicke schweiften unruhig umher, als er die Ankunftshalle des Flughafens von Beirut betrat. Keine Probleme beim Zoll, keine Fragen bei der Einreise. Margolis hatte einen falschen französischen Pass, er hieß jetzt Louis Bouvier und war Teppichhändler aus Lyon. Weder diese Reise noch diese Tarnung hatte er sich aussuchen können: Beides war die Idee von Vizedirektor Spencer gewesen.

Die US-Administration hatte einem unsichtbaren Feind den Krieg erklärt und knirschend hatte sich ein mächtiger Apparat in Gang gesetzt. Es war die Walze einer Weltmacht. Sie bestand aus Flugzeugträgern, die sich im Indischen Ozean und im Persischen Golf sammelten, aus Kampfflugzeugen, die aufstiegen, um Krieg, Tod und Verderben über ein Land regnen zu lassen. Die Walze bestand aus Elitesoldaten, die tapfer ihre Stiefel schnürten, ihre Elitesoldatenwaffen reinigten und umschnallten, um gegen einen Feind zu marschieren, der mit alten Schießprügeln und ein paar russischen Beutepanzern hantierte, der weder eine ordentliche militärische Ausbildung noch Disziplin kannte. Der weiche Teil der Walze bestand aus Diplomaten, die hektisch in aller Welt umherschwirrten, um in allen nur erdenklichen Staaten Freunde und Verbündete zu gewinnen, die ihnen heute ihre Freundschaft schwören und morgen ein Messer in den Rücken jagen würden. Ein weiterer Teil der Walze waren Fahnder, die mit ihren Kollegen in Übersee Fotos und Überwachungsprotokolle verglichen und Spuren suchten. Und der letzte, der unsichtbare Teil der Walze schließlich bestand aus den stillen, verborgenen Kräften, die unerkannt ausschwärmten wie Stephen Margolis. Hunderte CIA-Mitarbeiter waren unterwegs, sie bemühten sich, alte Kontakte wieder aufzuwärmen, neue Kontakte zu knüpfen und irgendwie Fuß zu fassen in einem Gebiet, das ihre Chefs viel zu lange vernachlässigt hatten. Jeder der Beteiligten war überzeugt, einen entscheidenden Part innezuhaben, aber keiner glaubte wirklich, dass sie den Krieg gegen die Hydra gewinnen konnten. Diesen Decknamen hatte die CT-Führung, bekannt für die blumige Prosa ihrer Schreibtischstrategen, für das Vorhaben ersonnen: »Unternehmen Hydra«. Eine Losung übrigens, die so geheim war, dass sie schon einen Tag später in allen wichtigen Zeitungen zitiert wurde. Schlangenköpfe abschlagen, das war der Auftrag. Schnell, sauber und am besten so, dass sie nicht wieder nachwuchsen.

Margolis machte sich keine Illusionen über seine Möglichkeiten. Er war nur ein kleines Rädchen in der riesigen Walze und seine Talente reichten bei weitem nicht aus, um einen Krieg zu entscheiden. Sein größtes Talent waren die Sprachen. Er beherrschte Französisch perfekt, ebenso wie Arabisch, Persisch und Paschtu. Er sprach leidlich Russisch und Türkisch und konnte sich auf Spanisch ganz gut durchschlagen. Er hatte, bevor er in die CT-Abteilung für Terrorismusbekämpfung kam, für die CIA in verschiedenen Funktionen und in vielen Ländern gearbeitet. Er war ein mittelmäßiger Schütze und ein lausiger Lügner.

Aber begonnen hatte seine Karriere bei der Firma in ebendieser Stadt, in Beirut, dem Paris des Ostens, der Hölle auf Erden.

Als Angehöriger des Marine Corps war Margolis damals nach Beirut gekommen. Ganz frisch und voller Stolz, dieser Truppe anzugehören. Vollgepumpt mit amerikanischem Überlegenheitsdünkel und einem sicheren Gefühl von Unbesiegbarkeit, wenn er, die Maschinenpistole untergeschnallt, seinen Männern voranschritt. Seine Einheit war in den Libanon versetzt worden, um Frieden zu schaffen, das hatte man ihnen eingebläut. Doch am frühen Morgen des 23. Oktober 1983 kam der Krieg zu ihnen. Plötzlich war alles vorbei. Heldentum, Überlegenheit, Stolz und Leichtsinn. Ein einziger Lastwagen, vollgestopft mit Sprengstoff, hatte innerhalb weniger Sekunden sein Leben verändert. Die Marines, nicht immer die Hellsten, aber mit Abstand die tapfersten Soldaten Amerikas – wobei möglicherweise der eine Umstand den anderen bedingte –, waren mit einem Mal verwandelt in verbrannte Leichen und abgetrennte Körperteile in Uniform. Sie weinten und schluchzten, starrten im Schock in die Luft und übergaben sich vor Angst und Hilflosigkeit. Aus Furcht vor weiteren Lastwagen versteckten sie sich in den Trümmern ihres zerstörten Hauptquartieres.

Sergeant Stephen Margolis, seine Ohren fast taub von der Detonation, wankte durch die rauchenden Trümmer, half Gestrauchelten auf die Beine, schleppte Verletzte in die Krankenstation und legte Decken über die Toten. Und er erlebte, als er in sich hineinhorchte, einen Moment glasklarer Erkenntnis: Er begriff am Morgen des 23. Oktober 1983, dass es seinem Land nicht mehr möglich war, einen Krieg zu führen. Was immer die Söhne Amerikas früher einmal dazu gebracht hatte, hinter ihrer heiligen, Glück verheißenden Flagge her todesverachtend in feindliches Feuer zu stürmen – es war plötzlich einfach weg. Verschwunden, verpufft, erloschen. Unwiederbringlich.

Nicht an diesem Morgen in Beirut, und auch nicht später dachte Margolis viel über die Gründe nach. Es war einfach so. Vielleicht Vietnam, vielleicht die Liberalen, vielleicht das viele fettige Essen und die vielen schlechten Fernsehprogramme. Wer wusste das schon? Aber immer wieder sah er, dass er sich nicht getäuscht hatte, denn alles, was auf das Grauen von Beirut folgte, gab ihm Recht. In Afghanistan – Margolis' erstem wichtigen Einsatzort nach seinem Eintritt in die Firma – bewaffnete Amerika die einheimischen Mudschaheddin, damit sie stellvertretend den Krieg mit den Russen führten und Amerika sich nicht die Hände schmutzig machen musste. Am Persischen Golf, bei der Befreiung Kuwaits, waren die Truppen zu feige, ihren Gegner beim Kragen zu packen und niederzuwerfen. Mit der Bodenoffensive gegen die irakischen Truppen zögerten sie so lange, bis gesichert war, dass niemand sich wehtun würde. Und auf Bagdad zu marschieren kam nicht in Frage. In Somalia zerrte der afrikanische Mob die nackte Leiche eines amerikanischen Soldaten durch die Straßen. Die Politiker beschlossen, dass diese Bilder unerträglich waren, und befahlen den Rückzug. In Jugoslawien führten sie Jahre später einen absurden Krieg vollständig aus der Luft und aus großer Entfernung, damit nur kein einziges Soldatenleben riskiert würde. *America, the beautiful* wollte keine Opfer mehr bringen. Das Land der Freien und die Heimat der Tapferen, wie es so schön in seiner Hymne hieß, kniff den Schwanz ein. In Panama und Grenada hatten die US-Truppen auf den Putz gehauen – na, das war was.

Sie waren zu Kammerjägern geworden, die mit Kampfhubschraubern auf Kakerlakenjagd gingen. Aber gegen Feinde, die keine Opfer scheuten, war Amerika hilflos.
Margolis war ehrlich genug, sich selbst aus dieser nüchternen Analyse nicht auszuschließen. Wem galten denn seine Gedanken an jenem Tag, als der neue Krieg begann? Den tausenden namenloser Opfer unter den Trümmern des World Trade Center? Den Leuten im Pentagon, von denen er einige persönlich kannte? Nein. Er dachte an nichts weiter als sein eigenes, kleines Glück. Seine Gedanken galten niemand anderem als seiner Tochter Rosie, seinem Sonnenschein, die gerade in die Water Street nach New York gezogen war. Ihren Verlust hätte er nicht verschmerzen können. Die Erleichterung, die ihn überkam als er endlich ein Lebenszeichen von ihr bekam – eine E-Mail, denn die Telefone funktionierten nicht –, diese Erleichterung würde er mit ins Grab nehmen als einen der schönsten Momente in seinem Leben.
Wer sich solche Gedanken erlaubt, dachte Margolis, der konnte keinen Krieg führen. Der hatte bereits verloren. Den Krieg gewannen Leute, die ihre Töchter oder ihre Söhne zum Sterben an die vorderste Front schickten. Und mit genau solchen Leuten hatten sie es hier zu tun.
Schon damals, in den Staub- und Rauchschwaden des Trümmerfeldes von Beirut, das bis zu diesem Morgen das Hauptquartier des Ersten Bataillons der 8. Marines war, hatte Stephen Margolis erkannt, dass es nur einen Weg gab, sein Land zu verteidigen. Und der bestand darin, zu verhindern, dass es jemals in einen Krieg gezogen wurde.
Deswegen war er zur CIA gegangen. Und deswegen schlich er nun, als er nach Beirut zurückkam, unter falschem Namen herum, als Teppichhändler Louis Bouvier. Das war eine Vorsichtsmaßnahme. Aber es war auch Angst und er hoffte nur, dass niemand das bemerken würde.

Ein Mann, den Margolis nicht kannte, erwartete ihn am Ausgang. Er trug ein Schild, auf dem der Name des Teppichhändlers stand. »Monsieur Bouvier? Bitte folgen Sie mir, hier entlang ...« Der Mann war hager und smart, gut gekleidet. Er trug einen dünnen Clark-Gable-Schnauzbart. »Mein Name ist Aziz. Wie war Ihr Flug?«

Aziz war offensichtlich eine dieser namenlosen Maden, die die Firma überall unterhielt und von denen keiner wusste, welches Spiel sie in Wirklichkeit spielten. Das war auch nicht so wichtig, denn ihre Möglichkeit, Schaden anzurichten, war begrenzt. Die eigentlichen Vertreter der CIA, die im diplomatischen Dienst, bei Handelsfirmen, Zeitungen und Universitäten arbeiteten, kannten die Maden nicht einmal. Und die CIA-Vertreter wiederum ahnten nicht, dass einer der verhassten Sesselfurzer aus der Zentrale in besonderer Mission in ihrem Gebiet eingetroffen war. Vorsichtsmaßnahme? Oder Angst? Aziz, die örtliche Made, hatte lediglich den Auftrag bekommen, einen französischen Teppichhändler zu einer bestimmten Uhrzeit am Flughafen abzuholen und zu Abdul Gahid zu bringen. Für diesen kleinen Dienst würde er in ein paar Tagen von einem Schweizer Immobilienmakler, den er noch niemals gesehen oder gesprochen hatte und der nicht einmal existierte, eine erkleckliche Summe Geldes überwiesen bekommen.

Aziz riss Margolis seine leichte Reisetasche förmlich aus den Händen und ergriff seinen Arm, als er ihn durch die Menge der Wartenden lotste. »Sie haben Glück«, redete er drauflos, »heute ist endlich wieder ein strahlender Sonnentag. Gestern war Regen und eisige Kälte. Das Wetter ändert sich schnell in dieser Jahreszeit. Manche sagen, die Israelis seien daran schuld.« Kichernd winkte er ein Taxi heran, einen altersschwachen, schwarzen Citroën. »Die anderen sagen, es sei die Schuld der Syrer.« Er kniff verschwörerisch ein Auge zu.

»Wirklich?«, sagte der CIA-Mann nur – das erste Wort, seit er libanesischen Boden betreten hatte. Beide ließen sich auf die geradezu obszön weichen Rücksitze sinken. Wie in einem Marshmellow versank Margolis' kräftige Gestalt in einem nicht sehr sauberen Polster.

»Waren Sie schon einmal in Beirut?«, fragte Aziz, als sie über die lange Brücke landeinwärts in die hügelige Kulisse der Stadt brausten, die schon wieder aussah, als habe es den Krieg nie gegeben. Nur wenige Hauswände in der Innenstadt zeigten noch die Narben des Terrors und der Scharmützel – Einschusslöcher rund um Fenster, hinter denen einst Maschinengewehrnester verborgen waren. Hin und wieder nackte Stahlstreben von eingestürzten Wänden, die wie Geisterfinger ins Nichts griffen. Darunter, zwei Etagen unter zerstörten Obergeschossen, Schutt und toten Fenstern, wurden in Trödlerläden Coca-Cola und Snickers, Converse-Turnschuhe und Hollywood-Videos angeboten. Daneben ein Schuhmacher und ein Schnellrestaurant. Davor drängelten sich verschleierte Frauen und Mädchen in Miniröcken, fliegende Händler in schmutzigen Umhängen und Geschäftsleute in Anzügen.

»Das ist lange her«, antwortete Margolis dem Libanesen.

»Kennen Sie das 1001 Nights?«

»Nein.«

Aziz lehnte sich zurück und hob stolz den Kopf. »Man sagt, es ist die modernste Diskothek des Vorderen Orients. Wenn Sie Lust haben, können wir heute Abend mal zusammen dort vorbeischauen. Die Mädchen dort sind umwerfend. Man muss zwar ein bisschen aufpassen, wenn sie ihre Brüder dabeihaben, aber …«

»Ich bin hier, um Teppiche zu kaufen«, sagte Margolis kühl.

»Ja, gewiss. Entschuldigung. Ich dachte nur, weil Sie doch Franzose sind …« Aziz bedachte ihn mit einem Seitenblick, der erkennen ließ, dass er das Märchen sofort durchschaut hatte.

Margolis aber gab durch nichts zu erkennen, dass er wusste, was Aziz zu wissen glaubte.

»Für welche Art von Teppichen interessieren Sie sich besonders?«, bohrte die Made weiter.

»Orientalische Teppiche.« Margolis blickte stur geradeaus, wo hinter der Windschutzscheibe ein Horrorfilm ablief. In den Hauptrollen: verbeulte Peugeots und teure BMWs, dazwischen wie lästiges Ungeziefer schwirrende Mopeds, ab und zu ein träger Eselskarren und ein überladener LKW. Ein paar Fußgänger, bei jedem Schritt in akuter Lebensgefahr, wanderten so sorglos durch die Blechwellen, als unternähmen sie einen Waldspaziergang.

»Ich liebe Lyon.« Aziz gab keine Ruhe. »Gibt es eigentlich noch das syrische Restaurant in der Rue Henri Philippe Petain?«

»Ich weiß nicht, ich komme nicht sehr oft in diese Gegend.« Margolis strafte Aziz mit einem kalten Blick und gab ihm zu verstehen, dass er endlich die Klappe halten sollte. Aber Aziz verstand gar nichts. Er kramte in seinen Taschen und fand nichts außer zusammengefalteten Geldscheinen.

»Ah, verdammt. Ich habe meinen Zettel vergessen. Wie hieß noch mal der Händler, zu dem wir fahren?«

»Abdul Gahid«, knurrte Margolis.

»Natürlich, danke. Abdul Gahid. Wie konnte ich das vergessen? Oh, sehen Sie dort oben, auf dem Berg« – er beugte sich über Margolis, so dass dieser seine parfümierten Haare im Gesicht spürte –, »das ist unser Präsidentenpalast. Aber da fahren wir nicht hin. Sie wollen ja zu Abdul Gahid und der ist nicht unser Präsident. Noch nicht ...« Aziz kicherte nervös. »Wissen Sie, Monsieur Bouvier, ganz unter uns und im Vertrauen gesagt, ich glaube, wenn Monsieur Gahid es wirklich darauf anlegen würde – er könnte Präsident werden. Wirklich. Er ist klug, erfahren und er hat die besten Verbindungen, die man sich nur wünschen kann. Er arbeitet mit den Syrern, den Irakern, den

Jordaniern und den Türken und – Allah möge uns beistehen – auch mit den Israelis. Er ist reich und er kommt sogar mit den Amerikanern gut aus. Sie wissen ja sicherlich, dass er viele Jahre in Amerika verbracht hat.«

»Wirklich?«, sagte Margolis nur.

»Haben Sie übrigens die Nachrichten verfolgt? Die Sache in New York? Schrecklich, nicht wahr? Und was nun folgt, das könnte noch viel schrecklicher werden. Die amerikanischen Cowboys sind wild geworden. Wo ich herkomme, da sagen wir immer: Stich nicht in ein Wespennest, es sei denn, du kannst sehr schnell laufen. Wissen Sie, Monsieur Bouvier, was ich glaube? Ich glaube, kein Muslim könnte so dumm und gemein sein, dass er zu einer solch bösen Tat in der Lage wäre. Wissen Sie, was ich glaube? Ich glaube, das waren die Zionisten. Der Mossad. Jawohl. Und, was glauben Sie?«

»Ich mische mich nicht in die Politik ein«, sagte Margolis frostig und beschloss, dass er diesem Frettchen bald den Hals umdrehen würde.

»Aber Sie sind doch Franzose.«

»Auch als Franzose mische ich mich nicht in die Politik ein. Ich handele mit Teppichen, Monsieur Aziz. Das ist alles.«

Der Libanese blickte ihm zum ersten Mal direkt in die Augen. Sie hatten die Innenstadt verlassen und waren in einem ungepflegten, baufälligen Teil der Metropole angekommen. Hier waren die Spuren des Krieges viel deutlicher zu sehen. Die Passanten waren ärmlich gekleidet, wohnten auf engstem Raum, überall lag Müll herum. An Ruinen hingen handgemalte Schilder und die Schmierereien an den Wänden forderten den Heiligen Krieg und den Tod aller Ungläubigen.

»Halt hier an, Bruder. Wir steigen aus!«, befahl Aziz dem Taxifahrer.

Der Citroën kam abrupt an einem Eisenwarenladen zum Stehen. Von hinten gab es einen dumpfen Knall – der Fahrer eines

Lastenmopeds, voll beladen mit libanesischen Gurken, war nicht rechtzeitig ausgewichen und hatte das Heck gerammt. Kaum hatte er sich aufgerappelt, schrie er in markerschütternder Lautstärke nach Allah und der Polizei, dem Notarzt und der syrischen Armee und verfluchte über dem Berg aus Gurken, der sich in der Gosse aufgetürmt hatte, die verdammten Ausländer und vor allem die Amerikaner und die Israelis. Im Nu hatte sich ein Menschenauflauf gebildet, bärtige Männer und wütende, dicke Weiber gruppierten sich um den Citroën und die soeben entstiegenen Passagiere.
»Ich verlange eine Entschädigung!«, kreischte der Gurkenkurier und hielt sich theatralisch den Kopf, als habe er eine schwere Schädelverletzung erlitten.
»Ich zahle dir überhaupt nichts, du Laus!«, brüllte der Taxifahrer zurück und deutete anklagend auf eine Beule am Kofferraum, die mindestens zwölf Jahre alt war. »Du hast mein Taxi zerstört! Wovon soll ich nun leben?«
»Der Ausländer ist schuld!«, schrie eine Stimme aus der Menge. Zustimmendes Gejohle.
»Geben Sie ihnen Geld«, raunte Aziz. Margolis wusste, dass es in irgendeinem Handbuch Verhaltensregeln für einen Fall wie diesen gab, aber er konnte sich nicht erinnern. Verdammt, er war seit zehn Jahren nicht mehr draußen im Einsatz gewesen. Es war, als fange er ganz von vorne an. Er hatte in Pakistan gearbeitet, er war mit den Mudschaheddin nach Afghanistan eingedrungen, hatte geheime Missionen im Sudan und in Algerien ausgeführt – und jetzt war er überfordert, wenn er einem schreienden Gemüsehändler gegenüberstand?
»Geld! Geld!«, zischte Aziz. Die Menge wurde größer und offenbar auch feindseliger. Margolis hatte für einen bizarren Augenblick das Gefühl, als würden sie gleich damit beginnen, ihn zu steinigen. Er wollte seine Brieftasche zücken, stellte aber zu seinem Schrecken fest, dass sie nicht an ihrem Platz in der

Innentasche seines Jacketts war. Aziz rupfte an seinem Ärmel: »Schnell, geben Sie ihnen Geld, sonst haben wir gleich eine Menge Ärger.«

Margolis fischte aus seiner Hosentasche ein Bündel von Dollarnoten. Er machte sich nicht die Mühe nachzuzählen, sondern drückte dem Gurkenkurier und dem Taxifahrer je die Hälfte in die Hand. Durch eine Wolke von ausgestreckten Händen zog ihn Aziz weg, in eine Seitengasse, in Sicherheit. Sie rannten ein paar hundert Meter und bogen dabei mehrmals ab, bis sie an einem Hauseingang zum Stehen kamen, über dem zerknitterte Wäsche zum Trocknen im ewigen Schatten hing. Hier blieb der Libanese unvermittelt stehen. Margolis keuchte, sein Gesicht war puterrot angelaufen.

»Sie sind ein Idiot«, sagte Aziz scharf. Jetzt war er nicht mehr die nervtötende Made. Jetzt sprühten seine Augen Verachtung und sein alberner Clark-Gable-Schnurrbart zitterte vor unterdrückter Erregung: »Sie sind der größte amerikanische Trottel, den ich jemals gesehen habe.«

»Was reden Sie da?«, fuhr Margolis ihn an, wissend, dass der Libanese Recht hatte. Seine Ankunft in Beirut würde er nicht als eine seiner größten Stunden verbuchen können.

»Du liebe Güte.« Aziz raufte sich die Haare. »Sie bringen sich und mich in Lebensgefahr. Sie waren doch schon einmal in Beirut, oder? Und dann wissen Sie immer noch nicht, wie man sich hier zu verhalten hat?«

»Wovon zum Teufel reden Sie?«, fragte Margolis ungeduldig. Soweit es ihn betraf, hatte diese Made nur einen einzigen Auftrag – ihn zu Abdul Gahid zu bringen.

»Ich rede davon, dass die ganze Stadt seit Tagen auf nichts anderes wartet, als dass ein amerikanischer Agent eintrifft, um Abdul Gahid zu sehen. Und Sie nennen auch noch seinen Namen! Jeder verdammte Taxifahrer in Beirut hat Ohren so groß wie Radarschüsseln. Und ich verwette meine rechte Hand darauf, dass der Kerl, der uns gefahren hat, in diesem Moment am Telefon hängt und seinen Kontaktleuten von der Hisbollah alles berichtet, was er gehört hat. Ein französischer Teppichhändler, der sich nicht für libanesische Mädchen interessiert – bei Allah, so was muss erst erfunden werden. Und der nichts von Teppichen versteht und dem man weismachen kann, dass es in Lyon eine Rue Henri Philippe Petain gibt. Petain! Der Kerl, der mit den Nazis kollaboriert hat! Meinen Sie wirklich, nach dem würden in Frankreich Straßen benannt, ja?« Aziz redete sich in Rage und Margolis schien zu schrumpfen. »Und dann holen Sie auch noch US-Dollars aus der Hosentasche!«

»Ich hatte französisches Geld dabei. Aber meine Brieftasche ist verschwunden!«, protestierte Margolis kraftlos.

»Hier ist sie!« Aziz drückte ihm sein Portemonnaie gegen den Bauch. »Ich habe sie an mich genommen, als ich Ihnen den Präsidentenpalast zeigte. Meine Güte, Abdul Gahid hatte ganz Recht, als er sagte, ihr Amerikaner, CIA hin oder her, ihr seid wie große Kinder, auf die man ständig aufpassen muss.«

Margolis nahm seine Börse an sich und schüttelte den Kopf. »War nicht mein bester Tag heute«, sagte er müde.

So feurig er eben noch geschimpft hatte, so ruhig war Aziz nun. Er lächelte sogar und klopfte Margolis freundschaftlich auf den Oberarm.

»Ja. Ich verstehe. Abdul Gahid wollte Ihnen auch nur eine kleine Lektion erteilen. Er mag das. Erst mal den Leuten den Schneid nehmen, dann verhandelt es sich leichter. Aber sagen Sie ihm bloß nicht, dass ich Ihnen das gesagt habe. Ihre Leute haben ihn wohl nicht immer gut behandelt.«

»Er hat uns auch nicht immer gut behandelt«, erwiderte Margolis, durchflutet von einer warmen Welle der Dankbarkeit, aber auch unfähig, seine Abneigung gegen Gahid zu verbergen.

»Gehen wir«, sagte Aziz und steuerte die Straße am Ausgang der engen Häuserschlucht an. Margolis folgte ihm willenlos und mit dem unguten Gefühl, dass er sich einem System ausgeliefert hatte, das er nicht kontrollieren konnte. Draußen wartete derselbe schwarze Citroën, den sie zehn Minuten zuvor verlassen hatten.

»Was soll das?«, fragte der Amerikaner.

»Keine Sorge«, lächelte Aziz ölig. »Ich sagte doch: Abdul Gahid wollte Ihnen nur eine kleine Lektion erteilen. Hoffentlich haben Sie die Lektion gelernt. Steigen Sie ein, ich bringe Sie zu ihm …«

Vielleicht, dachte Stephen Margolis, als er sich mit klopfendem Herzen abermals auf den federweichen Rücksitz des Citroëns fallen ließ, vielleicht hätte ich lieber zu Hause bleiben sollen. Lisa hat Recht. Vielleicht bin ich zu alt für diese Scheiße …

7. Kapitel

Abijan, Elfenbeinküste

Die Polizei trieb sich schon wieder unten in der Gasse herum und horchte die Ladenbesitzer aus. Mustafa Mbir beobachtete die beiden Zivilbeamten vom Fenster aus, wie sie sich gerade den vertrottelten Früchtehändler an der Ecke vornahmen. Es war schon das dritte Mal in dieser Woche, dass sie hier aufkreuzten und den Nachbarn Fragen nach dem Mieter im dritten Stockwerk stellten. Allah allein wusste, wie sich sein Name auf ihre Listen verirrt hatte und was sie ihm wohl, sollten sie sich entschließen, an seine Tür zu klopfen, eigentlich vorwerfen wollten. Vielleicht, dachte Mbir, hatten sie ihn damals bei der Demonstration fotografiert, an der er sich unbedachterweise beteiligt hatte. Und nun, wo alle Welt Jagd auf Islamisten und Terroristen machte, nun hatten sie die Fotos wieder ausgegraben und hielten es für eine gute Idee, ihren Vorgesetzten auch mal einen Kandidaten zu präsentieren.

Mustafa Mbir verfolgte die internationalen Zeitungen mit großer Aufmerksamkeit und studierte im Internet alle Informationen, deren er nur habhaft werden konnte. Die Welt der Christen und Juden war in heller Aufregung. Es herrschte Krieg und überall setzten die Ungläubigen ihre Spürhunde in Bewegung, schickten ihre Lakaien und Hilfsempfänger, ihre Speichellecker und Sklaven auf die Suche nach aufrechten Männern wie ihm, die geschworen hatten, die Welt zu ändern. Die Zeit wurde knapp. Wenn die Staatssicherheit gegen ihn ermittelte, dann blieben ihm nur noch Tage, vielleicht nur noch Stunden, um zu vollenden, was er begonnen hatte.

Sie suchten Beweise, um einen Haftbefehl gegen ihn zu erlassen.

Bei jedem anderen, das wusste Mustafa aus eigener täglicher Erfahrung als Anwalt, brauchten die Staatsdiener gar keine Beweise, um einen Verdächtigen für Tage oder Wochen einzusperren. Wenn jemand beispielsweise ein Moslem war, wenn seine Familie arm war und aus den nördlichen Savannen eingewandert – also ohne einflussreiche Verwandtschaft in der Stadt –, wenn dieser Jemand dann auch noch Anwalt war und sich einmal auf einer Demonstration gegen den Präsidenten hatte sehen lassen (der die Moslems, die in diesem Land inzwischen zahlreicher waren als die Christen, ihrer politischen Rechte berauben wollte) – dann reicht das eigentlich schon aus für einen Haftbefehl und ein paar Jahre Knast. Das Einzige, was Doktor Mbir vorläufig schützte und weswegen er sich zumindest heute noch relativ sicher fühlen konnte, waren seine internationalen Kontakte und sein weit über die Landesgrenzen hinaus bekannter Ruf als furchtloser Streiter für die Armen und Entrechteten. Wer Mustafa Mbir ins Gefängnis brachte, der bekam in einigen westlichen Staaten eine schlechte Presse, und weil die Regierung so erpicht auf Investoren und Wohltäter aus ebendiesen Ländern war, würden die Häscher der Staatsgewalt sehr vorsichtig mit ihm sein müssen. Sie würden nicht kommen, bevor sie ihm etwas Handfestes nachweisen konnten, und bei ihrem Tempo und ihrer Ahnungslosigkeit konnte das noch eine Weile dauern. Aber das Gefühl von Sicherheit und Unverletzlichkeit, das ihn in den letzten Jahren und Monaten eingelullt hatte, war in Auflösung. Mbir beobachtete die beiden Zivilbeamten mit grimmiger Entschlossenheit, weil er wusste, dass sie ihn – und zwar mit Billigung auch der liberalsten westlichen Länder und Medien – auf kleiner Flamme rösten konnten für das, was er im Geheimen vorbereitete.

Bleischwere Wolken hingen über der quirligen, schmutzigen Millionenstadt. Aber den lange ersehnten Regen würden sie auch heute nicht bringen. In der schwülen Luft waberten Abgasdünste und Qualmwolken von verbrennendem Müll. Das ewige Hupen der Taxis, die auf der Hauptstraße im Stau steckten, klang gedämpft in die stickige Gasse, vermischt mit dem Geschrei spielender Kinder, dem Rufen der Straßenhändler und dem Kläffen streunender Hunde. Mustafa Mbir trug keinen Anzug, wie es sein Status als Advokat eigentlich vorgeschrieben hätte. Er war in einen Kaftan aus hellem Stoff gekleidet, auf seinem Kopf ein Käppchen aus dem gleichen Material. Wenn er nicht vor Gericht erscheinen musste, kleidete er sich gern in die traditionellen Gewänder seiner Vorfahren, denen er sich sehr verbunden fühlte. Sein ebenmäßiges tiefschwarzes Gesicht wirkte trotz seiner fast vierzig Lebensjahre jugendlich, seine Zähne waren weiß und makellos. Seine hochgewachsene Gestalt, die die traditionellen Stammeskleider dramatisch betonten, war kraftvoll und seine Bewegungen erinnerten an die eines Leoparden – jeder seiner Schritte hatte etwas Lauerndes, Sprungbereites. Und sprungbereit war er, denn jetzt war der Krieg ausgebrochen und Männer wie er würden ihn gewinnen. Die Zukunft gehörte den Rechtgläubigen, denn unter ihnen würden in dieser gottlosen Welt endlich Gerechtigkeit und Frieden einkehren.

Mbir glaubte das wirklich. Er glaubte das trotz seiner vier Studienjahre an der Sorbonne, trotz der Förderung durch eine linksgerichtete französische Organisation, trotz seiner von den dortigen Moslembrüdern finanzierten zahlreichen Vortragsreisen in die USA. Trotz seiner leidenschaftlichen und wortgewandten Artikel für die in New Jersey erscheinende Zeitschrift *Voices of Africa*, in denen er für Menschenrechte und Umweltbewusstsein und gegen Globalisierung und die Herrschaft der Konzerne eintrat. Er glaubte, dass die Menschheit keine anderen Gesetze brauchte als die des Korans. Und wenn er in seinem Anwaltsberuf gezwungen war, für die Übergangszeit mit anderen, weltlichen Gesetzen zu arbeiten, dann nahm er das zähneknirschend hin und ertrug es nur in der Gewissheit, dass die Zeit der Wahrheit bald anbrechen würde. Er glaubte, dass Ausbeutung, Hunger und Krankheit beseitigt werden konnten, wenn anstelle der Unterdrückungsreligionen der Juden und Kreuzritter endlich die mildtätigen Lehren des Islam in Kraft träten. Er glaubte, dass ein Kampf der Religionen begonnen hatte und dass der Islam hier und jetzt seine entscheidende Schlacht gewinnen musste, sonst würden die Ungläubigen ihn zertrampeln. Und er glaubte, dass dieser Kampf ein blutiger, brutaler, mit allen Mitteln geführter Kampf sein müsse, denn nur so konnte man die Kreuzritter und die Juden besiegen.

Die Polizisten in Zivil, die inzwischen festgestellt hatten, dass der vertrottelte Früchtehändler ihnen nichts als Unfug erzählte, schlenderten ein paar Schritte die Gasse hinunter, zu einer Gruppe junger Mädchen, die in den Uniformen einer katholischen Klosterschule auf dem Weg nach Hause waren. Sie waren sicherlich sehr hilfsbereit, die kleinen, christlichen Schlangen, dachte Doktor Mbir. Er war sich nicht sicher, aber es konnte sein, dass eines der Mädchen, das in der Nachbarschaft wohnte, ihn gesehen hatte, als er die Belgierin in sein Haus gebracht hatte. Die dumme Gans aus Europa hatte wohl irgendwie bemerkt, dass sie dieses Haus nicht mehr lebend verlassen würde, und sie hatte versucht, sich zu wehren. Da hatte Mbir sie kurzerhand bewusstlos geschlagen. Vielleicht hatte das Mädchen ihn dabei gesehen und nichts würde sie daran hindern, ihre Beobachtung den beiden Polizisten mitzuteilen. Die Gören lernten von ihren frommen, ausländischen Schwestern jeden Tag, dass Moslems nichts weiter waren als blutdurstige Soldaten Satans. Mit dem Gestank, der aus der engen, schmutzigen Gasse aufstieg, erreichten Wortfetzen den Lauscher hinter dem vergitterten Fenster im dritten Stock. Doch er konnte keinen Zusammenhang erkennen. Das Rauschen des Deckenventilators, der einen aussichtslosen Kampf gegen die stickige Hitze führte und zu nichts weiter taugte, als die zweihundert Fliegen in seinem Büro durcheinander zu wirbeln, übertönte die hellen Stimmchen der kleinen Christenhuren. Sie trollten sich fröhlich, ihre verlogenen Bücher an die Brust geklemmt, und die beiden Polizisten machten sich Notizen.

Als nächstes war der blinde Zauberer an der Reihe, der in seinem Handkarren getrocknete Echsen und allerlei eingelegte tierische Eingeweide und magische Wurzeln gegen Krankheiten, Armut und den bösen Blick feilbot. Mustafa Mbir lächelte. Bei dieser Art von Informanten würden die Polizisten noch Monate brauchen, bis sie einen brauchbaren Hinweis in der Tasche hatten, um gegen den Anwalt im dritten Stock einen Haftbefehl auszustellen.

Er zog sich vom Fenster zurück und blickte auf die Uhr. Eine massive Standuhr in der Ecke seines Büros – außer dem mit Anklage- und Verteidigungsschriften überladenen Schreibtisch, dem überquellenden Bücherregal und den zwei Stühlen – war das einzige Möbelstück in seiner Kanzlei. Auf dem Boden lag noch sein Gebetsteppich, ansonsten war das Zimmer kahl und sachlich. Es war viertel nach vier. Es war nun Zeit, nach der Gefangenen zu sehen. Er hatte sie heute Morgen zum letzten Mal untersucht und festgestellt, dass sie bald sterben würde. Bald würde sie beginnen, durch die Haut zu bluten, und dann wäre alles vorbei. Seit er sie vor zwei Wochen überwältigt, in den Keller des Hauses gesperrt und gefesselt hatte, war es ihm gelungen, sechs Beutel mit Urin aus ihr zu gewinnen. Das war eigentlich schon mehr, als er gefahrlos transportieren konnte. Er wusste selbst nicht so genau, was er einem Zöllner sagen sollte, wenn dieser darauf bestand, dass er seinen Koffer öffnete und darin zwischen tadellos gestärkten Hemden, Hosen und Unterwäsche die Beutel mit der gelblichen Flüssigkeit fand. »Eigenurin«, würde er behaupten. Und dass es ein altes, afrikanisches Heilmittel zur Vorbeugung gegen alle möglichen Krankheiten sei, die man sich auf Auslandsreisen in fremde Länder so einfangen konnte. Allerdings bestand die Gefahr, dass der Zöllner ihn dann aufforderte, zum Beweis seiner Aussage ein Schlückchen von dem Zeug zu trinken, und bei dieser Vorstellung krampfte sich Mustafa Mbirs Magen schmerzlich zusammen. Vielleicht konnte er vor seinem Abflug noch einmal mit Doktor Jamal bei der Firma Gortheon in New York telefonieren und ihn um Rat fragen. Doktor Jamal kannte die Antwort auf jede Frage. Es war nur immer so verdammt schwer, ihn an die Strippe zu bekommen.

Mbir schloss die Tür seiner Kanzlei ab und ging die Treppe hinunter in den Keller. Bevor er den Raum betrat, legte er Gummihandschuhe und eine Atemmaske an. Sein Keller war ein schwarzes, erbärmlich stinkendes Loch, beleuchtet nur von einer schwachen Glühbirne, die an ihrem Draht von der Decke baumelte.

Die junge Frau lag auf der Matratze auf dem Boden, gefesselt und geknebelt. Ein befreundeter Arzt, Doktor Rahman, Fachmann für die Frauenbeschneidung und ebenfalls überzeugter Kämpfer im Heiligen Krieg, hatte ihr einen Katheter gelegt. Der Urin floss nur noch spärlich und wurde immer blutiger, die Nieren schienen langsam ihre Arbeit einzustellen. Mustafa Mbir gestattete sich kein Mitleid mit der Frau, die auf dem Boden im Dreck lag, dem Tod so nahe, dass sie nicht einmal mehr stöhnen konnte. Die Menschenrechte, die er so wortgewaltig verteidigte, galten nicht für Ungläubige. Vielleicht würde Allah sich ihrer erbarmen – sofern Allah tatsächlich so etwas wie Erbarmen mit Weibern hatte –, weil sie doch immerhin durch ihr Leiden einen wesentlichen, wenn auch nicht freiwilligen Beitrag zum Sieg der Gerechten geleistet hatte.

Die Frau auf der Matratze war eine Studentin aus Belgien. Blond, hässlich, übergewichtig – jedenfalls noch zu dem Zeitpunkt, als Mbir sie aufgegabelt hatte. Inzwischen waren ihr die

Haare ausgefallen und sie glich einem Skelett. Ihr Hauptfach: Westafrikanische Kunst. Sie war auf Studienreise und hatte auf einem Stadtausflug ihre Gruppe verloren. Gott sei Dank, dass sie ihn gefunden hatte! Die dumme Kuh freute sich wie ein Kind. In Paris studiert? Menschenrechtsanwalt? Wie romantisch!

Sie hatte sich vermutlich auf der Stelle in ihn verliebt, denn er sah ein wenig aus wie der Schauspieler Denzel Washington. Und sie stieg ohne Hemmungen in sein Auto ein, als er ihr versprach, sie zum Hotel zu bringen, in dem ihre Kommilitonen abgestiegen waren. Aber stattdessen brachte er sie geradewegs zu seinem Haus, und als sie Zicken machte, schlug er sie bewusstlos und schleifte sie hinunter in ihr Verlies. Dem Rächer auf seinem Feldzug dienten das Schicksal und die allwissende Hand Gottes als Kompass, dachte Mbir fromm. Ausgerechnet eine Belgierin war ihm in die Arme gelaufen – das war sicherlich kein Zufall, das war Fügung. Hatte nicht der belgische König Leopold einst im Kongo gewütet wie ein Teufel? Und hier nun ging eine seiner Untertanen den Glaubenskriegern ins Netz und bekam von der großzügigen Vorsehung die Chance zur Wiedergutmachung an den geschundenen und ausgebeuteten Afrikanern.

Doktor Mbir hatte Bekannte in Europa, die Tränen der Rechtschaffenheit in die Augen bekamen, wenn sie darüber wetterten, dass in China Kragenbären in engen Käfigen gehalten wurden, während man ihnen ihre Gallenflüssigkeit abzapfte, die irgendwelche Heilkräfte besitzen sollte. Mbir fragte sich, was diese Leute wohl sagen würden, wenn sie vom Schicksal der jungen Belgierin in seinem Keller erführen. Sie hatte schlicht Pech gehabt und war ihm genau zu dem Zeitpunkt in die Hände gefallen, als Doktor Jamal ihm das Signal gab, das Unternehmen »Atem der Hölle« zu starten. Die Amerikaner mochten die stärksten und bestentwickelten Waffen besitzen, sie mochten ruhig glauben, dass sie sich mit ihren Computern, Konzernen, Filmen und Dollars die Welt untertan machen konnten. Aber die Armen und Geschundenen dieser Welt hatten weit gefährlichere Waffen. Im Schoß ihres geprügelten Kontinentes schlummerten die übelsten und tödlichsten Krankheiten. Seuchen, die in tropischem Dreck und in hoffnungsloser Armut gärten. Seuchen, gegen die sie selbst resistent waren, die jedoch über andere, fremde Kulturen kommen würden wie der Atem der Hölle. So wie die weißen Eroberer, die Konquistadoren und Sklavenjäger früherer Jahrhunderte ganze Völker in Südamerika und Afrika mit ihren unbekannten Krankheiten ausgerottet hatten, waren sie jetzt selbst an der Reihe.

Doktor Mbir hatte nur eine halbe Stunde mit dem Auto aufs Land fahren müssen, in eines der elenden Stammesgebiete im Südwesten, er hatte sich nur fünf Minuten in einem Speicherraum aufhalten müssen, um einen Umschlag voll herumliegender Hirsekörner einzusammeln, und schon befand er sich im Besitz einer Waffe, die schrecklicher und tödlicher war als eine Atombombe. In dem Speicherraum wohnten Ratten, die Ratten pissten auf den Boden und auf dem Boden lagen die Körner. In diesen Körnern wohnten nun die Erreger des Lassafiebers, mit dem er die Belgierin infiziert hatte. Ihr Urin, den er gesammelt hatte, seit das Fieber voll ausgebrochen war, war so giftig und infektiös, dass er damit eine Großstadt ausradieren konnte, vielleicht einen ganzen Landstrich. Noch neun Wochen lang würde die gelbliche Flüssigkeit hoch ansteckend sein. Wer sie ins Blut oder in die Atemwege bekam, der würde einen der grässlichsten Tode sterben, die die Evolution erdacht hatte. Ohne Aussicht auf Heilung, ohne Chance auf Genesung. Und davor würden die Infizierten noch viele andere anstecken. Und alle würden unter schrecklichen Qualen von innen heraus verbluten, so wie die Belgierin auf der Matratze am Boden, der das Blut schon aus der Haut trat.

Der letzte Beutel war nur noch zur Hälfte gefüllt. Mbir stöpselte den Schlauch aus und schraubte den Deckel darauf, packte ihn zusammen mit den sechs anderen Beuteln in eine Tasche und verließ lautlos den Raum, ohne der Sterbenden auch nur noch einen Blick zu schenken. Sie würde schon bald beginnen, ziemlich streng zu riechen. Und obwohl man in der Nachbarschaft sicherlich ein paar Tage lang davon ausgehen würde, dass einer der Straßenköter in der Gosse verreckt war, würde der Gestank irgendwann doch dazu führen, dass sie die Tote fanden. Aber zu diesem Zeitpunkt wäre Mustafa Mbir bereits in Amerika und damit beschäftigt, den konzentrierten Tod aus den Beuteln über die Feinde zu bringen.

Ob seine Nachbarn dann wegen der verwesten Leiche in seinem Keller schlecht von ihm dachten oder ob die beiden Zivilfahnder, die ihm auf den Fersen waren, dann erkennen würden, dass sie einfach nicht schnell genug gehandelt hatten, das interessierte ihn nicht mehr.

8. Kapitel

Uruzgan, Afghanistan

Sie bewegten sich lautlos in der Finsternis, unsichtbar für jeden – nur nicht für einander, denn die Nachtsichtgeräte gaben einen entscheidenden Vorteil. Achtzig Soldaten unter der Führung eines erfahrenen Kämpfers, Major George Bolivar. Der Major hatte jeden seiner Männer persönlich ausgesucht, trainiert und ihnen alles beigebracht, was er konnte – und das war, was das Schleichen, Angreifen und Töten betraf, eine ganze Menge. George Bolivar war Nachfahre mexikanischer Einwanderer, und wenn er zu viel getrunken hatte, dann brüstete er sich, ein Nachfahre des südamerikanischen Freiheitshelden Simon Bolivar zu sein, was frei erfunden war. Aber auf seine Art fühlte sich der kompakte, schnauzbärtige Offizier tatsächlich wie ein Befreier. Er befehligte eine Staffel der härtesten, schnellsten und geheimsten Soldaten Amerikas. Um ihre Einheit rankten sich viele Legenden, weil niemand Genaueres wusste. In den Zeitungen und in einigen Hollywood-Filmen wurden sie als Delta Force bezeichnet, eine geheime Eliteeinheit. Ein Name, der streng genommen nicht zutraf, aber immer noch eingängiger war als das bloße, unauffällige Aktenzeichen CS-23-Delta, unter dem sie in den internen Papieren des Pentagon geführt wurde. Sie selbst nannten sich nur die »Stillen Killer« und litten oft darunter, dass ihnen strikt verboten war, über all das zu reden, was sie so stolz machte. Kein Politiker erkannte öffentlich auch nur ihre Existenz an – und erst recht nicht ihren Auftrag. Aber hier waren sie, gestern im Schutz der Nacht aus einem niedrig fliegenden Transporter gesprungen. Sie hatten annähernd sechzig Kilometer Fußmarsch durch unwegsames Gebiet hinter sich gebracht und kamen immer näher an die Stelle, die der pakistanische Geheimdienst als einen der bevorzugten Schlupfwinkel des Feindes benannt hatte. Insgesamt waren zu diesem Zeitpunkt schon mehr als viertausend Soldaten verschiedener amerikanischer Eliteeinheiten in unterschiedlichen Regionen in den Bergen Afghanistans unterwegs. Einige sollten die Gegend nach Landeplätzen für größere Truppenkontingente auskundschaften, andere hatten den Auftrag, die Hintermänner der Attentate in New York und Washington zu finden und unschädlich zu machen. Außer den Kriegern der Delta Force operierten auch noch Einheiten der Green Berets, der Ranger und der Fallschirmeinheit Night Stalker unabhängig voneinander in feindlichem Terrain. Niemand außer ihren Generälen und einer Hand voll Vertrauter des Präsidenten wusste von ihrem Einsatz. Für den Fall, dass sie versagten, würde es niemand jemals erfahren. Hoffentlich.

Die Männer marschierten jetzt langsam, es schien, als hielten sie die Luft an. Muskulöse Körper, unter schwarzen Spezialanzügen und kugelsicheren Westen bis zum Äußersten angespannt. Sie hatten ihre leichten automatischen Waffen im Anschlag, einige bewegten sich seitwärts, diejenigen am Ende des Zuges gingen sogar alle paar Schritte rückwärts. Nur noch wenige Kilometer und das Zielgebiet war erreicht – sie würden ausschwärmen, das vermutete Lager des Feindes umzingeln, lautlos zuschlagen und sich unauffällig wieder zurückziehen. Keine Gefangenen, lautete der Befehl. Die Männer verständigten sich mit Handzeichen und im Flüsterton durch Funkgeräte. Jeder war mit einem hoch empfindlichen Mikrofon und einem perfekt eingepassten Ohrstück ausgerüstet.

Als die Mine hochging und der Schrei des Verwundeten gellte, zerriss es einigen Soldaten das Trommelfell. Viele gingen in die Knie und rissen sich reflexartig die Stöpsel aus dem Ohr.

»Mann in Not! Mann in Not!«, schrie ein Soldat vorschriftswidrig vom hinteren Ende ihrer Formation und Major Bolivar spurtete über Felsen und Gestrüpp, um dem Mann das Maul zu stopfen. Sie waren entdeckt, aber noch nicht verloren. Sie konnten sich wehren. Sie waren unsichtbar. Aber wenn dieser Idiot nicht sofort die Klappe hielt, mussten die Schützen aus dem Hinterhalt nur in die Richtung ballern, aus der der Lärm kam. Bolivar sah seine Leute, schwarze Schatten in der grünen Landschaft seiner Nachtsichtbrille, in Deckung gehen. Sah sie ihre Gewehre an sich drücken, wie ein Kleinkind in stürmischer Nacht seinen Teddy an sich drückt, hörte seinen eigenen Atem überlaut in seinem Ohr. »Halt das Maul!«, zischte er zwischen zwei Atemzügen. »Halt das Maul!«

Aber es war zu spät. Von den umliegenden Bergen spuckten die ersten Waffen ihre Salven in die Richtung der Angreifer. Immerhin hatten die anderen Männer genug Disziplin, das Feuer nicht zu erwidern, bevor sie den Befehl dazu bekamen. Schemenhaft und verwackelt gewahrte Bolivar die Umrisse des schreienden Mannes und sprang ihn an, warf ihn zu Boden und presste ihm seine Hand auf den Mund.

»Maul halten!«, krächzte er. »Maul halten oder ich erwürge dich!« Neben sich hörte der Major ein Stöhnen, das direkt aus den Folterkellern der Hölle zu kommen schien. Einer seiner Männer lag, den Körper grotesk verrenkt, keine zwei Schritt entfernt und hielt sich den Stumpf seines Beines. Die hitzeempfindlichen Sensoren seines Infrarotgerätes zeigten einen blasshellen Strahl – Blut –, der pulsierend aus dem Bein des Mannes hervorschoss, auf den Boden traf und dort verblasste.

»Mein Bein, mein Bein!«, stöhnte der Soldat, den die Mine erwischt hatte. Laut genug, um noch in zweihundert Metern Entfernung gehört zu werden. Bolivar zückte sein Messer, warf seinen Körper auf den des Verletzten und rammte ihm die Klinge zielsicher ins Herz. Auf der Brust des Mannes entstand innerhalb von Sekunden ein blassheller See.

Stille. Major Bolivar richtete sich auf und spähte in die Höhe, zu den Kämmen der Hügel, die sie durchschritten hatten. Er glaubte, Gestalten zu sehen, die in gebückter Haltung in Richtung Westen huschten – derselben Richtung, in der das Lager des Feindes vermutet wurde. Bolivar schob in einer mächtigen Willensanstrenung alles beiseite, was er soeben erlebt und gefühlt hatte. Es war eine Sache, zu wissen, dass in diesem Land noch zehntausende unentdeckter Landminen darauf warteten, ahnungslosen Eindringlingen die Beine abzureißen. Und es war eine ganz andere Sache, einen seiner Männer daran krepieren zu sehen. Und noch eine ganz andere Sache war es, diesen Mann zu töten, damit er in seinem Todeskampf nicht die gesamte Einheit verriet. Bolivars Hand suchte in dem verblassenden See auf der Brust des Toten nach der Metallplakette, die er um den Hals trug, und riss sie ihm ab. Später erst, viel später würde er wissen, welchen seiner Männer er hatte umbringen müssen. Wenn er Glück hatte und es überhaupt jemals erfuhr.
Der Soldat, der geschrien hatte, gewann langsam seine Fassung zurück und versuchte, den verlorenen Ohrstöpsel wieder anzubringen und das Mikrofon, das an einem Gummiarm aus seinem Helm kam, wieder vor dem Mund zu befestigen.
»Es tut mir Leid!«, hörte Bolivar ihn flüstern. »Es war gegen die Vorschrift, Sir. Es tut mir Leid!«
Bolivar glaubte, die Stimme und den Akzent zu erkennen. Der Mann hieß Rick Ullrich und kam irgendwo aus dem Mittleren Westen. Er war groß und stark wie ein Bär, ein ausgezeichneter Athlet und überragend im Nahkampf. Zäh, wie nur ein Bauernsohn sein konnte, dem statt Muttermilch Eier mit Speck eingeflößt wurden. Ein bisschen langsam, wie das wohl nicht ausbleiben konnte, wenn einer aus dieser Gegend kam und nie eine weiterführende Schule besucht hatte. Mit sechzehn war Rick Ullrich in die Armee eingetreten und hatte seine erste Waffe

auseinandergenommen, noch bevor er jemals einen Büstenhalter geöffnet hatte. Die Kameraden nahmen ihn nicht sonderlich ernst und nannten ihn »Gump«, weil er ebenso wie Forrest Gump alles wörtlich nahm und nicht die geringste Fähigkeit zur Abstraktion hatte. Und weil er immer eine Bibel dabeihatte, in der er sogar las. Major Bolivar hatte ihn für diesen Einsatz ausgewählt, weil Ullrich laufen konnte wie eine Maschine, weil er einem tobenden Stier mit bloßen Händen den Hals brechen konnte und weil Ullrich ihn fast auf Knien angefleht hatte, ihn nicht zu vergessen. Und, vielleicht eher unbewusst, hatte der Major Ullrich auf die Liste gesetzt, weil dieser Kerl mit seinem strahlenden Jungengesicht, seiner Bibel und seiner unschuldigen Naivität wie ein Bollwerk des blühenden Lebens aussah und wie ein Maskottchen des Sieges. Bolivar hatte jetzt keine Zeit, seine Entscheidung zu bereuen, aber – bei Gott – wenn sie hier lebend wieder rauskamen, dann würde er sich den Jungen vorknöpfen.

»Es tut mir wirklich Leid, Sir«, sagte Ullrich noch einmal. Seine Stimme war nur schwer zu verstehen, kam total verzerrt und verrauscht durch das Mikrofon.

»Was ist mit Ihrer Stimme?«, fragte Bolivar gereizt. Die Kopfhörer und die verdammten Mikrofone – und manchmal zur Abwechslung auch die Empfangsgeräte – hatten in der Testphase immer wieder versagt. Bolivar kochte vor Zorn, als er sich vorstellte, wie er die Schwachköpfe von der Ausstattungsabteilung zur Sau machen würde, wenn sie wieder zurückkamen. Vermutlich hatten sie irgendwelche beschissenen Geräte aus Taiwan eingesetzt, weil die billiger waren als das ordentliche Equipment, mit dem man überleben konnte. »Was ist? Hören Sie mich?«, fauchte der Major. »Was ist mit Ihrer Stimme?«

»Nichts, Sir. Ich weine, Sir. Der Kamerad war ein Freund von mir.«

»Halten Sie Ihre verdammte Schnauze!«, zischte Bolivar. Ein

weinender Soldat. Auch das noch! »Sie gehen ab jetzt einen Schritt hinter mir, und wenn Sie noch ein einziges Mal Ihr verdammtes Maul aufreißen, dann schneide ich Ihnen persönlich die Zunge raus. Ist das klar?«

»Ja, Sir!«

»Und hören Sie auf zu flennen! – Alle Mann mal herhören!« Der Major wandte sich jetzt über den gemeinsamen Funkkanal an alle. »Wir haben auf elf Uhr und auf vierzehn Uhr eine Anzahl von Männern. Bewaffnet mit Ak-47 und Messern, soweit ich sehen konnte. Wir gehen ab jetzt nicht mehr im Tal, sondern auf dem Kamm. Hier unten sind wir wie auf dem Präsentierteller, außerdem liegen hier Minen. Hopkirk und Jasper, Sie gehen mit Ihren Leuten nach links. Powell und ich gehen nach rechts. Keine Feuerwaffen, wenn es nicht absolut nötig ist! Messer oder bloße Hände.«

»Verstanden«, kam es als Antwort.

Bolivar konnte sehen, wie die Umrisse der Männer links und rechts die Böschung erklommen. »Und denkt immer daran: Sie können euch nicht sehen!« Man konnte den Männern gar nicht oft genug sagen, dass sie eine andere Wirklichkeit wahrnahmen als die Feinde. Wenn einem Felsen, Bäume, Gebüsch und menschliche Gestalten so deutlich vor Augen waren, fiel es schwer, sich vorzustellen, dass ringsherum finstere Nacht herrschte. Die Technik hatte sie mit den raffiniertesten Werkzeugen ausgestattet, um Hindernisse wie die Dunkelheit zu besiegen. Aber so einfach war das nicht, denn die wahren Hindernisse steckten in den Köpfen. Noch immer arbeiteten hoch bezahlte Psychologen im Auftrag der Armee daran, eine der kindischsten Hemmschwellen des Menschen zu überwinden: Wer in der Dunkelheit sehen konnte, der ging automatisch davon aus, dass auch er in der Dunkelheit gesehen wurde, und verhielt sich entsprechend. Er verschenkte seinen Vorteil. Das galt für ein Kind, das die Hände vor die Augen schlug und mein-

te, es sei unsichtbar, und das galt umgekehrt auch für Amerikas bestausgerüstete Eliteeinheit.
Major Bolivar zog den Soldaten, der geschrien hatte, am Arm in die Höhe und bedeutete ihm, den Hang zur Rechten zu erklimmen. Auf losem Geröll und durch dorniges Gesträuch bahnten sie sich ihren Weg nach oben.

Es gab keine Nacht, in der im Lager der Gotteskrieger der Schlaf regierte. Hier herrschte immer Wachsamkeit. Die Leibgarde des Prinzen konnte tagelang ohne Pause marschieren, reiten und wachen. Besonders jetzt, da sie zum ersten Mal seit langer Zeit wirklich auf der Flucht waren. Nur einen gab es, der nicht beim Geräusch eines fallenden Kiesels hellwach wurde.
»Überfall!« Nadir, der afghanische Übersetzer, spürte, wie jemand an seinem Arm zerrte. Sein Körper versteifte sich in Furcht und Erwartung. Da hörte er schon in der Ferne das Explodieren der Mine, die Schreie und schließlich die Schüsse.
»Idioten!«, sagte der Mann, der ihn geweckt hatte, und huschte in die Dunkelheit davon.
Die Maultiere wurden unruhig und schnauften nervös, als die Kämpfer in aller Hast die Glut der erloschenen Feuer mit Sand begruben, ihre wenigen Sachen zusammenpackten und auf die Rücken der Tiere luden. Die Autos hatten sie gestern in einem Versteck im Tal zurückgelassen, denn in dieser Gegend gab es keine festen Wege. Doch der steinige Pfad in die alten Edelsteinhöhlen von Ghostum war lang und beschwerlich, auf halber Strecke hatten sie eine Rast einlegen müssen. Und genau an dieser Stelle hatten die Feinde sie eingeholt. Nadir ergriff seine Decke und das Telefon und eilte zu den anderen. Einige saßen schon auf den Maultieren, andere fummelten leise fluchend in der Dunkelheit an ihren Waffen herum.
»Wir sind verraten worden«, hörte Nadir neben sich die Stimme des Prinzen. Es war keine Überraschung in dieser Stimme zu

hören, kein Bedauern und keine Anklage. Es war eine nüchterne Feststellung. Der Anführer ließ sich von seinem Diener ein geladenes Sturmgewehr reichen und küsste den Lauf. »Wir werden ihnen eine Lektion erteilen.« Dann entdeckte er seinen Übersetzer, von dessen Kampfesmut und Waffenkenntnis ihm offenbar nichts Vorteilhaftes berichtet worden war. »Warte nur hier, afghanischer Freund. Wir sind bald wieder da.«

Dann ritt er mit seinen Kriegern los und Nadir blieb allein in der Dunkelheit zurück. Das Hufgetrappel wurde leiser und verklang schließlich ganz. Nadir wusste, dass dies eine Gelegenheit war, die Gott ihm geschenkt hatte. Er musste handeln, sofort. Mit dem Telefon stolperte er zu einer offenen Fläche zwischen den pechschwarz aufragenden Hängen. Nadir klappte den Deckel des Telefons hoch, der gleichzeitig eine Satellitenempfangsanlage war. Er schaltete das Gerät ein. Das hellgrüne Licht der Anzeige blendete ihn und hätte einen misstrauischen Aufpasser sofort alarmiert. Nadir zögerte einige Augenblicke, aber nichts geschah. Das Telefon meldete, dass es einen Satelliten gefunden hatte. Einen indischen Satelliten. Das Display fragte, ob Nadir seiner Wahl zustimmte und er presste ungeduldig den OK-Knopf. Wenige Sekunden nur und das Freizeichen ertönte wie ein Gruß aus einer fernen Welt. Er wählte die Nummer, die er auswendig kannte, und schloss die Augen, als der Apparat piepsend seine Zahlenfolge wiederholte, voller Angst, dass das Geräusch in der totenstillen Nacht die Kämpfer alarmieren könnte. Es klingelte zweimal, dann meldete sich die Stimme, die er am meisten von allen liebte. Rosie, die jüngere Tochter. Er hatte mit ihr Baseball gespielt im Garten. Und ihr Schwung gegeben auf der Schaukel unter dem großen Baum. Sie war noch klein gewesen, blond, wunderschön und friedlich wie ein Engel. Sicherlich war sie inzwischen verheiratet und Mutter weiterer Engel.

»Rosie, hier ist Nadir. Ist dein Vater da?«, flüsterte er.

»Hallo?«, hörte er Rosie rufen. »Hallo? Wer spricht denn da?«
Er musste lauter sprechen oder er würde sie verlieren. »Hier ist Nadir!« Er horchte, ob die schwarzen Berge vielleicht ein Echo zurückwarfen. »Vielleicht erinnerst du dich an mich?«
»Nadir! Wirklich?«, rief Rosie. »Wo bist du? Bist du in Amerika? Mein Vater hat erzählt, dass du vielleicht auswandern willst! Ich bin so gespannt auf deine Söhne – und deine Frau, natürlich!«
Nadir musste alle Konzentration aufbieten, um in der kurzen Zeit, die er nun hatte, keinen Fehler zu begehen. Er analysierte blitzschnell. Stephen Margolis hatte seiner Familie berichtet, dass Nadir und die Seinen fliehen wollten. Aber er hatte natürlich nichts davon gesagt, dass die Pläne sich längst geändert hatten, dass seine Familie ausgelöscht war und dass Nadir nun geheime Informationen aus der Kommandozentrale des Feindes lieferte. Viermal hatte Nadir den Amerikaner angerufen, seit er Zugang zum Telefon des Prinzen hatte. Viermal hatte er das Glück gehabt, Margolis persönlich am Telefon zu haben. Nadir wusste nicht, welchen Job sein amerikanischer Gastgeber in Wirklichkeit hatte. Er hatte nur so viel verstanden, dass Stephen Margolis für die Regierung im nahen Washington arbeitete, und das reichte ihm. Was er zu berichten hatte, das ging die Regierung an. Er hatte seinem Freund kurzerhand erklärt, dass er mit dem mächtigsten Feind Amerikas verkehrte und dass er deswegen Dinge in Erfahrung bringen konnte, die für Amerika sehr wichtig waren. Er hatte Margolis berichtet, dass es Sprengstoffanschläge auf amerikanische Botschaften in Rom und Athen geben sollte. Und dass die US-Luftwaffenbasis im türkischen Incirlik als Ziel für ein Selbstmordkommando ausgewählt worden war. All diese Anschläge waren vereitelt worden. Deswegen wäre Nadir fast aufgeflogen, denn es gab nur sehr wenige Mitwisser dieses Projektes und er hatte den zweifelnden, misstrauischen Blick des Prinzen in seinem Nacken

gespürt. Er musste nun höchste Vorsicht walten lassen. Nadir hatte einige Tage im Voraus gewusst, was in New York und Washington passieren sollte, aber er konnte es diesmal nicht riskieren, Margolis zu warnen. Keine Entscheidung in seinem Leben war ihm schwerer gefallen und er fühlte sich wie der Henker vieler unschuldiger Menschen, aber er konnte dieses Geheimnis nicht preisgeben, ohne sich selbst zu verraten. Er fürchtete nicht den Tod und die grausame Bestrafung, die ihm in diesem Falle drohten. Er fürchtete das, was geschehen würde, wenn er nicht mehr sprechen konnte. Er hatte das World Trade Center, auf dessen atemberaubender Aussichtsplattform er selbst einmal gestanden hatte – übrigens in Gesellschaft von Stephan Margolis, seiner Frau Lisa und seiner Töchter Rosie und Paula –, opfern müssen, weil dieser Anschlag nur der erste Schlag war in einem Krieg, wie ihn die Welt noch nicht gesehen hatte. Er wurde geführt vom Prinzen und einem vielleicht noch viel gefährlicheren Helfer in Amerika, Doktor Jamal.

»Nadir? Bist du noch da? Hallo?« Rosies Stimme klang ihm im Ohr wie eine Fanfare.

»Ich muss dringend mit deinem Vater sprechen!«, sagte er schnell.

»Hast du die Nachrichten gesehen?«, fragte Rosie unbekümmert. »Ich meine, weißt du, was in New York passiert ist? Ich war ganz in der Nähe, Nadir. Stell dir das mal vor! Ich hatte gerade mein neues Apartment bezogen. Und dann ...«

»Rosie.« Er schnitt ihr das Wort ab, »Rosie, es tut mir Leid, aber ich habe nicht viel Zeit. Wo ist dein Vater?«

»Der ist irgendwo auf Dienstreise. Willst du meine Mutter ...«

»Ja, bitte. Schnell!« Nadir fürchtete, dass sein Leben in jeder Sekunde beendet sein könnte.

»Nadir!«, begrüßte ihn Lisa Margolis herzlich.

Aber der Afghane hatte keine Zeit für Höflichkeiten. »Mrs. Margolis, bitte sagen Sie Ihrem Mann, dass ich noch arbeite.

Ich weiß, was geschehen ist, aber ich konnte nichts tun. Noch Schlimmeres wird geschehen. Ich muss vorsichtig sein. Bitte sagen Sie ihm, dass die Amerikaner uns gefunden haben und dass sie alle sterben werden. Nur damit er weiß, dass ich noch da bin. Ich habe ihn nicht verlassen. Aber es wird noch Schlimmeres geschehen. Der Prinz ist unterwegs in die Höhlen von Ghostum.«

»Nadir? Nadir?«, hörte er sie noch fragen, doch er hatte keinen Mut mehr, unterbrach die Verbindung und klappte das Telefon zusammen. Horchte in die Stille. Nichts. Absolute Ruhe. Dann am östlichen Himmel ein Aufblitzen wie von Wetterleuchten. Drei Sekunden später fielen die ersten Schüsse.

Was Major Bolivar durch sein Nachtsichtgerät erspähte, tat er zunächst als Trugbild seiner Phantasie ab. Ebenso wie er vor ein paar Minuten den schwachen Geruch von Benzin nicht hatte ernst nehmen wollen. Bolivar blinzelte ungläubig in die Dunkelheit: Der Mann, den Tausende von tödlichen Spezialisten in dieser Nacht in diesem Land suchten, der Mann, auf dessen Kopf nicht weniger als fünfundzwanzig Millionen Dollar ausgesetzt waren, der Mann, der einem nicht geringen Teil der westlichen Zivilisation als Ausgeburt der Hölle erschien – dieser Mann kam mit ausgebreiteten Händen auf ihn zu! Selbst bei Dunkelheit erkannte er die Gestalt, die er sich unzählige Male auf Videoaufnahmen und Fotos angesehen hatte, um sich jede Bewegung, jede Geste, jedes Blitzen seiner Augen und jede Falte in seinem bärtigen Gesicht einzuprägen. Bolivar hatte seine Männer auf die Hügelkämme geführt und dort arbeiteten sie sich Schritt für Schritt voran. Da er zuvor die Gestalten der afghanischen Krieger hier oben gesehen hatte, meinte der Major, dass die Pfade hier frei von Minen seien. Er selbst führte seine Gruppe an und wenn er nach links blickte, sah er dort die geduckten Schatten der zweiten Einheit. Als er jetzt den Mann sah, der keine zehn Schritt vor ihm stand, hielt Bolivar inne und riss die rechte Hand hoch als Zeichen für seine Männer. So leise, dass er es selbst kaum hörte, flüsterte er ins Mikrofon: »Alle stoppen. Wir haben ihn!«

Der Mann, den sie jagten, stand still und schien auf nichts anderes zu warten als eine Kugel aus Bolivars Maschinenpistole. Aber der Major war so perplex, so vollkommen aus der Bahn geworfen durch diese Begegnung, dass er nicht einmal daran dachte, den Abzug zu betätigen. Fasziniert wie ein stolzer Jäger, der dem Wild auf der Lichtung noch ein paar letzte Sekunden gönnt und in diesem Anblick sein eigenes Jagdgeschick bewundert, war Bolivar unfähig zu tun, wozu er ausgebildet und losgeschickt worden war.

»Das ist der große Unterschied zwischen euch und uns«, hörte Bolivar den Todgeweihten mit ruhiger Stimme sagen. Er sprach feinstes Arabisch, das Bolivar dank drei Jahren Dienst am Golf mühelos verstand. »Ihr kämpft, um zu überleben. Aber wir kämpfen, um zu sterben!«

»Exakt!«, sagte der Amerikaner und riss seine Waffe hoch. Zu spät. Ein Hieb aus dem Nichts fällte ihn und eine Klinge, die er gerade noch kommen sah, durchtrennte seinen Hals. Im Sterben sah er den Himmel explodieren. Er hörte noch die Schüsse aus den Sturmgewehren der Feinde, hörte seine Männer fluchen, schreien und wild um sich schießen. Die Afghanen waren lautlos aus der Schlucht emporgekrochen, die Bolivar aus Angst vor Minen verlassen hatte. Keiner der Delta-Force-Soldaten konnte den anderen Feuerschutz geben, wie sie es gelernt hatten, keiner konnte auch nur sich selbst retten, denn sie sahen nichts außer einer weißen Wand. Denn die Afghanen hatten tatsächlich entlang des Pfades Benzin ausgegossen, und als sie es entzündeten, waren die Eindringlinge mit ihren hochempfindlichen Nachtsichtgeräten geblendet, als blickten sie direkt in starke Scheinwerfer. Die Amerikaner, die Mann hinter Mann auf den Kämmen rechts und links über der Schlucht gingen, wurden ausgelöscht wie Enten in einer Schießbude.

Keine Gräber und keine Gedenkfeiern würde es jemals für sie geben. Ihre Angehörigen würden keine Erklärungen über den Ort und die Umstände erhalten, unter denen sie ihren Sohn, Bruder, Mann verloren hatten. Ihre Anfragen an das Verteidigungsministerium würde man ausweichend oder gar nicht beantworten. Und eines nicht allzu fernen Tages würden sie ein Päckchen mit einer amerikanischen Flagge und einem Scheck über fünfundzwanzigtausend Dollar bekommen.

Die Nachtsichtgeräte, die automatischen Waffen, die Uniformen und sogar die Metallplaketten mit den Namen der Getöteten gingen in dieser Nacht in den Besitz der Gotteskrieger über. Irgendwann würden sie das alles gut gebrauchen können.

9. Kapitel

Beirut

Die Wohnungseinrichtung zeugte von einem raffinierten Geschmack, nahezu unbegrenzten Geldmitteln und dem Hang zur Angeberei. Ein Penthouse hoch über den Dächern der Stadt, Blick auf das Mittelmeer und ein tennisplatzgroßer Dachgarten mit Swimmingpool, in dessen glitzernden Wassern sich zwei Schönheiten vergnügten, die direkt vom Siegertreppchen des Wettbewerbes »Miss Libanon«, wenn nicht gar »Miss gesamter Vorderer Orient« gestiegen sein mochten. Der Hausherr ließ Margolis warten, denn er stand, das Gesicht abgewandt, in einen Bademantel gehüllt an der Brüstung des Daches und telefonierte. Aziz führte Stephen Margolis in den Salon, komplett mit Kamin und Sitzmöbeln, die eines Königs würdig waren, zwei Picassos und einem Kandinsky an der Wand, unschätzbaren Teppichen auf dem Fußboden und einer Bar mit Flaschen aus Kristall.

»Möchten Sie einen Drink?«, fragte Aziz mit einem schrägen Lächeln.

»Nein, danke. Ich dachte immer, Moslems trinken nicht.«

»Ich bin Christ«, zwinkerte der Libanese, während er sich einen Cognac einschenkte. »Jedenfalls dann, wenn ich Durst habe. Zum Wohl!«

Margolis sah durch die Fensterscheibe auf die Person, die er unter anderen Umständen gern in Handschellen nach Hause gebracht hätte. Er kannte das Gesicht nur von alten Fahndungsfotos. Der Mann, der sich jetzt umdrehte, den Besucher hinter der Scheibe erblickte und ihm fröhlich zuwinkte, ohne sein Telefonat zu unterbrechen, hatte allenfalls noch eine entfernte

Ähnlichkeit mit dem Abdul Gahid, den die amerikanischen Behörden vor fast zwanzig Jahren wegen Beteiligung an einem Terroranschlag gesucht hatten. Er hatte – Fluch des süßen Lebens – gut dreißig Kilogramm zugenommen und trug einen Bauch vor sich her, der alle Freuden der Levante gekostet hatte. Sein leicht lockiges, nach hinten gekämmtes Haar war dünn, die Nase knotig, der Vollbart dicht und messerscharf rasiert. Seine Augen quollen ungesund aus ihren Höhlen hervor, als drücke etwas sie von hinten. Schwere Tränensäcke gaben ihm das Aussehen eines vom Genuss verweichlichten, etwas müden Trottels. Aber wer den Fehler machte, diesem ersten Eindruck zu vertrauen, der bekam selten die Chance, seinen Fehler wieder gutzumachen. Abdul Gahid war ein gerissener Hund, ein Überlebenskünstler, und wenn es darauf ankam, ein eiskalter Mörder. Gerade beendete er sein Telefongespräch, watschelte in die Wohnung und warf den beiden Frauen im Pool verspielte Kusshände zu.

»Ich habe schon viel von Ihnen gehört, Mr. Margolis!«, begrüßte er den Gast lautstark und mit neuenglischem Akzent. »Wie schön, dass ich Sie endlich einmal persönlich kennen lerne.«

Er bot seine Hand zum Gruß und Margolis überwand sich im Namen seines Auftrages und ergriff sie. Ein weicher, feuchter Druck, der in ihm das Bedürfnis weckte, sich die Hand nach dieser Berührung zu waschen. Es war, als griffe man in ein warmes, weiches Stück Käse.

»Ich hoffe, Sie verzeihen das kleine Theaterstück, das ich für Sie arrangieren ließ. Ich wollte Ihnen nur klarmachen, dass man in dieser Stadt und in diesen Zeiten nicht vorsichtig genug sein kann.«

Margolis nickte. »Die Lektion ist angekommen.«

»Gut. Warum setzen wir uns nicht hin und reden in aller Ruhe, unter Freunden? Oder sollte ich sagen, unter Verbündeten? Sie

müssen wissen, dass ich den Krieg der USA gegen die Terroristen aus vollem Herzen unterstütze.«
Gahid ließ sich auf das makellos weiße Polster eines überdimensionalen Sessels fallen und gab Aziz ein Zeichen. Der flinke Libanese lächelte entgegenkommend und füllte einen weiteren Cognac ein, den er seinem Arbeitgeber servierte. Margolis musterte seinen Gastgeber genau. Nichts am Verhalten, an der Gestik oder gar seiner Gestalt ließ erkennen, dass dieser Mann seine prägenden Kindheits- und Jugendjahre an der amerikanischen Ostküste verbracht hatte. Ivy League und Mannschaftssport, Kabelfernsehen und Schnellrestaurants, vorehelicher Geschlechtsverkehr auf dem Rücksitz im Autokino und liberales Gedankengut, Rock 'n' Roll und ein Sechserpack Budweiser zum Grillabend – all das, was Margolis und seinen Jahrgang geprägt hatte, war offenbar spurlos an diesem Mann vorübergegangen. Abdul Gahid sah aus wie ein orientalischer Fürst, der nie etwas anderes kennen gelernt hatte als byzantinischen Luxus, mosaikverzierte Dampfbäder, ausschweifende Gelage, Sklaven und Haremsdamen.
»Was irritiert Sie?«, fragte Gahid rundheraus und irritierte Margolis dadurch nur noch mehr.
»Wie meinen Sie das?«, gab der Amerikaner verwirrt zurück.
»Sie denken darüber nach, wie ich es geschafft habe, die Kaserne der Marines in die Luft zu jagen und trotzdem zu entkommen. Habe ich Recht?«
»Etwas in der Art«, gab Margolis zu und fühlte sich für einen Moment sicher, weil er tatsächlich nichts dergleichen gedacht hatte. So weit war er noch gar nicht gekommen.
»Unter uns«, sagte Gahid lächelnd. »Es hilft im Leben ungemein, wenn man die richtigen Leute kennt. Sie glauben gar nicht, was man sich alles erlauben kann, wenn man geschickt ist. Mord, Totschlag, Diebstahl – sogar Massenmord und Terrorismus.«

Margolis hielt den Atem an und sah sich unwillkürlich nach Aziz um, der unbewegt an der Bar stand. Gahid hatte soeben vor Zeugen seine Beteiligung an dem Anschlag zugegeben! Aber das spielte keine Rolle mehr. Die CIA brauchte Gahid und er sollte die Brücke bauen. »Ich bin nicht hier, weil ich an Vergangenem rühren will«, sagte Margolis schnell.

»Ich weiß. Sie sind hier, weil die CIA meine Hilfe braucht«, grinste Gahid, als könne er seine Gedanken lesen. »Das ist nichts Neues. Ich habe schon hin und wieder Botengänge und Freundschaftsdienste für Ihre Firma erledigt. Sie wollen aber jetzt sozusagen den Komplettservice, inklusive Unterbodenschutz und Heißwachs. Das ist verständlich. Aber wenn ich mich zu einer solchen, höchst anrüchigen Zusammenarbeit bereit erklären soll, gibt es eine Bedingung, die ich stellen muss.«

Margolis wünschte sich in diesem Moment, er hätte doch einen Drink in den Händen. Und wenn auch nur, um das Glas zusammenzudrücken, bis es zerplatzte. »Schießen Sie los«, sagte er und wunderte sich über den ruhigen Ton seiner Stimme.

»Ich wurde damals, wie Sie sicherlich wissen, aus Amerika ausgewiesen, weil man mich mit Rauschgift in Verbindung brachte.«

Margolis nickte. Im Alter von neunzehn Jahren, 1979, war Gahid wegen eines schweren Drogenvergehens des Landes verwiesen worden. Nur dem massiven politischen Einfluss, den sein steinreicher Vater, der Kaufmann Mohammed Gahid, auf einige Kongressabgeordneten hatte, war es zu verdanken gewesen, dass der Junge nicht für ein paar Jährchen hinter Gittern wanderte. Seine unehrenhafte Vertreibung aus dem Paradies galt den Ermittlern vier Jahre später als Motiv für seine Beteiligung an dem Sprengstoffanschlag auf die Kaserne der Marines.

»Man hat mich reingelegt«, sagte Gahid mit einem verklärten Lächeln im Gesicht. Seine feuchte, fleischige Unterlippe bebte ein wenig vor Entrüstung. »Amerika behandelt nicht alle Menschen gut, die dort eine neue Heimat suchen, wussten Sie das?«

»Mir ist Ähnliches schon zu Ohren gekommen«, antwortete Margolis kühl.

»Diese falsche Anschuldigung und noch mehr die Sache mit der Bombe hindern mich bis heute daran, legal in Ihr Land einzureisen und meine alten Freunde zu besuchen. Ich finde das sehr ungerecht. Verstehen Sie mich nicht falsch: Ich reise nach Amerika, wann ich will. Ich habe mehr Identitäten als Sie, Monsieur Bouvier« – Gahid lachte laut –, »aber ich hasse es, zu lügen und mich zu verleugnen. Ich verlange, dass alle Anschuldigungen und Verdächtigungen gegen mich sofort fallen gelassen werden.«

»Ich dachte, Sie kennen die richtigen Leute. Wozu brauchen Sie mich dazu?«, fragte Margolis.

»Weil ich will, dass Sie das tun, Mr. Margolis. Ich weiß, dass Sie damals in Beirut waren. Ich weiß, dass Sie Ihre Freunde und Kameraden verloren haben. Und ich weiß, dass Sie mich lange gesucht und nicht gefunden haben. Und genau deswegen will ich von Ihnen hören, dass Sie und kein anderer meinen Namen von jedem Zweifel und jeder Anklage befreien.« Gahid trank einen großen Schluck Cognac und grinste ihn unverwandt an. »Ich weiß übrigens auch, dass Vizedirektor Miles Spencer Ihnen gehörig Feuer unter Ihrem Arsch machen wird, denn Sie mich nicht an Bord bekommen. Ich weiß, dass Sie einem undurchsichtigen Informanten namens Omar vertraut haben und in Ihrer Unwissenheit einem gefährlichen Terroristen namens Abdullah al-Haq geholfen haben. Ich weiß, dass Amerika mich heute braucht. Ich weiß eigentlich alles. Das ist mein Geschäft.«

Margolis schluckte verzweifelt seine Wut hinunter und versuchte, gleichmäßig zu atmen. Zu seinem Glück hatte sich eine der beiden Schönheitsköniginnen aus dem Swimmingpool gewälzt und stand nun in einem knappen schwarzen Bikini auf der Außenseite des Fensters und klopfte an die Scheibe. Sie winkte ihrem Herrn zu und die Spitzen ihrer Brüste berührten spielerisch das Fensterglas. Gahid erwiderte ihr Winken mit einem Kussmund und scheuchte sie dann mit einer Bewegung seiner Finger zurück in das Wasser. Die unwirkliche Szene hatte wie durch einen Zauber Margolis' Zorn gebrochen.

»Ist das alles?«, fragte er in der menschenverachtenden Abgeklärtheit, die sein Job verlangte. »Ich lasse Ihre Akten verschwinden und Sie helfen uns, die bösen Buben zu finden?«

»Ja!«, strahlte Gahid frech. »Das ist alles – und fünfhundert Millionen Dollar für Unkosten und Geschäftsrisiko. Dann liefere ich Ihnen die Schuldigen auf einem silbernen Tablett.«

»Fünfhundert Millionen Dollar? Eine halbe Milliarde?« Margolis wiederholte staunend einen Betrag, der das letztjährige Budget für seine gesamte Abteilung um ein Vielfaches überstieg.

»Ich bin Geschäftsmann!«, sagte Gahid entschuldigend. »Ich habe Risiken. Verdienstausfall. Auslagen. Wenn etwas schief läuft, bin ich in dieser Gegend verbrannt und muss woanders ganz von vorne anfangen. Stellen Sie sich nicht so an! Ihre Regierung hat gerade einen zweistelligen Milliardenbetrag für die notleidende Luftfahrtindustrie bereitgestellt. Wäre es nicht viel klüger, einen wesentlich bescheideneren Betrag in eine Maßnahme zu investieren, die dafür sorgt, dass alle wieder unbeschwert in ein Flugzeug steigen können?«

»Ich kann über derartige Summen nicht verfügen.«

»Dann lassen Sie sich dazu ermächtigen. Dies ist mein Preis – und er kann nur steigen. Wenn Sie morgen wiederkommen, liegt er vielleicht schon bei einer Milliarde.«

»Sie sind größenwahnsinnig.«

Gahids falsches Lächeln gefror.

»Aziz!«, sagte er sachlich zu dem schmalen Libanesen, der das Gespräch von der Hausbar aus verfolgt hatte und nun bei der unvermuteten Nennung seines Namens zusammenfuhr. »Monsieur Bouvier möchte sich nun gerne zurückziehen und über

mein Angebot nachdenken.« Gahid fummelte aus den Tiefen seines Bademantels eine diamantbesetzte Uhr hervor. »Ich gebe Ihnen bis achtzehn Uhr Zeit, um mein Angebot zu überdenken. Danach müssen wir über den Preis neu verhandeln.«
Margolis konsultierte die Seiko, die ihm Lisa vor vier Jahren zu Weihnachten geschenkt hatte. »Das sind zwei Stunden. Ich weiß noch nicht einmal, ob ich in der Zwischenzeit jemanden erreiche, der mir eine solche Summe bewilligen würde ...«
»Behördenkram interessiert mich nicht. Um achtzehn Uhr werde ich Sie fragen lassen und dann erwarte ich eine Antwort. Es war mir ein Vergnügen, Monsieur Bouvier – aber wie Sie sehen, sind meine Teppiche alle unverkäuflich. Guten Tag!«
Und er erhob sich, seinen Bauch voranschiebend wie einen Panzer, und verschwand auf der Dachterrasse. Aziz nahm den Amerikaner am Arm und führte ihn zum Ausgang.
»Nicht schlecht«, sagte der Libanese voller Anerkennung. »Er hat Sie am Leben gelassen und Ihnen einen Preis genannt. Ich habe schon ganz andere Verhandlungen erlebt ...«
»Großartig«, dachte Margolis. Und verfluchte den Tag, an dem er beschlossen hatte, für Amerika zu arbeiten statt für IBM, Citibank oder Coca-Cola. Oder auch Toyota.

Am Abend dieses Tages holte Margolis sich einen Gin und Tonic aus der Minibar, schob den Vorhang beiseite und starrte hinunter auf die belebte Uferstraße, die zwischen seinem Hotel und dem Mittelmeer verlief. Er hatte sich während des langen Flugs hierher auf ein Essen gefreut, das er vor vielen Jahren kennen und schätzen gelernt hatte: Hummus, ein Brei aus Kichererbsen und Olivenöl. Dazu libanesisches Weißbrot. Vielleicht scharf gegrilltes Lammfleisch und einen Salat mit Zitrone. Aber nun hatte er keinen Appetit mehr und wollte nicht in die Stadt hinunter, obwohl Beirut inzwischen als ziemlich sicher galt. Die Lektion, die ihm Abdul Gahid heute erteilt hatte, steckte ihm

noch in den Knochen und er verspürte nicht das Bedürfnis nach einer weiteren.
Margolis rückte sich den Sessel ans offene Fenster, nippte an seinem Gin und versuchte, sich zu sammeln. Alles war so leicht und schnell über die Bühne gegangen, dass er es kaum fassen konnte. Und er fürchtete, dass er selbst viel tiefer darin verwickelt war, als ihm lieb sein konnte. Zurück im Hotel, hatte er Spencer angerufen, der neuerdings fast nur noch in seinem Büro in New York zu erreichen war. Weil dies keine sichere Leitung war, hatten sie ihr Gespräch über einen Stimmendekoder geführt – wer immer sie belauschte, dem musste es vorkommen, als gebe der Kommandant eines Klingonenschiffes Anweisungen an seine Bodenstation. Ihre Stimmen waren bis zur Unkenntlichkeit verzerrt. Spencer hatte den – für Margolis' Begriffe in ethischer wie in finanzieller Hinsicht – obszönen Deal mit Abdul Gahid abgesegnet. Fünfhundert Millionen Dollar für einen geständigen Terroristen. Die Tatsache, dass Spencer über einen solchen Betrag entscheiden konnte, als ginge es um ein Aufstocken der Portokasse, verhieß nichts Gutes. Es sah so aus, dass Miles Spencer der Mann der Zukunft war und dass alle seine Kritiker und Feinde sich nun besser vorsahen. Um Punkt achtzehn Uhr hatte Aziz bei ihm angerufen und gefragt, ob das Angebot angenommen sei. Margolis hatte ja gesagt. Seither hatte er nichts mehr von Gahid oder seinem Helfer gehört.
Ein Klopfen an der Tür ließ ihn aufschrecken.
»Room Service, Sir!«, sagte eine männliche Stimme.
In derselben Sekunde klingelte das Telefon. »Ich habe nichts bestellt!«, rief Margolis und ging zum Nachttisch, nahm den Hörer ab. Es war Lisa.
Wieder Klopfen an der Tür. *»Room Service, Sir!«*
»Lisa!«, sagte Margolis alarmiert. Natürlich hatte er ihr, obwohl es streng genommen gegen die Vorschrift war, seine Nummer hinterlassen. Für Notfälle. Lisa war niemand, der Geld ver-

schwendete. Normalerweise rief er zu Hause an und die Telefonkosten wurden über sein Spesenkonto angerechnet. Wenn sie anrief, dann war es tatsächlich ein Notfall.

»Room Service, Sir!«

»Ich komme gleich!«, rief er gereizt. »Was ist los, Lisa?«

Sie klang noch alarmierter als er. »Steve«, sagte sie atemlos. »Ich hatte gerade einen Anruf ... Es war seltsam ... Nadir hat angerufen. Ich dachte, er sei schon in Amerika. Aber er klang gehetzt, als würde er verfolgt!«

»Ja und? Weiter ...!« Margolis schrie fast vor Anspannung. »Was ist mit ihm?«

»Er wollte dich sprechen.«

»Und?« Margolis brach der Schweiß aus und seine Hände begannen zu zittern. Nadir war Omar – er war seine Quelle in den Herzklappen des Feindes. Omar hatte sie drei Mal gewarnt und sie hatten Schlimmes abwenden können – in Rom, in Athen und in der Türkei. Aber dann war Omar verstummt. Vor den Anschlägen in New York und Washington gab es keine Warnungen. Spencer und die anderen glaubten, er sei umgekippt. Aber Margolis wollte nicht daran glauben. Er hatte diesem jungen Mann in die Augen geblickt, er hatte ihn mit seiner Tochter spielen sehen und er hatte seine Briefe gelesen. Nadir war ehrlich bis ins Mark und er war ein Freund. Margolis, so aufgeregt, dass er nichts hörte als seinen eigenen Herzschlag und weit entfernt die Stimme seiner Frau, hörte nicht, dass der Zimmerkellner, der offensichtlich das Warten satt hatte, die Tür öffnete. Zu seiner Erleichterung hatte der französische Gast, der eigentlich Amerikaner war, den Sicherheitsbügel nicht umgelegt.

»Er sagte, dass alle sterben würden – oder so was ...«, hörte Margolis seine Frau noch sagen. Dann spürte er einen stechenden Schmerz im Genick und ihm wurde schwarz vor Augen.

»Steve? Bist du noch da? Steve? Hörst du mich?«, hallte Lisas Stimme aus dem Telefonhörer, bevor der Zimmerkellner ihn

Margolis aus der erschlaffenden Hand nahm und zurück auf die Gabel legte.

Dann zückte er ein Funkgerät und sagte auf Arabisch: »Ihr könnt kommen, wir sind so weit.«

10. Kapitel

Forrest Lane, Virginia

Alles hier war aufgeräumt und ordentlich. Jedes der tipptopp in Schuss gehaltenen Häuser stand an seinem Platz und jeder Baum und jeder Briefkasten dort, wo er hingehörte. Kaum war dem herabfallenden Herbstlaub vergönnt, sich auszuruhen und die Harmonie zu stören, schon erschienen emsige Gärtner mit tragbaren Gebläsen, die es wegpusteten und zusammenfegten. Kein lautes Wort, kein Schreien und schon gar kein Fluchen war jemals zu hören in dieser heilen Welt. Nur freundliche, nachbarschaftliche Grüße und das dezente Schnurren der japanischen Zweitwagen, mit denen die Hausfrauen am Nachmittags die Einkaufsmall ansteuerten, um doch noch diesen besonderen Stoff für ihre Patchworkdecke zu besorgen. Oder aber sie fuhren zum Tennisplatz oder zu einer wohltätigen kirchlichen Versammlung, in der sie sich nützlich machten.

Die Kinder und Jugendlichen verbrachten ihre Nachmittage über Schulbüchern, in Bastelgruppen oder auf dem Baseballplatz. Von Drogen, Jugendgangs, abgebrochenen Schullaufbahnen und außerehelichen Schwangerschaften hörte man selten, und wenn, dann versuchte man, nicht ganz so laut darüber zu sprechen, oder bot den gebeutelten Eltern Unterstützung an.

Die Kleinsten wurden von fürsorglichen Tagesmüttern, meist in der Gestalt absolut legaler und voll versteuerter Südamerikanerinnen mit Namen wie Consuela oder Esmeralda, auf dem friedlichen Bürgersteig hin- und hergeschoben. Es war eine Welt fast frei von Kriminalität und Rassenunruhen – in Forrest Lane wohnten auch zahlreiche schwarze Familien und sogar einige asiatische als respektierte Nachbarn.

An Nachmittagen lag der Duft von selbst gebackenen Kuchen und Plätzchen in der Luft und vor jedem Haus wehte die amerikanische Flagge. Das war nicht immer so gewesen, aber seit die Nation sich im Krieg befand, seit amerikanische Soldaten in fremden Ländern kämpften, hatte auch diese Gemeinde ihre patriotische Pflicht entdeckt.

Forrest Lane, Virginia, diese hinreißende Hochburg von selbständigen Unternehmern, Geschäftsinhabern und Regierungsbeamten der gehobenen Laufbahn, dieses friedliche Idyll am Waldrand, nur eine halbe Autostunde von der Hauptstadt Washington entfernt, hätte in jedem anständigen Amerikaner sofort das warme Gefühl von Glück und Geborgenheit entfacht.

Hier war Heimat. Wenn dazu noch, wie an den warmen Sommerabenden, auf dem Grill brutzelnde Rippchen dufteten, Budweiser-Dosenverschlüsse zischten und das auf Zimmerlautstärke gestellte Fernsehgeräusch der Footballübertragung erklang, dann war dies die Essenz dessen, was man das kleine, amerikanische Glück nannte.

Kalim Fazzar hatte dieses Glück nie gekannt und auch niemals vermisst. Und, ehrlich gesagt, hatte er es auch niemals verstanden und seine Besitzer nie beneidet. Er steuerte an diesem strahlenden Herbstmorgen seine silberne Corvette durch die friedlichen Straßen von Forrest Lane, bemerkte die vielen US-Fahnen und lächelte. Glückliche Familien lebten hier ein glückliches Leben bis zu ihrem glücklichen Tod.

Fazzar selbst hatte keine Familie, die er in ein solch niedliches Häuschen hätte stecken können, und er wünschte sich auch keine solchen Nachbarn. Er verspürte zu Thanksgiving keine Sehnsucht nach Truthahn – obwohl er bei Einladungen gelernt hatte, genießerisch das Gesicht zu verziehen und zu stöhnen: »Das ist der beste Truthahn, den ich jemals gegessen habe.« Ebenso wenig feierte Kalim, dessen familiärer Hintergrund ara-

bisch und moslemisch geprägt war, das Weihnachtsfest und insgeheim hielt er die Lichterketten, Rentier- und Santa-Claus-Verzierungen, mit denen die Amerikaner ihre Häuser und Veranden ausstaffierten, für lächerlichen Spuk. Was ihn nicht davon abhielt, anerkennende Worte dafür zu finden. Wenn er, was fast jedes Jahr geschah, weil seinen Kollegen und Bekannten das Herz zu brechen schien, wenn einer an diesem besonderen Abend allein sein musste, zu einer Weihnachtsparty eingeladen war, dann rief er fröhlich »Merry Christmas!« und machte großzügige Geschenke. Er war ein angenehmer Gast und Gesprächspartner, trank sogar ein wenig Punsch. Aber er wusste, dass später am Abend, wenn die Gäste alle verschwunden, die Kinder im Bett und die Gastgeber noch allein bei einem Glas zusammensaßen, die Gastgeberin unweigerlich sagen würde: »Dein Freund/Kollege/Tennispartner Fazzar ist ja wirklich ein netter Kerl. Aber ich glaube, er ist sehr einsam.«
Und der Gastgeber, sein Freund/Kollege/Tennispartner, würde antworten: »Ja, ein netter Kerl, nicht wahr? Ich glaube, er ist schwul.«
»Wirklich«, würde die Gastgeberin dann mit unterdrücktem, leicht angeschwipstem Lachen sagen. »Na, dann nimm dich mal vor ihm in Acht.«
»Keine Sorge«, würde der Gastgeber dann mit einem Funkeln in den Augen antworten. »Ich weiß doch, welche Freuden die Heterosexualität mit sich bringt ...«
Und sie würden lachen und ihre Gläser leeren und sich dann unter den blinkenden Signalfeuern ihres lächerlich bunten Weihnachtsbaumes umarmen und rammeln, bis die Gastgeberin mit Hinweis auf die schlafenden Kinder die Aktion vorübergehend beendete und ins Schlafzimmer verlegte.
Kalim Fazzar verstand zwar nicht die Regeln des Football-Spiels und auch nicht die des Baseball – aber er hatte längst verstanden, was die Amerikaner zum Ticken, zum Schwärmen und

zum Weinen brachte. Er unterstützte sie in ihren kleinen, lächerlichen Freuden und Vorlieben, wie man einen Behinderten unterstützt, der sich an seinem eben fertig gemalten Bild eines Autos ergötzt, das in Wirklichkeit aussah wie der Buchstabe »A« in einem chaotischen Gemüsebeet. Aber seine wahren Überzeugungen behielt Kalim Fazzar für sich.

Er kannte das amerikanische Leben, den *American Way of Life*, auf den sie hier so stolz waren, dass sie ihn am liebsten dem ganzen Rest der Welt übergestülpt hätten wie einen lächerlichen Partyhut. Fazzar wusste diesen Lebensstil auch zu schätzen – oder zumindest einige Aspekte, wie zum Beispiel seine silberne Corvette. Er konnte ihn nachahmen und dabei sogar so etwas wie Begeisterung heucheln – aber er nahm daran nicht teil. Er gehörte nicht dazu und wusste, dass er niemals dazugehören würde, sosehr sie sich auch Mühe gaben, ihn einzubeziehen und für sich zu begeistern. Er war als Einwanderer in dieses Land gekommen und hatte sich einfach sehr schnell zurechtgefunden und angepasst. Persönlich und beruflich. Mehr nicht.

Kalim Fazzar war vor fünfundvierzig Jahren im krassen Gegenteil von Forrest Lane geboren worden: in Assyrien. Als siebter Sohn eines jemenitischen Bienenzüchters in einer staubigen Region des saudi-arabischen Königreiches, bergig, kahl und ohne Regen, in der es wenige Blumen gab und noch weniger Bienen. Vom Ölreichtum, den die Scheichs und die Günstlinge des Herrscherhauses scheffelten, bekamen die Menschen in seiner Gegend nichts mit. Sie waren weit weg, ungebildet, schmutzig, ihre Loyalität fragwürdig, ihre Gunst für das Fortbestehen der Dynastie und ihrer korrupten und oft brutalen Herrschaft nicht erforderlich.

Eigentlich wollte der junge Kalim, aufgeweckt und neugierig, wie er war, Arzt werden, aber es gab keine Schulen für Leute wie ihn. Immerhin lernte er lesen und schreiben, was für Leute seiner Herkunft schon eine Ausnahme war. Dann versuchte er es als Journalist, aber was er schrieb, gefiel den allgegenwärtigen Zensoren des saudischen Königshauses nicht. Die kleine Provinzzeitung, für die er arbeitete, ließ ihn sofort fallen.

Er war jung – gerade fünfundzwanzig geworden –, ehrgeizig, perspektivlos und vom Willen durchdrungen, etwas auf dieser Welt zu verändern. Und er war relativ religiös und leicht zu entflammen. Eines Tages tauchten diese wilden Gestalten in seinem Dorf auf. Sie hatten harte, wettergegerbte Gesichter, stechende Augen und trugen Dolche um ihre Bäuche gebunden. Um ihre Häupter waren schwarze Turbane geschlungen. Es waren reisende Krieger aus dem Jemen, unterwegs in das Land Afghanistan, wo es galt, den Glauben gegen die verfluchten Russen zu verteidigen. Sie suchten Freiwillige, die sich ihnen anschlossen, und Fazzar, nach dem sich auf Geheiß der Zensurbehörde schon die örtliche Polizei erkundigt hatte, schloss sich kurzerhand den Männern an. Sie setzten mit einer Flotte von Dhau-Seglern über den Golf von Oman nach Gwadar in Pakistan über, so wie es ihre Vorfahren schon vor hunderten von Jahren getan hatten, als sie noch stolze Händler und Abenteurer waren, die die Weltmeere beherrschten.

Auf der Suche nach Heldentaten fanden sie ihren Weg nach Peshawar und weiter in das kriegsverwüstete Land Afghanistan, legten Hinterhalte und töteten Russen. Sie waren Männer, Krieger Gottes, mutig und gefürchtet, die Helden einer ganzen Generation von jungen Muslimen. Aber sowenig Kalim Jahre später zu den Amerikanern gehören wollte – obwohl er unter ihnen lebte und mit ihnen lebte –, so wenig sah er sich damals als überzeugten Mudschaheddin. Irgendetwas fehlte ihm. Vielleicht war es der tollkühne Mut der wilden Krieger – einmal hatte er gesehen, wie einer als Beweis seiner Unerschrockenheit seine Faust ins lodernde Lagerfeuer hielt, bis sie aussah wie ein Stück Grillfleisch, und dabei keine Miene verzog. Vielleicht war es die innere Überzeugung, dass ihre Sache gerecht war. Vielleicht war es seine Gleichgültigkeit gegenüber dem Volk der Afghanen, das er ebenso wenig verstand wie Jahre später das Volk der Amerikaner. Wenn er eines über die Afghanen wusste, dann dies: Sie wollten die arabischen »Helfer« genauso wenig wie die russischen Invasoren. Sie wollten niemanden in ihrem Land außer sich selbst und ihren Nachbarn im nächsten Tal – auch wenn sie mit diesen Nachbarn in Todfeindschaft lagen und bei jeder Gelegenheit seine Dörfer überfielen oder ihre eigenen Dörfer gegen seine Angriffe verteidigten. Afghanistan war ein verfluchter Ort und niemandem war es gestattet, sich dort einzumischen. Es war nicht sein Land und es war nicht seine Sache, für die er kämpfte. Deswegen fiel es ihm nicht schwer, die Waffenbrüder ihrem Schicksal zu überlassen und einen anderen Weg einzuschlagen, als die Chance sich bot.

Jahre später dachte Kalim Fazzar an dieses Unternehmen zurück wie an einen chaotischen, entbehrungsreichen Pfadfinderausflug. Voller wilder romantischer Gefühle, voller unerfüllter Sehnsucht nach Heldentum und Unsterblichkeit. Jungenfantasien. Was für ein Spinner er damals gewesen war. Und was für hirntote Banditen die anderen, die *mooj*, wie die Amerikaner die Mudschaheddin nannten, als handele es sich um eine Straßengang in Los Angeles. Plündern, morden und vergewaltigen, das war ihre Welt. Obwohl die westliche Welt sie freundlicherweise gerne die »Freiheitskämpfer« nannte, stritten sie für nichts anderes als die Freiheit, jedem Mann, der ihnen nicht in den Kram passte, die Kehle durchzuschneiden, seine Habe zu stehlen und seine Frauen zu entführen.

Aber immerhin gab ihm dieses Abenteuer den Schlüssel für sein weiteres Leben: Er machte die Bekanntschaft einiger CIA-Leute, unter ihnen Stephen Margolis und Miles Spencer, die von Peshawar aus operierten und sich den Trecks der Aufständischen anschlossen. Die Amerikaner händigten ihnen tödliche Waffen aus und unterrichteten sie im Umgang damit. Sie brachten die Kriegstechnologie des 20. Jahrhunderts in ein mittelalterliches Land und wendeten den Krieg zu Gunsten der *mooj*. Atemlos vor Staunen und Bewunderung für ihre Überlegenheit, überwältigt von der einfachen und unkomplizierten Freundlichkeit und Aufgeschlossenheit der Fremden, ließ sich Kalim Fazzar für den *American Way of Life* gewinnen. Er lernte die englische Sprache schnell, er lauschte ihren Erzählungen von glitzernden Städten und grünen Gärten, von Reichtum und Fortschritt. Er verschlang die Illustrierten, die sie bei sich hatten, und hing an ihren Lippen, wenn sie von daheim erzählten. Und statt an der Seite seiner arabischen Brüder weiterzukämpfen, schloss er sich den Amerikanern an, die ihn zunächst als Dolmetscher einsetzen, dann als Analysten von geheimen Informationen. Sie gaben Kalim die Möglichkeit, seine Kenntnisse an ihren Universitäten zu vertiefen, und er war ein aufmerksamer und ergebener Schüler. Er ließ sich in Washington nieder, und obwohl er anfangs noch Kontakte zu den exilarabischen Gruppen unterhielt, weichten seine Verbindungen in die Heimat immer mehr auf. Bald vergaß er seine täglichen Gebete, versäumte das Fasten und trank seinen ersten Punsch. Nur fünf Jahre nachdem er seinen ersten Schritt auf amerikanisches Territorium gesetzt hatte, inzwischen Besitzer eines amerikanischen Passes und der Erlaubnis zum Studium vertraulicher Dokumente des Geheimdienstes, war aus Kalim Fazzar zumindest an der Oberfläche ein Amerikaner geworden, dessen anfangs noch harter arabischer Akzent sich mehr und mehr abschliff und dessen Lebenswandel und Wertvorstellungen sich kaum von denen seiner Nachbarn in Georgetown zu unterscheiden schienen.

So vollkommen war seine Verwandlung, dass es keinem seiner Kollegen, Tennispartner und Freunde sonderbar oder unpassend vorkommen wollte, wenn ein geborener Assyrer jemenitischer Abstammung leidenschaftlich davon redete, die amerikanischen Werte zu verteidigen und die US-Interessen in aller Welt zu schützen. Er war in der CIA gelandet wie jemand, der irgendwo auf seinem Weg zu einem bestimmten, unbestimmten Ziel der Versuchung einer vielversprechenden Abkürzung erliegt und sich danach immer weiter von seiner eigentlichen Bestimmung entfernt – wobei er, der Wanderer zwischen den Welten, selbst jahre- und jahrzehntelang nicht genau definieren konnte, was denn eigentlich seine Bestimmung war.

Und wenn er in diesen angespannten Tagen, wie alle, die einen Garten, einen Fahnenmast an ihrer Veranda oder auch nur einen Balkon hatten, stolz die amerikanische Fahne im Wind fliegen ließ, dann mochten seine Nachbarn bedächtig nicken und sagen: Ja, das war es, was Amerikas Größe ausmacht. Ein jemenitischer Imkerssohn und früherer arabischer Guerillakämpfer war im Schoß der Freiheit zum amerikanischen Patrioten geworden. Das war die große Stärke dieses Landes. *God bless America.*

Aber das reichte nun nicht mehr. Miles Spencer hatte ihn aufs Korn genommen. Aus ebendiesem Grund – weil er eigentlich keiner von ihnen, den weißen, weihnachtsfeiernden, footballbegeisterten Amerikanern war. Weil er Araber war.

Spencer hatte ihn kurzerhand kaltgestellt. Sonderurlaub. Wegen Überarbeitung. Jedem, der denken konnte, war klar, dass der Vizedirektor ihn wegen des angeblichen Versagens im Zusammenhang mit dem Angriff auf die Zwillingstürme in New York und auf das Pentagon verfolgen wollte. Ihn und Stephen Margolis. Margolis hatte der Vize in den Mittleren Osten geschickt, vermutlich in der Annahme, dass der längst aus der Übung gekommene ehemalige Feldagent die erste Woche nicht überleben würde. Und Fazzar wollte er daheim auf kleiner Flamme grillen. Ihm tödliche Fehler nachweisen, ihn vernichten, seine zwanzig makellosen CIA-Jahre besudeln. Den verdammten Araber, der er war, stellvertretend für all die Strolche, die er nicht fassen konnte, in den Staub drücken. Oder hatte das Ganze doch etwas mit jenem Verhör zu tun, bei dem Fazzar den damaligen Feldagenten Spencer in Afghanistan beobachtet hatte?

Was immer seine Motive waren – Spencer, diese straßenköterhafte Mischung aus Neonazi, Ku-Klux-Klan-Hauptmann und Mafioso, hatte Fazzar aus dem Rennen genommen und Fazzar musste nun selbst sehen, wie er Schaden von sich und seiner Aufgabe abwenden und die Dinge wieder ins Lot bringen konnte.

Deswegen war er hier. In Forrest Lane, Virginia – diesem unendlich biederen und langweiligen Fleckchen Amerika, in dem Stephen Margolis seinen Wigwam aufgeschlagen hatte und wo seine Familie wohnte. Lisa, Paula und Rosie – sie alle mochten Kalim Fazzar, denn sie wussten, dass auch der abwesende Hausherr ihn mochte und ihm vertraute.

Die Türglocke hatte einen tiefen und mächtigen Klang, so als schelle man an der Pforte eines Schlosses und nicht eines stattlichen Verandahauses im Rancherstil, mit weißen Bohlen verkleidet und mit dunkelgrauen Schiefern gedeckt. Margolis hatte es weit gebracht, dachte Fazzar nicht ohne Anerkennung. Er hatte den blonden Hünen zusammen mit Miles Spencer, der es freilich erheblich weiter gebracht hatte, in Afghanistan erlebt. Ein ehrlicher, nicht immer geschickter, aber stets zuverlässiger Mann. Vom Charakter und vom Körperbau eigentlich viel zu groß für einen Job beim Geheimdienst. Geheimdienstleute mussten klein, verschlagen und anpassungsfähig sein, fand zumindest Kalim Fazzar, der diese Anforderungen viel besser erfüllte als sein Kollege. Zu ihm hatte Fazzar dank ihrer gemeinsamen Monate bei den *mooj* ein besonderes Verhältnis. Anders als Spencer, der schon immer eher verschlossen und arrogant war, war Margolis ein offener, fast herzlicher Mann. Viele Male schon war Fazzar bei der Familie eingeladen gewesen –

und durchaus nicht nur zu den Pflichtveranstaltungen wie Weihnachten oder Thanksgiving, sondern auch mal einfach so – zum Grillen oder auf eine Dose Bier. Mit Stephen Margolis verband ihn sicherlich die tiefste persönliche Freundschaft – wenn man es denn so nennen konnte –, die er in den zwanzig Jahren bei der Firma geschlossen hatte. Aber in diesem Moment, in dem der Klang der Türglocke in den Gängen des Hauses verhallte und sich aus der Diele Schritte näherten, hoffte Kalim Fazzar, dass Stephan Margolis niemals hinter sein Geheimnis käme, denn sonst würde er ihm ohne Zögern den Hals umdrehen.

Ein blonder Schopf kam im Türspalt zum Vorschein.

»Hi, Rosie«, sagte Fazzar freudig.

»Hi. Ich bin Paula.«

Er schlug sich an die Stirn. »Entschuldigung!«

»Schon gut.«

»Ihr seht euch so ähnlich …«

»Macht nichts, wirklich. Ich kann mich an Ihren Namen auch nicht mehr erinnern, da sind wir doch schon quitt – was?«

Fazzar lachte, als sei die kaltschnäuzige Erwiderung der älteren Margolis-Tochter das Witzigste, was er seit Wochen gehört hatte. Die Lüge und die Verstellung waren ihm in den letzten Jahren des ständigen Versteckspiels zur zweiten Natur geworden. Paula brachte nicht mehr als ein mildes, falsches Lächeln zustande. Nicht übertreiben, sagte sich Fazzar. Wenn sie Verdacht schöpfen, ist alles verloren.

»Wer ist denn da?«, rief eine Stimme aus dem Hintergrund. Das war Lisa Margolis.

»Einer von Daddys Kollegen«, rief Paula nach hinten.

»Kalim Fazzar«, assistierte der Besucher.

»Oh, ja natürlich. Mr. Fazzar«, sagte Paula, noch immer mit dem falschen Lächeln.

Durch die inzwischen weit geöffnete Tür sah Kalim Lisa durch die Diele heransegeln. Sie war eine große, nicht ganz schlanke, aber perfekt proportionierte Frau. Mit einer, das fand sie jedenfalls selbst, etwas zu knubbeligen Nase, strahlend blauen Augen und einem Mund, der selten anders konnte, als breit und freundlich zu lächeln. Sie mussten schon ein ziemlich Aufsehen erregendes Paar gewesen sein, der Footballspieler Stephen und seine Lisa, von der Fazzar wusste, dass sie früher ziemlich erfolgreich Volleyball gespielt hatte und es sogar fast in die amerikanische Nationalmannschaft gebracht hatte. Zwei hochgewachsene, blonde Athleten. Und wenn man die beiden engelsgleichen Töchterchen Paula und Rosie dazufügte, erhielt man das Bild einer glücklichen, amerikanischen Familie, die so perfekt in einen freundlichen Ort wie Forrest Lane passten, als habe sie ein Künstler dafür geschnitzt.

»Hallo, Lisa«, sagte Fazzar und nahm ihre Hand, die er zu seinem Mund führte. Das verfehlte nie den Eindruck auf Stephens Frau und sie lachte laut heraus.

»Was denn – und diesmal keine roten Rosen?«, gluckste sie.

»Wie? Der Lastwagen damit ist noch nicht angekommen?«, wunderte er sich.

»Ihr braucht mich wohl hier nicht mehr«, sagte Paula schnippisch und verzog sich.

»Es war nett, dich wiedergetroffen zu haben«, sagte Kalim Fazzar schnell.

»Ganz meinerseits«, gab sie mit einem befremdeten Lächeln zurück.

»Sei ein Schatz und schau mal nach dem Kuchen, Liebes«, rief Lisa ihr hinterher. »Ich backe gerade!«, erklärte sie Fazzar, der noch immer auf der Veranda stand. »Komm doch rein und trink einen Kaffee mit uns. Ich kann mich allerdings nicht für die Qualität meines Kuchens verbürgen. Aber wie du sicher weißt, ist Steve nicht da. Ach, was sage ich denn? Vermutlich weißt du viel besser, wo er steckt.«

»Ich komme sicherlich ungelegen«, sagte Fazzar. »Lass nur, ich komme ein andermal wieder. Ist auch nicht wichtig …«
»Mr. Fazzar!« Jetzt hatte Rosie ihn bemerkt und kam zur Tür. »Hi! Lange nicht gesehen. Hat mein Vater Ihnen erzählt, dass ich fast in New York draufgegangen wäre?«
»Rosie – sprich doch nicht so!«, ermahnte sie ihre Mutter.
»Wieso – stimmt doch! Ich hatte gerade meine erste eigene Wohnung in der Water Street bezogen – und boooom! – die verdammten Terroristen machen das World Trade Center platt. Das war vielleicht ein Staub überall!«
»Rosie!« Lisa runzelte missbilligend die Stirn, als ihre Tochter sich trollte. »Du musst ihr das nachsehen, Kalim. Sie hat die ganze Sache immer noch nicht verdaut. Das gilt wohl für uns alle. Sie hätte tot sein können. Zwei von ihren Freunden sind noch vermisst … Rosie wohnt jetzt wieder bei uns, jedenfalls für die nächste Zeit. Und Paula hat sich frei genommen, um sich um sie zu kümmern.«
»Ich will wirklich nicht stören, Lisa.« Kalim ging vorsichtig rückwärts. »Das nächste Mal rufe ich vorher an.«
»Red doch keinen Unsinn und komm rein. Was ist denn los? Du siehst aus, als hätten sie dir die Weisheitszähne gezogen. Alle auf einmal. Ist irgendwas?«
Kalim Fazzar blickte sich um, so als könne ein Lauscher sich angeschlichen haben. »Ich mache mir Sorgen, Lisa. Sorgen um Steve.«
Das Lächeln erlosch in ihrem Gesicht, als habe eine plötzliche Böe das Licht ausgeblasen. »Was ist los?« Ebenfalls besorgt, dass jemand, in diesem Fall ihre neugierigen Töchter, mithören könnte, machte sie einen Schritt auf ihn zu und zog die Tür hinter sich ins Schloss. »Sag es mir.«
Fazzar senkte den Kopf, als suche er nach den richtigen Worten. »Ich darf dir das alles natürlich gar nicht erzählen …« Schließlich fasste er sich doch ein Herz. »Miles Spencer, unser Vizedi-

rektor, hat mich heute völlig überraschend in Zwangsurlaub geschickt. Ich fürchte, er hat es auf mich abgesehen. Und auch auf Stephen. Wir haben in seinen Augen versagt und jetzt will er uns dafür büßen lassen.«

»Aber wieso machst du dir Sorgen um Steve? Er ist doch wohl nicht auf Zwangsurlaubsreise gefahren, oder?«

»Nein. Ich wünschte, er wäre. Spencer hat Steve auf eine Mission in den Mittleren Osten geschickt, Lisa. Auf eine ziemlich brenzlige Mission. Ich fürchte, dein Mann schwebt in Lebensgefahr.«

Andere Frauen hätten sich in diesem Moment die Hand vor den Mund gehalten, um einen Schrei zu unterdrücken. Nicht Lisa. Sie verschränkte nur die Arme vor ihrer Brust. Was Fazzar sagte, hatte sie selbst schon geahnt. Sie hatte es in der ersten, schlaflosen Nacht nach seiner Abreise geahnt und dann hatte sie beschlossen, es nicht zu beachten. Sie hatte die Angst um ihren Mann verjagt. Und sie war nicht bereit, dieser Angst auch nur einen Spaltbreit die Tür zu öffnen. Lisa war keine Heulsuse. Sie hatte schon genug Momente erlebt, in denen sie um Steves Leben bangte – und immer war er wieder erschienen. Lächelnd, als käme er von einer langweiligen Dienstreise nach Wichita zurück, mit irgendwelchen exotischen Andenken unter dem Arm, die dann später im Schrank Staub ansetzten. Stephen war nicht mehr der Jüngste, aber er war sicherlich keiner, der gedankenlos unnötige Risiken auf sich nahm. Er hatte es ihr versprochen.

»Ich weiß, dass er in Beirut ist«, sagte sie. »Er hat mich vor einer Stunde von dort aus angerufen. Es geht ihm gut.«

Fazzar ließ einen Seufzer der Erleichterung fahren. »Gott sei Dank.«

»Das Gespräch wurde allerdings unterbrochen. Was geht hier vor, Kalim?«

»Was ich dir jetzt sage, das ist geheim. Geheimer geht's nicht, okay? Wenn Spencer tatsächlich Material gegen mich sucht, dann könnte er mich allein damit aus der Firma werfen, dass ich dir so etwas sage, Lisa.«

»Okay. Ich habe verstanden. Also?«

»Die CIA hat von oben, von ganz oben, den Auftrag bekommen, alles, was sie in Afghanistan hat, in Bewegung zu setzen. Das ist aber nicht sehr viel. Im Klartext heißt das, ein paar alte Agenten, einige schon im Ruhestand, werden losgeschickt, um ihre alten Kontakte wieder aufzuwärmen. Stephen ist einer von denen, die das Land bereist haben und der dort Leute kennt. Deswegen wird er vermutlich schon jetzt auf dem Weg dorthin sein.«

»Und?«, sagte sie forschend.

»Wir befinden uns im Krieg gegen dieses Land.«

»Das ist mir bekannt. Und sicherlich weiß Stephen das auch. Er wird entsprechend vorsichtig sein. Was versuchst du mir zu sagen, Kalim?«

»Steve ist mit einem Mann unterwegs, den er selbst jahrelang gesucht hat. Ein Terrorist namens Abdul Gahid. Dieser Gahid ist keiner, dem man trauen kann, wenn ich es mal so ausdrücken darf.« Für einen kurzen Moment war Fazzar versucht, ihr alles zu sagen, was er kurz vor seinem Rausschmiss, als den er den Sonderurlaub ja wohl zu betrachten hatte, erfahren hatte. Aber er schreckte davor zurück. Kein Grund, die drei Frauen in Panik und Todesangst zu versetzen. Er würde versuchen, dieses Problem auf seine Art zu lösen. »Aber Miles Spencer meint, dass wir jetzt auch mit dem Abschaum der Welt zusammenarbeiten müssen, um Erfolg zu haben. Und Miles Spencer gibt im Moment den Ton an. Er kann schalten und walten, wie er will. Man sagt, der Präsident habe ihn für höhere Aufgaben im Auge.«

»Ich verstehe immer noch nicht, warum du dir Sorgen machst, Kalim«, sagte Lisa Margolis kopfschüttelnd. Aber sie selbst bemerkte, dass sie jetzt schauspielerte. Sie sagte nicht, was sie wirklich dachte und fühlte. Was sie sagte, waren Beschwörungsformeln, die die Angst daran hindern sollten, sich in ihr Haus zu schleichen. »Steve ist nicht neu in dem Job und ich bin sicher, er hat im Laufe der Zeit schon den einen oder anderen Schleimbeutel kennen gelernt, ohne sich gleich von ihm umbringen zu lassen.«

Harte Nuss, dachte Fazzar nicht ohne Anerkennung. Ihr Vertrauen in die Fähigkeiten ihres Gatten war jedenfalls nicht so leicht zu erschüttern. Jetzt wurde es Zeit, die Artillerie auszupacken. Er nahm Lisa am Arm und führte sie noch weiter von der Haustür und der Veranda weg. Sie ließ es geschehen, mit hochgezogenen Augenbrauen. Sie hatte keinen Grund, dem Kollegen ihres Mannes zu misstrauen. Stephen hatte niemals schlecht über Kalim Fazzar gesprochen – aber soweit sie sich erinnern konnte, hatte er nie schlecht über irgendeinen seiner Kollegen gesprochen. Fazzar war ein paar Mal bei ihnen eingeladen gewesen, er war ein stiller, aber netter Gast, dessen Handküsse für Heiterkeit sorgten, aber der ansonsten keine inspirierenden Diskussionsbeiträge geleistet hatte. Sie konnte sich noch immer keinen Reim darauf machen, was er versuchte, ihr mitzuteilen. Er teilte ihr hier auf der Schwelle ihres Hauses innerhalb von wenigen Minuten mehr Geheimnisse mit, als Steve in zwanzig Jahren gelüftet hatte. Und wie seine dunklen Augen nun hin und her wanderten, als verfolge er ein unsichtbares Tennisspiel, das war nicht gerade angetan, sie zu beruhigen.

»Gahid will Stephen umbringen«, sagte er schließlich finster. »Gahid vermutet, das dein Mann Beweise gegen ihn in der Hand hat, die ihn mit dem Attentat auf die Kaserne der Marines in Beirut in Zusammenhang bringen.«

»Ich weiß von dem Attentat«, sagte sie tonlos. Wenn es eines in Stephens Vergangenheit gab, das immer noch an ihm nagte, war es dieser Zwischenfall, bei dem so viele seiner Freunde und Kameraden gestorben waren. Wenn dieser Gahid tatsächlich etwas mit dem Anschlag zu tun haben sollte, dann würde Steve versuchen, ihn vor den Richter zu bringen.

»Genau deswegen hat Spencer deinen Mann auf diese Mission geschickt. Weil er wusste, dass er vielleicht nicht mehr zurückkommen würde. Und mich hat er ausgebootet, weil ich der Einzige bin, dem Stephen von seinen Vermutungen erzählt hat. Ich schlafe jetzt nicht mehr in meiner Wohnung, Lisa. Ich bin auf der Flucht, weil ich fürchte, dass Spencer uns beide umbringen will.«

»Weil ihr versagt habt?«, wunderte sich Lisa, aber ihre Stimme klang längst nicht mehr fest.

»Nein. Weil Stephen und ich die Einzigen sind, die damals mit ihm in Afghanistan waren. Wir haben ihn Dinge tun sehen, die niemals jemand erfahren darf, sonst ist er erledigt. Aus seinen großen politischen Träumen wird dann nichts. Er will uns deswegen aus dem Weg räumen.«

Fazzar fuhr sich mit der Hand durch sein dichtes schwarzes Haar, als habe er soeben beschlossen, dass er bis zum Äußersten gehen musste, um Lisa zu überzeugen. Mit einem wohlkalkulierten Zögern nahm er eine Fotografie aus der Innentasche des Jacketts und hielt sie Lisa mit einem hilflosen Seufzer direkt unter die Nase.

»Den Kerl da rechts mit dem Bart und dem Turban, den kennst du wohl. Der andere, der Fettwanst mit den Glupschaugen, ist Abdul Gahid. Mit dem ist Steve nun unterwegs.«

»Scheiße«, sagte sie unwillkürlich. Den Mann da rechts kannte sie in der Tat. Es gab wohl keinen Amerikaner, der unvoreingenommen in einer Jury über diesen Mann zu Gericht sitzen konnte. Wie man die Bilder Hitlers kannte, Ho Tschi Minhs oder Fidel Castros, so kannte man inzwischen das verhasste Bild dessen, der sich »der Prinz« nannte. Und auch der Fettwanst mit den Glupschaugen neben ihm war ihr auf Anhieb unsympathisch.

Fazzar nahm das Foto wieder an sich und verstaute es in seiner Innentasche. »Es gibt Hinweise darauf, dass die beiden nicht nur gut befreundet sind. Manche sagen sogar, dass Abdul Gahid der Auftraggeber des Prinzen ist. Er ließ die unheilschweren Worte in Lisas Gedanken sickern, wo sie bald anfangen würden zu rumoren wie eine verdorbene Mahlzeit. »Vielleicht bin ich völlig verrückt geworden und sehe Gespenster. Aber ich habe Angst. Und ich wollte dich nur darum bitten, Steve zu warnen, wenn er sich bei dir melden sollte. Vielleicht war es ein Fehler. Dann verzeih mir. Ich hatte nicht die Absicht, dich zu beunruhigen.«

»Oh, wirklich?«, knurrte Lisa sarkastisch. »Na, dann besten Dank dafür, dass du mich nicht beunruhigt hast!«

»Ich wollte nur, dass du Bescheid weißt. Du bist seine Frau und die Mutter seiner Töchter. Du hast ein Recht darauf. Wenn mir jetzt irgendetwas passiert, dann habe ich wenigstens meine Schuldigkeit gegenüber meinem Freund getan. Und dann kann Spencer nicht hinterher so tun, als wüsste er von nichts. Er wird nicht davonkommen, wenn er Steve und mich aus dem Weg räumt. Deswegen musste ich dir alles sagen. Entschuldige noch einmal. Ich glaube, ich gehe jetzt besser.«

»Nein, warte.« Lisa ergriff seinen Arm. »Wenn es stimmt, was du sagst, was sollte ich dann deiner Meinung nach tun?«

Er zog ratlos die Schultern hoch. »Es gibt nichts, was du tun kannst. Wir können ihm nicht helfen. Oder – warte mal – ich weiß, dass Stephen einen Informanten namens Omar in Afghanistan hatte. Er hat es mir erzählt.«

»Nadir Hayar«, sagte Lisa ungeduldig. »Und?«

»Ist das sein Name?« Die Jackpotlichter leuchteten auf und in seinem Geiste hörte Kalim das fröhliche Klingeln von Silbermünzen, die in den Ausgabeschlitz prasselten. Ohne es auch nur zu bemerken, hatte Lisa ihm den Namen des Mannes genannt, der Margolis mit geheimen Informationen fütterte. Die Informationen hatte Margolis mit ihm geteilt, aber sich standhaft geweigert, den wahren Namen seines geheimnisvollen Verbindungsmannes preiszugeben. Omar – mit diesem Decknamen mussten sich auch die engsten Mitarbeiter zufrieden geben. Nadir Hayar. Danke, Lisa, dachte Fazzar, der hoffte, seine Freude über die Nennung dieses Namens sei ihm nicht anzumerken.

»Egal, wie er heißt«, sagte er schnell. »Jedenfalls könnten wir Stephen vielleicht über diesen Mann eine Warnung zukommen lassen.«

»Ich habe mit ihm gesprochen«, sagte Lisa nachdenklich. »Vor ein paar Stunden erst. Er war vor Jahren mal bei uns als Hausgast. Austauschstudent. Ich hatte seit ewigen Zeiten nichts mehr von ihm gehört – bis er plötzlich heute Vormittag anrief und Stephen sprechen wollte. Wenn Steve eine Quelle in Afghanistan hatte, dann war das mit Sicherheit Nadir. Ein netter Kerl war das …«

Noch mehr Informationen über den Informanten, die Fazzar sorgfältig abspeicherte.

»Und du weißt nicht zufällig, wo ich diesen Nadir Hayar finden kann?«

»Nein.«

»Okay«, sagte Kalim Fazzar wie einer, der einen schweren Gang anzutreten hatte und sich soeben entschloss, den ersten Schritt zu tun. »Ich will sehen, was ich tun kann. Irgendwo in den Unterlagen muss irgendwas erwähnt sein über Nadir Hayar. Ich bin ganz sicher. Vielleicht finde ich einen Weg, Stephen zu warnen. Ich muss jetzt los. Passt gut auf euch auf.«

Er wandte sich zum Gehen.

»Was ist, wenn Stephen wieder anruft? Wie kann ich ihn warnen?«, fragte Lisa, die plötzlich gar nicht mehr so überzeugt davon war, dass ihr Mann alle Gefahren seines beschissenen Berufes einschätzen und meistern konnte.

»Du musst sehr vorsichtig sein!«, beschwor sie Fazzar. »Jedes seiner Gespräche wird abgehört. Verhalte dich ganz normal und lass ihn nicht wissen, was du weißt. Sag ihm bloß nicht, dass ich hier gewesen bin. Er könnte dann einen Fehler machen, und Fehler in diesem Geschäft sind …«

»Tödlich?«, fragte sie bitter.

»Nicht unbedingt«, lächelte Fazzar schwach. »Aber nicht gut.« Er schritt zu seiner Corvette, die Lisa schon immer für ziemlich albern und angeberisch gehalten hatte, und winkte ihr zu.

»Ich melde mich, sobald ich etwas Neues weiß …«, sagte er.

Nadir Hayar. Das war also das große Geheimnis.

Nun nicht mehr.

11. Kapitel

New York

Vizedirektor Miles Spencer stand unter Hochdruck. Er genoss jede Minute. Seit vielen Jahren hatte er sich nicht mehr so agil und so stark gefühlt wie in diesen Tagen. Überall wurde sein Rat gesucht, wurden seine Ansichten erwogen. Seine Standpunkte fanden Niederschlag in Regierungspapieren und politischen Beschlüssen. Der CIA-Direktor, ein Bürokrat ohne jede Ahnung vom praktischen Geschäft, ließ ihm freie Hand und vertraute auf das Geschick und die Erfahrung seines Stellvertreters. Die Kollegen vom FBI und vom Pentagon standen so oft vor seiner Tür und baten ihn um Hilfe, dass man meinen könnte, er kontrolliere nun auch noch die Terrorfahndung der Bundespolizei und das Verteidigungsressort. Das passte ihm hervorragend, denn am liebsten hätte er deren Zuständigkeit ohnehin an sich gerissen. Sein Budget war über Nacht um das Zwanzigfache aufgestockt worden. Der Präsident hatte seine Privatnummer und hatte ihn schon zweimal angerufen. In einem der Gespräche hatte er gesagt: »Ich mag Ihren Stil.« Am Mittwoch war er – mit Frau – zum Abendessen ins Weiße Haus eingeladen. Nicht schlecht für einen Mann, der vor wenigen Wochen noch das Ende der Fahnenstange erreicht hatte und über dessen baldige Ablösung schon allenthalben und mit unverhohlener Schadenfreude spekuliert wurde. Paranoia und Panikmache hatten sie ihm vorgeworfen. Verlacht hatten sie ihn, weil er schon vor zwei Jahren in einem internen Papier genau das vorhergesagt hatte, was nun eingetreten war. Terrorkrieg mit Flugzeugen als Cruise-Missiles, mit Selbstmordpiloten und mit tausenden von zivilen Todesopfern, mit einem Gegner, der

sich irgendwo am Hindukusch versteckte und nicht zu fassen war.
Das so genannte Spencer-Papier hatte in der Behörde wenig bis gar kein Aufsehen erregt. Wer es las – und das war eigentlich nur eine Hand voll Leute, die sich an der ungelenken Prosa des Verfassers nicht störten –, hatte es für die Untergangsphantasie eines leicht überspannten Veteranen gehalten, der nicht begriffen hatte, dass die Welt mittlerweile freundlich und gut war. Das Papier verschwand irgendwo in den Akten – bis die Sache in New York und Washington passierte. Von Unbekannten – nicht wenige vermuteten, es sei der Verfasser selbst gewesen – in Auszügen an die Presse lanciert, wurde das Spencer-Papier mit einem Mal gelobt und gepriesen, als sei es eine Art zweites Neues Testament. Wesentliche Teile des Manuskriptes wurden der Öffentlichkeit allerdings vorenthalten. Insbesondere das dritte und letzte Kapitel, in dem es um die empfohlenen Gegenmaßnahmen ging. Spencer hatte seinen alten Traum von geheimen Todesschwadronen und Ausnahmezustand, von Aufhebung bürgerlicher Freiheiten und Pressezensur, Sondergerichtshöfen, von verdeckten CIA-Schlägen auf amerikanischem Gebiet gegen den »inneren Feind« und dergleichen mehr ziemlich ausführlich niederlegt und sich damit als genau der Mann erwiesen, den seine Gegner fürchteten und den seine wenigen radikalen Freunde schätzten: ein geifernder Kettenhund, den loszulassen man sich hüten sollte. Mit anderen Worten: Er war genau der Mann, der in dieser Stunde des nationalen Notstandes dringend gebraucht wurde.
Spencer, der vor zwei Wochen in leicht angetrübter Stimmung und noch ganz unter dem Eindruck der mahnenden Worte seines Arztes, dass er bald, wenn er nicht aufpasste, mit einem Herzanfall tot umfallen würde, seinen 53. Geburtstag gefeiert hatte, befand sich unerwartet auf dem bisherigen Höhepunkt seines beruflichen Schaffens. Er verdankte das der Tatsache,

dass seine Leute so jämmerlich versagt hatten. Aber statt ihnen dafür dankbar zu sein, gewährte ihnen Spencer keine Gnade und keine zweite Chance. Kalim Fazzar, dem Spencer misstraute, wie er jedem verdammten Araber misstraute, hatte gerade einen mehrwöchigen Sonderurlaub angetreten. Gegen seinen Willen und gegen das Votum seines verweichlichten Chefs, des Leiters der CT-Abteilung, Greg Foster. Aber dem Willen des erstarkten Vizedirektors konnte sich in dieser Lage keiner entgegenstemmen. Zudem ließ Spencer eine Dienstaufsichtsbeschwerde gegen Fazzar einleiten, eine Maßnahme, die er schon lange erwogen hatte und für die er endlich den gegebenen Anlass hatte: schwere Versäumnisse im Vorfeld der Attentate.

Auch Stephen Margolis, noch so ein Versager, aber wenigstens Amerikaner, hatte zu spüren bekommen, dass der Wind sich gedreht hatte. Und er würde noch allen Grund haben, sich zu wundern. Vor ein paar Minuten hatte Margolis ihn aus Beirut angerufen. Der neuerdings wieder als Feldagent tätige Schreibtischhengst war sehr nervös gewesen und hatte Spencer damit die Vorlage für einen seiner Lieblingssätze gegeben.

»Nun weinen Sie mal nicht gleich«, hatte Spencer gebrummt. »Sagen Sie Abdul Gahid, er bekommt die Hälfte jetzt, die zweite Hälfte geht auf ein Sperrkonto in der Schweiz und wird ausgezahlt, wenn er Erfolg hat.«

Mit einer lässigen Handbewegung verschob er eine halbe Milliarde Dollar und fühlte sich wie Gott oder Alan Greenspan. Außerdem hatte er längst die Details des Handels mit Gahid persönlich abgeklärt, ohne dass Margolis davon wusste. Feldagenten arbeiteten nach Spencers Meinung immer besser, wenn sie nicht alles wussten, was daheim und über ihre Köpfe hinweg beschlossen wurde. Was besonders in diesem Falle galt, denn Abdul Gahid war einer, der es ganz genau wissen wollte.

Margolis war schlicht die Spucke weggeblieben, das konnte Spencer sogar durch den Sprachdecoder von Beirut bis in sein

Büro hören. Dem Manne fehlte ganz einfach die Größe, dachte Spencer. Die beiden kannten einander von früheren Einsätzen. Sie waren eine Zeit lang zusammen in Peshawar stationiert gewesen, wo ihre Aufgabe darin bestanden hatte, Stinger-Raketen an jeden Afghanen zu verteilen, der älter als drei Jahre war. Spencer war Leiter der »Operation Freedom Fighter« und reiste auf Maultierrücken und unter einem stinkenden Turban monatelang durch die Schluchten Afghanistans, um den örtlichen Kamelhirten und Teppichknüpfern beizubringen, wie man Russen umbrachte. Sie hatten es nicht kapiert. Sie hatten es bis zum Ende nicht kapiert. Sie waren einfach zu blöde, um einen anständigen Krieg zu führen. Manchmal glaubte Spencer, die Afghanen zogen nur deshalb in eine Schlacht, weil das ihnen die Möglichkeit bot, sich als wahre Männer zu beweisen, und weil es da so laut krachte. Dass sie die Russen aus ihrem gottverfluchten Land vertrieben hatten, sagte viel mehr über die Schwäche der Angreifer und die überragende Technik der Stinger-Raketen aus als über die Fähigkeiten der so genannten Freiheitskämpfer. Margolis war seinerzeit in ähnlicher Mission unterwegs, allerdings nicht einmal halb so erfolgreich. Wenn man es genau nahm, bestand sein einziger Erfolg darin, diesen Kalim Fazzar mit nach Amerika gebracht zu haben. Großartiger Erfolg. Deswegen war Margolis ja auch nur ein kleiner Vize-Abteilungsleiter geworden und Spencer ein großer Vize-Direktor. Ein sehr großer sogar. Vielleicht der größte bisher und wer wusste schon, was noch kommen würde. »Ich mag Ihren Stil«, hatte der Präsident gesagt.
Spencer stand am Fenster seines New Yorker Büros und schaute auf die Skyline, die ihm wie allen anderen Bürgern dieser Stadt plötzlich so unvertraut und leer vorkam. Ein anklagendes, frevelhaftes Stück leerer Himmel an der Stelle, an der bis vor kurzem noch die stolzen Zwillingstürme emporwuchsen.
»Sir, die Special Agents Walls und Cleveland sind hier«, melde-

te sich seine Sekretärin aus dem Vorzimmer durch die Gegensprechanlage.
»Sind sie allein?«
»Sie haben weibliche Begleitung.«
»Sollen reinkommen!«
Ein Lächeln breitete sich auf seinem Gesicht aus, das ihm für den Moment einen direkt freundlichen Zug verlieh. Spencers Gesicht war meist verkniffen und angespannt, seine Augenbrauen ständig zusammengezogen, als braue sich dahinter ein Unwetter zusammen. Sein Haar, dessen tiefer Ansatz kaum Platz für eine Stirn gelassen hatte, war militärisch kurz geschnitten, ein grauer Pelz auf einem breiten, massiven Schädel, der wie ein Ball auf einem kompakten, kräftigen Körper saß. Seine Nase wurde rechts und links von zwei tiefen Falten eingerahmt, die ihm in bestimmtem Licht und zusammen mit der untersetzten Gestalt das Aussehen einer Bulldogge verliehen.
Cleveland und Walls betraten den Raum und hinter ihnen die einzige Frau, die Spencer niemals sexuell begehrt, sondern lediglich respektiert hatte. Serene Shepard lächelte ihn an, als habe sie ihr Wiedersehen vorausgeahnt. Sie sah fabelhaft aus. Dunkler Hosenanzug, Make-up und Nagellack, ihre Löwenmähne wild wie eh und je. Sie hätte die Managerin einer edlen Boutique auf der Fifth Avenue sein können. Stattdessen war sie tödlich wie eine schwarze Mamba.
»Wie geht es dir, Serene?«, fragte er, als hätten sie erst gestern zusammen zu Mittag gegessen.
»Fein, Spencer. Und dir? Ich höre, du bist ein beliebter Mann in diesen Tagen.«
»Ich bin der erste Diener meines Landes. Ich tue nur meine Pflicht. Wenn mir das Pluspunkte einbringt, bitte sehr.«
»Ich dachte immer, der Präsident sei der erste Diener seines Landes«, sagte Serene mit ihrer samtensten Stimme.
»Genau. Und ich entlaste den Präsidenten.« Zu Cleveland und

Walls gewandt sagte Spencer: »Danke meine Herren, Ihr Auftrag ist erledigt. Gehen Sie jetzt und lassen Sie einen Drachen steigen.«

Das war ein weiterer seiner Lieblingssätze. Die beiden Agenten, die im Gegensatz zu ihrer Begleiterin müde und abgespannt aussahen nach zwanzig Stunden Flug aus Fidschi über Hawaii nach New York, trollten sich wortlos. Serene Shepard musste an Tigger und Robarb denken und schmunzelte versonnen. Sie hatte ihre treuen Wachhunde in Savusavu zurückgelassen. Mit Löchern im Kopf. Im Wasser, als Futter für die Fische, zusammen mit den Leichen des Bootsführers Duke und der Australierin Ginger oder Amber. Die beiden Menschenleben hatte sie allein deswegen geopfert, um zu kalkulieren, ob die Special Agents tatsächlich bereit waren, bis zum Äußersten zu gehen und Zeugen aus dem Weg zu räumen. Sie waren es und daraus hatte Serene geschlossen, dass dies keine Übung war und kein falscher Alarm. Für ihre beiden Wachhunde hatte sie keine Verwendung mehr. Sie würde niemals wieder auf das Hausboot zurückkommen, sondern sich, wenn alles getan war, in einer ganz anderen Weltgegend niederlassen. Sie hatte schon einen Strand in Costa Rica im Auge. Die Hunde hätten nur den Dorfbewohnern von Savusavu eine Menge Ärger bereitet und wären dann irgendwann erschossen oder erschlagen worden. Das wollte Serene lieber selbst in die Hand nehmen – und sie litt, während sie es tat. Einen Menschen zu töten fiel ihr nicht schwer, aber die Tiere, die sie jahrelang begleitet und bewacht hatten … Es brach ihr fast das Herz.

»Nimm doch Platz, Serene. Wir haben uns eine Menge zu erzählen. Wo hast du denn die ganze Zeit gesteckt?«

»Ich war fischen.«

Spencer lachte erlöst. Er wusste, dass er mit einem Profi wie Shepard seine Arbeit wieder dort anknüpfen konnte, wo sie vor zwei Jahrzehnten so rüde unterbrochen worden war. Die verdammten Liberalen hatten ein Verbot von politisch notwendigen Hygienearbeiten durchgedrückt. Keine Attentate auf fremde Regierungs- und Staatschefs, strenge Kontrolle der CIA-Maßnahmen, langwierige Untersuchungen aller neuen Einstellungen, bei mangelnder Kooperation Budgetkürzungen, Kongress-Anhörungen ohne Unterlass. Die Arbeit bei der Firma war langweilig und öde geworden. Mindestens einmal pro Woche wurden Spencer und viele seiner Kollegen vor den Geheimdienstausschuss zitiert und mussten vor einem Haufen verwöhnter Parlamentarier Rechenschaft ablegen. Wieder und wieder. »Wann haben Sie ... Warum haben Sie ... Warum haben Sie nicht ...?« Sie konnten einem die Freude an der Arbeit wirklich verleiden. Und was noch schlimmer war: sie gefährdeten die Interessen der Vereinigten Staaten. Sie hinderten die Bewacher der Freiheit daran, ihren Job zu tun. Sie legten ihnen Steine in den Weg. Mehr als einmal dachte Spencer, der Geheimdienstausschuss sei von Kommunisten unterwandert – so hartnäckig versuchten die Abgeordneten, ihn an der Ausübung seiner gottverdammten Pflicht zu hindern. Sie untersagten Kontakte zu Personen wie dieser Frau, die nun mit überschlagenen Beinen vor ihm saß und sich trotz des Nichtraucherzeichens auf dem Schreibtisch eine Zigarette anzündete. Aber das war nun vorbei. Vielleicht nicht für lange, vielleicht würden die Ratten bald wieder aus ihren Löchern kriechen und ihm das Leben schwer machen. Er musste Tatsachen schaffen und er musste das schnell tun. Und dazu brauchte er Serene Shepard.

»Also, was liegt an, Spencer?«, fragte sie und stieß den Rauch in einer Säule in Luft.

»Fünf Kunden, einer in dieser Stadt, drei in diesem Land und einer in der Schweiz. Vielleicht danach noch mehr.«

Serene zog die Augenbrauen hoch und lenkte mit ihren Pupillen seinen Blick auf das Titelbild der *New York Times*, die auf dem Tisch zwischen ihnen lag. Darauf war ein Mann mit Turban und schwarzem Bart zu sehen – das Bild schmückte in diesen Tagen die Zeitungen und Magazine aller Länder des Erdballs.

»Redest du von diesem Herrn da?«, fragte sie kühl.

»Und wenn? Schaffst du den?«

»Sicherlich. Aber der Preis dürfte ein wenig höher liegen. Und ich fürchte, jemand könnte mir zuvorkommen.«

Spencer grinste sie bewundernd an. Sie meinte jedes Wort ernst, das sie sagte. Sie hatte Fälle für die CIA erledigt, die als unlösbar galten. Die schwarze Mamba hatte sich an Leibgarden und Elitetruppen vorbeigeschlichen, hatte Alarmanlagen und Wachhunde ausgeschaltet, hatte Ehefrauen und Freunde ihrer Opfer ausgetrickst und war wie ein menschlicher Marschflugkörper in ihr Ziel eingeschlagen. Sie hatte mit dem Messer getötet und mit der Schusswaffe. Sie kannte sich mit Bomben aus und sogar mit Gift. Sie beherrschte Bogen, Armbrust und sogar Blasrohre. Und selbst ohne gängige Waffen, mit nichts weiter als einer Glasscherbe in der Hand, war sie tödlich. Einmal hatte sie Spencer gezeigt, dass sie mit einem chinesischen Essstäbchen als Wurfgeschoss eine Holzplatte durchschlagen konnte. Serene war nicht zu stoppen.

»Nein«, sagte Spencer. »Nein, mit dem Kerl werden wir schon alleine fertig. Nur für deinen Hintergrund: Wir haben es mit Leuten zu tun, die in vielen Ländern arbeiten und von denen wir die meisten nicht einmal kennen. Selbst wenn wir sie beim Namen nennen könnten, wären es noch zu viele. Ich bin sicher, du könntest die alle ausblasen, aber wir hätten dann Schwierigkeiten, die vielen Rechnungen zu bezahlen.«

Als ihr Gesicht unbewegt blieb und sie ihn aus kalten Augen musterte, lachte Spencer nicht einmal mehr selbst über seinen kleinen Scherz.

»Wir müssen an den entscheidenden Stellen zuschlagen und sie lähmen. Und wir haben wenig Zeit. Die ersten beiden Kunden sind Fingerübungen. Zum Warmmachen.« Er stand auf, holte einen Umschlag aus der obersten Schreibtischschublade und zog zwei Dossiers hervor. »Mit dem Ersten kannst du gleich anfangen. Er wohnt in New York, zu Fuß nicht einmal eine halbe Stunde von hier. Rabbi Meir Weintraub.«

»Ein Rabbi? Ich dachte, ich seid hinter den Arabern her.«

Spencer zögerte, weil es nicht seine Art war, Strategiediskussionen mit Angestellten zu führen. Je weniger die wussten, desto besser. In diesem Fall machte er eine Ausnahme, weil die Frau so verdammt attraktiv aussah und er sie gerne mit seinem Scharfsinn beeindrucken wollte.

»Rabbi Weintraub ist ein Scharfmacher, wie er im Buche steht. Wenn es nach ihm ginge, dann würden die Israelis schon morgen eine Atombombe auf alles werfen, das in die Moschee geht. Wenn er so weitermacht, wird er zu einer schweren Belastung unserer Nahostpolitik. Wir könnten ihn rauswerfen, aber das würde auch zu einer Belastung unserer Nahostpolitik. Also …«

»Verstehe. Außerdem wird jeder sofort die Araber verdächtigen – und so wird es sicherlich nicht zu einer Belastung eurer Nahostpolitik. Wer ist der Nächste?«

»Mohammed Moussawi, Banker, Syrer, lebt in Zürich. Blütenweiße Weste, aber wir wissen zufällig, dass er einen Großteil des Vermögens der Terroristen hin und her schiebt und dabei redlich vermehrt. Das mögen wir nicht. Aber es würde zu lange dauern, ihn auf legalem Wege aus dem Bankverkehr zu ziehen.«

»Und dann?«

Spencer fühlte plötzlich, wie ihm sein Kragen zu eng wurde. Shepard entging nicht, dass sich kleine Schweißperlen auf seiner Oberlippe bildeten.

»Das ist etwas komplizierter.« Wieder ging Spencer zu seinem Schreibtisch und holte aus der Schublade ein Foto hervor, das er lange betrachtete. »Die Sache ist verdammt haarig, also mache ich nicht einmal den Versuch, sie dir zu erklären. Nur so viel:

Manchmal sind wir eben gezwungen, zum Besten unseres Landes Opfer zu bringen. Dies hier ist so ein Fall.«

Er reichte ihr das Foto und zum ersten Mal zeigte sich eine nicht vorausberechnete Regung in ihrem Gesicht. Sie sah das Foto an, dann Spencer und wieder das Foto. Es war ein Familienfoto, das in einem Rahmen steckte. Offenbar hatte es bis vor kurzem einen Schreibtisch verziert.

»Das ist doch Stephen Margolis.«

»Korrekt. Aber um ihn geht es nicht.«

»Ich verstehe nicht ...«

»Wir befinden uns in einem Krieg und wir müssen Opfer in Betracht ziehen. Ich wünschte, es wäre zu vermeiden, aber es geht nicht. Die Frau und die Töchter sind deine Kunden.«

»Ich soll seine Familie auslöschen?«

»Nicht sofort. Ich melde mich, wenn es so weit ist. Es ist ein Hühnchenspiel. Jemand, auf dessen Hilfe wir angewiesen sind, möchte gerne ein Zeichen von uns. Er will wissen, ob wir es wirklich ernst meinen. Wie ich schon sagte, ich finde das auch nicht sehr schön. Aber die Leute, die da drüben im World Trade Center ausgelöscht und vergraben wurden, die hat auch niemand gefragt.« Bevor sie noch etwas entgegnen konnte, sprach er schnell weiter. »Modalitäten wie früher. Du gibst uns eine Bankverbindung und die Zahlung erfolgt genau vierundzwanzig Stunden, nachdem eine dritte Quelle den Schlag bestätigt. Spesen und Auslagen über Pauschale oder gegen Rechnung, ganz wie du willst. Mit dem Rabbiner und dem Banker kannst du sofort anfangen, die anderen sind auf Abruf. Du kannst dir im dritten Stock deine Papiere abholen, sie sind sauber und mehrfach abgesichert. Wenn du Geld brauchst, schreibe ich dir eine Anweisung für die Kasse.«

»Das wäre allerliebst.«

»Logistische Hilfe? Waffen?«

»Ich bin versorgt. Vielleicht später.«

»Danke, Serene!« Spencer nahm nicht wieder Platz, sondern streckte ihr seine Hand hin. Keine Fragen mehr, sagten seine Blicke. Sie ließ sich nicht auf einen Händedruck ein und nestelte an ihrer Handtasche herum, bis er seine Hand zurückzog.

»Wir haben uns diesen Krieg nicht ausgesucht, Serene«, sagte Spencer, der plötzlich ganz erpicht darauf war, dass die Killer-Queen nicht schlecht von ihm dachte.

»Glücklich das Land, das solche Diener hat«, sagte sie nur. »Ciao, Spencer. Ich muss an die Arbeit.«

12. Kapitel

Gaza, autonomes Palästinensergebiet

Der alte Beduine, der im Partyraum der UN-Vertretung Bier ausschenkte – auch bekannt als »Beach-Club«, weil die Baracke direkt am geröll- und müllübersäten Strand von Gaza lag –, war bekannt für seine grimmige Miene und dafür, dass er nicht mit den Gästen sprach. Seit vielen Jahren zapfte er abends zwischen acht und halb zwölf Carlsberg-Bier vom Fass und stellte wortlos die Gläser vor den durstigen Ausländern ab. Sie liebten den Alten, den segelohrigen Herrn über die einzige Bierquelle im autonomen Palästinensergebiet. Er vereinte alle Vorzüge eines erstklassigen Barkeepers mit den ewigen Geheimnissen des Orients: schweigsam, zuverlässig und unbewegt. Sie nannten ihn »Abu Zapfhahn« und machten unentwegt Scherze auf seine Kosten, die er ebenso ungerührt und unbewegt hinnahm wie die Tatsache, dass er, der brave Muslim, ein verbotenes Getränk servierte. Sie vermuteten, dass er ihre Sprachen nicht verstand. Sein Gesicht jedenfalls verriet kein Verständnis, keine Sympathie und keine Abneigung, seine knotige Nase, die nach den Ermittlungen einiger französischer Clubgäste eine enge Verwandte der Nase von Jean Gabin war, erzählte dem aufmerksamen Betrachter lange Geschichten von Kampf, Flucht, Unterordnung und – letztendlich – Zufriedenheit. Aber zufrieden war er nicht. Sein langer, brauner Kapuzenmantel ließ ihn erscheinen wie einen geheimnisvollen Wanderer aus der Wüste, mit dem sich die Gäste, die nur auf der Durchreise waren, gerne fotografieren ließen. Er lächelte nie auf diesen Fotos, behielt immer seine grimmige und unergründliche Miene auf, so albern und so dekadent sich auch die Europäer und Amerikaner neben ihm

gebärdeten. Sie hielten seine feierliche, grimmige Schweigsamkeit für Pose – doch sie war es nicht. Und niemand kam jemals auf die Idee, die Bedeutung seiner übergroßen, warzigen Ohren richtig einzuschätzen. Abu Zapfhahn hieß mit richtigem Namen Abdulrahman Saifa und war einer der zuverlässigsten und besten Männer, die Abdul Gahid bezahlte. Seine Kenntnisse der englischen und der französischen Sprache waren ausgezeichnet, auch Schwedisch und Deutsch verstand er leidlich. Sein Gedächtnis für Namen und Informationen war spektakulär, seine Kombinationsgabe unerschöpflich. Er hörte und er wusste alles, was die Ausländer in Gaza planten und durchführten, er belauschte ahnungslose Botschaftsangehörige und Militärs, Geheimdienstler und Kaufleute und erstattete Bericht an seinen Auftraggeber, der gelegentlich in Gaza Station machte. Außerdem war seine Telefonnummer in den geheimen Listen von dutzenden Leuten verzeichnet, die mit Abdul Gahid zusammenarbeiteten und für den der Alte Nachrichten entgegennahm.
Abdul Gahid unterhielt eine Im- und Exportfirma im Reich Yassir Arafats, dessen Vertrauter er war. Gahid besaß eine Flotte von Lastwagen, zahlreiche Geschäfte und Restaurants, einige Lagerhallen und war einer der größten und wohlwollendsten Investoren in dieser bettelarmen, überfüllten Siedlung der Entwurzelten. Abdul Gahid war auch einer der wenigen, dem es erlaubt war, seine Privatmaschinen auf dem Flughafen von Gaza zu landen, selbst wenn sie, wie dieser Lear-Jet heute, direkt aus Beirut kamen. Gahids gute Kontakte zu den Israelis, vor allem zum israelischen Geheimdienst Mossad, eröffneten ihm Möglichkeiten, die kein anderer in dieser Region hatte.
Abu Zapfhahn oder Abdulrahman Saifa stand neben dem Mercedes, der auf dem Rollfeld wartete, als Abdul Gahid seiner Maschine entstieg. Wie selbstverständlich nahm er neben dem Libanesen in der Limousine Platz. Es war kein moderner und schon gar kein sauberer Mercedes. Damit hätte Gahid in dieser

Gegend nur Aufsehen erregt. Gaza war ein Schrottplatz. Wer sich hier halbwegs sicher und konform bewegen wollte, der fuhr einen mindestens zehn Jahre alten Mercedes mit Beulen und Kratzern.

»Was gibt es Neues?«, fragte Gahid seinen Zuträger, während sie in die Stadt brausten.

»Zwei Anrufe.« Die raue, tiefe Stimme des Bierwirtes, die kein Gast jemals gehört hatte, passte genau zu seiner Statur, seinem zerfurchten Gesicht und seiner biblischen Nase. »Einer aus Moskau. Der Mann, den du bestellt hast, ist auf dem Weg. Ein Anruf aus Amerika. Der Name, den du wissen wolltest, lautet Nadir Hayar.«

»Danke.« Gahid schaute aus dem getönten Fenster seiner Karosse hinaus in die trostlose Einöde aus Schrott, schiefen Leuchtreklamen, abbröckelnden Häuserfassaden und herumlungernden Jugendlichen. »Du hast dir jetzt eine Pause verdient.«

Er zog ein Bündel Dollarscheine aus seiner Innentasche und zählte dem Beduinen drei Hunderter in die Hand. An einer schlecht beleuchteten Kreuzung kam der Mercedes zum Stehen und Abu Zapfhahn stieg mühsam aus dem Wagen.

»Sind die Grünen Brüder heute Nacht dort, wo ich sie vermute?«, rief ihm Gahid hinterher. »Ich habe einen Gast, dem ich gerne das Hauptquartier zeigen möchte.«

»Die Grünen Brüder sind nie dort, wo man sie vermutet«, sagte der Alte. »Aber wenn du sie in deinem Lagerhaus vermutest, dann wirst du sie wahrscheinlich dort finden.«

Der Mercedes startete durch und der Alte blieb stehen und rückte seinen Mantel gerade, verstaute die dreihundert Dollar darin, warf seine Kapuze über den Kopf und huschte in einer Gasse davon. Er war verschwunden, noch ehe der Kleinbus mit Abdul Gahids Gast an der Stelle vorbeirauschte.

Die Grünen Brüder hatten sich in der Nacht versammelt. Es mussten an die vierhundert Mann sein, die sich im fahlen Licht der Lagerhalle auf Kissen niedergelassen hatten. Jeder Einzelne hatte ein aufgeschlagenes Buch vor sich, den Koran. Mit wippenden Oberkörpern rezitierten die jungen Männer murmelnd die Verse des heiligen Buches. Manche trugen weiße Strickmützen, andere Stirnbänder mit Koranversen. Nicht wenige hatten ihre Gesichter ganz verhüllt in grünen Tüchern, die ihnen die Kraft und die Weisheit des Propheten verleihen sollten. Sie holten nach, was anderen Koranschüler in noch ärmeren Ländern in jungen Jahren beigebracht wurde – das intensive Studium der Schrift und der Worte Gottes. Sie waren erst spät erweckt worden, in ihrer Kindheit und Jugend waren sie auf ganz normale, weltliche Schulen gegangen, hatten Lesen, Schreiben und Rechnen gelernt. Sie hätten eigentlich Architekten, Anwälte und Ärzte werden sollen, um den Staat Palästina aufzubauen – aber sie hatten erkannt, dass es diesen Staat nur geben würde, wenn sie ihn mit ihrem eigenen Blut bauten. Tagsüber führten sie unauffällige Existenzen. Ihre Professoren, ihre Vorgesetzten und Mitarbeiter an der Universität, in Krankenhäusern und sogar Behörden, nicht einmal ihre Eltern ahnten, dass sie sich nachts trafen, um sich für den Heiligen Krieg zu wappnen. Sie waren keine schwertschwingenden, bluttriefenden Rächer, denen man ihren Hass und ihre Zerstörungswut schon von weitem angesehen hätte. Sie konnten vielmehr unauffällig in jedem Restaurant in Berlin, Paris oder New York sitzen und sich beim Kellner in dessen Sprache nach der Tagessuppe erkundigen. Sie konnten diese mit Appetit verzehren, ein angemessenes Trinkgeld hinterlassen und drei Minuten später mit einer Bombe um den Bauch zurückkehren, um hundert Menschenleben mit ihrem eigenen auszulöschen. Und genau das machte sie zu den gefährlichsten Kriegern, die die Welt jemals gesehen hatte.

Abdul Gahid warf einen Blick in die Lagerhalle und nickte

wissend in sich hinein. Es war ein gefährliches Spiel, das er hier spielte. Wenn seine Bekannten beim israelischen Geheimdienst auch nur einen Schimmer davon bekamen, dass Gahid seine Lagerhalle einer extremistischen Moslembruderschaft zur Verfügung stellte, dann würde er nicht nur seiner Privilegien, sondern vermutlich auch seines Lebens verlustig gehen. Mit den Helfern der Fanatiker ging der Mossad in jüngster Zeit nicht eben freundlich um. Aber auch die palästinensische Autonomiebehörde, wenn sie denn von den nächtlichen Zusammenkünften in Gahids Halle Wind bekäme, würde ihm Ärger machen, denn die Palästinenser waren sehr bedacht darauf, dass sich solche Gruppen nicht in ihrem Gebiet zusammenfanden. Aber Gahid hatte sie beide überlistet, wie das seine Art war. Er ging allenfalls strategische Verbindungen ein, verpflichtet war er keiner Seite – nur sich selbst und seinen blühenden, internationalen Geschäften. Und die Unterstützung, die er den hoffnungsvollen Kämpfern und Studenten des Islam zur Verfügung stellte, erbrachte ihm an anderer Stelle viel guten Willen, exzellente Beziehungen und einen schönen Batzen Geld.
Lautlos rollte der Kleinbus heran und ihm entstieg, noch bevor der Wagen ganz zum Stillstand kam, Aziz, der Libanese. Auf dem Rücksitz saß, mit einem Eisbeutel im Nacken und verbundenen Augen, Stephen Margolis.
»Unser Gast befindet sich in einer sehr finsteren Stimmung«, meldete Aziz. »Er stößt unentwegt Flüche und Drohungen aus.«
»Das wird er sich noch abgewöhnen. Lass das meine Sorge sein.« Gahid zwängte seinen massigen Körper auf den Beifahrersitz und bedeutete dem palästinensischen Chauffeur auszusteigen. Margolis, dessen Hände und Füße mit Plastikschlingen gefesselt waren, hockte hinten und kochte vor Wut.
Die Angst, die er bei seinem Erwachen aus der Bewusstlosigkeit empfunden hatte, saß ihm noch tief in den Knochen. Er fand

sich gefesselt auf dem Boden eines fahrenden Lieferwagens, seine Augen verbunden. Entführt, schrie es immer wieder in seinem Kopf, sie haben mich entführt! Er erinnerte sich an die jahrelangen Leiden, die Männer wie Terry Anderson und Terry Waite in Kellern und Verliesen ihrer Peiniger ertragen mussten. An Rohre gekettet in dunklen, feuchten Räumen, geschlagen und verhöhnt, verhört und dann scheinbar vergessen. Er fragte sich, ob er es schaffen würde, sich das Leben zu nehmen, sollte ein solches Martyrium auch auf ihn warten. Er dachte an seine Frau und seine Töchter, die er vielleicht niemals wiedersehen würde. Aber als der Wagen sein Ziel erreichte, der Motor erstarb und die Tür sich öffnete, wusste er, dass er zumindest nicht von fanatischen Moslems gefangen genommen war, sondern von eben den Leuten, die er gerade zur Mitarbeit in der CIA verpflichtet hatte.

Aziz, der Libanese mit dem Clark-Gable-Bärtchen, nahm ihm seinen Augenverband ab und sah ihn bekümmert an. »Tut es sehr weh?«, fragte er.

Margolis' Mund war so trocken, dass seine Antwort nichts weiter als ein kraftloses Krächzen war. Ja, es tat verdammt weh. Sein Schädel brummte und sein Nacken fühlte sich an, als sei ein Pferd darauf getreten. Aziz wartete keine Antwort ab, sondern verband wieder seine Augen, verabreichte ihm eine Spritze und verfrachtete den Gefangenen zusammen mit zwei kräftigen Helfern in den hinteren Bereich eines kleinen Flugzeugs, das wenig später startete. Aber da war Margolis dank der Injektion eines starken Beruhigungsmittels schon wieder ausgeschaltet. Er kam erst zu sich, als sie abermals über Schlaglöcher rumpelten, diesmal in Gaza.

»Wo sind wir?«, wollte er wissen, sein Mund noch trockener als zuvor.

»Oh, Mr. Margolis, schön, dass Sie wach sind«, flötete Aziz aus der Dunkelheit.

»Wo sind wir?«

»Das kann ich Ihnen nicht sagen. Aber keine Sorge. Wir sind noch auf dieser Welt. Wenn es einem manchmal auch nicht so vorkommen will.«

Nach halbstündiger Fahrt waren sie angekommen, Aziz hatte den Kleinbus verlassen und jemand anderes war eingestiegen. Jetzt saß Margolis hellwach und mit rasendem Kopfschmerz aufrecht in seinem Sitz. Er spürte die Anwesenheit eines dicken, schnaufenden Mannes. Er bewegte den Kopf, horchte in die Stille und sehnte sich nach einem Glas Wasser wie noch nie in seinem Leben. Seine Zunge hatte sich in Sandpapier verwandelt und war angeschwollen.

»Wie lautet denn nun die Antwort auf mein Geschäftsangebot?« Abdul Gahid fragte das so beiläufig, als säßen sie sich gemütlich in seinem Büro gegenüber.

Margolis sprach, aber nicht einmal er selbst konnte die Worte verstehen, die aus seinem ausgetrockneten Mund kamen. Es waren Verwünschungen, Beschimpfungen und Drohungen, von denen Margolis selbst wusste, dass er sie nicht würde wahr machen können. Leider.

»Ich vermute, Sie sind durstig«, sagte Gahid freundlich und rief dann: »Aziz! Bring unserem Gast eine Erfrischung!«

Der Angesprochene öffnete geschwind die hintere Tür, drückte Margolis eine kleine Plastikflasche mit Wasser in die verbundenen Hände und wollte schnell wieder nach draußen huschen.

»Nimm ihm auch die Augenbinde ab!«, befahl Gahid.

Endlich konnte Margolis in das aufgeschwemmte, verhasste Gesicht sehen, das sich neben der Nackenstütze auf dem Vordersitz des Busses in der Dunkelheit abzeichnete. Dann schraubte er den Deckel ab und führte die Flasche mit beiden Händen zum Mund. In einem langen, verzweifelten Zug leerte er sie und spürte, wie das Leben zurück in seinen Mund floss. Er wartete, dass er wieder ruhiger wurde und der Profi in ihm die

Überhand gewann. Widerstand und Empörung waren zwecklos, er war in Gahids Hand.

»Das Angebot ist angenommen«, sagte Margolis langsam.

»Das habe ich Ihrem Laufburschen schon am Telefon gesagt. Die Hälfte wird sofort gezahlt, die andere geht auf ein Sperrkonto in der Schweiz. Sie bekommen es, wenn der Auftrag ausgeführt ist.«

»Was ist noch einmal genau der Auftrag?«, fragte Gahid spielerisch.

»Sie wissen es. Terroristen bekämpfen«, sagte Margolis illusionslos. »Den Kerl finden, der uns angegriffen hat, und ihn unschädlich machen.«

»Aha«, sinnierte Gahid. »Verstehe. Sie wissen natürlich, dass das Ganze ziemlich kompliziert ist. Wenn nicht sogar unmöglich. Sie wissen ja gar nicht, wen Sie jagen.«

»Aber Sie wissen es, Gahid. Sie sollen uns zu ihnen führen.«

»Gewiss. Deswegen habe ich Sie ja auch hergebeten. Ich möchte Sie gerne in den Genuss einer weiteren kleinen Lektion kommen lassen. Dazu werde ich Ihnen jetzt auch noch die Fesseln abnehmen lassen. Aber Sie müssen mir versprechen, dass Sie sich ordentlich benehmen. Sonst fliegen wir zurück nach Beirut und vergessen alles. Und das würde Ihrem bösen Chef gar nicht gefallen. Also?«

»Ich verspreche es«, knirschte der Gefangene.

»Sie versprechen was? Sagen Sie es bitte, ich will hören, ob Sie es auch wirklich verstanden haben.«

»Ich verspreche, dass ich mich ordentlich benehme.«

»Na prima. Lassen Sie mich nur noch eines sagen: Natürlich hätte ich Sie auch einfach bitten können, mich auf dieser kleinen Reise zu begleiten. Aber ich fürchte, sie hätten meine Einladung abgelehnt. Und wenn nicht, dann hätten Sie sicherlich wissen wollen, wo wir sind. Sie müssen das nicht wissen. Es reicht, wenn Sie annehmen, dass wir irgendwo im Orient sind.«

»Ich wünschte, Sie würden nicht so viel reden und mir endlich die Hände und Füße losbinden.«
»Sehr gern.« Gahid entstieg dem Bus und winkte Aziz heran, der zu Margolis nach hinten krabbelte und ihn von seinen Fesseln befreite.
»Bitte, tun Sie nichts Unüberlegtes, Mr. Margolis«, flüsterte er. »Das könnte nämlich ganz schön gefährlich werden.«
Gahid wartete draußen und führte ihn durch die Dunkelheit zu einer wackeligen Freitreppe, die an einer Hallenwand emporführte. Oben angekommen, öffnete er eine Tür und sie betraten einen ungepflegten Aufenthaltsraum, der tagsüber vom Wachpersonal der Lagerhalle genutzt wurde. Margolis sah durch eine verschmierte Scheibe hinab auf die Reihen der jungen Männer, sah die schaukelnden Bewegungen ihrer vorgebeugten Oberkörper, hörte ihr leises Murmeln.
Gahid stand schnaufend neben ihm. »Kein lautes Wort bitte«, flüsterte er kaum hörbar. »Wenn sie wüssten, dass wir hier sind, würden sie uns in Stücke reißen.«
»Wer ist das?«, flüsterte Margolis zurück.
»Oh, das sind ganz normale, intelligente junge Leute. Söhne friedliebender Väter, Studenten und Angestellte, manche haben schon kleine Familien. Sie nennen sich die Grünen Brüder. Grün ist, wie sie wissen, die Farbe des Propheten. Sie sind gebildet und sprechen zum Beispiel ausgezeichnetes Englisch. Manche planen auch, sich für eine Weile in Amerika niederzulassen.«
»Ich verstehe das nicht!«
»Genau das ist Ihr Problem. Sie verstehen es nicht. Dies sind die Leute, die Sie suchen. Zu diesen Leuten soll ich Sie für eine halbe Milliarde Dollar führen. Bitte sehr – da sind sie.«
Margolis versuchte im Halbdunkel, die Gesichter zu studieren, die sich manchmal wie unter Hypnose mit geschlossenen Augen erhoben. Ganz normale, intelligente, junge Leute?

»Sie haben natürlich, jeder für sich, so ihre Erfahrungen mit der Welt gemacht«, wisperte Gahid. »Und keine sehr guten. Sie wurden behandelt wie Vieh, wurden herumgeschubst, beleidigt, entmündigt und verloren ihren Job. Man verweigerte ihnen den Zugang zu ihren Arbeitsstätten in Israel, man verweigerte ihnen Pässe und Zugang zu vernünftigen Universitäten und Krankenhäusern und so weiter. Sie sind stolze junge Männer, die sich so was nicht gerne gefallen lassen. Aber die Palästinenser sind nur ein Teil des Problems. Wussten Sie, dass in den meisten arabischen Staaten fast zwei Drittel der männlichen Bevölkerung unter fünfundzwanzig sind? Lauter junge Leute, die keine ordentliche Arbeit finden und keine Perspektive haben und die Amerika dafür verantwortlich machen, weil Amerika die korrupten Regierungen unterstützt, unter denen sie zu leiden haben. Können Sie multiplizieren? Und können Sie sich jetzt das Problem ausrechnen, das Ihr Land hat?«

»Sie sagen also, das hier sind alles Terroristen?«, fragte Margolis laut. Gahid bestrafte ihn mit einem stechenden Blick.

»Leise!«, zischte er. »Ich habe keinen Witz gemacht, als ich sagte, dass sie uns zerreißen würden. Und Sie zuallererst, weil Sie Amerikaner sind. Sie sind auf Amerikaner nicht sehr gut zu sprechen.«

Margolis glühte. »Sie müssen mir sagen, wo wir uns befinden. Ich kann veranlassen, dass dieses Nest noch heute Nacht ausgehoben wird.«

Gahid lachte leise. »Genau deswegen habe ich Sie schwören lassen, dass Sie sich ordentlich benehmen werden. Sie müssen verstehen: Es würde nichts nützen, dieses Nest auszuheben. Die Jungs da unten würden es Ihnen sogar danken, denn dann würden noch mehr von ihnen in den Krieg ziehen. Denn es gibt hunderte, tausende solcher Nester. Das hier ist nur eines, wenn auch ein ziemlich gut organisiertes. Leute wie diese sind überall auf der ganzen Welt. Viele im Mittleren Osten, viele sogar in

Staaten, die Amerika zu seinen Freunden zählt. Und es gibt sie auch in Europa und sogar in Amerika.«

»Dafür ist das FBI zuständig«, sagte Margolis reflexartig und kam sich vor wie ein Volltrottel.

»Ja, genau«, befand Gahid. »Lassen Sie uns jetzt gehen, die Lektion ist beendet. Erfolglos, wie ich fürchte.«

»Warten Sie!«, raunte Margolis. »Wir können das doch nicht einfach so geschehen lassen! Tun Sie was, verdammt noch mal!«

Gahid zuckte im Weggehen die Schultern. »Was soll ich denn tun? Wie Sie sehen, sitzen da nur ein paar hundert unbewaffnete junge Männer und gehen einer frommen Beschäftigung nach. Sie studieren den Islam. Dass sie irgendwann einmal losgehen werden, um sich umzubringen und dabei die größtmögliche Zahl von Ungläubigen mitzunehmen, dafür kann man sie jetzt noch nicht belangen. Tut mir Leid, Mr. Margolis.«

Margolis konnte sich von dem Anblick der Koranstudenten nicht losreißen. Es war, als habe er in den fruchtbaren Bauch eines Monsters geblickt, das dabei war, einen neuen Wurf neuer Monster in die Welt zu setzen. Ganz normale, intelligente, junge Männer.

»Alles, was fehlt, ist ihr Marschbefehl. Und dann haben Sie oder Ihre Freunde in Europa die Grünen Brüder am Hals«, sagte Gahid, der seine Gedanken lesen konnte.

»Im Koran steht nicht, dass sie töten sollen!«, hörte er sich flüstern. »Der Islam ist keine Religion von Killern.«

Gahid hatte schon die Tür erreicht, wo Aziz höchst nervös auf ihn wartete. »In der amerikanischen Verfassung steht auch nicht, dass Sie die Welt erobern und andere Völker ausbeuten und unterdrücken sollen.«

Margolis fuhr herum, eine patriotische Antwort auf den Lippen, aber da war Gahid schon verschwunden. Nur Aziz stand da, sein Bärtchen bebte vor Aufregung. Seine Augen flehten: »Kommen Sie! Bitte kommen Sie!«

Gahid wartete unten, rauchte eine Zigarette und empfing Margolis mit einem schrägen Lächeln. »Ich kann Ihnen nicht helfen, diese Armee zu besiegen«, sagte er ohne die Spur eines Bedauerns. »Niemand kann das.«

»Also gibt es kein Abkommen? Keine Zusammenarbeit?«

»Doch, wenn Sie durchaus darauf bestehen. Gerne. Ich lehne doch keinen Job ab, der mir eine halbe Milliarde Dollar einbringt. Aber ich bin ein ehrlicher Geschäftsmann und sage Ihnen, dass wir diese Leute nicht schnappen können. Sie wachsen auf Bäumen, sie sprießen aus dem Boden, sie fallen vom Himmel. Aber vielleicht finden wir ein paar von denen, die sie pflücken, aufheben und einsammeln. Und die, die sie losschicken.«

»Worauf warten wir dann noch? Fangen wir an«, drängte Margolis, der seine dunklen Gefühle gegen Abdul Gahid für den Moment auf Eis legte. Selbst die Entführung und der Schmerz in seinem Nacken waren vergessen. So bitter die Erkenntnis war – Spencer hatte Recht. Sie brauchten diesen öligen Helfershelfer von Mördern und Fanatikern. Und wenn es auch nur die kleinste Chance gab, dass er ihnen half, dann mussten sie diese Chance nutzen.

»Ich hoffe, Sie haben keine Urlaubspläne für die nächste Zeit«, sagte Gahid, während er seinen Mercedes bestieg und Margolis mit einem Wink aufforderte, sich zu ihm zu setzen. »Ich will Sie dabeihaben.«

»Warum? Ich werde in der Zentrale gebraucht. Ich sollte Sie nur anwerben.«

»Ich leite das Unternehmen und ich entscheide, wo Sie gebraucht werden«, sagte Gahid streng. »Steigen Sie ein.«

13. Kapitel

Duschanbe, Tadschikistan

Jurij kannte die Stadt flüchtig und hatte keine guten Erinnerungen daran. Auch die milde Morgensonne, die über dem mächtigen Hügel des Hissargebirges aufging und dem Tal einen fast friedlichen Schein verlieh, konnte ihn nicht beeindrucken. Hier war er schon einmal durchgekommen, damals, auf dem Weg an die Front, von der keiner wusste, wo sie verlief. Diese geometrische, graue Stadt mit ihren löchrigen Boulevards, auf denen Eselskarren verkehrten, mit den Minaretten und den mit Brettern verrammelten Fenstern war den Soldaten im Nachhinein vorgekommen wie Las Vegas. Als sie an ihrem eigentlichen Ziel angekommen waren, jenseits der südlichen Berge, in der trockenen Einöde eines lehmfarbenen Landes, hatten sie oft an ein romantisiertes Duschanbe gedacht, an die schattigen Straßen unter dem grünen Dach der Bäume, die Restaurants, in denen es russisches Essen gab. Der letzte Vorposten der Zivilisation.

Jurij schnaubte verächtlich bei diesem Gedanken und die beiden Offiziere, die links und rechts neben ihm in dem altersschwachen Wolga saßen, warfen einander einen irritierten Blick zu. Ein bärtiger Fahrer hatte sie vom Flughafen abgeholt und brachte sie in die Innenstadt. Die Offiziere redeten nicht viel und schauten nicht einmal aus dem Fenster. Sie hatten nicht das geringste Interesse an dieser unwirtlichen Mondlandschaft. Noch heute Abend würden sie wieder auf dem Weg nach Hause sein und hoffentlich niemals in diesen Teil des ehemaligen Sowjetreiches zurückkehren müssen. Ihr Auftrag war fast beendet. Sie sollten nur dafür sorgen, dass Oberst Titov in Duschanbe eintraf, alles andere konnte ihnen egal sein. Die Offiziere frag-

ten sich allerdings, warum ausgerechnet dieses zitternde Wrack von einem Soldaten mit einer Sondermaschine gereist war.
Vom Haus des Generals Oblomow hatten sie Jurij gestern wieder in seine Wohnung gefahren. Sie warteten vor dem Fernsehgerät im Wohnzimmer, während er duschte und sich frische Sachen anzog. Die lustige Witwe von nebenan klopfte und fragte durch die Tür, ob alles in Ordnung sei. Offenbar hatte sie ihn in Begleitung der beiden Uniformierten kommen sehen und machte sich nun ihre Gedanken. Jurij rief zurück, dass sie sich um ihren eigenen Dreck kümmern sollte. Oben randalierte der einbeinige Major und verprügelte das, was von seiner hübschen Frau übriggeblieben war.
Jurij fühlte sich wie unter Arrest und das war er wohl auch. Man hatte ihn auf eine Bahn geworfen, die schnurstracks hinunter in das verfluchte Land führte, und er konnte nicht bremsen. Willenlos und wie betäubt war er mit den Offizieren gegangen, deren Namen er nicht kannte und auch gar nicht kennen wollte. Er packte eine lederne Reisetasche mit den nötigsten Sachen – das heißt, das Allernötigste rührte er nicht an. Der Wodka blieb, wo er war. Obwohl seine Hände zitterten und kalter Schweiß ihm ausbrach, obwohl sein von Krämpfen geschüttelter Magen beim kleinsten Gedanken an Wodka in freudigen Aufruhr geriet, ignorierte er die Flaschen im Karton neben dem Fernseher.
»Ich bin soweit«, sagte er, die Haare noch nass und nach billiger Seife riechend. Die Offiziere nickten nur und brachten ihn in der Abenddämmerung zum Flughafen.
Auf dem fast elfstündigen Flug in einer Militärmaschine hatte er kaum geschlafen. Die Krämpfe waren unerträglich geworden. Er fror erbärmlich, nur um wenig später vor Hitze kaum atmen zu können. Sein Körper ließ sich den geliebten Wodka nicht kampflos wegnehmen. Wenn sein Verstand vorübergehend so klar war, dass er denken konnte, dann dachte Jurij über

nichts anderes nach als darüber, woher der Präsident seinen Namen kannte. Warum wurde von all den Hunderttausenden, die aus diesem Krieg zurückgekommen waren, ausgerechnet er ausgesucht? Wie konnte sein Name in die Akten des Präsidenten gekommen sein? Oder hatte General Oblomow ihm das nur vorgegaukelt, damit er sich geschmeichelt und verpflichtet fühlte? Waren vielleicht außer ihm noch viele andere Veteranen unterwegs, weil die Führung beschlossen hatte, dass der Krieg doch noch zu gewinnen war? Viele Fragen, keine Antworten.

Der Wagen fuhr an einem großen Gebäude vor, auf dessen traurige Fassade das Wort »Hotel« gepinselt war. Hinter diesem Wort stand noch verblasst, aber deutlich zu lesen: »Stalinabad«. Ein Zimmer war reserviert, bestätigte der schielende Portier, der nur noch zwei Zähne im Mund hatte. Ein Tadschike mit asiatischen Zügen und der braungebrannten Haut eines Ziegenhirten. Er sprach Russisch mit dem herben Akzent der Turkvölker und lispelte: »Sie müssen aber im Voraus bezahlen!«

Das Zimmer war möbliert mit einem Bett, das sicherlich schon zwei Mal auseinander gefallen und wieder zusammengezimmert worden war – so krumm und brüchig sah es aus. Auch ein Stuhl stand da, auf dessen einst rosafarbenem Polster ein dickes Brandloch klaffte, und an der Wand hing ein Waschbecken, das roch, als hätte es der Vormieter als Toilette benutzt.

»Sieht aus wie bei dir zu Hause«, sagte der jüngere der beiden Offiziere. Jurij hätte ihm gerne seine Faust ins Gesicht geschlagen, bevor er erkannte, dass der Mann gar nicht so Unrecht hatte. Der Ältere tadelte den Kameraden mit einem strengen Blick und klopfte Jurij tröstend auf die Schultern. »Wir haben versucht, ein anderes Hotel für dich zu bekommen, aber alles ist ausgebucht. Die Stadt wimmelt von ausländischer Presse und Regierungsleuten aus zehn verschiedenen Staaten.«

Der schielende Portier, der sie nach oben begleitet hatte, hielt die Hand auf. »Das macht fünfzig Dollar pro Nacht!«
»Was?«, schrien die beiden Offiziere im Chor.
Der Portier wich zurück. »Tut mir Leid, aber das sind hier die Preise. Sie können ja gerne woanders einziehen. Die Benutzung des Baderaumes kostet noch einmal extra. Das ist eben Marktwirtschaft.«
Der ältere Offizier sah ein, dass sie keine Wahl hatten, und zählte dem Zahnlosen die begehrten Devisen auf die Hand.
»Nun zeige mal, dass du dich der Investition des Vaterlandes würdig erweist!«, knurrte derweil der Jüngere Jurij zu, der am Fenster stand und durch nikotinvergilbte Gardinen auf einen Hinterhof blickte, in dem das von Schlingpflanzen überwucherte, ausgebrannte Skelett eines Reisebusses ruhte wie ein sinnschweres Denkmal des Kommunismus. Neben der Ruine war offensichtlich die Mülldeponie der Hotelküche eingerichtet. Zwischen Essensresten, Eier- und Kartoffelschalen tummelten sich mehrere Ratten.
»Schluss jetzt, Valerij«, fuhr ihn der Ältere an. Zu Jurij gewandt sagte er: »Wir lassen dich jetzt allein, Kamerad. Ruh dich ein wenig aus, wenn du kannst. Ein Mann namens Rafi Ahmad wird mit dir in Kontakt treten. Vielleicht nicht sofort, aber bald. Das Zimmer ist für vier Tage im Voraus bezahlt. Und hier ist noch Geld für dich, damit du dir was zu essen kaufen kannst. Und das Badezimmer benutzen.« Er drückte ihm ein Bündel grüner, amerikanischer Geldscheine in die Hand.
»Und wenn du dich langweilst, dann schlag dem tadschikischen Kameltreiber mit einem schönen Gruß von mir die letzten beiden Zähne aus«, fügte der jüngere Offizier hinzu.
Jurij reichte ihnen schweigend die Hand und der ältere Offizier blickte ihn besorgt an. »Hast du Fieber, Kamerad?«, fragte er.
»Nicht schlimm«, sagte Jurij schnell. »Ich könnte halt nur ein Gläschen gebrauchen …«

»Verstehe«, sagte der Offizier und dann verzogen sie sich. Drei Anläufe brauchten sie, um die Tür zu schließen, die nicht zuschnappen wollte, weil der Rahmen hoffnungslos verzogen war.
Jurij trat zurück ans Fenster und versuchte sich über seine Situation klar zu werden. Seltsamerweise verspürte er schon seit einiger Zeit keine Angst mehr. Die Angst würde wiederkommen, ganz gewiss. Aber wenn General Oblomow mit seiner Erwähnung des Präsidenten, der angeblich nach Oberst Jurij Titov gefragt hatte, erreichen wollte, dass Jurij seine letzten eisernen Reserven mobilisierte, dann hatte der kluge, alte Bergwolf sein Ziel erreicht. Wenn tatsächlich der Präsident seinen Namen und sein Schicksal kannte ... Wenn der Präsident tatsächlich meinte, dass Jurij, obwohl ein ausgebranntes Wrack wie der Bus da unten im Hof, noch nützlich sein konnte ... dann war er gar nicht das, für was er sich in den vergangenen Jahren gehalten hatte. Dann war er gar kein Gespenst, kein Zombie, keine ausgehöhlte Hülle eines Mannes – dann war er ein Mensch. Ein Offizier sogar.
Er hörte Marschmusik in seinem Kopf, während er den Ratten im Hinterhof zusah, die über die Küchenabfälle huschten. Trompeten und Pauken. Er sah Uniformen, blitzende Rangabzeichen, Gewehre und hohe schwarze Stiefel, blank geputzt in Gleichschritt und Harmonie. Sah sich selbst, jung, stark, inmitten seiner Kameraden auf dem Roten Platz. Er sah sich selbst in der Formation marschieren, und obwohl sein Blick starr auf den Nacken seines Vordermannes gerichtet war, sah er Mädchen, die am Straßenrand mit Blumen winkten. Sah Kinder, Mütter, alte Leute, die ruhig schliefen, weil Jurij sie beschützte und über ihren Schlaf wachte. So viele Jahre hatte er nur mit Bitterkeit und ätzendem Spott an die alten Paraden gedacht, doch jetzt rührte ihn die Erinnerung zu Tränen. Die jungen, tapferen Soldaten waren verraten und missbraucht worden. Sie

waren aus dem Glanz und der Ehre des Roten Platzes in einen sinnlosen Krieg und eine blutige Niederlage marschiert. Aber wenn er, Oberst Jurij Titov, in diesem sinnlosen Krieg tatsächlich irgendetwas gewonnen haben sollte, das nun gebraucht wurde, um einen neuen Krieg zu gewinnen? Wenn das sogar der Präsident wusste und anerkannte? Dann waren seine Opfer und sein Leiden gar nicht umsonst gewesen, wie er in all den einsamen Jahren in der Dunkelheit gedacht hatte.
Er dachte an Sergej, seinen Freund, der Puschkin liebte und Violine spielte. Sergej, der seinem abgeschnittenen Penis in der Hand eines analphabetischen Schmutzfinken hinterherrobbte und schrie, als der gnädige Wahnsinn nach ihm griff. Zum ersten Mal konnte Jurij an Sergej denken, ohne dass dabei statt Blut Wodka in seinen Adern fließen musste. Bis zu diesem Tag war Jurij davon überzeugt gewesen, dass der einzige Grund für den grausamen Tod seines Freundes darin bestand, dass Jurij sich noch beschissener und noch hilfloser fühlte. Aber nun fiel plötzlich ein anderes Licht auf die unerträgliche Erinnerung. Vielleicht würde Sergej ihn begleiten, wenn er zurück in das verfluchte Land ging. Vielleicht würde er bei ihm sein und über ihn wachen. Und sicherlich würde Sergej in seinem Grab lächeln, wenn er wüsste, dass sein Freund ihn nicht verlassen hatte, um sich zu Tode zu trinken, sondern zurückgekommen war, um wieder zu kämpfen.
Diese und ähnliche Gedanken berauschten Jurij, den Veteranen, fast so wirkungsvoll, wie das in all den Jahren nur der Wodka geschafft hatte. Mit diesen Gedanken sank er in seiner Kleidung auf das wacklige Bett und schlief sofort ein. Und träumte den Traum, den alle Veteranen träumten – besonders die besiegten.
Er träumte, wieder der Mann zu sein, der er früher einmal war.
Jurij erwachte sechs Stunden später vom Rufen eines Muezzins. Er fröstelte. Sein Magen arbeitete und rotierte noch immer wie

eine Waschmaschine. Die Sonne war verschwunden, das Tageslicht den Schatten gewichen, die das schäbige Zimmer schon zur Hälfte verschluckt hatten. Jurij rieb sich die Augen und wusste für einen Moment nicht, wo er war. Aus dem Hinterhof erklang Geschrei, vielleicht trug der Koch seinen täglichen Kleinkrieg mit den Ratten aus. Langsam sickerten die Einzelheiten der vergangenen zwei Tage zurück in Jurijs Bewusstsein. Er fühlte sich elend und sehnte sich nach einem Wodka. Nur ein einziges Glas, vielleicht nur ein Schluck. Sich sammeln, konzentrieren und spüren, wie der Nebel in den Kopf stieg. Jurij setzte sich auf und das Bett knackte unheilvoll. Er ging zum Waschbecken, aber kein Wasser kam aus dem Hahn. Draußen im Flur lachten zwei Männer und verriegelten eine Zimmertür. Jurij ging zum Fenster. Die Tür zur Küche war offen, Feuerschein flackerte, Grilldünste waberten und der Geruch von Hammelfleisch drang bis zu ihm in den dritten Stock. In der Militärmaschine hatten sie ihm ein in Plastik eingeschweißtes Hühnerbein und ein Stück Brot serviert. Davon hatte er ein paar Bissen herunterbekommen und sich zwei Minuten später übergeben. Ansonsten hatte er seit seinem unterbrochenen Frühstück mit Wodka und Toastbrot nichts mehr gegessen.

Jurij zählte das Geld, das ihm der Offizier dagelassen hatte. Fünfundfünfzig amerikanische Dollar. Jurij hatte keine Ahnung, wie viel das hier wert war und ob er sich dafür ein Abendessen leisten konnte. Offenbar galten die Rubel hier nichts, deshalb hatten ihn seine Begleiter mit amerikanischem Geld ausgestattet. Er verstaute das Geld in der Hosentasche und verließ sein Zimmer. Auch er brauchte drei Anläufe, bis die Tür ins Schloss rastete, und als er daran rüttelte, um sich zu vergewissern, dass sie wirklich zu war, knirschte der Rahmen besorgniserregend.

Das ehemalige »Hotel Stalinabad« war ein grauer Kasten in der Nachbarschaft ebensolcher grauer Kästen. Als Jurij am unbesetzten Empfangsschalter vorbei auf die Straße trat, entdeckte er in der Wand einen fingerbreiten Riss von der Decke bis zum Fußboden, vielleicht vom letzten größeren Erdbeben. Auf der Straße hatten Händler ihre Stände aufgebaut, verkauften laut rufend Gemüse, Schuhe, bunt bestickte Kleidung und Zigaretten. Jurij entdeckte seine Lieblingsmarke, die chinesischen mit der roten Pagode auf der Verpackung, und kaufte ein Päckchen für einen Dollar. Aus dem nervösen Verhalten des Händlers schloss er, dass er viel zu viel bezahlt hatte. Der Himmel, verhüllt von den Ausdünstungen der sechshunderttausend Bewohner dieser Stadt, hatte eine tiefblaue Abendfarbe angenommen und würde in wenigen Minuten pechschwarz sein. Ein kühler Wind ließ Jurij erschauern und er blieb kurz neben einem der Fässer stehen, in denen ein Händler ein Feuer entfacht hatte. Der Händler wurde sofort lästig und versuchte, ihm eine Armbanduhr aufzuschwatzen.

»Wo kann ich hier etwas zu essen bekommen?«, fragte Jurij.

»Hier!«, rief der Tadschike begeistert. »Ich werfe dir sofort eine Hammellunge auf den Grill!« Und er griff hinter sich und holte einen blutigen Fetzen aus einer Waschschüssel.

»Nein, nein«, wehrte Jurij schnell ab und sah zu, dass er weiterkam.

Ein paar hundert Meter die schnurgerade Allee hinunter fand er ein Schild mit der kyrillischen Aufschrift »Restaurant« und trat ein. Russische Musik schepperte aus einem Kassettenrekorder. Im kargen Gastraum saßen zwei Gruppen. Eine, die laute, bestand aus Russen, die andere, stillere, aus Usbeken oder Tadschiken. Dazwischen fand Jurij einen Tisch und ließ sich nieder. Sofort bemerkten ihn die Russen.

»Setz dich doch zu uns, Bruder!«, sagte der, der ihm am nächsten saß.

Jurij lächelte ihn freundlich an und machte eine unbestimmte Handbewegung.

»Ja, komm«, begrüßte ihn ein zweiter Mann. Alle hatten sich jetzt zu ihm herumgedreht. Es waren sechs Männer, dem Aussehen nach Fernfahrer. Wilde Gesellen mit amerikanischen Mützen und Steppwesten, abgewetzten Lederhosen und unrasierten Gesichtern. »Hier, trink erst mal einen Wodka mit uns!« Einer goss ihm ein Glas ein und hielt es ihm hin.

Jurij machte noch einmal seine unbestimmte Handbewegung und lächelte. Er kämpfte einen kurzen, aussichtslosen inneren Kampf, seufzte schwer und nahm das Glas.

14. Kapitel

New York

Er war der Mann, den alle suchten. Der Mann, den niemand kannte und den doch jeder fürchtete. Für die Ahnungslosen war er Doktor Jamal, talentierter und respektierter Mitarbeiter des Gortheon Research Institute. Aber in Wirklichkeit war er viel mehr. Er war der Herrscher aller Gläubigen. Ein Aufrührer, ein Anführer und der Architekt eines neuen Zeitalters. Er hatte viele Identitäten. Er war Alexander der Große und Dschingis Khan, Napoleon und Mao Zedong, Hitler und Julius Cäsar. Aber seit einiger Zeit war er vor allem Salah ad-Din Yusuf ibn Ayyub, kurz Saladin, der Eroberer Jerusalems. Der Befreier und der Held des Morgenlandes, der das Schwert zückte gegen die Kreuzzügler und den Donner des Dschihad, des heiligen Krieges, heraufbeschwor. Sie hörten seinen Ruf von Casablanca bis Damaskus, er erklang über dem Amselfeld und in den Straßen Istanbuls, erschütterte die Kontinente bis in den hintersten Winkel Indonesiens. Sein Name erklang in den Ruinen von Grosny, auf den Märkten von Mindanao, in den Wüsten des Sudans und hallte wie ein Flüstern des Windes durch die engen Gassen Ost-Jerusalems.

Nie zuvor hatte ein einzelner, noch dazu völlig unbekannter Mann ein solches Heer – so zusammengewürfelt, so aufgeheizt und so todesmutig – befehligt. Viele tausend Kämpfer aus hundert Nationen warteten auf seine Befehle. Die Hungrigen, Geprügelten und Heimatlosen. In ihm hatten sie ihren Helden gefunden. Dabei wussten sie noch nicht einmal, wer er war und wie er aussah. Seine Handlanger verehrten nicht ihn, sondern einen, der sich selbst den »Prinzen« nannte und aus seinen

Schlupflöchern in Afghanistan einen Teil der Truppen im Heiligen Krieg befehligte. Wie ein Schutzschild, wie ein blendendes Licht, das keinen Blick auf den gestattete, der hinter ihm stand, war dieser selbst ernannte Prinz aufgebaut zwischen der Welt und dem, der sie beherrschen wollte. Der Mann, den zu finden die mächtigste Armee der Welt ausrückte, war lediglich einer seiner Feldherren. Und wenn er fiel, dann standen viele andere bereit, um seinen Platz einzunehmen. Er hatte seine Agenten über Jahre aufgebaut und angeleitet und sie warteten auf nichts anderes, als sich für ihn in den Tod zu stürzen und dabei möglichst viele mitzunehmen. Nur einer war unersetzlich in diesem Kampf aller Kämpfe – und das war er selbst, der heimliche Führer.

Während seine Anhänger sich die Kehlen wund schrien, ihre Messer wetzten, Flaggen und Puppen verbrannten und sich in einen Taumel stürzten, den sie für heilig hielten, war ihr Schattenprophet ein Mann von kühler und berechnender Intelligenz. Ein Meister der Tarnung und des Abwartens, der unerkannt und völlig ohne religiöse Leidenschaft agierte. Der Mann, der die Moslems anfeuerte und aufstachelte, war noch nicht einmal Moslem. Allahs Prophet hatte ihm nichts zu sagen. Er glaubte an keinen Gott – er war selbst Gott. Er hatte von einer Macht gekostet, die vor ihm nur wenige gekannt hatten: die Macht, die Welt aus den Angeln zu heben.

Er hatte die Geschichte studiert und den Aufstieg und den Fall großer Reiche. Vor allem die Geschichte des britischen Kolonialreiches hatte ihn fasziniert, insbesondere der Abgrund, vor dem es einst, während des Ersten Weltkrieges, gestanden hatte und in den es unweigerlich gestürzt wäre, wenn seine Gegner nur den Heiligen Krieg hätten entfesseln können. Der deutsche Kaiser, Wilhelm II., war zweifellos ein Volltrottel gewesen, aber einen guten Einfall hatte er doch gehabt: die Moslems im Herrschaftsbereich der Briten und Franzosen aufzustacheln gegen die Ungläubigen. Wenn sich Kaiser Wilhelm nicht so dämlich dabei angestellt hätte, wenn er sich die Mühe gemacht hätte, die Menschenmassen, die er aufhetzen wollte, besser zu studieren – das britische und auch das französische Kolonialreich wären in tausend Fetzen zerrissen worden. So war Wilhelms Heiliger Krieg nur ein Treppenwitz der Weltgeschichte geblieben. Aber die Geschichte wiederholte sich, alte Gedanken reiften in neuen Köpfen, und neue Führer traten auf die Bildfläche. Saladin kannte seine Truppen und diesmal war es nicht mehr das britische, sondern das amerikanische Weltreich, auf das er es abgesehen hatte. Und er würde nicht versagen.

Nur ein weltweiter Krieg war der Größe seiner Ambitionen angemessen. Der Krieg war Ziel, Mittel und Zweck in einem. Er hasste niemanden und alle. Er wollte Angst schüren und Leben zerstören, so wie seines einmal zerstört worden war. Psychologen hätten ihn als gefährlichen Einzelgänger eingestuft. Als einen, der alle Brücken hinter sich abgerissen hatte. Einen wie den berüchtigten »Unabomber«, Ted Kaczinsky, oder den Attentäter von Oklahoma, Timothy McVeigh. Aber diese beiden hatten nur den Willen zur Zerstörung und ihre Mittel reichten über ihren begrenzten Horizont nicht hinaus. Saladin aber war dank seiner Vergangenheit und seiner heutigen Position ungleich besser dran. Und die Welt ungleich schlechter.

Wenn er eines war, dann ein Terrorist. Aber keiner, wie ihn die Welt kannte. Keiner, der verhandeln wollte, keiner, der ein Programm hatte. Er wollte sich selbst nicht bereichern, wollte keine unterjochten Völker befreien, keinen Umsturz herbeiführen und keinen neuen Staat gründen. Sein Ziel war einzig und allein der Terror, die Zerstörung, das Ende aller Ordnung. An eine neue Ordnung zu denken langweilte ihn. Er wollte sich nur an der Angst weiden, die er erzeugte. Wollte die Wut der Angegriffenen zu seiner Waffe machen, um immer neue Wut zu erzeugen, bis nichts mehr übrig blieb. Jeder Schlag würde einen Ge-

genschlag herausfordern und dieser wiederum einen neuen Schlag – das war die einfache Physik des Untergangs. Und er, der sich Saladin nannte, betätigte die Auslöser. Die erste Welle war noch nicht ganz verebbt und jetzt wurde es Zeit für die zweite Welle.

Vor sich hatte er Ansichtskarten aus aller Welt ausgebreitet. Ansichtskarten mit den Fotos bedeutender Bauwerke, die jedes Kind kannte. Irgendwo auf dieser Welt warteten seine Truppen, ebenso gut getarnt wie ihr Führer und zum Äußersten bereit. Sie würden das Foto auf der an sie gerichteten Karte sehen, das der Führer für sie ausgewählt hatte, und sie würden verstehen, was zu tun war. Wie sie es taten, spielte für ihn keine Rolle, die Wahl der Waffen überließ er ihnen. Er würde dem sogenannten Abendland alle Zähne ziehen, die Zacken aus allen Kronen brechen und nach und nach alles zerstören, worauf der Westen und seine sogenannte Zivilisation stolz waren.

Er wählte fünf Karten aus und adressierte sie sorgfältig. Auf jede schrieb er in sauberer Schrift, die einer harmlosen Großmutter gehören konnte, einige nette Grußworte und frankierte sie. Diesmal, hatte er beschlossen, würde er die Amerikaner verschonen. Diesmal sollten ihre Freunde die Angst kennen lernen. Die Franzosen sollten ihren Eiffelturm verlieren. Den Briten wollte er die Tower Bridge nehmen. Die Deutschen würden bald ohne Reichstagsgebäude aufwachen. Die Japaner waren so stolz auf den Todaiji-Tempel in Nara – ein kinderleichtes Ziel, denn er war ganz aus Holz. Und zuletzt, diese Karte schrieb und adressierte er mit besonderer Sorgfalt und einem leisen Lächeln auf seinen Lippen, war es Zeit, sich vom Petersdom zu trennen. Mochte der Untermieter Gottes nun anwesend sein oder nicht – das spielte keine Rolle. Wenn diese Kuppel in sich zusammenfiel, dann würde die Welt aufstöhnen und nie wieder dieselbe sein. Welches Ziel wäre geeigneter, die Religionen und Kulturen gegeneinander aufzuhetzen? Vielleicht würden die NATO-Staaten in ihrer ohnmächtigen Wut danach Mekka bombardieren. Er freute sich auf die nächsthöhere Stufe seines Zerstörungswerkes wie ein Kind.

Er klebte die Marken auf die Ansichtskarten und dachte kurz darüber nach, ob es wohl Verdacht erregen würde, wenn in einem amerikanischen Postamt Karten mit Motiven aus Paris, Rom, Berlin, Nara und London auftauchten. Dann wischte er diesen Zweifel beiseite und machte sich an die entscheidende Botschaft: das Datum. Es sollte ganz unschuldig oben links auf der Ansichtskarte stehen – so als hätte der Absender seinen Gruß an die Lieben daheim an ebendiesem Tag geschrieben. Er wählte den 25. Dezember. Die friedliche Weihnachtszeit war ein guter Termin für den ganz großen Schrecken.

15. Kapitel

New York

Das Gute an seiner Position war, dass er alles wusste, überall hinkam und keine Spuren hinterließ. Nicht umsonst hatte Miles Spencer jahrelang die Operative Abteilung geleitet – intern bekannt als die »Abteilung für schmutzige Tricks«. Hier waren Besucher wie die berüchtigte Serene Shepard ein und aus gegangen, waren Strategien und Maßnahmen erdacht und durchgeführt worden, von denen kein Mensch vermuten würde, dass sie in den Köpfen von braven Regierungsbeamten Platz hatten. Entführungen, Erpressungen und auch Morde, wenn nötig. Zum Instrumentarium gehörten Einschüchterung, Bestechung und Wirtschaftsspionage, illegale Telefonüberwachung und psychologische Kriegsführung und, das war vielleicht der schmutzigste Trick, Bereitschaft zur »Begrenzten Offensive«, wie das damals hieß. Bereitschaft, ein kleines bisschen Krieg zu führen, wenn man nicht gleich die Jungs in Uniform losschicken wollte.

Aus dieser Zeit stammte das kleine, als Farm getarnte Geheimdepot in den Catskill Mountains nördlich von New York. Die Gegend war überregional bekannt, weil hier auch der Boxstall von Mike Tyson lag. Das Geheimdepot war selbst innerhalb der CIA nur wenigen bekannt. Und dass hier einige Dinge lagerten, mit denen man mindestens so hart und gemein zuschlagen konnte wie Mike Tyson in seinen besten Tagen, das wusste kaum einer.

Wenn er es sich recht überlegte, war er, Vizedirektor Spencer, sogar der Einzige, der davon wusste. Die anderen beiden, ein ehemaliger General der Luftwaffe und ein Professor, der einst als ganz großer Anwärter auf den Chemie-Nobelpreis galt, konnten niemandem mehr von dem Geheimnis berichten. Der General war vor ein paar Monaten bei einem Hubschrauberabsturz umgekommen, und der Professor litt an Alzheimer und konnte sich nur noch selten an das Gesicht seiner Frau erinnern, die keinen Tag von seiner Seite wich.

Spencer hatte freie Hand. Als er den beiden Clowns am Eingang seine Berechtigung gezeigt hatte, ließen sie ihn in den weitläufigen Gängen des Depots unbehelligt. Und das war gut so, denn Spencer musste handeln.

Das Abendessen beim Präsidenten am Vorabend war ein voller Erfolg gewesen. Außer Spencer waren noch der Verteidigungsminister, der Generalstabschef und ihre Gattinnen zugegen. Nachdem das Essen beendet war, wurden die Frauen auf eine Tour durch das Weiße Haus geschickt und die Männer zogen sich in das Kaminzimmer zurück. Diesem erlauchten Kreis anzugehören hob Spencers Stimmung ins Unermessliche. Endlich wurde er ernstgenommen! Endlich hatte er die Chance, seine Ansichten in praktische Politik umzuwandeln. Es überkam ihn wie ein Rausch. Zunächst noch etwas vorsichtig, aber bald schon offen und frisch von der Leber weg hatte ihm der mächtigste Mann der Welt seine Pläne und Sorgen geschildert. Manchmal rutschten der Minister und der Generalstabschef unruhig in ihren Sesseln hin und her, denn offensichtlich plauderte der Präsident freimütig über Dinge, für die Spencer nicht die nötige Sicherheitsstufe hatte. Aber der Oberbefehlshaber der größten Armee der Welt ließ sich davon nicht beirren. Dann stellte er Fragen. Er horchte Spencer ausführlich über dessen Erfahrungen in Afghanistan aus, lobte seine Voraussicht in Zusammenhang mit dem von ihm verfassten Bericht, in dem der Anschlag von New York praktisch vorhergesagt wurde. Was, so wollte der Präsident von ihm wissen, sollten denn nun die USA tun?

Spencer nahm einen bedächtigen Schluck aus dem Cognacschwenker und tat so, als denke er nach – in Wirklichkeit wusste er längst und glasklar, was er sagen wollte.
»Mit Verlaub, Herr Präsident«, sagte er schließlich. »Ich glaube, dass es mit unserem Eingreifen in Afghanistan allein nicht getan ist.«
Der blöde Präsidentenhund, der sich zu Füßen seines Herrchens eingerollt hatte, sprang in diesem Moment auf und rannte bellend zum Fenster, weil er irgendein Geräusch gehört hatte. Der Verteidigungsminister sprang vor Schreck fast aus seinem Sessel und der Generalstabschef blickte drein, als benötige er ein ganzes Röllchen Magentabletten, um seiner inneren Übersäuerung Herr zu werden.
»Ruhig!«, herrschte der Präsident seinen Köter an, der sofort schwanzwedelnd wieder herangekrochen kam. »Und?«, sagte er zu Spencer.
»Wir haben jede Menge offener Rechungen in der Region. So wie unsere Feinde in diesen Tagen jede unserer Schwächen nutzen werden, um uns zu treffen, sollten wir unsere Stärke und die internationale Unterstützung für unsere Aktion jetzt nutzen und sie daran hindern.«
»Sie vergessen etwas«, sagte der Verteidigungsminister, ein arroganter Pinsel, der Spencer schon den ganzen Abend angesehen hatte wie eine Fehlbesetzung in einem ansonsten vielversprechenden Theaterstück, »Sie vergessen, dass die internationale Unterstützung uns schnell wegbröckelt, wenn wir jetzt dem falschen Schurken einen Kinnhaken versetzen.«
Der Generalstabschef, der uniformiert und stocksteif mit dem allzu bequemen Sessel kämpfte, knurrte: »Wir können den Irak nicht angreifen, weil wir Irak nichts nachweisen können. Außerdem haben wir nicht genug Elitetruppen, um zwei solche Unternehmen durchzuführen. Afghanistan beansprucht uns schon zur Genüge.«

»Ich rede nicht von Truppen«, sagte Spencer unschuldig. »Ich rede von Bomben. Massiv. Gezielt. Gnadenlos. Und wenn es nicht anders geht, sogar *die* Bombe. Saddam hat es verdient und jeder weiß es.«

Der General schnaubte etwas, das sich wie »Lächerlich« anhörte, und der Minister verzog sein Gesicht wie einer, der dieses Thema schon nicht mehr hören konnte. Indes schien der Präsident gerne mehr darüber hören zu wollen.

»Fahren Sie fort«, ermunterte er den Vizedirektor und Spencer wusste, dass es nun um alles oder nichts ging. Wenn er diesen Raum verlassen hatte, dann würden sie über ihn befinden und er hatte keine Chance mehr, sich zu erklären. Was er sagen wollte, dass musste er jetzt sagen.

»Saddam wird uns angreifen«, sagte er mit einer Bestimmtheit, die drei Augenbrauenpaare zum Aufsteigen brachte. »Ich weiß es, ich kenne seine Tricks und ich weiß, was er im Ärmel hat. Er wird die Situation ausnutzen, weil er weiß, dass wir ihn aus Angst vor unseren Verbündeten wieder verschonen werden.«

»Was wird er denn Ihrer Meinung nach unternehmen?«, fragte der Minister.

»Milzbrand«, sagte Spencer leichthin. »Wir wissen, dass er Milzbranderreger hat herstellen lassen und dass er sie einsetzen kann. Und einsetzen wird.«

»Soso, das wissen wir also ...«, hörte er da mit einen leichten Ton von Verachtung in der Stimme des Generals.

»Lassen Sie ihn ausreden.« Der Präsident richtete sich in seinem Sessel auf und lächelte Spencer aufmunternd an.

»Mein Job ist es, mir das Schlimmste vorzustellen und unser Land vor dem Schlimmsten zu beschützen«, sagte Spencer und er klang ein wenig beleidigt. »Ich habe mir etwas Schlimmes vorgestellt und ich wurde dafür verlacht. Und nun geschieht dasselbe noch einmal ...«

»Ich habe nicht gelacht!«, protestierte der General.

»Ich auch nicht!«, beeilte sich der Verteidigungsminister zu versichern und versetzte sogleich spitz: »Ich glaube bloß nicht an Hellseherei. Und von einem Anschlag auf das Pentagon war ja wohl auch nicht die Rede im Spencer-Papier …«

»Man muss kein Hellseher sein, um Saddams Gedanken und Schachzüge vorauszuahnen«, sagte Spencer mit einem überlegenen Lächeln. »Ich sage Ihnen, dass er der Versuchung nicht widerstehen und uns angreifen wird. Und zwar ziemlich bald. Mit Milzbrand oder vielleicht Pocken. Oder vielleicht noch mit etwas Schlimmerem.«

Der Abend im Kaminzimmer des Präsidenten, vielleicht der wichtigste Abend in seinem Berufsleben, war mit einem Unentschieden zu Ende gegangen, urteilte Spencer später. Er hatte sich ziemlich weit herausgelehnt und seine ganze, durch das Spencer-Papier und seinen »Stil«, den der Präsident mochte, frisch gewonnene Autorität in die Waagschale geworfen. Nun konnte er nur abwarten, ob Saddam ihm den Gefallen tun würde, seine Prognose zu erfüllen.

Mit jedem Tag, der verging, wurde Spencer ein wenig nervöser. Seine Frau bemerkte seine Anspannung und versuchte, mit ihm zu reden, aber er hörte ihr nicht zu. Im Schlaf faselte er unzusammenhängende Dinge, die sie nicht verstand, und manchmal träumte er in fremden Sprachen. Sie versuchte, ihn zu beruhigen, appellierte an seinen Verstand, er solle doch an seine angeschlagene Gesundheit denken, aber er wies sie schroff ab. Er hatte andere Sorgen. Der Präsident hatte sich nach dem Abend im Kaminzimmer nicht mehr bei ihm gemeldet und langsam wurde Spencer ein wenig unsicher. Vielleicht hatte er Saddams Möglichkeiten und seine Fähigkeiten überschätzt. Vielleicht war der Iraker einfach nicht so schnell, wie Spencer es ihm zugetraut hatte. Aber dass er handeln würde, daran bestand für den nervösen Vizedirektor kein Zweifel. Jeder an seiner Stelle würde es tun, jetzt, wo die Erzfeinde verwundbar waren, jetzt, wo ihre Verbündeten nur auf einen Grund warteten, sich gegen sie zu kehren. Spencers Unruhe wuchs, seine Infarktgefahr ebenso. Sein Arzt, Dr. Kenneth, der in der Firma als eine Art Betriebsarzt fungierte, machte ein Gesicht wie ein eingewachsener Zehennagel.

»Nehmen Sie Urlaub!«, sagte Dr. Kenneth, aber dann überlegte er es sich schnell anders. »Nein, vergessen Sie das. Nehmen Sie bloß keinen Urlaub. Leute wie Sie sterben normalerweise an ihrem ersten Urlaubstag. Ich weiß nicht, was Sie umtreibt, aber Sie müssen es langsam zurückfahren, Mr. Spencer, sonst erwischt es Sie kalt. Ihre Werte sind beschissen, wenn ich mal so freimütig mit Ihnen reden darf. Wie ich das einschätze, haben Sie die Wahl zwischen einem Schlaganfall und einem Infarkt.«

»Ja, ja, Doc«, sagte Spencer, ein wenig beunruhigt, aber im Grunde focht ihn die Aussage des Medizinmannes nicht an. Er fühlte sich so gut wie schon lange nicht mehr, seit er den Plan ausgeheckt hatte, wie er die Lage in den Griff bekommen konnte. »Ich werde mich schonen. Versprochen.«

»Und Sie haben auch wieder mit dem Rauchen angefangen!«, schalt der Arzt.

»Nicht mehr als zehn Zigaretten am Tag. Ich schwöre es.«

»Sie sind verrückt.«

»Ich habe einen Job zu machen.«

»Und ich auch. Ich soll Ihr Leben retten.«

»Und ich muss das Land retten.«

»Sie sind verrückt«, wiederholte der Arzt und er fragte sich, ob er damit der Wahrheit nicht vielleicht so nahe gekommen war, dass er es nach oben melden musste. Miles Spencer hatte nicht nur Probleme mit dem Blutdruck, mit seinen Zuckerwerten und seinem Herzen. Er hatte Probleme im Kopf. Noch nicht so schlimm, dass es die Alarmglocken zum Schrillen brachte – aber was war denn bei den Aufgaben und der Verantwortung, die dieser Mann trug, schlimm genug? Dr. Kenneth machte sich

eine Notiz. Beim nächsten Besuch, der in zwei Wochen fällig war, würde er sich endgültig entscheiden. Und wenn Spencer dann immer noch so fahrig und nervös, so unzusammenhängend und krank war – dann würde er es melden.
Spencers Plan war einfach und genial und er griff den Ereignissen, die kommen würden, die ganz bestimmt kommen würden, weil sie einfach kommen mussten, nur ein wenig vor.
Wenn der irakische Höllenhund nicht schnell genug war, dann musste man ihm eben ein wenig auf die Beine helfen. Im Depot in Catskill, in einem Kühlschrank, von dem keiner etwas wusste, lagerten seit vielen Jahren drei gut versiegelte, zigarettenschachtelgroße Behälter mit Anthrax-Sporen. Spencer, damals noch Chef der schmutzigen Tricks, hatte das Zeug zusammen mit dem Luftwaffengeneral und dem Chemiker dort deponiert, weil es Anzeichen dafür gab, dass eine geheime Sowjeteinheit sich bereitmachte, um in Ostdeutschland einzugreifen. Damals wagten sich gerade die ersten Demonstranten auf die Straße und forderten die Öffnung der Mauer. Die ostdeutsche Regierung hatte in Moskau um Bruderhilfe gebeten, und obwohl die politische Führung der Sowjets dagegen war, hatten einige Generäle eigenmächtig die Elitetruppen in Alarmbereitschaft versetzt. Sowjetische Elitekämpfer wurden in einem Lager nahe der polnischen Grenze zusammengezogen und warteten auf ihren Marschbefehl in Richtung Leipzig und Berlin. Das meldeten Informanten und das bestätigten die Satellitenbilder. Das war der Zeitpunkt, als die damalige US-Administration verfügte, dass etwas unternommen werden musste. Die Administration wollte gar nicht wissen, was genau unternommen wurde – damit sie hinterher absolut glaubwürdig alle Verantwortung von sich weisen konnte. Aber irgendetwas musste geschehen, um ein Eingreifen der Russen zu verhindern, weil man sonst selbst eingreifen musste.
Ein klassisches Dilemma. Lautes Geschrei verbot sich, Raketen

auf die Kaserne verboten sich, die Mobilmachung der eigenen Elitetruppen verbot sich ebenso. Es war wieder einmal Zeit für eine »Begrenzte Offensive« und es war wieder einmal Zeit für einen schmutzigen Trick.

Und deswegen waren Spencer, der General und der Chemiker in aller Stille zusammengekommen und hatten den Plan mit den Milzbrand-Erregern ausgearbeitet, der die zweitausend Soldaten, sollten sie denn tatsächlich ihren Marschbefehl bekommen, innerhalb weniger Stunden und bevor sie in der DDR Schaden anrichten konnten, lautlos und schnell außer Gefecht gesetzt hätte.

Das tödliche Pulver, ohne Quittung und ziemlich illegal aus einem Lager einer geheimen biochemischen Kampftruppe in Pine Bluff, Arkansas, besorgt, lag bereit. Ein Flugzeug und eine zu allem entschlossene, indes nur mäßig informierte Fallschirmjägereinheit warteten.

Aber es kam nicht so weit. Die Russen verhielten sich still, die Elitetruppe verließ ihre Kaserne nicht. Das Pulver wurde nicht eingesetzt und verblieb im CIA-Lager in Catskill. Und weil das alles so verdammt geheim gewesen war, wusste nun niemand mehr davon – außer den drei Männern, von denen bereits zwei weg vom Fenster waren. Für den Dritten aber war das verdammte Pulver in dieser Situation und unter diesen Umständen ein Geschenk Gottes.

Spencer packte die drei Behälter in seine Aktentasche und signierte bei den beiden erleichterten Clowns am Eingang, dass er sich in seiner Eigenschaft als CIA-Vizedirektor bei einer überraschenden Kontrolle vom ordnungsgemäßen Zustand des Lagers überzeugt hatte.

Auf dem Rückweg nach New York dachte er darüber nach, wen er am wenigsten leiden konnte, und für einen Moment fühlte er sich wieder einmal wie Gott, der sagte: Du stirbst und du darfst weiterleben. Ein schönes Gefühl.

Es gab da ein paar Nachrichtenleute, die er hasste, weil sie nicht aufhören konnten, seine Arbeit und sogar seine Person in den Schmutz zu ziehen. Und die Burschen im US-Kongress, die hatte er gefressen. Mit ihren endlosen Anhörungen, in denen sie ehrliche und um das Wohl des Vaterlandes besorgte Agenten bis aufs Blut grillten und aushorchten – das war das Spiel, welches die Zweifler und Taktierer auf dem Kapitolhügel am liebsten spielten.

Dann sollten sie auch die Ersten sein, die erkannten, was geschehen konnte, wenn man den Geheimdienst daran hinderte, seine Arbeit zu tun. Das war nur gerecht.

Spencer verspürte keinerlei Skrupel bei seiner Tat und hatte nicht den geringsten Zweifel daran, dass er etwas zutiefst Patriotisches unternahm. Und wenn es auch bedeutete, dass unschuldige Menschen starben – es half auch, den Tod von Millionen anderen ebenso unschuldigen Menschen zu verhindern. Denn er griff ja lediglich den Ereignissen vor und nahm das vorweg, was ohnehin passieren würde.

Aber er, der Verantwortungsvolle, tat es sanft und als Warnung und nicht mit der ganzen zerstörerischen Wut, die ein morgenländischer Terrorist und Diktator bei diesem Schlag eingesetzt hätte.

Amerika hatte wieder einmal allen Grund, ihm dankbar zu sein.

16. Kapitel

New York

Leichter ging es kaum noch, dachte Serene. Sie fühlte sich beinahe ein wenig gekränkt und unterfordert. Jeder Anfänger hätte diesen Schlag führen können. Vielleicht hatte Spencer diesen Auftrag nur als eine Art Fingerübung angesehen, mit der sie beweisen konnte, dass sie noch immer die Beste war. Alle äußeren Umstände dieses Auftrages trugen die Merkmale eines Spazierganges: ein lange angekündigter, trotz aller Vorkommnisse und erst recht deswegen nicht verschobener Vortrag über die Verräter und Schwächlinge, die in Jerusalem das Sagen hatten. Eine beinahe abbruchreife, vorsintflutliche Sport- und Mehrzweckhalle in Brooklyn, deren Schloss am Hintereingang so leicht zu öffnen war wie eine Bierdose. In der Halle saßen bis achtzehn Uhr die Anonymen Alkoholiker zusammen – von denen einige unter Tränen gestehen mussten, dass sie nach dem 11. September rückfällig geworden waren. Danach schafften ein paar fleißige Helfer in aller Eile zusätzliche Klappstühle herbei, die sie statt im Kreis in ordentlichen Reihen aufstellten. Einer baute vorne das Rednerpult auf und testete unter erheblichen Rückkopplungen die Übertragungsanlage. Sodann wurden israelische Fahnen hinter dem Pult aufgehängt und an den Wänden große Poster des heutigen Redners, eines ziegenbärtigen Zausers mit langen Schläfenlocken. Schließlich erschien in der Halle ein kleiner, überschaubarer Publikumskreis von eingefleischten Zionisten, und es gab gerade so viel Sicherheitsvorkehrungen, dass ein glutäugiger Araber mit hundert um seinen Bauch gebundenen Dynamitstangen eben noch aufgehalten und nach seinen Motiven befragt worden

wäre. Serene konnte noch nicht einmal lächeln über so viel Dilettantismus.
Rabbi Meir Weintraub war offensichtlich keiner, der sich in irgendeiner Weise bedroht sah. Warum auch? Schließlich sprach er nur aus, was viele dachten. Er war Gottes Stimme auf Erden. Furcht vor Attentaten war eine Empfindung, die der Rabbi nicht kannte. Wer sollte ihm denn etwas anhaben? Wo doch Gott persönlich ihn beschützte? Sollten ihm – vielleicht die Araber gefährlich werden? Diese Wichte, diese Halbwilden? Rabbi Weintraub behauptete von sich – oft unter dem zustimmenden Johlen seines Publikums –, dass er diese verdammten Araber schon von weitem allein am Geruch erkennen konnte. Sollte einer dieser verdammten Araber auch nur in seine Nähe kommen, dann würde der Rabbi ihm schon zeigen, wo sein Platz war. Und deswegen, verkündete er immer wieder, deswegen kamen sie ja nicht. Deswegen ließen sie ihn in Ruhe und deswegen war er vor ihnen sicher. Weil er die einzige Sprache beherrschte, die sie verstanden, und weil er wusste, wie man mit ihnen umging. Wie mit Hunden, die man regelmäßig prügeln musste, damit sie nicht vergaßen, wo ihr Platz war. Denn Gott war mit ihm. Was Weintraub zu sagen hatte, das sprach vielen aus dem Herzen. *Frieden? Welcher Frieden? Mit den verdammten Arabern kann es keinen Frieden geben. Verhandlungen? Wie will man denn mit einem verdammten Araber verhandeln? Er lügt doch, wenn er nur den Mund aufmacht. Kompromisse? Die Geschichte lehrt: Gib ihnen heute den kleinen Finger und morgen schneiden dir die verdammten Araber die ganze Hand ab!*
Die Juden haben auf dieser Welt nun mal keine Freunde, schrie Weintraub immer wieder und unter dem Applaus der Zuhörer. Wer hatte ihnen geholfen, als die Deutschen sie ins Gas trieben? Wer hatte ihnen geholfen, als die Araber sie an Jom Kippur ins Meer werfen wollten? Wer hatte ihnen jemals und irgendwo geholfen gegen Pogrome, Vernichtung und Verfolgung? Aber die

Juden brauchten auch keine Freunde, denn sie hatten und brauchten nur Gott allein und sonst keinen. Und solange Gott keine Blitze gegen die Feinde Israels schleuderte, mussten sie das eben selbst in die Hand nehmen. Das war nicht nur ihr Recht, das war ihre Pflicht. Wenn jeder Siedler und jeder ehrliche Mann jeden Tag einen Palästinenser erschieße, erdrosselte oder erschlug – dann wäre das heilige Land Israel bald befreit und sicher. Solange auch nur ein Moslem seine ungewaschenen Füße auf den geheiligten Boden Israels setzte, konnte es keinen Frieden und keine Sicherheit geben. Und wusste nicht jeder, dass Israel längst über atomare Waffen verfügte? Und wäre dies nicht der Zeitpunkt, sie endlich einzusetzen? Endlich reinen Tisch zu machen und den Kameltreibern und Bombenlegern endlich ihre wohlverdiente Lektion zu erteilen?

So sprach Rabbi Weintraub, aber er wehrte den aufbrandenden Applaus ab, denn er war noch nicht fertig. Der Angriff auf das World Trade Center! Dieser heimtückische Anschlag sei in Wirklichkeit gar nicht gegen Amerika, sondern einzig und allein gegen Israel gerichtet gewesen! Und, fügte er mit leiser Stimme hinzu, auch der Staat Israel war nicht das Ziel. In Wirklichkeit sollten die Attentäter ihn, den Rabbi, den einzigen von Gott ermächtigten politischen und geistigen Führer Israels treffen, weil er nämlich in der Nähe der Zwillingstürme ein geheimes Büro unterhielt. Von dem noch nicht einmal seine engsten Mitarbeiter wussten, so geheim war es. Aber die Araber hatten es gewusst und das allein zeigte doch schon, wie gefährlich sie waren.

»Tod den Arabern!«, schrie er wie immer am Ende seiner Tiraden. Seine Stimme fest und furchterregend. »Tod den Arabern und den Feinden Gottes!«

Serene hatte sich den anderthalbstündigen Vortrag nur in Auszügen angehört und kein Wort verstanden, weil er zum größten Teil in Hebräisch gehalten wurde. Sie interessierte sich nicht für die Theorien des Rabbi und seine Flüche und seine Rachephantasien. Sie interessierte sich einzig und allein für seinen Kopf, den sie von der Empore gegenüber der Bühne fest im Visier ihres Präzisionsgewehres hielt. Ihren Platz teilte sie nur mit schlaffen Medizinbällen, kaputten Sportgeräten und einigen ausgemusterten Halloween-Dekorationen. Serene wählte den Zeitpunkt des Abschusses nach ihrem untrüglichen Instinkt. Dies war die Macht, die sie so vermisst hatte in all den untätigen Jahren. Die göttliche Macht, den Zeitpunkt des Ablebens eines anderen Menschen zu bestimmen. Ein Mordauftrag war für Serene viel mehr als nur ein Akt des Tötens. Es war vielmehr ein dramaturgisches Meisterwerk. Eine Komposition, ein unwiederbringliches Schauspiel. Serene war eine musisch begabte und interessierte Person, die aus Neigung, Nervenkitzel und Mangel an überzeugenden Alternativen in diesem Beruf gelandet war, in dem es so viele Pfuscher und männliche Machos gab, die von Kunst nicht das Geringste verstanden. Der Tod verlangte immer nach einer besonderen Ästhetik und einem kraftvollen, unverkennbaren Akzent. Wie die Signatur eines Malers unter seinen Werken. Man musste einen Kunden atmen lassen, man musste ihn ausreden, seinen Fall darlegen und begründen lassen. Und dann – erst dann war die Zeit gekommen – ihm das Hirn herauspusten.

Rabbi Weintraub hatte seinen Fall unmissverständlich dargelegt, sein Vortrag war offensichtlich beendet und der Rabbi richtete sich auf und nahm den Beifall der rund hundertfünfzig Besucher entgegen. Er hob seine Hände, als empfange er soeben eine positive, himmlische Kritik – und in diesem Moment drückte Serene ab.

Und verfehlte. Der Rabbi hatte sich plötzlich vor seinem Publikum verbeugt, womit sie nicht gerechnet hatte. Hätte sie, wie es früher ihre Methode gewesen war, das Opfer erst ein paar Mal in Ruhe selbst erlebt, seine Abläufe und Bewegungen studiert, dann wäre ihr das nicht passiert. Aber dafür war jetzt keine Zeit gewesen. Diesen Rabbi hatte sie niemals zuvor gesehen. Sie hatte der Umstände halber einfach angenommen, er sei ein leichtes Ziel – und deshalb hatte sie versagt. Das Spucken des Gewehres ging in dem Applaus unter. Das Projektil riss ein winziges Loch in die Fahne hinter dem Redner, brachte sie ein wenig zum Wogen und landete dann irgendwo unbemerkt in dem Schrott, der sich hinter dem Vorhang der Turnhallenbühne gesammelt hatte.

Serene, irritiert von ihrem Fehlschuss, verlor die Nerven. Sie zielte erneut, aber der Rabbi war schon dabei, die Bühne zu verlassen, er ging schnell und konzentriert. Bald hätte sie ihn verloren. Noch vier Schritte und er wäre verschwunden. Schon umringten ihn seine Anhänger.

Serene verstieß gegen ihr eigenes Gesetz. Sie konnte sich ihres Ziels nicht hundertprozentig sicher sein, als sie zum zweiten Mal abdrückte – niemals wäre ihr damals, als sie noch regelmäßig für die CIA arbeitete, eine solche unverzeihliche Dummheit unterlaufen. Niemals schießen, wenn nicht sicher ist, dass du auch triffst – das war ihre Regel Nummer eins gewesen. Und nun hatte sie einfach ins Blaue gefeuert. Nur um es hinter sich zu haben. Nur um glauben zu können, dass immer noch ein unsichtbarer Kriegsgott ihre perfekten Kugeln ins Ziel lenkte. Sie sah erst in der grotesken Vergrößerung ihres Zielfernrohrs und dann mit ihren eigenen Augen, was geschehen war. Sie hatte den falschen Mann getroffen. Einer der kräftigen, jungen Helfer des Rabbi sank blutüberströmt in sich zusammen. Diesmal war der Schuss gehört worden. Schreie gellten von unten aus dem Publikum, Stühle fielen krachend um, die ersten Köpfe drehten sich in ihre Richtung, nach oben, von wo die einzige Macht kommen musste, die den Gerechten ins Handwerk pfuschen konnte. Der Rabbi, der auf so etwas nur gewartet zu haben schien, hielt inne und breitete die Arme aus.

»Komm heraus!«, donnerte seine Stimme durch die kleine Halle. »Zeige dich, du arabischer Hurensohn!«
Serene geriet in Panik. Sie warf das Gewehr zu Boden, griff an ihren Gürtel und zückte die Handgranate, die sie für alle Fälle immer bereithielt. Ohne nachzudenken zog sie mit ihren Zähnen den Zünder und schleuderte das tödliche Geschoss nach unten, in Richtung der Zielperson. Hörte, während sie schon auf dem Weg zur Hintertreppe war, das zerfetzende Krachen der Explosion und stürzte hinaus in die Spätsommernacht. Stieß mit einem der Saalordner zusammen, spürte einen stechenden Schmerz in ihrer Seite, schob den Kerl aus dem Weg und rannte. Rannte, rannte, hörte ihren eigenen Atem und in der Ferne und näher kommend das Heulen der Ambulanzen und der Feuerwehr. Rannte, bis ihre Lungen zerbersten wollten, sank dann an irgendeiner Hauswand zusammen und vergrub den Kopf in ihren Händen.
Sie wusste selbst nicht, wie lange sie so dagesessen hatte wie eine Ausgestoßene. Es mochten Minuten oder Stunden gewesen sein. Das Mobiltelefon, das sie aus dem Fundus ihres Auftraggebers erhalten hatte, klingelte irgendwann nervös in ihrer Jackentasche.
Miles Spencer. In entschieden anderer Laune als gestern noch. Alle Sicherheitsbestimmungen ignorierend, benutzte er das mobile Funknetz für ein höchst vertrauliches Gespräch. Er musste die Nerven verloren haben – genau wie sie.
»Was ist passiert?«, fragte er nur. Wenn er gerade keinen großen Auftritt hatte, bei dem er sich einbilden konnte, das Überleben der westlichen Zivilisation hänge von seinen Fähigkeiten ab, dann war er immer von einer bemerkenswerten Einsilbigkeit.
Serene riss sich zusammen und antwortete nur: »Der Kunde ist bedient.«
»Das gilt auch für eine Menge anderer Leute. Du hast ein verdammtes Blutbad angerichtet! Das war nicht abgesprochen.«

»Es tut mir Leid«, hörte sie sich sagen.
Verdammt, es tat ihr nicht Leid. Serene erkannte, welch unsinnige Figur sie abgab – wie eine Stadtstreicherin hockte sie an einer Hauswand, mit wirren Haaren, aber in der Hand ein hochmodernes Mobiltelefon. Wenn überhaupt irgendetwas, dann tat ihr *das* Leid. Dass sie nicht mehr so zuverlässig war wie früher. Dass ihre erste Komposition nach langer Zwangspause so viele klägliche Misstöne hervorgebracht hatte. Sie suchte nach ihrem früheren Ich. Suchte nach Spuren der schnellen, kaltblütigen Profikillerin, die sie damals war. Aber alles, was sie fand, war eine überwältigende Müdigkeit.
»Ich kann es nicht mehr!«, hörte sie sich sagen. Nein, sie sagte es nicht, sie heulte.
Stille. Spencer, der in Wirklichkeit nicht einmal ein halb so harter Knochen war, wie er tat, dachte nach. Serene fröstelte, obwohl es eine milde Nacht war in Brooklyn und die Steinhäuser die tagsüber gespeicherte Wärme abstrahlten. Sie fühlte sich elend und seltsam kraftlos.
»Mach, dass du aus dem Land verschwindest. Heute noch. Ich will nie wieder von dir hören«, sagte Spencer.
Serene sah zwei Spaziergänger, ein junges Pärchen, das sich langsam auf sie zu bewegte. Das Mädchen winkte ihr mit besorgter Miene zu. Sie winkte zurück. Alles in Ordnung. »Verstanden. Ich muss jetzt Schluss machen«, sagte sie zu Spencer.
»Sind Sie sicher, dass wir nichts für Sie tun können?« Das Mädchen kam näher und beugte sich zu ihr herunter.
»Ich bin in Ordnung«, sagte Serene, versuchte ein beruhigendes Lächeln und bedeutete den beiden weiterzugehen. Sie setzte ein Gesicht auf, das sagen sollte, wie gut es ihr eigentlich ging und dass sie nichts weiter war als eine überdrehte Managerin auf dem Heimweg, der gerade brandheiß eingefallen war, dass die neuen Entwürfe bis zum nächsten Morgen auf ihrem Schreibtisch liegen mussten, und die deswegen noch mit der Designab-

teilung telefoniert hatte. Und die sich nur deshalb an einer Hauswand niedergelassen hatte, um in Ruhe dieses wichtige Gespräch zu führen. Es funktionierte nicht.

»Hören Sie ... Sie brauchen Hilfe«, sagte der junge Wichtigtuer.

»Ich melde mich später wieder!«, flötete Serene ins Telefon und stellte erschrocken fest, wie schwer es ihr fiel, nüchtern zu klingen. Sie hatte doch nichts getrunken. Sie hatte keine Medikamente und ganz gewiss keine Drogen genommen. Sie versuchte, sich zu erheben. Es funktionierte nicht. Ihre Beine gehorchten ihr nicht.

»Oh, Scheiße«, hörte sie den jungen Mann sagen. Seine Freundin hielt sich die Hand vor den Mund, um nicht laut loszuschreien.

»Ma'am ...«, sagte der junge Mann. Sein Gesicht schien sich zu verformen, während er noch näher kam. »Ma'am ...?«

Das Gesicht wurde groß wie ein Ballon und schrumpfte dann zusammen auf die Dimensionen einer Erbse. Serene spürte, wie etwas Warmes an ihrem Bauch herunterrieselte.

»Ma'am?«

»Tu doch was, bitte, Jack. Tu was!«, flehte das Mädchen. »Sie verblutet!«

Serene, benommen, starrte an sich herab und sah im Schein der nahen Straßenlaterne eine dunkle Pfütze unter sich, die immer größer wurde. Der Kerl an der Treppe, dachte sie. Der Kerl, mit dem ich zusammengestoßen bin. Er hatte ein Messer.

»Wer war der Kerl?«, fragte das Mädchen. Serene schloss daraus, dass sie ihre Gedanken laut ausgesprochen hatte.

»Bitte, keine Polizei!«, sagte Serene, deren professioneller Geist sich nun aufbäumte. »Keine Cops! Das ist eine Privatsache!«

»Ich rufe einen Krankenwagen!«, beschloss der junge Mann und zückte sein Handy.

»Keine Polizei!«, stöhnte Serene, eben noch die letzten Fetzen eines möglicherweise rettenden Märchens ergreifend, das sie den Ärzten und den Bullen auftischen konnte, wenn sie jemals wieder zu Bewusstsein kam. »Das war mein Freund ... er ist sehr eifersüchtig ... keine Polizei ...«
Dann kippte sie vornüber und fiel einem wildfremden, zu Tode erschrockenen jungen Mann geradewegs in die Arme.

»Sie hatte Glück, verdammtes Glück«, sagte der Arzt mit einem schrägen Lächeln. »Bis vor kurzem hätten wir ihr nicht helfen können. Aber nach dem Anschlag wollten so viele Leute Blut spenden, dass wir zum ersten Mal seit zwanzig Jahren wieder genug in Reserve haben.«
Serene schlug die Augen auf und sah verschwommen medizinische Instrumente, einen Infusionsständer und die Umrisse eines Mannes in weißem Kittel.
»Gute Nachricht. Alle lebenswichtigen Organe sind intakt«, sagte der Arzt zu dem Schreibbrett, auf dem er im Stehen herumkritzelte.
»Ist sie schon ansprechbar?«, hörte sie eine zweite Männerstimme fragen. Vermutlich ein Cop. Sie schloss die Augen wieder, um irgendwo tief drinnen nach einer verborgenen Kraftreserve zu suchen, die sie brauchen würde, wenn sie dies hier durchstehen wollte.
»Sie sehen doch, dass sie noch ziemlich groggy ist. Warum setzen Sie sich nicht wieder draußen hin und warten?«, murmelte der Arzt.
»Mrs. Banister? Brenda?« Serene erkannte den Namen, den sie sich für den Einsatz gegen den fanatischen Rabbi ausgesucht hatte. Sie zwang sich dazu, die Augen aufzuschlagen, und sah neben dem Arzt, der zu ihrer Verwunderung chinesischer Abstammung war, einen dunkelhaarigen Mann mit schwarzen Augen. »Brenda?«, wiederholte er.

Während ihre Lider wieder zufielen, begann ihr Gedächtnis zu arbeiten. Sie hatte das unbestimmte Gefühl, dem Kerl schon einmal begegnet zu sein.

»Ich lasse Sie jetzt mit ihr allein. Sie haben fünf Minuten, aber nicht länger. Sie muss sich noch ausruhen.«

»Danke, Doktor Chen«, sagte der Mann und zog sich einen Stuhl heran. Serene sah ihm aus halb geöffneten Augenlidern dabei zu und fühlte, wie kaltes Entsetzen in ihr Mark rieselte. Wie gelähmt lag sie in ihrem Bett, in jedem Arm eine Infusion. Keine Waffe weit und breit und nichts, mit dem sie sich wehren konnte. Sie war nicht einmal in der Lage wegzurücken, als der dunkle Mann immer näher kam. Ihr Gedächtnis hatte gesucht und gefunden, sie wusste jetzt, wo sie ihn gesehen hatte – und ihre kurze Begegnung lag noch gar nicht so lange zurück. Es war der Saalordner, mit dem sie auf dem Weg nach draußen zusammengestoßen war. Der Kerl, der ihr eine Klinge in die Seite gerammt hatte.

Ihr Körper versteifte sich. Ihre Augen waren nun weit geöffnet und sie sah in ein Gesicht von der Farbe dunkler Sonnenbräune. Kein unangenehmes Gesicht. Nur in den Augen brannte ein Feuer, das ihr Angst machte.

»Was wollen Sie?«, fragte Serene heiser. Es hatte keinen Zweck, diesem Besucher irgendetwas vorzumachen. Er wusste, wer sie war und was sie getan hatte. Vermutlich war er ein Leibwächter des Ermordeten, der nun zu Ende führen wollte, was er am Fuß der Treppe in der Halle begonnen hatte. Er musste ziemlich gut in seinem Fach sein, dachte Serene ratlos. Wie sonst hätte er sie so schnell wiederfinden können? Oder war er ihr einfach nur nachgerannt? Aber wieso sollten ihm die Ärzte noch vor der Polizei Zutritt zu ihrem Bett auf der Intensivstation gewähren? Der Mossad, fiel ihr siedend heiß ein. Die konnten so etwas fertig bringen. Sollte sie den chinesischen Arzt um Hilfe rufen? Um ihm was zu erklären? Dass dieser Kerl sie niedergestochen hatte, nachdem sie eine Handgranate in eine gut besuchte Halle geworfen hatte?

Serene lag, ihre trotzige Löwenmähne schlaff und formlos, einfach nur da. Eine kalte Brise wehte sie an, die sie niemals zuvor gespürt hatte. Sie verlor fast den Verstand, als sie realisierte, dass dies blanke Angst war. Als sie in die schwarzen Augen des Besuchers blickte, sah sie darin nichts weiter als den Tod. Die Löwin war in die Enge getrieben und konnte nicht einmal mehr fauchen. Sie war am Ende.

»Wir müssen uns unterhalten«, sagte der Mann mit sanfter Stimme, von der Serene eine Gänsehaut bekam. Und er setzte hinzu: »Finden Sie nicht auch, Mrs. Shepard?«

»Sie kennen mich?«, fragte die Killerin. Das war nicht möglich, das konnte nicht sein. Niemand kannte ihren Namen. Niemand außerhalb der CIA.

»Nicht nur das«, sagte der Mann mit einem überlegenen Lächeln.

Sie war sich jetzt sicher, dass er Araber war. Die Augen, die Brauen, die buschig und beinahe zusammengewachsen waren, die Nase, aus der kleine schwarze Haare quollen, als sei drinnen nicht genug Platz für sie. Seine Lippen schmal und scharf.

»Ich weiß alles über Sie. Zum Beispiel, wen Sie umbringen sollen. Die Familie von Stephen Margolis. Aber das kann ich nicht zulassen. Ich habe mich Ihnen noch nicht vorgestellt. Mein Name ist Kalim Fazzar und ich bin Mitarbeiter der Central Intelligence Agency. Zur Zeit allerdings beurlaubt …«

Serene wurde schwarz vor Augen. Sie verlor das Bewusstsein.

17. Kapitel

Uzurgan, Afghanistan

Weniger als fünf Minuten nachdem er das Gespräch mit Mrs. Margolis beendet hatte und mit pochendem Herzen am erloschenen Lagerfeuer hockte, kamen die ersten Krieger zurück. Sie waren schwer bepackt mit der Ausrüstung, die sie den Eindringlingen abgenommen hatten. Nadir versuchte, sich aus ihren leisen Gesprächen einen Reim darauf zu machen, was geschehen war. Offenbar war es ein leichter Sieg gewesen, denn die Männer waren voller Hohn und Spott für ihre ermordeten Gegner. Irgendwie hatten sie die Amerikaner mit Blindheit geschlagen, aber Nadir verstand nicht, wie das möglich gewesen war. Mann für Mann luden sie die Beute in der Nähe des erloschenen Feuers ab und warteten auf ihren Anführer, der ganz zuletzt erschien. Sein Gang war wie immer schwebend, sein schmales, bärtiges Haupt lag leicht schräg, so als denke er selbst im Gehen noch über den Lauf der Welt und den Kampf gegen die Ungläubigen nach.

Das Feuer wurde wieder entzündet. Die Männer fühlten sich nun sicher, wenigstens für den Rest dieser Nacht.

»Wir werden uns trennen«, sagte der Prinz, als sich alle Männer am Feuer um ihn versammelt hatten. »Die amerikanischen Hunde haben in Pakistan offenbar genug Verräter gefunden, um uns aufzuspüren. Das sei ihnen dieses Mal gegönnt, aber das nächste Mal werde ich und sonst niemand über den Zeitpunkt und die Art des Zusammentreffens entscheiden.«

Zustimmendes Knurren der Männer, die in all den Monaten, die Nadir sie schon begleitete, fast jede der Äußerungen des Prinzen mit zustimmendem Knurren quittiert hatten. Manchmal klang es grimmig entschlossen – wenn er den Amerikanern Krieg und Verderben versprach –, manchmal grimmig entzückt – wenn er vom Paradies erzählte und von den Jungfrauen, die sie dort erwarteten. Und manchmal grimmig erheitert – wenn er die Schwächen und Fehler ihrer Feinde bloßlegte und ihnen klar und deutlich zeigte, dass sie diesen Kampf auf jeden Fall gewinnen würden. Aber immer war das Knurren zustimmend. Nadir hatte die Nuancen schnell begriffen und knurrte mit.

»Ich nehme nur zehn Krieger mit mir«, erklärte der Anführer und jeder wusste, wer das sein würde. Es waren seine Landsleute, die Krieger aus Saudi-Arabien. Keinen vertraute er wie ihnen. Alle anderen, auch wenn sie noch so lange an seiner Seite gekämpft hatten, sich für ihn verwunden ließen und ihm ihr Leben weihten, mussten zurückbleiben, wenn ein besonderer Fall eintrat und die Umstände ihn dazu zwangen, seine Leibgarden aufzuteilen. »Wir brechen sofort auf. Der Rest reitet weiter wie geplant in die Höhlen von Ghostum. Dort werden wir uns wiedersehen.«

Er schwang sich auf sein Pferd, eine abgemagerte, braune Mähre, der man nicht zutrauen würde, dass sie die nächsten hundert Meter zurücklegte, ohne zusammenzubrechen. Und doch trug ihn dieses unscheinbare, zähe Pferd seit vielen Jahren schon durch die unwegsamen Schluchten und über gefährliche Pässe, als habe sich der Zauber der Unverletzlichkeit vom Reiter auf das Tier übertragen.

Nadir eilte in die Dunkelheit, um ebenfalls sein Maultier zu holen. Er war überzeugt davon, dass der Prinz nicht ohne ihn aufbrechen wollte. Sicherlich hatte er gemeint: Zehn Krieger und ihn – den Mann mit dem Draht in die Welt. Doch als er mit seinem Maultier am Zügel die aufbrechende Gruppe erreichte, wurde er von einem syrischen Kameraden schroff zurückgewiesen.

»Was willst du, Afghane? Hat der Prinz nicht gesagt, dass er nur zehn Gefährten mitnimmt?«

»Aber – ich bin doch ... Er wird mich vielleicht brauchen!«, stammelte Nadir.

»Wenn es so wäre, dann hätte er es gesagt. Du kommst mit uns nach Ghostum.«

»Aber das Telefon«, protestierte Nadir schüchtern. »Wenn der Prinz das Telefon braucht ...«

»Er hat noch zwei andere, hast du das vergessen? Jetzt verschwinde.«

Nadir sah seine Felle davonschwimmen. Er war immer nur ein Anhängsel der wilden Horde gewesen, eine Art Pausenclown, der sich manchmal nützlich machen konnte. Niemand respektierte ihn, niemand hatte sich gewundert, dass er vorhin nicht mit in die Schlacht gegen die Amerikaner gezogen war, denn sie lachten über ihn und seine ungeschickten Versuche, dem Gewehr tödliche Kräfte zu entlocken. Wenn sie ihn duldeten, dann nur, weil er gelegentlich mit ein paar Worten in einer fremden Sprache ein paar weit entfernte Türen öffnen konnte. Das aber war keine Tugend, die im Krieg hoch angesehen war. Jedenfalls nicht bei diesem Gesindel, dachte Nadir voller Abscheu. Er stand da wie eine Vogelscheuche, lächerlich und verlassen.

Die Araber ritten an ihm vorbei in die Nacht, der Schein des Feuers tanzte auf seinem ratlosen Gesicht. Am Boden neben ihm stand die Tasche mit dem Telefon. Immerhin, dachte Nadir resigniert, immerhin hatte er das Telefon noch. Vielleicht konnte er, wenn wieder etwas Ruhe eingekehrt war, in Virginia bei Margolis anrufen und endlich alles sagen, was er wusste. Es waren Boten des Todes unterwegs, und sie würden dem Krieg eine neue Dimension geben. Einer kam mit einer tödlichen Krankheit aus Afrika, einer mit einem Flugzeug, einer mit einer sowjetischen Atombombe. Nadir kannte ihre Namen und ihre Aufenthaltsorte.

Vielleicht war doch noch nicht alles verloren? Der Prinz, der wie immer unauffällig in der Mitte der Kolonne ritt, um lauernden Scharfschützen kein leichtes Ziel zu bieten, kam gerade an ihm vorbei und zügelte sein Pferd. Nadir wollte es erscheinen, als überlegte der Anführer, ob es nicht doch klüger wäre, diesen fähigen Kommunikationsoffizier mitzunehmen. Vielleicht würde er schon bald wieder mit diesem Doktor Jamal sprechen müssen oder einem der anderen Verbindungsleute in den USA oder dem Mann in Afrika oder dem in London. Vielleicht ergab sich eine Situation, in der er noch ganz andere Gesprächspartner ans Telefon holen sollte. In seiner Phantasie hatte Nadir sich schon oft ausgemalt, wie es wäre, wenn der Prinz beschlösse, einmal von Mann zu Mann mit dem amerikanischen Präsidenten zu sprechen. Vielleicht dämmerte dem mächtigen Krieger, dass es unter diesen Umständen gar nicht so klug war, den einzigen zuverlässigen Dolmetscher zurückzulassen?

Der Prinz hatte den Kopf leicht schräg gelegt und sah Nadir in die Augen. Nadir sah eigentlich nur eine dunkle Silhouette, aber er wusste genau, mit welchem Blick ihn der Prinz in diesem Moment bedachte. Er hatte den Kopf leicht schräg gelegt, als könne er so seinem Gegenüber geradewegs in die Seele blicken. Nadir versuchte, standhaft zu bleiben und dem unsichtbaren Blick standzuhalten. Versuchte, nicht daran zu denken, was davon abhing, dass er diese Prüfung bestand. Er wusste über Dinge Bescheid, die bald geschehen konnten. Nicht über alle, aber doch über eine ganze Menge. Die vielen tausend Toten in New York hatte er in Kauf nehmen müssen, um hunderttausend, vielleicht Millionen Leben zu retten. Gerechtigkeit hatte er seiner Frau und seinen toten Söhnen versprochen und die wollte er üben. Gerechtigkeit und keinen Krieg mehr, kein sinnloses Töten, keine Rache, weil die nur neue Rache erzeugte. In Nadirs Denken konnte es keine größere Gerechtigkeit geben als Frieden. Eine volle Minute beobachtete der Mann im Sattel mit schräg gelegtem Kopf den Afghanen, und erst zwei Sekunden bevor er schoss, erkannte Nadir, dass der Prinz ihn gar nicht geprüft, sondern mit seiner handlichen halbautomatischen Waffe, die locker auf seinem rechten Arm ruhte, gezielt hatte. Sehr sorgfältig und konzentriert, wie er alles tat. Eine Salve und die Tasche mit dem Telefon lag in Fetzen. Nadir zuckte zusammen und fühlte sich, als habe das Geschoss seine Kehle zerrissen und seine Stimme für immer zum Verstummen gebracht.

»Der Afghane weiß zu viel«, sagte der Führer auf Arabisch zu dem Syrer, der Nadir eben gedroht hatte. »Sorge dafür, dass er verschwindet.«

Zu Nadir sagte er: »Danke für deine Dienste, mein schnellzüngiger afghanischer Freund. Wir werden uns sicherlich bald wiedersehen.«

Und fort waren er und seine Getreuen, Hufgetrappel verklang in der Nacht.

»Los jetzt, es ist ein weiter Weg nach Ghostum«, sagte der Syrer und die Männer löschten wieder das Feuer und machten sich reisebereit.

»Was ist?«, fuhr einer Nadir an, der noch immer wie benommen neben der Ruine des Satellitentelefons stand. »Willst du hier Wurzeln schlagen? Aufsitzen!«

Nadir hatte Angst. Jede Sekunde rechnete er damit, dass eine Kugel aus dem Gewehr des Syrers ihm in das Herz dringen oder die Klinge eines Messers seinen Hals durchtrennen könnte. Trotzdem schwang er sich auf sein Maultier und folgte den anderen. Es schien, als habe er eine Gnadenfrist. Der Syrer, ein Mann namens Yussuf, machte keine Anstalten, ihn zu exekutieren. Stattdessen ritt er im vorderen Bereich der Kolonne und kümmerte sich nicht um ihn. Sie ritten in dieser Nacht nicht mehr sehr weit. Nur vier Kilometer, dann hatten sie ein paar Höhlen erreicht und sattelten ab.

Selbst bei Tag, selbst mit einem starken Fernglas hätte kein

Feind den Unterschlupf in den Bergen ausmachen können. Ein Eingang, hinter einem dornigen Busch verborgen, so niedrig und schmal, dass man ihn nur tief gebeugt und mit eingezogenen Schultern durchschreiten konnte. Löcher in den Außenwänden, die selbst aus nächster Nähe noch wie Unebenheiten im Gestein aussahen. Doch dahinter lauerten Gewehrläufe und aufmerksame Wächter. Ein Raum, zehn mal zwanzig Meter groß, der so niedrig war, dass die größeren unter den Kriegern nicht aufrecht stehen konnten. Ein Tunnel führte ins Innere des Berges, wo in verborgenen Kammern Munition gelagert war. Kriegsbeute vor allem, die sie den Russen abgenommen hatten. Aber auch Waffen, Handgranaten, Minen und Stinger-Raketen, die seinerzeit die Amerikaner den Mudschaheddin geliefert hatten, um sie im Krieg gegen die Sowjetarmee zu unterstützen. Den *mooj*, wie die Amerikaner ihre afghanischen Verbündeten damals gerne fast zärtlich nannten. Den *mooj*, die sie mit Freundlichkeiten hofierten und mit exquisiten Todeswerkzeugen verwöhnten, weil sie doch so tapfere Männer waren. Freiheitskämpfer, Idealisten, Russenfresser – es gab eine Zeit, da konnte jeder ungewaschene, nach Schafsdung und Pulverdampf stinkende *mooj* zu jeder beliebigen Zeit in jedes amerikanische Konsulat oder Regierungsbüro treten und er wurde mit Blumen, Tee und Dollars empfangen, und die Sekretärinnen setzten sich auf seinen Schoß und kraulten seinen Bart. So als seien die Afghanen in Wirklichkeit die letzten wahren amerikanischen Patrioten. Sie bekamen die modernsten Waffen, Bargeld und – wer wollte – Flugtickets nach Amerika wie für einen Heimaturlaub. Die Waffen lagen jetzt in geheimen Höhlen, das Geld war in allerlei dunklen Kanälen verschwunden oder sie trugen, was davon übrig war, in Koffern mit sich herum. Die Eindrücke, die viele der *mooj* von ihren Besuchen im »Land der Freiheit« mitbrachten, reichten völlig aus, um sie davon zu überzeugen, dass die Amerikaner ihnen genauso fremd und hassenswert waren wie die Russen. Und deswegen lagen die Waffen nun bereit, um gegen die Spender von damals gerichtet zu werden.

Nadir bereitete im Licht der Fackeln sein Lager wie immer etwas abseits, im hinteren Bereich der Höhle. Er hatte längst gespürt, dass die anderen seine Gegenwart als lästig empfanden. Sie mochten ihm manchmal auf die Schulter klopfen, gelegentlich mit ihm reden, ihm sogar das Essen zubereiten – aber sie akzeptierten ihn nicht. Für sie würde er immer der Afghane bleiben, trickreich und verschlagen, ein Produkt seines unwirtlichen Landes, das zu übernehmen sie für ihr gutes Recht hielten. Nadir breitete seine Decke aus, untersuchte den Inhalt der zerschossenen Tasche und stellte fest, dass das Telefon nie wieder funktionieren würde. Das erste Schnarchen erfüllte die halbdunkle Höhle, die Krieger zogen sich in Felsnischen Decken über ihre Kleidung und betteten ihre Köpfe auf Steine, wie sie es gewohnt waren. Auch Nadir war müde. Die Luft war geschwängert mit menschlichen Ausdünstungen und dem erstickenden Qualm der Fackeln. Durch die Lüftungsschächte und Schießscharten kam kaum genug Sauerstoff, um hundertachtzig Mann zu versorgen. Zehn Araber waren draußen, hielten Wacht und beaufsichtigten die Pferde und Maultiere, denen gestattet wurde, die karge Gegend nach Blättern und Gras zu durchsuchen. Einem feindlichen Späher oder einem der Aufklärungsflugzeuge und Satelliten, die die Amerikaner über ihr Land schickten, wären sie als unverdächtige, versprengte Herde eines Berghirten oder wie eine Herde von Wildpferden erschienen.

Nadir spürte, wie der Schlaf sofort nach ihm griff. Trotz aller Angst und Unsicherheit übermannte ihn eine bleierne Erschöpfung. Seine Gedanken taumelten in das Reich der Träume und wie immer sah er die geliebten Gesichter seiner Frau und seiner Söhne.

Ein Rütteln an seiner Schulter und eine schlangenhafte Stimme weckten ihn wie ein kalter Wasserschwall.

»Afghane! Steh auf und komm mit!«

Es war Yussuf, der Syrer. Mit einem Mal stand Nadir die Katastrophe dieser Nacht wieder vor Augen. Der Angriff der Feinde, der Anruf bei seinen amerikanischen Freunden, der Aufbruch des Prinzen und die Worte, die er dem Syrer gesagt habe: *Der Afghane weiß zu viel. Sorge dafür, dass er verschwindet.*

»Komm mit!«, wisperte der Syrer.

Nadir erschrak bis in die Knochen über die plötzliche Gewissheit, dass sein Leben an einem seidenen Faden hing.

»Ich bin kein ...« *Verräter,* wollte er sagen.

Doch Yussuf presste sofort seine große, raue Hand auf seinen Mund und schüttelte mit Nachdruck seinen Kopf. »Komm!«

Er nahm die Hand von Nadirs Mund und ging vorsichtig in Richtung Ausgang. Nadir rappelte sich auf und folgte ihm. In aller Eile versuchte er, Lügen zu erdenken und Ausreden. Schmeicheleien, für die die Araber so empfänglich waren. Yussuf zwängte seinen massigen Körper durch die schmale Öffnung ins Freie und Nadir folgte ihm mühelos, schmächtig und klein, wie er war. Draußen herrschte noch immer Dunkelheit und eine trockene Kälte, die sofort nach der Haut griff und sie erschauern ließ. Sterne standen am Himmel, heller und strahlender, als Nadir sie jemals gesehen hatte. Yussuf ergriff seinen Arm und der Druck seiner kräftigen Hand allein ließ den Afghanen zusammenschrumpfen. Der Syrer zog ihn weg vom Eingang, eine ganze Strecke den steilen Pfad hinunter und blieb unvermittelt stehen.

»Ich habe einen Befehl des Prinzen«, knurrte er und Nadirs Knie wurden weich. Jetzt kam der Dolch, die Kugel, der Schlag ins Genick. Nadir war unfähig, sich zu wehren. Er würde sterben wie ein Hund. Wie Vieh, geschlachtet und geopfert. Doch gerade aus der Schwäche bezog er in diesem Moment des Todes seine Kraft.

»Worauf wartest du dann noch?«, fragte er. »Ich bin bereit zu sterben.«

Zum ersten Mal in seinem Leben kam Nadir sich vor wie ein wirklicher Held. Woher er auch immer die Kraft genommen hatte, diese Worte zu sprechen, er fühlte sich, als könnte ihm diese Kraft Flügel verleihen. Noch bevor die Sonne aufging, würde seine Seele mit den lieben Verstorbenen durch die Gärten des Paradieses wandern – und irgendwie erschien ihm diese Vorstellung erbaulicher als das demütigende Versteckspiel der letzten Jahre. Nie wieder musste er sich verstellen, lügen, Geheimnisse hüten, mit stinkenden Männern eine stickige Höhle teilen oder um einen warmen Platz am Lagerfeuer bitten. Denn er war ein Mann, der die Vorzüge einer morgendlichen Dusche kennengelernt hatte. Er war ein Mann, der fremde Länder gesehen und fremde Sprachen gesprochen hatte. Ein Mann, der eine Familie und wertvolle Teppiche besessen und verloren hatte. Ein Mann, der Gipfel erklommen hatte und in den Abgrund gestürzt war. Nichts konnte ihn mehr erschrecken, nichts zum Umkehren bewegen, nichts mehr töten.

»Nur zu«, feuerte er Yussuf an. »Nur zu!«

»Stimmt es, dass die Amerikaner ihre ganze Armee gegen uns in Bewegung gesetzt haben?«, fragte Yussuf unerwartet und Nadir glaubte erst, ihn nicht richtig verstanden zu haben.

»Stimmt das?« Yussufs Hände packten ihn am Hals.

»Ja!«, stieß Nadir hervor.

»Stimmt es, dass du ein Freund der Amerikaner bist?« Yussufs Griff wurde stärker.

»Wer sagt das?«, röchelte Nadir. Plötzlich war er doch nicht mehr so erpicht auf den Tod, denn irgendetwas in der Stimme und in den Augen des Syrers sagte ihm, dass dieser zutiefst verunsichert war. Er mochte dabei sein, Nadir zu erwürgen, aber er hatte selbst Angst.

»Viele sagen das. Du sprichst ihre Sprache und kennst ihre Sitten. Du bist keiner von uns. Auch der Prinz hat gesagt, dass wir dich loswerden müssen. Du bist zu gefährlich.«

»Es sind nicht nur die Amerikaner«, belehrte Nadir den Syrer. »Es ist die ganze Welt, die euch den Krieg erklärt hat.« Überrascht stellte er fest, dass er »euch« gesagt hatte und nicht »uns«. Aber der Syrer schien auf derartige Nuancen keinen Wert zu legen. »Sie werden euch verfolgen und zerhacken.«

»Ich soll dich töten, aber ich werde dein Leben verschonen, wenn du schwörst, eine Sache für mich zu erledigen«, flüsterte Yussuf und sah sich um, als könne einer der Wächter plötzlich hinter ihnen auftauchen.

Nadir horchte auf. Sein Herz begann wieder, wie wild zu pochen. Vorsichtig ergriff er seine Chance. »Ich werde tun, was ich kann.«

»Ich habe in einem Versteck im alten Lager in Kandahar ein Päckchen für meine Familie in Syrien gepackt. Es enthält alles, was ich habe. Ich möchte, dass es meinen Bruder in Damaskus erreicht. Ich konnte es nicht mehr auf den Weg bringen, weil wir unerwartet aufbrechen mussten. Und weil wir nun alle sterben werden, musst du es für mich erledigen.«

Nadir, zu ehrlich, um selbst in seiner Lage einem anderen Mann etwas vorzumachen, senkte den Kopf. »Was glaubst du, wie ich ein Päckchen nach Damaskus schaffen soll? Bin ich ein Vogel, der über Grenzen fliegt? Unser Land ist abgeschlossen. Wie soll ich das anstellen? Kennst du vielleicht ein Postamt, zu dem ich gehen könnte, um dein Päckchen aufzugeben?«

Yussuf lächelte. Nun wusste er, dass er diesem Afghanen tatsächlich vertrauen konnte. Jeder andere Mann an seiner Stelle hätte ihm schnell weismachen wollen, dass er den Auftrag ganz gewiss ausführen würde. Und sobald er in Sicherheit war, hätte er alles für sich behalten: Yussufs goldene Armbanduhr, das Bündel mit den lange und sehr, sehr heimlich zurückgelegten Dollarscheinen und – das Wichtigste von allem – der prachtvoll gebundenen Ausgabe des Koran, die Yussuf einst von seinem Vater geschenkt bekommen hatte.

»Auf dem Markt in Kandahar, im Hinterzimmer am Stand des Gewürzhändlers Faruk, triffst du an jedem zweiten Donnerstag jedes geraden Monats einen libanesischen Kaufmann. Dem gibt du das Päckchen und sagst, er soll es meinem Bruder in Damaskus bringen. Er wird den Rest erledigen. Sein Name ist Abdul Gahid.«

Nadir nickte und machte ein Gesicht, als präge er sich den Namen unauslöschlich ein. Was nicht nötig war, denn er kannte Abdul Gahid. Das war der Mann, der ihm damals die zehntausend Dollar überbracht hatte, die Mr. Margolis ihm geschickt hatte.

»Das Päckchen findest du exakt zehn Schritt nach Osten neben dem alten Brunnen, unter einem großen, flachen Stein, der geformt ist wie ein Ziegenschädel.«

»Ich verspreche dir, dass ich tun werde, was ich kann«, sagte Nadir und er meinte es auch so. Der zweite Donnerstag eines geraden Monats war noch einige Tage entfernt.

»Dann geh jetzt und lass dich nie wieder bei uns blicken. Ich werde den anderen sagen, dass ich mit dir verfahren bin, wie der Prinz es mir aufgetragen hat. Wenn es überhaupt einem einfällt, nach deinem Verbleib zu fragen.«

Was ich nicht glaube, dachte Nadir mit einer gewissen Bitterkeit.

Yussuf ließ ihn los und Nadir, erschöpft und entkräftet, machte sich in absoluter Dunkelheit auf den steilen Weg in das Tal. Er fürchtete, dass die Wachen ihn doch noch entdecken könnten, aber scheinbar hatte Yussuf dafür gesorgt, dass sie sich anderswo aufhielten. Zunächst vorsichtig einen Fuß vor den anderen setzend, doch schon bald zuversichtlich und schnelleren Schrittes bewältigte er den Abstieg. Als der Himmel sich aufhellte, hatte er das erste Tal erreicht. Mittlerweile verfluchte er sich dafür, dass er nicht daran gedacht hatte, Yussuf darum zu bitten, sein Maultier nehmen zu dürfen. Seine Füße schmerzten in den Sandalen und seine Beine taten weh, denn der mühsame Abstieg beanspruchte jeden Muskel, den sie zu bieten hatten. Doch er verbiss sich jeden Gedanken an Schmerz, Müdigkeit, Hunger und Durst und freute sich stattdessen auf die ersten Strahlen der Morgensonne, die sich irgendwo hinter den östlichen Bergen sammelten und bald die Kälte und die Ängste dieser Nacht vertreiben würden.

Er kam an der Stelle vorbei, wo sie gelagert hatten, und wenig später an der Stelle, an der die toten Amerikaner lagen. Von Kugeln durchsiebte, grotesk verrenkte Gestalten, ihrer Waffen, teilweise auch ihrer angeblich kugelsicheren Kleidung beraubt. Zerschossene Köpfe und zerrissene Körper. Die ersten Fliegen waren schon zur Stelle und labten sich an klaffenden Wunden. Nicht mehr lange und die Kunde von diesem Fund würde sich bis zu den Geiern herumsprechen.

Schaudernd beschleunigte Nadir seine Schritte und versuchte die Leichen nicht anzusehen. Nicht diese Augen. Diese ängstlich aufgerissenen, toten Augen. Er bemerkte, dass er plötzlich in englischer Sprache dachte. So, als könnten die Toten ihn hören, so als könnte er sie versöhnen.

Sorry, you guys ..., dachte er unsinnigerweise. *I really wish there had been a chance to warn you ...*

Er dachte – immer noch auf Englisch – an die ersten Strahlen der Morgensonne und an den warmen Kitzel, den sie bald auf sein Gesicht zaubern würden. Es fehlte nicht mehr viel, noch eine Minute höchstens, und sie würden tatsächlich seine Wangen erreichen, um sie zu streicheln und mit den Schrecken der vergangenen Nacht zu versöhnen.

Da sprang das Tier hinter dem Fels hervor – ein Berglöwe? Ein Bär? Ein riesiger, streunender Hund? – und riss ihn nieder. Er hatte nun im Augenwinkel den Schatten auf sich zufliegen sehen, spürte nun die Wucht des feindlichen Körpers, die seine schmächtige Gestalt auf den steinigen Boden warf. Dann sah er das Blitzen einer Messerklinge.

Das Letzte, was er dachte – oder sagte er es? – war: »*Oh, fuck!*«

18. Kapitel

Beirut

»Ich muss nach Hause telefonieren. Dringend!« Stephen Margolis' Kopf brummte noch immer von dem Schlag, der ihn in seinem Hotelzimmer zu Boden geschickt hatte. Nach dem heimlichen Besuch bei den Grünen Brüdern in Gaza war er unruhiger geworden und konnte auf dem Rückflug nach Beirut an nichts anderes mehr denken als den Anruf seiner Frau. Nadir war also noch immer auf seiner Seite und er hatte neue, vielleicht lebenswichtige Informationen.

Aber Abdul Gahid wollte sich nicht erweichen lassen. Sein Lear-Jet war nur zum Auftanken in der libanesischen Hauptstadt gelandet und sollte direkt weiterfliegen. Über das letztendliche Ziel schwieg sich sein Besitzer weiterhin aus.

»Was bist du denn für einer, du Gummisohle?«, machte er sich über den CIA-Mann lustig. »ET? ›Nach Hause telefonieren!‹«

Margolis hatte bereits begriffen, dass Gahid ihn vor allem deshalb provozierte, um möglichst viele Details über die Operationen der Amerikaner aus ihm herauszukitzeln.

»Wen willst du denn so dringend anrufen?«

»Meine Frau.« Margolis würde diesem levantinischen Gaukler keine CIA-Interna verraten, denn schon morgen konnte Gahid die Seite wechseln und seine intimen Kenntnisse dem meistbietenden Terrorpaten weiterverkaufen.

»Deine Frau!«, schnaubte Gahid verächtlich. Sie saßen in der Transitlounge für VIP-Gäste des Beiruter Flughafens, wo jeder Kellner und jeder Sicherheitsbeamte Abdul Gahid kannte. Der Libanese futterte unaufhörlich Pistazien, die in einer silbernen

Schale auf dem Tischchen standen, und krümelte Schalentrümmer auf sein weißes Hemd. »Und was willst du deiner Frau denn sagen? Dass sie nicht mit dem Essen auf dich warten soll?« Seine fleischigen Lippen verzogen sich zu einer grotesken Grimasse und er lachte tief und theatralisch wie ein Basssänger in der Oper.

Aber von einer Sekunde auf die andere war alle Heiterkeit aus seinem Gesicht weggewischt und Gahids massiger Körper versteifte sich. »Sieh mich an, Margolis!« Der Angesprochene sah in ein Augenpaar, das kalt und entschlossen war. »Wenn wir zusammenarbeiten wollen, dann empfehle ich dir, dass wir beide den gleichen Informationsstand haben. Denn alles andere ist lebensgefährlich.«

»Ach, wirklich?«, feuerte Margolis zurück. »Und warum sagst du mir dann immer noch nicht, wo du mich hinbringen willst?«

Das Lächeln kroch zurück in Gahids Gesicht. Er sah manchmal fast liebenswert aus, wenn er so lächelte. »Das geschieht zu deiner eigenen Sicherheit. Wir sind unterwegs, um die bösen Buben zu besiegen, das sollte doch reichen.«

»Und ich will meiner Frau nur sagen, dass sie die Grillparty am Wochenende verschieben soll,« gab Margolis zurück und übte sich ebenfalls in einem unschuldigen Lächeln, das allerdings sehr viel weniger überzeugend war.

Der Kellner schwirrte heran und fragte, ob er den Herrschaften noch eine Erfrischung servieren dürfe. Sie ignorierten ihn. Ihre Augen – blau auf der einen und schwarz auf der anderen Seite – waren fest ineinander verkeilt wie zwei Ringer auf dem entscheidenden Höhepunkt ihres Kampfes.

Gahid zögerte einen Moment, um seinen entscheidenden Wurf zu überdenken.

»Vielleicht geht es um Omar?«, flüsterte er dann.

Margolis' eiserne Miene löste sich auf wie ein Ölgemälde nach einer Säureattacke.

»Wer soll das sein?«, fragte er und bemerkte den heiseren, nervösen Klang seiner Stimme. Bemerkte wieder einmal, dass er trotz aller Macht des Apparates, der hinter ihm stand, diesem listenreichen, grinsenden Mann nicht gewachsen war. Alles, was die Quelle »Omar« betraf, war Top Secret, alle Informationen von und über den einzigen verlässlichen – so glaubte man zumindest – amerikanischen Informanten in Afghanistan wanderten in versiegelten Umschlägen von Schreibtisch zu Schreibtisch. Omar war Chefsache und Margolis war sich sicher, dass es nur vier Leute gab, die über die Hintergründe Bescheid wussten: sein Kollege und gelegentlicher Joggingpartner Kalim Fazzar, der CT-Abteilungsleiter Greg Foster und Vizedirektor Miles Spencer. Und keiner von ihnen wusste, dass Omar in Wirklichkeit Nadir Hayar hieß und vor vielen Jahren als Auslandsstudent für einige Monate in Margolis' Haus gewohnt hatte.

Selbst Margolis hatte damals nicht geahnt, welche Rolle der Hausgast eines Tages in seinem beruflichen Leben für ihn spielen sollte. Er hatte – über ganz reguläre Kanäle, wie ein braver, weltoffener Amerikaner – einer dieser internationalen Studentenaustausch-Organisationen mitgeteilt, dass er gerne bereit wäre, einen ausländischen Gast für eine gewisse Zeit in seinem Haus aufzunehmen. Sie hätten ihm einen Ghanaer schicken können, einen Indonesier, einen Belgier, doch sie schickten – purer Zufall – Nadir, einen aufgeweckten, wissbegierigen Afghanen. Margolis ließ den Studenten natürlich nicht wissen, dass er, der ehemalige Feldagent, die Straße von Kabul nach Jalalabad genauso gut kannte wie den Weg von seinem Haus zur nächsten Shopping-Mall. Er ließ durch nichts erkennen, dass er mehr über Afghanistan wusste als sein Nachbar, der dachte, Afghanistan sei ein kleines, bergiges Land in Europa und die Heimat dieser mageren, zotteligen Hunde. Margolis stellte Nadir keine Fragen, ließ sich auf keine politischen Diskussionen über die Situation im Mittleren Osten ein und er versuchte ganz gewiss nicht, ihn anzuwerben. Er freute sich, wenn dem Jungen das Essen schmeckte, und nahm ihn mit auf einen Familienausflug nach Disneyland in Orlando.

Und Jahre später, aus heiterem Himmel, meldete sich Nadir, inzwischen Familienvater, und wollte in die USA auswandern. Margolis hielt das für eine gute, unterstützenswerte Idee. Er war eben ein braver, weltoffener Amerikaner – aber einer mit Zugang zu ganz besonderen Ressourcen – und er ließ dem Jungen etwas Geld zukommen. Nicht ganz nach Vorschrift, zugegeben, aber immer noch streng im Rahmen von Gewohnheit und Budget. Aus der Operationskasse zweigte er zehntausend Dollar ab und sorgte dafür, dass irgendein Kurier, eine namenlose Made, sie dem Empfänger überbrachte. Guter Gott, die CIA zahlte den zehnfachen Betrag an die Betreiber von Bordellen in Mittelamerika, um gelegentlich ein paar wertlose Hinweise über geplante Drogenflüge zu erhalten. Die CIA zahlte einem Parkwächter in Kairo diesen Betrag, um an Daten über die Bewegungen eines bestimmten radikalen Parlamentsabgeordneten heranzukommen. Die CIA ließ für diesen Betrag einen Überläufer aus Nordkorea erster Klasse nach Washington einfliegen, um von ihm zu hören, dass die Lage dort immer verzweifelter wurde. Da fragte niemals jemand nach einer Quittung. Und so zeichnete Margolis kurzerhand eine längst vergessene Quittung über zehntausend Dollar an einen Kontaktmann in Kandahar, Afghanistan, und kehrte am Abend mit dem Gefühl nach Hause zurück, endlich einmal Steuergelder einem nützlichen Zweck zugeführt zu haben.

Ein paar Monate später kam der erste Anruf. Daheim. Aus heiterem Himmel. Nadir flüsterte ins Telefon, dass er ganz nah an dem Mann sei, der die Botschaften in Kenia und Tansania zerstört hatte. Er sagte, es sei ein Anschlag auf ein US-Schiff in Jemen geplant. Margolis, befremdet und alarmiert und sogar ein wenig amüsiert, überprüfte am nächsten Tag tatsächlich die amerikanischen Flottenbewegungen in den Gewässern vor Jemen und stellte fest, dass nichts passieren konnte. Kurz darauf flog die *USS Cole* in die Luft, deren routinemäßige Tankpause auf Margolis' Liste nicht einmal erwähnt worden war. Das war der Zeitpunkt, als er seinen Freund Fazzar und den Abteilungsleiter Foster zu Rate zog und schließlich auch Vizedirektor Spencer. Keinem der Kollegen und Vorgesetzten sagte er, dass Nadir – den er als Omar einführte – vor Jahren bei ihm gewohnt hatte. Er berichtete ihnen nur, dass er eine neue Quelle entdeckt hatte.

Noch drei Mal meldete sich Nadir bei ihm – immer daheim und zu früher Morgenstunde und immer mit der Bitte, er möge diese Informationen der Regierung weitergeben. Offensichtlich hatte er keine blasse Vorstellung davon, welchen Job Margolis bei dieser Regierung tatsächlich ausübte. Nadir warnte ihn vor Anschlägen auf amerikanische Botschaften, auf Militärstützpunkte und auf Ziele in alliierten Staaten, nannte sogar Namen von Verdächtigen, die rechtzeitig überprüft und unschädlich gemacht werden konnten. Und dann schwieg er. Keine Warnung, kein Hinweis auf das, was sich über New York und Washington zusammenbraute – nichts. Omar hatte entweder die Seiten gewechselt oder er war erwischt worden, dachte Margolis. Kalim Fazzar befürchtete Ähnliches. Greg Foster mutmaßte sogar, dass Omar von Anfang an falsche Informationen geliefert hatte, damit sie sich in Sicherheit wähnen mochten, während der ganz große Schlag vorbereitet wurde. Miles Spencer ließ sich wie immer nicht anmerken, was er vermutete.

Und dann der Anruf bei seiner Frau Lisa, gestern und zu ungewohnter Zeit. Ein Anruf, von dem Margolis nicht wusste, was er zu bedeuten hatte und was Nadir überhaupt gesagt hatte, weil Abdul Gahids Gorillas ihn vorher bewusstlos geschlagen hatten. Die Schläger ebendieses Mannes, dem von hier bis zur nächsten Ecke zu trauen allem widersprach, was Stephen Margolis gelernt hatte. Und ausgerechnet dieser Mann spuckte nun eines der bestgehüteten Geheimnisse der CIA leichtfertig in die holzgetäfelte Exklusivität einer VIP-Lounge.

»Nicht wahr, Stephen Gummisohle, es geht doch um deinen Omar?«

»Ich weiß nicht, wovon du redest«, gab Margolis kraftlos zurück. »Und hör endlich mit diesem Gummisohlen-Quatsch auf.«

Gahid zog neckisch die Augenbrauen hoch. »Also, ich mag diesen Ausdruck. Etwas altmodisch vielleicht, aber passend. Ihr tragt doch schließlich alle Gummisohlen, damit man nicht hört, wie ihr euch anschleicht. Zum Beispiel in der Verkleidung französischer Teppichhändler.«

»Was soll das bedeuten – Omar?«, stellte Margolis sich dumm.

»Gütiger Himmel!«, seufzte Gahid. »Glaubst du, ich wäre, was ich bin, und säße, wo ich sitze, wenn ich nicht so einiges in Erfahrung bringen könnte? Ich weiß nicht alles, das gebe ich zu. Aber ich weiß alles über dich. Über deine Frau Lisa, deine Töchter Paula und Rosie, euer schönes Haus in Virginia und sogar deine Jugendliebe Samantha« – als er diesen Namen nannte und dabei mit den Augen zwinkerte, zuckte Margolis zusammen –, »mit der du dich vor drei Jahren in diesem lauschigen Hotel in Bolder, Colorado, getroffen hast, bevor ihr beide beschlossen habt, dass die alten Zeiten nicht wiederkehren.«

Margolis verspürte den dringenden Wunsch, diesem Kerl an die Gurgel zu springen. Gahids Lächeln blieb hart. »Ich könnte mit meinem Wissen deine Ehe und deine Familie und dein kleines Glück zehnmal zerstören. Aber das liegt nicht in meinem Interesse. Zu deiner Information: Ich war es, der damals deine zehntausend Dollar an den armen Omar – alias Nadir Hayar – überbrachte. Ich war zwar mal einer der meistgesuchten Männer Amerikas, aber so ganz könnt ihr doch nicht auf mich verzichten, schätze ich. Und ich sitze ehrenhalber im Vorstand der Bruderschaft des Propheten, die dem kleinen Nadir seinerzeit seinen Amerika-Aufenthalt finanziert hat. Du glaubst wahrscheinlich bis heute, dass er rein zufällig in deinem Haus auftauchte, habe ich Recht?«

Margolis fühlte sich schwindelig, als stünde er an einem Abgrund.

»Ihr Amerikaner denkt, ihr habt den Geheimdienst erfunden«, höhnte Gahid. »Aber die wahren Meister dieses Faches kamen schon immer aus dem Orient. Und nun weiß ich endlich, was ich schon vermutet hatte, nämlich dass der kleine Nadir es irgendwie ganz in die Nähe des Prinzen geschafft hat. Oder er spielt dir nur was vor. In Afghanistan ist alles möglich.«

»Was willst du?«, fragte Margolis, der in seinem bequemen Sessel zu versinken drohte.

»Ich will alles wissen, was du weißt. Wenn ich euch dabei helfen soll, die Karre aus dem Dreck zu ziehen, dann brauche ich Informationen. Ihr macht eine ziemliche hohe Investition in mich, aber Geld allein reicht nicht. Ich brauche den Brennstoff der Politik, ich brauche geheimes Wissen.«

»Aber ich dachte, du wüsstest schon alle Geheimnisse.« Der Gedanke, seinen höchst vertraulichen Kenntnisstand einem gesuchten Terroristen anzuvertrauen, verursachte ihm beinahe körperliche Schmerzen.

»Ich weiß viel, aber nicht alles. Ich weiß zum Beispiel nicht, wer den Krieg gegen Amerika anführt. Ich weiß nur, dass er nicht in meinem Gebiet sitzt.«

»In deinem Gebiet? Ich dachte, wir reden von dem Mann, der sich in Afghanistan versteckt. Gehört dieses Land denn nicht zu deinem Gebiet?«

»O doch. Aber da sitzt nur einer, der Befehle empfängt. Hattet ihr das noch nicht geahnt?« Gahid tat verwundert. »Der Kerl, der sich in Höhlen verkriecht, ist nur ein Teil eures Problems.

Ihr bombardiert ein Land, das bereits in Trümmern liegt, und sucht einen einzigen Mann. Aber der ist der Falsche. Oder zumindest nicht der Einzige. Er hat einen Komplizen. Und der operiert genau unter eurer Nase. Er zupft euch jedes Barthaar einzeln aus, bis ihr nackt seid.«

»Bullshit!« Margolis hatte einen schauerlichen Moment lang den Verdacht, dass Gahid selbst dieser geheimnisvolle Mann sein könnte. Das wäre ein Manöver, das seinem aufgeblähten Ego schmeicheln würde und seiner würdig wäre. Gahid war kein Freund Amerikas. Im Gegenteil. Er hatte dabei geholfen, fast dreihundert Marines auszuradieren. In seinen Lagerhäusern bereiteten sich fanatische Moslems auf den Heiligen Krieg vor. Was hinderte Margolis daran, diesen Kerl hier und jetzt festzunehmen und nach Hause zu bringen?

»Denk nicht einmal darüber nach«, schmunzelte Gahid, dessen Fähigkeit, Margolis' Gedanken zu lesen, immer besser wurde, je mehr Zeit er mit ihm verbrachte. »Es wäre ein Fehler.«

Aziz, mal Diener, mal Steward, mal Hofnarr, huschte heran und meldete seinem Herrn im Flüsterton, dass die Maschine in fünf Minuten startbereit sei. Gahid nickte gnädig.

»Also?«, wandte er sich wieder an Margolis. »Weißt du was? Ich lasse dir ein Telefon bringen und bitte um die Erlaubnis mitzuhören. Es wäre doch nicht zu viel verlangt, wenn der Partner eines Agenten genauso viel weiß wie die Ehefrau des Agenten. Wobei dieser Vergleich hinkt, denn seine Ehefrau kann der Agent betrügen, aber nicht seinen Partner. Und wenn er die Ehefrau betrügt, dann verlässt sie ihn. Aber der Partner muss ihn leider töten.«

In Margolis' Magen hatte sich inzwischen ein Knoten gebildet, der groß genug war, die VIP-Lounge und das gesamte Terminalgebäude zu verwüsten, wenn er zur Unzeit platzte.

Gahid wusste, dass sein Spiel riskant war. Man konnte einen Mann nur einmal bis zu dem Punkt treiben, an dem er Margolis haben wollte. Entweder der Mann drehte durch oder er verhielt sich klug. Wer durchdrehte, der war gefährlich. Und mit so jemandem ging man besser nicht auf eine Reise wie die, die vor ihnen lag. Verhielt er sich klug, erhöhten sich die Chancen auf Erfolg. Und die Chance zu überleben.

»Was bekomme ich dann von dir?«, fragte Margolis. »Was bietest du mir als Gegenleistung?«

»Die Wahrheit!«, sagte Gahid leichthin. Auf seinen Wink brachte Aziz ein Telefon und wählte dienstfertig Margolis' Privatnummer, die er auswendig kannte. Mit einem einladenden Lächeln hielt er dem Amerikaner den Hörer hin. Margolis nahm den Hörer, als griffe er nach einer Schlange. Lisa meldete sich nach dem dritten Klingeln. Gahid hockte ihm gegenüber und presste einen kleinen Lautsprecher zum Mithören an seinen Kopf.

»Was ist passiert, Steve?«, fragte sie aufgeregt. »Ich habe zigmal in deinem Hotel angerufen, aber du warst nicht in deinem Zimmer. Ich wollte schon die Botschaft einschalten.«

»Keine Sorge, mir geht es gut«, beschwichtigte sie Margolis. »Und vergiss die Botschaft! In den Botschaften sitzen nur Trottel. Ruf nur diese besondere Nummer in der Firma an, wenn dir was komisch vorkommt, ja? Sag dein Kennwort und lass dich verbinden. Ruf niemals irgendeine Botschaft an, Lisa, das ist sehr wichtig. – Was hat denn nun Omar, ich meine, was hat Nadir gesagt?«

»Wieso nennst du ihn Omar?«

»Vergiss das und beantworte meine Frage!«, herrschte Margolis seine Frau an. Sie ließ sich das gefallen und würde ihn später für diese Grobheit zur Schnecke machen. Lisa war, obwohl sie nicht viel von seinem Job und seiner Verantwortung wusste, die Ehefrau eines Profis und sie verhielt sich wie eine. Dafür liebte er sie in diesem Moment so innig, dass ihm die Tränen in die Augen stiegen.

»Was hat er gesagt?«, drängte er.

»Er hat gesagt – warte, ich habe es mir aufgeschrieben – er hat gesagt, dass er wusste, was ihnen passieren würde, aber nichts tun konnte. Und dass noch Schlimmeres kommen würde. Die Amerikaner hätten sie gefunden und alle würden sterben. Ich glaube, er meinte damit die Amerikaner. Er wollte nur, dass du weißt, dass er noch da ist. Ach ja, und der Prinz sei unterwegs in die Höhlen von Ghostum. Was hat das zu bedeuten, Steve?«

Noch Schlimmeres würde kommen, dachte Margolis. »Ich erkläre es dir später. War das alles?«

»Das war alles. Steve ...« Ihre Stimme klang jetzt anders.

»Ja, Liebste?«

»Der Mann mit der silbernen Corvette hat mich besucht. Er war besorgt um dich!« Mehr wagte sie nicht zu sagen in der Angst, dass die Leute, die sein Gespräch mithörten, etwas ahnen könnten. Sie würde es sich nie verzeihen, wenn sie ihn durch ihre Unachtsamkeit in noch größere Schwierigkeiten gebracht hätte, deshalb konnte sie es sich nicht erlauben, weitere Details aus dem Gespräch mit Kalim Fazzar preiszugeben. Margolis sah zum ersten Mal den mithörenden Abdul Gahid an und bemerkte den lauernden Ausdruck in seinen Augen.

»Sag ihm, er soll sich nicht in die Hosen machen«, sagte er streng und in einer Tonart, die ihr signalisierte, dieses Thema nicht zu vertiefen. Sie verstand ihn sofort.

»Wo bist du?«, fragte sie besorgt. Ihm brach das Herz.

»Das weißt du doch, in Beirut. Aber nicht mehr in dem Hotel. Der Roomservice war einfach lausig.«

»Wann kommst du zurück?«

»Das kann noch ein paar Tage dauern.«

»Hast du genug Tabletten dabei?«

Gahid lüpfte amüsiert die buschigen Augenbrauen.

»Ja, ja, ich habe genug Tabletten dabei! Mach's gut, Liebling. Und grüß mir die Kinder ...«

»Warte mal! Ich dachte, du bist nicht mehr im Feld! Was ist …?«
Er unterbrach die Verbindung.
»Tabletten?«, fragte Gahid misstrauisch. »Nimmst du Drogen? Ich arbeite nicht mit Leuten, die Drogen nehmen. Nicht mal Prozac.«
»Bluthochdruck«, sagte Margolis und vermied den Blick in die fragenden Glubschaugen Gahids. »Sie hat mich nach meinen Bluthochdrucktabletten gefragt. Ich vergesse manchmal, sie einzunehmen.«
Gahid verzog angewidert das Gesicht. »Betablocker?«
Margolis nickte stumm.
»Scheißzeug«, sagte Gahid finster, die Augenbrauen zusammengezogen wie eine drohende Gewitterfront. »Machen träge, fett und impotent. Wenn du unterwegs welche brauchen solltest, dann kann ich dir ein paar von meinen geben.«
Für einen kurzen und fast unheimlichen Moment fühlte Margolis eine Welle der Solidarität und Sympathie für diesen widerlichen Mann in sich, die er sofort niederzwang. Niemals und unter keinen Umständen konnte er Abdul Gahid vertrauen. Er teilte Informationen mit ihm, weil das der Preis war, auf dem Spielfeld eine Runde weiter zu kommen. Er konnte sich einfach nicht leisten, den Mann zu verärgern und zu verlieren, dem gerade eine ungeheuerliche Summe gezahlt worden war.
»Wer ist der Mann mit der silbernen Corvette?«, fragte Gahid.
Margolis wusste, dass Gahid ihn kannte. Lügen sinnlos. »Mein Kollege Kalim Fazzar. Er ist so was wie ein entfernter Freund der Familie. Sein Nervenkostüm ist nicht sehr stark.«
Gahid lächelte breit, weil Margolis nicht den Versuch unternommen hatte, ihn anzulügen.
Fazzar interessierte den Libanesen offenbar nicht besonders, dachte Margolis. Jedenfalls nicht so sehr wie der Afghane.
»Also funktioniert Omar noch immer. Wo auch immer er sitzt

und als was auch immer er sich ausgibt, er hat euch nicht verraten.«
»Sieht so aus«, knurrte Margolis.
»Gut. Das kann eine Hilfe sein. Wenn Omar tatsächlich die Wahrheit sagt. Das kann man bei einem Afghanen nicht immer als selbstverständlich voraussetzen.«
»Er sagt die Wahrheit!«, schnappte Margolis. »Und nun bist du dran. Du hast mir die Wahrheit versprochen!«
Statt eine Antwort zu geben, hielt ihm Gahid seine rechte Hand über den niedrigen Tisch hin.
»Eines fehlt noch zu unserem Deal.«
»Ich habe keinen Deal mit dir und kann dir also nicht darauf die Hand geben«, sagte Margolis.
»Schlag ein. Du bist der höchstrangige CIA-Mann, der hier in der Nähe ist. Abdul Gahid arbeitet erst, wenn er den Handschlag hat.«
Widerwillig nahm Margolis die feuchte, weiche Hand des Libanesen. »Okay. Wir haben also einen Deal.«
»Gut«, lächelte Gahid. »Ein Deal ist heilig.«
»Wenn du das sagst ...«
Aziz huschte heran und flüsterte, dass die Maschine nun bereit zum Einsteigen sei.
»Na dann – gehen wir!« Gahid erhob sich, als habe er gerade erfahren, dass ein Sitz im Riesenrad frei geworden war, auf den er gewartet hatte.
»Wohin?«, fragte Margolis und bedrohte den Libanesen mit dem Zeigefinger wie mit einer Pistole. »Du hast mir die Wahrheit versprochen!«
»Duschanbe, Tadschikistan«, sagte Gahid nur und klopfte sich die Reste der Pistazienschalen von seinem Hemd. »Wir treffen dort einen wichtigen Kronzeugen namens Jurij Titov. Oberst Jurij Titov. Ich habe einige Hebel in Russland in Bewegung gesetzt und dafür gesorgt, dass er dort auf uns wartet. Komm jetzt.«

Margolis war noch nicht zufrieden. Er war nicht gewillt, sich aus seinem bequemen Sitz zu erheben, bevor Gahid alle Karten auf den Tisch gelegt hatte.

»Wir wissen, wen wir suchen. Wir wollen nur wissen, wo er ist!«

Gahid, schon auf dem Weg zum Ausgang, wo Aziz wartete, drehte sich herum und lächelte sein fleischiges Lächeln.

»Du wirst erstaunt sein, wenn du erfährst, wie wenig du wirklich weißt!«, sagte er.

»Dann sag es mir!«

»Ich bin immer wieder erstaunt darüber, wie wenig ich weiß. Was ist nun? Willst du lieber hier bleiben?«

Gahid ging voraus, den Flugsteig hinunter, die Treppe hinab und die zwanzig Schritte zu seinem wartenden Lear-Jet. Margolis folgte ihm unwillig. Hilflos vor Wut ballte er die Fäuste. Aber wenn er gewusst hätte, wie ohnmächtig und ausgeliefert er in Wirklichkeit war, hätte er sich nicht derart kampflos in sein Schicksal ergeben. Denn Margolis' Frau, seine Töchter, sein ganz persönliches Glück – das lag jetzt in Gahids Hand. Und wann immer es dem Libanesen beliebte, konnte er mit einem Fingerzeig alles zerstören. Dies war der Teil des Deals mit CIA-Vizedirektor Miles Spencer, von dem Margolis nichts ahnte. Es war ein Hühnchenspiel und niemand spielte es besser als Abdul Gahid.

19. Kapitel

New York

Serene erwachte aus ihrer Ohnmacht. Sie brauchte lange, bis ihr Bewusstsein und ihre Gedanken wieder arbeiteten. Kein Albtraum, keine Fieberphantasie konnte schlimmer sein als das, was heute passiert war. Sie war besiegt worden, sie war alt und unbrauchbar. Sie hatte unschuldige Menschen umgebracht und man würde sie finden und bestrafen.

Der Raum war dunkel, nur aus dem Flur fiel Licht durch die Glastür. Die medizinischen Geräte, an die sie angeschlossen war, leuchteten schwach und in verschiedenen Farben. Am Fenster sah sie die Umrisse eines Mannes.

Ihr Besucher, der Mann von der CIA, der alles wusste. Er hatte ihr, bevor sie in die Bewusstlosigkeit abgedriftet war, seinen Namen genannt.

»Mr. Fazzar?«, fragte sie in die Dunkelheit. Der Mann, der bisher aus dem Fenster geblickt hatte, drehte sich zu ihr um. Sie konzentrierte sich, versuchte ihr *Qi* zu aktivieren, so wie es ihr der Kung-Fu-Lehrer beigebracht hatte. Genug Kraft sammeln, um im richtigen Moment aufzuspringen und sich im Nahkampf gegen den Eindringling zu wehren. Sie wusste, dass sie es nicht schaffen würde. Zu viel Blut verloren, zu viel Medikamente in ihren Adern. Die Löwin war hilflos wie eine Schildkröte, die auf dem Rücken lag.

»Nennen Sie mich Doktor Jamal«, sagte der Besucher und drehte sich wieder zum Fenster.

»Sie sind Arzt?«

»In gewisser Weise, ja. Ich kümmere mich meist um aussichtslose Fälle. So wie den Ihren …«

Jetzt war es so weit. Sie dachte an die Strafe, die ihr drohte. Man würde sie einsperren. Nie wieder würde sie einen Sonnenaufgang über grünen Hügeln erleben. Nie wieder tauchen. Nie. Das würde ihr am meisten fehlen.

Schon in ihrer Kindheit, im Haushalt von General Shepard, einem hoch dekorierten Korea- und Vietnamhelden, hatte sie jede freie Minute draußen in der Natur verbracht. Ihre Mutter war gestorben, sie hatte Selbstmord verübt. Eine Tante namens Gayle, eine hübsche, aber nicht sehr freundliche Frau, kümmerte sich um das Mädchen, während der Vater in fremden Ländern Krieg führte. Später, viel später, sollte sie erfahren, dass Tante Gayle der Grund dafür war, dass ihre Mutter nicht mehr lebte. Denn die Tante war in Wirklichkeit die Geliebte des Generals und Serenes Mutter hatte sich ihretwegen das Leben genommen. Serene war damals sieben Jahre alt und sie hatte die Tote gefunden. Erhängt auf dem Dachboden. Ihr Gesicht blau und aufgequollen, die Zunge aus dem Mund gestreckt wie eine Frucht aus der Hölle. Mit einem Brief in der Hand, den Serene an sich nahm und lange Zeit nicht öffnete, sondern in wechselnden Verstecken verbarg. Serene ließ den Brief jahrelang verschlossen, weil sie sich schuldig fühlte, einer Toten heimlich etwas weggenommen zu haben – obwohl auf dem Umschlag klar und deutlich ihr Name zu lesen war. Außerdem fürchtete sie, darin etwas Schmutziges und Unwürdiges zu erfahren. Und wie sich herausstellen sollte, hatte sie Recht.

Als sie den geheimnisvollen Umschlag endlich öffnete, war sie schon sechzehn Jahre alt, der Schwarm aller Jungen auf ihrer Schule, eine exzellente Reiterin und sehr bewandert im Umgang mit Gewehren, die es im Hause des Generals reichlich gab. Sie hatte gerade ihre Unschuld an einen ungeduldigen Burschen namens Roy verloren. Er war sieben Jahre älter, hatte schmutzige Fingernägel und arbeitete in einer Autowerkstatt. Roy hatte sie mit seinem nach verfaultem Fisch riechenden Schwanz aufgespießt wie einen seltenen Schmetterling, und je länger sie darüber nachdachte, umso klarer verstand sie, dass der Bastard sie tatsächlich vergewaltigt hatte.

Verwirrt und gedemütigt, wie sie war, und bereit für alle Ungerechtigkeit und Gemeinheit dieser Welt, nahm Serene an diesem verheulten Abend endlich den Brief ihrer Mutter und öffnete ihn. Sie erfuhr alles über Tante Gayle und ihren Vater, über die Leiden ihrer Mutter und die Verderbtheit der menschlichen Rasse überhaupt. Einige Stunden später setzte sie sich in ihr Auto und fuhr die ganze Nacht hindurch, bis sie am frühen Morgen die Staatsgrenze erreicht hatte. Sie stoppte kurz und fuhr noch zwei Tage und Nächte weiter, bis nach Kalifornien.

Ihr Vater hatte sich zu diesem Zeitpunkt seine Gehirnzellen bereits so gründlich weggesoffen, dass er nicht einmal widersprach, als die Polizei ihn am nächsten Morgen festnahm. Er stand unter dem dringenden Verdacht, seine zweite Frau, Gayle, im Schlaf erstochen und zuvor den Automechaniker Roy Edwards, der sich an seiner Tochter Serene vergangen hatte, mit einem schweren Schraubenschlüssel erschlagen zu haben. Der ehemalige und inzwischen im Angesicht seiner Verbrechen aller Ehrentitel verlustig gegangene General Tucker G. Shepard wurde einige Monate später wegen doppelten Mordes auf dem elektrischen Stuhl hingerichtet.

Seine Tochter Serene baute eine sehr beachtliche Karriere auf der Tatsache auf, dass sie wenig bis gar keinen Respekt vor dem menschlichen Leben hatte und im Umgang mit Waffen aller Art unschlagbar war. Die Firma wurde auf sie aufmerksam und stattete sie mit einigen hoch dotierten und riskanten Aufträgen aus, die sie allesamt mit Bravour erledigte. Serene liebte ihre kühle Professionalität, ihre Präzision und ihre Leidenschaftslosigkeit im Umgang mit der größten Macht, die es gab: der Macht über Leben und Tod. Sie tötete ihre Kunden zuverlässig und unerkannt, sie war mutig und schnell. Eine eiskalte Geheimwaffe. Ein missliebiger Staatschef im Norden Afrikas, in dessen Zelt Serene sich als französische Journalistin Zugang verschafft hatte, erlebte nur deswegen den nächsten Morgen, weil just zwei Stunden, bevor sie ihn erledigen konnte, der amerikanische Präsident die Anweisung erteilte, dass die USA keine weiteren politischen Morde begehen dürften. Serene wurde von der Firma schleunigst zurückgepfiffen, außer Dienst gestellt und großzügig abgefunden. Auf verschiedenen Konten in mehreren Ländern waren insgesamt vierzehn Millionen Dollar geparkt, als sie sich auf den Fidschi-Inseln zur Ruhe setzte und ihre Laufbahn als Taucherin begann. Ein zweites Leben, eine neue Existenz, so bizarr und unwahrscheinlich, wie es nur zu ihrer Persönlichkeit passte. Sie hätte dabei bleiben sollen, sagte sie sich nun. Sie hätte der Sucht nach der dunklen, tödlichen Macht widerstehen müssen.

Der chinesische Arzt kam ohne anzuklopfen herein. Er schaltete das Licht an. Die gleißende Helligkeit verursachte Serene Augen- und Kopfschmerzen.

»Ich muss Sie jetzt bitten, die Station zu verlassen. Die Patientin braucht Ruhe«, sagte er, während er die Daten einiger Überwachungsmonitore, an die Serene angeschlossen war, notierte. »Bitte, gehen Sie jetzt.«

Serene brach ihr Schweigen. »Es ist okay, Doktor. Ich fühle mich schon viel besser.«

Der Arzt zog die Augenbrauen hoch. »Sind Sie sicher? Sie haben eine Menge Blut verloren. Und ich hätte eigentlich schon längst die Polizei rufen müssen – wenn die CIA sich nicht dazwischengedrängelt hätte.«

Er warf Doktor Jamals Rücken einen missmutigen Blick zu.

Serene brachte ein Lächeln zustande. »Ich glaube, die ganze Sache ist bei diesem Kollegen gut aufgehoben. Amerika ist im Krieg, wie Sie wissen. Und heute Nacht bekommen Sie die Chance, Ihren Beitrag zu leisten.«

»Wirklich?«, fragte der Arzt und stand unbewusst ein wenig strammer. So als freue er sich über die Möglichkeit, sich als wahrer Patriot zu erweisen.
»Ja, so ist es«, sagte Doktor Jamal, ohne sich umzudrehen. Er trug einen langen, schwarzen Ledermantel und einen breitkrempigen Hut – die Karikatur eines Agenten. »Ich weiß Ihre Hilfe zu schätzen, Doktor. Ich weiß auch, dass Sie eigentlich die Polizei verständigen müssen. Aber tun Sie es bitte nicht. Wir führen einen Krieg hier und diese Frau ist eine wichtige Zeugin. Deswegen hat der Feind versucht, sie zu töten.«
»O Gott!« Der Arzt war geschockt.
»Bitte, Doktor«, sagte Serene. »Geben Sie uns noch ein paar Minuten. Und löschen Sie bitte wieder das Licht. Ich bekomme Kopfschmerzen davon.«
Und schon war der Arzt aus dem Raum.
»Sie sind also von der CIA?«, fragte sie. »Hat Spencer Sie geschickt?«
»Nein.«
»Sie haben mich angegriffen, weil ich auf Margolis' Frau und seine Töchter angesetzt war? Sind Sie ein Freund von Margolis?«
»Ich bin ein Freund jedes Menschen. Unser gemeinsamer Freund Miles Spencer dürfte nicht gerade glücklich über Ihre heutige Vorstellung sein.«
»Ich scheiße darauf, ob Spencer glücklich ist oder nicht. Unsere Geschäftsbeziehungen sind beendet.«
»Gut, dass Sie das sagen. Denn ich habe nun eine neue Aufgabe für Sie.«
»Keine Aufgaben mehr«, sagte Serene bestimmt. »Ich kann nicht mehr. Ich bin zu alt. Ich bin müde und schwer verletzt.«
»In Ordnung. Dann rufe ich die Polizei.«
»Nein, warten Sie …« Diese Drohung erschreckte sie so sehr, dass sie trotz ihrer Schmerzen augenblicklich in die Höhe fuhr.

»Ich sehe, wir verstehen uns. Das ist gut, denn ich brauche Sie. Sie sind immer noch die Beste. Jeder erwischt einmal einen schlechten Tag. Noch heute Nacht verlassen Sie das Krankenhaus. Ich habe ein anderes Quartier für Sie.«

»Ich weiß nicht, ob Doktor Chen das erlauben wird.«

»Doktor Chen erlaubt es oder er stirbt. Wir haben keine Zeit für Mätzchen. Wir haben einen Krieg zu gewinnen.«

»Und wenn ich wirklich nicht will?«, unternahm sie noch einen letzten Versuch. Der Schattenmann im Ledermantel wurde ihr langsam unheimlich. Seine leise, berechnende Stimme war unangenehm. Sie versuchte sich an das Gesicht des Mannes zu erinnern, der an ihrem Bett gesessen hatte. Ein Araber. Araber redeten oft so leise und melodiös.

»Nun, ich habe ein paar überzeugende Argumente für Sie. Ich könnte Sie bei der Polizei anzeigen und Sie würden festgenommen. Und weil Spencer nicht auffliegen will, wird er sicherlich dafür sorgen, dass Sie sich in der Untersuchungshaft das Leben nehmen. Ich könnte aber auch einfach verschwinden und dem Mossad einen Tipp geben. Die Jungs würden Sie um die halbe Welt jagen, denn unter den Leuten, die Sie getötet haben, waren auch zwei ihrer Agenten. Sie wären nirgendwo mehr sicher.«

Serene wusste, dass er Recht hatte. »Meine Dienste sind sehr teuer«, sagte sie.

»Ich gedenke nicht, sie zu bezahlen«, sagte Doktor Jamal, der ihren Bluff ignorierte. »Sie haben durch die Firma schon genug Geld verdient. Jetzt wird es Zeit, dass Sie diesem Land etwas zurückerstatten. Wenn wir damit fertig sind, können Sie gehen, wohin Sie wollen. Aber bis die Aufgabe erledigt ist, sind Sie mein Eigentum. Und Sie werden tun, was ich von Ihnen verlange, ist das klar?«

Seine Stimme war scharf und böse geworden. Sie bemerkte, dass sich seine Hände zu Fäusten ballten.

»Was haben Sie vor?« Serene versuchte, ihre gleichgültige,

überlegene Fassade zu wahren, doch dahinter war der Widerstand längst abgebröckelt. Der Kerl war entschlossen zu einem Ein-Mann-Feldzug und sie sollte ihm den Weg freischießen. Wenn das der Preis war, dann musste sie ihn bezahlen. Vielleicht gab es noch eine Chance abzuhauen, wenn sie nur erst diese verdammten Infusionen los war und wieder laufen konnte. Vielleicht konnte sie sich absetzen und untertauchen.

»Wir müssen die Feinde Amerikas bekämpfen«, murmelte Doktor Jamal und Serene fragte sich, ob er vielleicht den Verstand verloren hatte. »Ja, das Hühnchenspiel. Jetzt spielen wir Hühnchen. Und ich verlange von Ihnen ein Zeichen. Geben Sie mir das Zeichen und Sie können gehen.«

»Okay«, wiederholte sie. »Wen haben Sie im Auge? Miles Spencer? Sie können ihn haben. Sofort, heute Nacht noch. Kann ich dann gehen?«

Doktor Jamal schüttelte ungeduldig den Kopf. »Mit Spencer werde ich schon alleine fertig. Aber diese Sache ist nicht so leicht zu erledigen.«

Er zog aus seiner Aktentasche eine Tageszeitung und faltete sie auf, als wolle er ein wenig darin lesen. Dann drehte er sie um, so dass Serene selbst im düsteren Licht, das aus dem Flur hereinfiel, das Titelbild sehen konnte.

»Sie machen Witze!«

»Nein.«

Über einem Artikel, der verkündete, dass der Krieg gegen Afghanistan nun begonnen habe, prangte das Foto des amerikanischen Präsidenten.

Vizedirektor Miles Spencer saß auf dem Sofa in seinem New Yorker Büro, die Füße auf dem Tisch. Er sah sich die Nachrichten an und genehmigte sich dazu einen doppelten Scotch auf Eis. Den konnte er gut gebrauchen, denn was er auf dem Bildschirm sah, gefiel ihm überhaupt nicht. Serene Shepard hatte ein verdammtes Massaker angerichtet. Die Frau, von der er meinte, sie sei die Beste, hatte jämmerlich versagt und er hoffte nur, dass sie wenigstens noch professionell genug war, ihre Spuren zu verwischen. Sonst konnte diese Sache ganz schön heikel für ihn werden. Er musste dafür sorgen, dass Serene aus dieser Welt verschwand, und zwar schnell. Die Vereinbarung galt nicht mehr, die Dinge waren im Fluss, die Prioritäten hatten sich verschoben. Rabbi Weintraub und der syrische Bankier waren plötzlich nebensächlich geworden. Wenn Abdul Gahid die Margolis-Mädchen wirklich tot sehen wollte, dann würde er das schon irgendwie hinbekommen. Wichtig war jetzt nur noch der große Krieg, den er beschlossen hatte zu gewinnen.

Der Krieg – der Kreuzzug, wie er ihn manchmal nannte – war nun in vollem Gange. Ein mächtiger Gigant war geweckt worden, hatte der Präsident erklärt, und nun schleuderte der erzürnte Riese seine Blitze. Von amerikanischen Flugzeugträgern und Stützpunkten in der Region starteten Kampfflieger, die bald den Luftraum über diesem gottverfluchten Land beherrschen würden. Ferngesteuerte Raketen mit hochintelligenten Ortungssystemen zischten durch die Nacht, um ein bereits zerstörtes Land noch ein wenig mehr zu zerstören.

Spencer betrachtete die verwackelten, grünlichen Nachtaufnahmen und das Feuerwerk der Leuchtspurraketen. Er lauschte den Analysen und Kommentaren und lächelte grimmig in seinen Drink. Welche Torheit ritt die mächtigste Armee der Welt, dass sie sich in diesen hoffnungslosen Krieg gestürzt hatte? Welche unglaubliche Verschwendung von Menschenleben, Energie, Feuerkraft und Steuergeldern wurde hier betrieben? Da flogen hochmoderne, computergesteuerte Raketen, von denen jede einzelne eine Million Dollar wert war, und pflügten beim zielgenauen Aufprall lediglich irgendeinen trockenen Acker um, brachten ein paar Steine ins Rollen, und wenn sich der Staub legte, sah alles genauso aus wie vorher. Tomahawk-

Raketen brachten Fassaden zum Zerbersten, die ohnehin nur noch von Schmutz und Dung zusammengehalten wurden. Nicht einmal eine Atombombe konnte Afghanistans Gesicht noch weiter zernarben, als es ohnehin schon entstellt war. Das Land sah zum allergrößten Teil aus wie die Oberfläche des Mondes. Selbst Hiroshima hatte nach dem Abwurf der Bombe noch bewohnbarer gewirkt. Analphabetische Bergbewohner, die in ihrem Leben noch kein komplizierteres Gerät bedient hatten als ein Kofferradio oder eine Kalaschnikow, machten Bekanntschaft mit Laserwaffen und chipgesteuerten Sprengköpfen. Wenn das alles nicht so verdammt traurig gewesen wäre, dann hätte Spencer laut lachen mögen über diesen grotesken Zusammenprall zweier Welten. Dieses Land, dieses verfluchte, karge, kalte Land, hatte noch jedem Eindringling widerstanden. Und nicht nur das: Es hatte jeden Angreifer zermürbt, zum Tier gemacht und vernichtet.

Ein Fressen für die Geier. Spencer dachte an das Gedicht vom jungen, britischen Soldaten, das Rudyard Kipling verfasst hatte. Der kannte sich jedenfalls aus in diesem Land. Eine Strophe aus diesem Gedicht hatte Spencer seinerzeit sehr gefesselt, als er selbst noch in Lumpen und mit Turban auf dem Kopf durch die Schluchten des Hindukusch wanderte und den *mooj* gegen die Russen half.

Liegst allein und verwundet du in Afghanistan
Und um dich zu zerstückeln, kriechen Weiber heran
Dann schieß dir in den Kopf und stirb wie ein Mann

Aussichtslos war dieser Krieg, wenn man ihn auf diese Art führte. Vietnam hoch zehn. Auf jedem Schritt lauerte die Gefahr, den dritten Weltkrieg auszulösen, den Kampf Ost gegen West, Christen gegen Muslime, Reiche gegen Arme.

Trotzdem war dieser Krieg zu gewinnen – aber nicht auf die

Art, wie die US-Administration das gerade versuchte. Man musste andere Mittel einsetzen, ganz andere Mittel. Und an anderen Orten. Man musste gründlich aufräumen. Jetzt war die Zeit dazu. Die Samthandschuhe ablegen und der Welt – und den eigenen Leuten – endlich zeigen, dass Amerika seinen Platz als Nummer eins zu verteidigen wusste.

Spencer leerte sein Glas und freute sich auf das, was bevorstand. Wenn Amerika nicht untergehen wollte, dann brauchte dieses Land ihn so nötig wie die Sonne. Noch nie war er so wichtig und mächtig gewesen wie heute. Er rechnete sich aus, dass er innerhalb der nächsten Wochen, wenn nicht Tage, in ein höheres Amt berufen würde. Ein Kabinettsposten war nicht ausgeschlossen.

Denn seine nächste Warnung, seine nächste Prophezeiung, mit der er den Präsidenten und seine wichtigsten Berater überrascht hatte, war schreckliche Wirklichkeit geworden. Milzbrand grassierte in öffentlichen Gebäuden und Postämtern. Die Nation war in Angst. Spencer wusste, dass er einmal mehr die Gefechtslage korrekt beurteilt und richtig gehandelt hatte. Nur drei Umschläge mit dem geheimen Pulver aus dem Lager in Catskill hatte er selbst in Umlauf gebracht. Alle anderen – und inzwischen waren es dutzende, vielleicht hunderte – kamen aus anderen Quellen. Spencer hatte auf dem Kamm einer Lawine gesessen und fühlte sich so berauscht, als könne er ihre zerstörerische Kraft beherrschen.

Leider war bisher das ausgeblieben, worauf er gewartet hatte: ein amerikanischer Schlag gegen den Irak. Um den Konflikt zu gewinnen, dessen war der Vizedirektor sich sicher, musste der Konflikt ausgeweitet werden. Nur noch ein wenig Geduld, dann würde er am Kabinettstisch sitzen. Dann hatten seine Worte noch höheres Gewicht. Vielleicht würde er den Posten des Außenministers bekommen. Der jetzige Amtsinhaber war ein Schwächling und in harten Zeiten wie diesen nicht tragbar.

Aber auch der Stuhl des Verteidigungsministers wackelte, denn je aussichtsloser das Abenteuer in Afghanistan wurde, desto unsicherer wurde seine Stellung. Der Präsident, wenn er ihn denn bald zu sich rief, würde noch viel Gelegenheit haben, Spencers Stil zu bewundern.

Er drehte den Fernseher leiser und setzte sich hinter seinen Schreibtisch, in den Kegel aus goldenem, weichem Licht, den seine Lieblingslampe spendete.

»Sir, wir haben die gewünschten Informationen für Sie zusammengestellt«, meldete sich nach einem leisen Summton die Stimme aus dem Vorzimmer.

Der Vizedirektor drückte den Sprechknopf. »Bringen Sie es herein.«

Seine Sekretärin segelte ins Zimmer, übergab ihm das Dossier, das er angefordert hatte, und verschwand in einer Wolke von Parfüm, das Spencer Magenschmerzen verursachte. Es war Material über Kalim Fazzar. Spencer kannte den Knaben seit fast zwanzig Jahren. Er und Margolis hatten ihn damals in Peshawar kennen gelernt und Margolis hatte dafür gesorgt, dass er der Firma beitrat. Ein aufgeweckter Bursche, lernfähig und nützlich. Sie hatten ihn als eine Art Maskottchen mit nach Amerika gebracht – aber Fazzar war umtriebig und ehrgeizig. Er hatte sich in der CT-Abteilung als sehr nützlich erwiesen. Als Dolmetscher und Datenanalyst, schließlich als Teilnehmer interner Strategiediskussionen. Fazzar wusste alles, was Margolis wusste, und vieles von dem, was Spencer selbst wusste. Fazzar wusste vieles, das ihn nichts anging, und einiges, das Spencers Pläne gefährden konnte.

Es war nicht immer ganz mit sauberen Mitteln zugegangen, damals bei den *mooj*. Besonders ein bestimmtes Verhör, dass Spencer damals vorgenommen hatte und bei dem unglücklicherweise Fazzar zugegen war, würde ihm sicherlich keine Lorbeeren bei den Liberalen einbringen, wenn seine Berufung in ein hohes Regierungsamt anstand. Er hatte damals mit bloßen Händen einen Kerl umgebracht, der sich stur stellte. Er war nicht stolz darauf, denn der Verdächtige war gefesselt gewesen. Aber er spürte auch keine unangebrachte Reue, denn schließlich handelte es sich um einen Angehörigen des russisch kontrollierten afghanischen Geheimdienstes, der ihnen wichtige Informationen vorenthalten wollte. Wie dem auch sei, Kalim Fazzar war eine Zeitbombe und konnte ihm gefährlich werden. Deswegen hatte Spencer dafür gesorgt, dass Fazzar kaltgestellt wurde. Ein Araber, hatte er den Schritt in den internen Papieren begründet, war trotz einer tadellosen Personalakte nicht unbedingt der Mann, dem man an gehobener Position im Kampf gegen arabische Extremisten einsetzen sollte. Im Dossier des Mannes fand sich sicherlich noch der eine oder andere Hinweis, aus dem man ihm einen Strick drehen konnte. Hier war alles gesammelt, was in zwanzig Jahren Dienst bei der Firma angefallen war. Seine ersten Arbeitsverträge als Helfer im Informationszentrum, der Mietvertrag seiner ersten Wohnung, seine Englischtests, Kopien seiner Papiere und, und, und …

Spencer kam bei seiner Lektüre nicht sehr weit, denn abermals brummte die Sprechanlage. Er hoffte, dass seine Sekretärin nicht schon wieder hereinschneien würde. Wie konnte er ihr klar machen, dass er ihr Parfüm für Jauche hielt, ohne ihre Gefühle zu verletzen? Sekretärinnen mit verletzten Gefühlen konnten verdammt unangenehm werden, wenn es darum ging, einen großen Schritt nach oben zu machen. Sie konnten Geschichten erfinden und einen ganz blöde aussehen lassen.

»Mr. Spencer, Tony Woodall vom FBI ist hier«, meldete sie.

Woodall, der Verbindungsmann der Bundespolizei zur CIA, hatte in diesen Tagen alle Hände voll zu tun. Plötzlich waren die äußere und innere Bedrohung zu einem einzigen unappetitlichen Klumpen verschmolzen. Die Zusammenarbeit stieß nicht nur auf Begeisterung. Die CIA liebte es nicht, ihre Kontaktleute preiszugeben und ihre Informationen mit anderen zu teilen. Und das FBI ertrug es nicht, dass die Gummisohlen bei der Mittelvergabe immer besser wegkamen als sie, die die eigentliche Fußarbeit leisteten.

»Ist was Wichtiges? Ich bin sehr beschäftigt«, brummte Spencer mürrisch. Ein Affront gegen den Besucher, aber Spencer hatte Gefallen an diesem Verhalten gefunden. Er konnte es sich leisten.

»Er nickt«, meldete die Vorzimmerdame.

»Fünf Minuten!« Spencer erklärte nicht, ob er noch fünf Minuten allein gelassen werden wollte oder ob er Woodall nur fünf Minuten Zeit gab, seine wichtige Meldung abzulassen.

Im Vorzimmer schien man sich mit der Auslegung auch nicht so ganz sicher zu sein. Drei Minuten später klopfte es und Woodall trat ein. Ein hagerer, hochgewachsener Mittdreißiger mit einer Lockenfrisur aus schwarzem Haar, an dessen Rändern sich erste graue Strähnen eingenistet hatten. Sein Anzug saß schief und hätte eher zu einer Vogelscheuche gepasst. Wodall blickte Spencer finster an, weil er sich zusammenreißen und seine Zunge im Zaun halten musste.

»Guten Abend, Vizedirektor«, brummte er. Seine Stimme war tief und ließ den Adamsapfel tanzen, der sich knollig an seinem langen Hals abzeichnete.

»Kommen Sie in Gottes Namen rein. Was ist denn schon wieder los?« Spencer saß im Lichtkegel über Fazzars Dossier und blickte nicht auf.

»Wir haben das hier gefunden und wir denken, dass es eine Spur sein könnte!« Der FBI-Mann holte aus seiner Aktenmappe eine Postkarte hervor, auf welcher der Eiffelturm abgebildet war.

»Post von Ihrer Tante aus Paris?«, fragte Spencer, der sich schließlich doch dazu durchgerungen hatte, den Besucher anzusehen.

»Nein, Post an einen Mann in Paris. Abgeschickt hier in New York, datiert auf den 25. Dezember. Die Karte ist einem aufmerksamen Sortierer in Postamt Newark aufgefallen.«

»Und – was steht drin?«

»Nichts. ›Ihr Lieben, wir haben uns ein Musical am Broadway angesehen und besuchen morgen die weltberühmte Freiheitsstatue. Schöne Grüße, Michelle und Robert.‹ Auf einer Postkarte mit dem Eiffelturm.«

»Teufel auch!«, lachte Spencer. »Ich glaube, ihr werdet langsam ein bisschen sonderbar. Was soll denn der Mist?«

»Wir haben den Adressaten überprüfen lassen, Sir. Die Adresse gehört einem algerischen Verein, der in Paris ein Kulturzentrum betreibt. Der Empfänger, Abdullah Anwar, steht auf unseren Listen als möglicher Verbindungsmann zum Prinzen.«

»Zeigen Sie mal her!« Spencer nahm sich die Karte und wusste sofort, dass die unliebsamen Kollegen eine heiße Spur hatten. Verdammt, wieso war es der CIA nicht erlaubt, im Inland die Post zu durchschnüffeln? Sie hätten sofort gehandelt und Abdullah Anwar säße bereits am Brunnen im himmlischen Paradies und löffelte Honig.

»Das ist noch nicht alles, Sir. Auf der Hauptpost in Manhattan tauchten diese beiden Karten auf. Dieselbe Geschichte – ein aufmerksamer Sortierer. Unsere Appelle zur Wachsamkeit haben offenbar Früchte getragen. Eine Karte nach Japan, das Bild darauf ist der Todaiji-Tempel in Nara. Derselbe Text. Dasselbe Datum. Diese Karte ist adressiert an einen pakistanischen Gebrauchtwagenhändler in Niigata. Von dem wissen wir nichts, aber wir haben bei den japanischen Kollegen angefragt. Und die dritte hier, mit der Tower Bridge, geht an einen Syrer, der in London ein Restaurant unterhält.«

»Gute Arbeit«, knirschte Spencer. Verdammt. Das war gute Arbeit. Wie nur, überlegte er fieberhaft, konnte es ihm gelingen, diese Arbeit in Washington als seine eigene Leistung darzustellen? »Was dagegen, wenn ich die Karten fürs erste bei mir behalte?«

»Durchaus nicht, Sir.«

»Ich werde mich sofort mit den Franzosen, Briten und den Japanern zusammensetzen«, sagte Spencer. »Das Ganze riecht nach einer internationale Verschwörung. Ab jetzt liegt diese Sache bei uns.«

»Ja, Sir. Deswegen habe ich Ihnen ja die Karten gebracht.«

»Danke – und wenn noch weitere solcher Karten auftauchen sollten ...«

»Natürlich. Sir. Wir werden Sie auf dem Laufenden halten.«

Woodall verließ den Raum. Wieder allein unter seinem Lichtkegel, hielt Spencer die Karten aneinander und betrachtete sie, wie ein Diamanthändler seine Steine betrachtet. Dieselbe Schrift, derselbe Kugelschreiber. 25. Dezember. Jesus Christus, sagte sich Spencer, sie wollen uns zu Weihnachten Feuer unterm Arsch machen. Das waren keine Postkarten, das waren Zeitzünder an hochgefährlichen Bomben. Wie viele dieser verdammten Karten waren nicht gefunden worden? Wie viele waren noch unterwegs? Er musste dafür sorgen, dass kein Postsack die USA verließ, in dem nicht jede einzelne Sendung dreimal umgedreht und genauestens untersucht worden war. Wie sollte er das anstellen? Seit Nixons Tagen ließ keiner mehr einen CIA-Mann auch nur in die Nähe eines Postsackes. *Ihr Lieben, wir haben uns ein Musical am Broadway angesehen und besuchen morgen die weltberühmte Freiheitsstatue. Schöne Grüße.*

Spencer schob Fazzars Dossier beiseite und hielt plötzlich den Atem an. Sein Puls hämmerte in den Schläfen und in seiner Brust entknotete sich mit gewaltiger Macht sein Herz, als wolle es herausspringen. Wie Pfeile schossen Schmerzimpulse aus seinem Arm in den Kopf und er hörte ein Röcheln, das aus seiner eigenen Brust kam. Er sah sich als Kind, spielend mit Bobby, seinem Hund – wieso erinnerte er sich an Bobby? –, er sah sich als jungen Mann, mit lächerlichem Hut und Universitätsdiplom, als Soldaten in Vietnam, sah das lächelnde Gesicht seiner ersten Frau Janice durch das Nichts vorbeihuschen. Seine Hand krallte sich in das Dossier, als könne ihm das Papier den Halt geben, den er brauchte, um sich zu erheben und zum Schrank zu gehen, wo seine Herztabletten lagen. Seine Beine gehorchten nicht, sie sackten unter dem Gewicht seines Körpers zusammen. Er fiel nach vorne, noch immer das Dossier umfassend, und seine rechte Schläfe schlug auf der Tischkante auf. Schmerz und Dunkelheit griffen nach ihm wie ein Schleier.

Die Papiere aus Fazzars Dossier wirbelten in einer Wolke durch den Raum, darunter auch das Papier, das Spencer zuletzt und nur aus dem Augenwinkel gesehen hatte. Es war ein einfacher Englischtest, korrigiert, mit der Unterschrift des Prüfers. Standardaufgaben, die jeder ausländische Anwärter der CIA der Form halber lösen musste. Darunter eine einfache Übersetzung. *Ihr Lieben, wir haben uns ein Musical am Broadway angesehen und besuchen morgen die weltberühmte Freiheitsstatue. Schöne Grüße.*

20. Kapitel

New York

Mustafa Mbir trat aus der Ankunftshalle des JFK-Flughafens, stellte seinen Koffer ab und gönnte sich einen langen Atemzug der Erleichterung. Seine hochgewachsene Gestalt, perfekt gestylt für die Welthauptstadt der Snobs und Yuppies, strahlte eine gelassene Überlegenheit aus. Innerlich kochte er noch. Sein Puls schlug wie ein Hammer in seinen Schläfen, denn beinahe hätte der Fettwanst von Zöllner tatsächlich verlangt, dass er seinen Koffer öffnete.

»Kommen Sie bitte mal hier herüber, Sir«, hatte er geraunzt.

Mbir konnte seine Augen unter der tief in die Stirn gezogenen Schirmmütze nicht sehen. »Stimmt etwas nicht?« Mbir sprach tadelloses Englisch, das er gern spielerisch mit einem leichten französischen Akzent betupfte.

»Reine Routinefragen, Sir.«

Mbir hasste dieses besondere »Sir«, das nur die amerikanischen Einreisebeamten auf diese besondere Art aussprachen. Sie hatten irgendwo auf einem Lehrgang gelernt, es so zu betonen, als handele es sich um eine Beleidigung. Dieses »Sir« war nicht dazu geeignet, Respekt vor dem Ankömmling auszudrücken, sondern es besagte: »*Okay, du Abschaum der Erde. Du willst also in dieses schöne Land hier einreisen und Drogen an unsere Kinder verkaufen. Oder ein Gebäude in die Luft jagen. Oder alte Damen beklauen. Versuch es. Aber zuerst bin ich dran, und wenn ich mit dir fertig bin, dann bist du nur noch halb so smart wie jetzt ...*«

Aber dann und bevor er sich ernstlich mit Mbir befassen konnte, war sein Kollege herangetrabt und hatte Fettwanst halblaut zugeflüstert, dass sie da drüben einen verdächtigen Pakistani erwischt hatten, der irgendwelche arabischen Schriftstücke bei sich führte. Der Fettwanst hatte sofort erkannt, dass ein hohläugiger Pakistani eher in die Beschreibung des gesuchten Bösewichtes passte als ein gut gekleideter Afrikaner, dessen Papiere einwandfrei waren. Ohne weitere Fragen hatte er Doktor Mbir durchgelassen und sich dem potenziellen Staatsfeind gewidmet.

Mustafa Mbir, wie er so an der Taxirampe stand, konnte man die Anspannung nicht anmerken, die nur langsam von ihm abfiel. Wer ihn sah, mochte ihn für einen gut verdienenden Börsenspezialisten, einen Arzt oder sogar das halten, was er tatsächlich war: ein Anwalt. Zwei Mädchen hatten ihn auf dem Flug aus Paris unentwegt angestarrt und er hatte ihnen zugezwinkert, woraufhin sie in nervöses Kichern ausbrachen. Sie hielten ihn bestimmt für Denzel Washington, mit dem er eine ziemliche Ähnlichkeit hatte. Sein angenehmes Aussehen, seine kultivierten Umgangsformen und seine sanfte Stimme hatten ihm in diesem Land – und nicht nur hier – schon so manche Tür geöffnet. Den heiligen Krieger, für den sich Mustafa Mbir hielt, hatte er gut versteckt. Ein Taxi brauste um die Kurve und er hob den Arm. Ein Araber saß hinter dem Steuer. Es gab in dieser Stadt fast so viele arabische Taxifahrer wie in Riad, Damaskus oder Kairo. Sobald der Wagen zum Stillstand gekommen war, sprang der Fahrer heraus, eilte zum Kofferraum und riss dem Gast seinen Koffer förmlich aus den Händen.

»Wohin darf ich Sie bringen?«, fragte er.

»Ins Marriot am Times Square«, sagte Mbir und nahm auf dem Rücksitz Platz. Durchgesessene Polster. Die New Yorker hatten anscheinend ein Faible für heruntergekommene Taxis. So als sei es schon Privileg genug, wenn überhaupt eines hielt – was zu manchen Stunden des Tages tatsächlich der Fall war.

»Auf Dienstreise?«, fragte der Araber.

Bestimmt hatte er irgendwo gelernt, dass es sich unter Umständen positiv auf das Trinkgeld auswirkte, wenn man versuchte, zum Fahrgast ein persönliches Verhältnis aufzubauen. Mustafa Mbir ging nicht darauf ein. Er sagte gar nichts. Er starrte nur vor sich hin und versuchte nicht einmal, höflich zu sein. Er hasste Araber, besonders die, die nach Amerika gegangen waren. Kleine, geschwätzige Wichtigtuer allesamt, ihrer Wurzeln und Tradition, ihres Glaubens verlustig gegangen und zu Handlangern eines feindlichen Systems degradiert. Dieser Kerl, der ihn gerade stadteinwärts chauffierte, war vielleicht Mitte dreißig, sah aber wie fünfzig aus. Fetter Bauch von den vielen Hamburgern und Milchshakes, rasierte Wangen. »Khaled al-Sakah« stand unter dem Foto auf dem Armaturenbrett, das aufgenommen worden war, als Khaled zehn Jahre jünger gewesen war und dreißig Kilo weniger wog.

Der Fahrer brauchte fast bis zur Brücke nach Manhattan, bis ihm eine weitere Frage einfiel, nachdem die erste unbeantwortet geblieben war. »Wenn Sie einen Ausgehtipp brauchen für heute Abend ... Ich kenne mich ganz gut aus in der Gegend um den Times Square. Ich wohne in der Nähe.«

Im Rückspiegel suchten die Blicke des Fahrers erfolglos die seines Fahrgastes. »Entweder ein super-arrogantes Arschloch bei der UNO oder ein armes Würstchen aus Gabun, das kein Wort Englisch versteht.« Noch zwei oder drei Mal auf dem Weg zum Times Square war Khaled versucht, ein Gespräch mit dem Mann anzufangen – über die Herbstblätter, die in diesem Jahr besonders schön gefärbt waren oder über die verschiedenen Pläne zur Nutzung des leergefegten Platzes, wo einst das World Trade Center gestanden hatte. Aber er beschloss, lieber die Klappe zu halten. Wenn man allzu aufdringlich war, konnte sich das wiederum negativ auf das Trinkgeld auswirken. Die Kunst der Trinkgeld-Psychologie war sehr viel anspruchsvoller als die Kunst, in dieser Stadt ein Taxi zu fahren. Und verdammt,

Khaled konnte ein gutes Trinkgeld gut gebrauchen. Jede Sekunde rechnete er damit, dass sein Mobiltelefon, das er sich eigens für diesen Moment angeschafft hatte, erklang und seine Frau ihm mitteilte, dass es soweit war.
Er ließ den schweigsamen Afrikaner am Hotel Marriot aussteigen und bekam exakt zehn Cent. Wow, sagte er sich frustriert. Trotzdem – oder gerade deshalb – stieg er aus und wuchtete den schweren Koffer des Fahrgastes auf das Wägelchen des Portiers. Wenn der Kerl ihm jetzt doch noch einen Dollar anbieten würde, beschloss Khaled, dann würde er das ablehnen. Er liebte solche kleinen Siege der Rechtschaffenheit. Aber er machte sich seine Gedanken umsonst. Der Afrikaner ließ ihn einfach stehen und verschwand in der Lobby des Hotels.
Auf seinem Zimmer streckte sich Mustafa Mbir zunächst ein paar Minuten auf dem Bett aus und schloss die Augen. Der Flug von Abijan über Paris nach New York hatte, inklusive der Wartezeiten wegen neuer Bombendrohungen und der angespannten allgemeinen Sicherheitslage, fast zwanzig Stunden gedauert. Mbir hatte kaum geschlafen, denn die Sorge um das, was bei der Ankunft und beim Zoll geschehen konnte, hatte ihn wach gehalten. Sechseinhalb Flaschen Urin gehörten nicht eben zum Standard-Reisegepäck eines afrikanischen Anwalts.
»Eigenurin ist die beste Medizin«, wollte er bei einer eventuellen Kontrolle dem Zollbeamten ins Gesicht lachen. »Daran glauben wir in Afrika seit Jahrhunderten.«
»Okay, Sir«, hätte dann vielleicht der Zöllner gesagt. »Wenn es so gesund ist, dann leeren Sie mal ein Gläschen auf mein Wohl, Sir.«
Das war der Moment, vor dem Mustafa Mbir solche Angst gehabt hatte. Wenn er tatsächlich gezwungen gewesen wäre, einen der Beutel zu öffnen und die verfluchte Flüssigkeit zu trinken, die er der sterbenden Belgierin abgezapft hatte … Noch immer drehte sich sein Magen bei diesem Gedanken um.

Noch immer konnte er sein Glück kaum fassen, dass ihm diese schreckliche Prüfung erspart geblieben war. Ein ahnungsloser Pakistani, ein Glaubensbruder aus einem anderen Land, war ihm zur Hilfe geeilt. Zufall? Mustafa Mbir glaubte nicht an Zufälle. Das war Fügung. Das zeigte, dass er die richtigen Mächte auf seiner Seite hatte.

Nachdem er sich etwa eine halbe Stunde ausgeruht hatte, griff er zum Telefon und wählte die Nummer, die er auswendig kannte. Er wählte sie zum ersten Mal ohne die internationale Vorwahl und prompt verwählte er sich. Vorsichtshalber schrieb er die Nummer auf den Notizblock neben dem Telefon und versuchte es noch einmal.

»*Thank you for calling Gortheon Research Institute*«, sagte die penetrante Tonbandstimme mit dem unerträglich dicken New Yorker Akzent. Mbir hasste diese Stimme inzwischen. Hasste vor allem die Art, wie sie das Wort »Gortheon« aussprach. So als erlebe sie dabei einen Orgasmus. »*If you have any questions concerning our products and services …*«

Er wusste, was zu tun war, und drückte die »9«. Die Antwort kam wie immer exakt zwei Sekunden später.

»Danke, dass Sie Gortheon angerufen haben, mein Name ist Franny. Wie kann ich Ihnen helfen?«

»Durchwahl 867«, sagte Mbir.

»Einen Moment bitte …« In der Warteschleife ertönte scheppernd ein weiteres der Lieder, die für die Opfer des Terrors geschrieben worden waren. Jeder dämliche Schlagerfuzzi, der auch nur eine Gitarre halten konnte, schrieb zur Zeit ein Lied für die Opfer des Terrors. Dann sagte eine Stimme, dass jeder Anrufer dazu beitragen könne, die Leiden der Terroropfer zu lindern, wenn er einen Betrag auf das folgende Spendenkonto überwies …

Bevor die Kontonummer genannt werden konnte, antwortete Mbirs Gesprächspartner.

»Hallo?«
»Spricht dort Doktor Jamal?« Die Worte waren immer die gleichen. Spricht dort Doktor Jamal – das war die einzige Formel, die den Sesam des Heiligen Krieges öffnete. Nur die Eingeweihten konnten bis zu dem Mann gelangen, der den Krieg im Herzen des Feindes führte. Aber dies war nicht die einzige Prüfung.
»Welchen Doktor Jamal wollten Sie denn sprechen?«
»Jamal al-Fahid.«
Kurze, bedeutungsschwere Pause. »Am Apparat.«
»Ich bin gelandet. Ich habe alles dabei.«
»Gut«, sagte Doktor Jamal. »Wo bist du?«
»Im Marriot am Times Square. Zimmer 1845.«
»Verlasse sofort das Hotel und nimm dir ein Zimmer im Hotel Splendid, 39th Street West. Ich melde mich, wenn es soweit ist. Such dir inzwischen einen Job bei Barney's Burger in der 37. Straße West.«
»Aber … was ist mit den anderen? Es sollten mir doch noch ein paar Mann helfen …«
»Hast du Angst? Willst du es nicht alleine machen?«
»Doch, sicher. Aber es ist eine Menge von dem Zeug«.
»Gut so. Ich melde mich, wenn es so weit ist. Verschwinde aus dem Hotel, such dir deinen Job und versuche, nicht noch mehr aufzufallen.«
Mbir schluckte nervös. »Was soll das heißen?«
Nach allem, was er wusste, war er überhaupt nicht aufgefallen. Er war unerkannt in das Land des Feindes eingeschlichen, operierte mit einer tödlichen Waffe hinter den Linien und hatte mit keinem Menschen mehr als drei Worte gewechselt. Noch nicht einmal mit dem verdammten Taxifahrer. Was sollte der anklagende Ton in Doktor Jamals Stimme?
»*Le Monde.* Seite fünf. Unten links. Ich rufe dich im Hotel Splendid an.«
Jamal legte auf und Mbir hörte nichts als das Tuten der unter-

brochenen Leitung. Hotel Splendid, dachte er wütend, rappelte sich mühsam vom Bett hoch, schlüpfte in seine Schuhe und griff sich seinen Koffer. Machte sich dieser Doktor Jamal eigentlich klar, was er da von ihm verlangte? Das sündhaft teure Zimmer im Marriot – einschließlich Frühstück – hatte er für zwei Wochen im Voraus bezahlt. Von seinem eigenen Geld, verdammte Scheiße. Fast dreitausend Dollar war er dabei losgeworden. Und nun sollte er es aufgeben? Widerwillig nahm er den Panorama-Aufzug runter in die Lobby. Er hatte keinen Blick für die spektakuläre Aussicht in die riesige, überdachte Halle. Schmollend kaufte er sich am Kiosk ein Exemplar von *Le Monde* und schlug es noch im Stehen auf. Seite fünf, unten links.
»Leiche einer vermissten belgischen Kunststudentin gefunden«, las er. »Im Keller eines Hauses, in dem auch die Kanzlei des angesehenen Bürgerrechtsanwalts Mustafa Mbir untergebracht ist, fand die Polizei gestern die Leiche der Belgierin Marie Worbert, einer Kunststudentin, die vor drei Wochen in Abijan als vermisst gemeldet worden war. Die Dreiundzwanzigjährige, die an Händen und Füßen gefesselt war, erlag ersten Untersuchungen zufolge einer Infektion mit dem tödlichen Lassa-Fieber ...«
Die beiden Zivilpolizisten, dachte Mustafa Mbir. Sie waren am Ende doch schneller gewesen, als er vermutet hatte. Er überflog den Rest des kurzen Artikels, fand aber zu seiner Erleichterung seinen Namen nicht mehr erwähnt.
Er hob vorsichtig den Kopf und sah sich in der Lobby um, die um ein Vielfaches größer war als die Abflughalle des Internationalen Flughafens in Abijan. Niemand beachtete ihn. Dicke, weiße Frauen mit albernen Hüten standen Schlange am Ticketschalter für Broadway-Shows, japanische Reisegruppen wanderten einer jungen Hostess hinterher, die ein rotes Fähnchen schwenkte, kreischende Kinder nervten ihre Eltern, die in der langen Schlange am Checkout warteten, wo sich ein empörter Hotelgast mit starkem deutschem Akzent weigerte, das Room-

Service-Frühstück zu bezahlen, weil es ganze fünf Minuten nach der vereinbarten Zeit serviert worden war.
Mustafa Mbir machte sich auf den Weg zum Lift und fuhr hinunter zum Ausgang. Derselbe Portier, der ihn vor einer Stunde so herzlich begrüßt hatte, wunderte sich nicht schlecht, als er den Denzel-Washington-Doppelgänger mit seinem Koffer schon wieder herzlich verabschieden musste. Aber dies war New York, da wunderte man sich letztendlich über nichts.
Dem Taxifahrer, der ihm vor dem Hotel Splendid absetzte, gab Doktor Mbir ein viel zu hohes Trinkgeld. Zwei Dollar. Gütiger Himmel, das war mehr, als ein Zimmer in diesem Hotel Splendid für einen ganzen Monat kosten dürfte. Abgerissene Fassade, eingeworfene Scheiben, zwei Nutten und ein Penner vor der Tür. Links daneben ein Pornokino, in dem rund um die Uhr gewichst, und rechts daneben eine Baustelle, auf der rund um die Uhr gearbeitet wurde.
Eine fette Schlampe mit Lockenwicklern im Haar stand am Empfangstisch. Sie ließ sich für fünf Übernachtungen zweihundert Dollar in die Hand zählen und wollte dafür keinen Ausweis oder sonst irgendetwas sehen.
»Willkommen in New York«, blaffte sie dem seltsamen Gast hinterher, als dieser sich in seinem eleganten Mantel mit seinem schweren Koffer an den beschwerlichen Treppenaufstieg in den vierten Stock machte.
»Ihr werdet alle verrecken«, dachte Mustafa Mbir vor Anstrengung keuchend. »Ihr Nutten und Penner und vor allem du, du alte Hexe, du wirst die Erste sein …«
Er verscheuchte eine Maus, die sich an irgendwelchen Krümeln unter dem Fenster gütlich tat, und legte sich in seiner Kleidung auf das Bett, das seit Menschengedenken nicht mehr frisch bezogen worden war. Jetzt musste er eine Nachricht von Doktor Jamal abwarten. Selbst auf einen unsichtbaren Führer hatte Mbir inzwischen eine Riesenwut. Statt in einem im Voraus be-

zahlten Luxushotel, wie es einem angehenden Märtyrer wie ihm gebührte, nächtigte er in einer stinkenden Absteige. Wenn er Mäuse im Zimmer hätte haben wollen, dann hätte er auch daheim bleiben können. Dies war schließlich New York und obwohl er es zerstören wollte, hatte er den verdammten Anspruch auf ein wenig Komfort. Niemals war außerdem vereinbart worden, dass er das hoch infektiöse Zeug ganz alleine unter die Leute bringen sollte. Mindestens sechs andere Männer sollten je einen Beutel nehmen und das tödliche Gift an verschiedenen Stellen in diesem Land ausstreuen. Davon war nun gar nicht mehr die Rede – Jamal hatte ihn nur gefragt, ob er vielleicht Angst hätte, die Sache allein durchzuziehen. Natürlich hatte er keine Angst. Wenn nötig, konnte er es allein mit diesem ganzen stinkenden Kontinent aufnehmen. Aber es war nicht abgemacht! Und jetzt blieb alles an ihm hängen. Außerdem hatte die Polizei die tote Belgierin in seinem Keller gefunden. Noch berichteten darüber nur die französischen Zeitungen. Aber vielleicht würde er seinen Namen schon bald in der *New York Times* lesen.

Ich hoffe, du weißt, was du tust, Doktor Jamal, dachte Mbir grimmig, bevor er endlich einschlief. Ich hoffe das wirklich …

21. Kapitel

New York

Tony Woodall hatte die verdächtigen Postkarten in Spencers Büro abgegeben und damit war sein Arbeitstag beendet. 23.30 Uhr. Nicht schlecht, wenn man bedachte, dass er pünktlich zum ersten Briefing um acht Uhr morgens in seinem Büro erschienen war. Woodall war müde und trotzdem gespannt bis zum Anschlag. Dies war der Tag, auf den er fast zwanzig Jahre gewartet hatte. Endlich würde er den Geist von Skip Fenton loswerden.

Jetzt, eine halbe Stunde später, saß Woodall in der Bar Cheerio am Tresen und orderte sein zweites Bier. Er schaute auf den stummen Fernsehmonitor, der an der Wand hing. Gerade liefen die Spätnachrichten. Anschlag in Brooklyn – ein radikaler Rabbi und die Hälfte seines Publikums ausgelöscht durch eine Handgranate. Du lieber Himmel, dachte Woodall. Demnächst werden die Palästinenser ihre Bomben hier genauso zünden wie in Tel Aviv oder Jerusalem. Kein Wunder, dass die Behörden Amok liefen. Es gab auch wieder einen neuen Anthrax-Fall. Und wieder einen neuen Terror-Alarm. Diesmal waren es die Shopping-Malls im ganzen Land, die angeblich nächste Woche besonders bedroht waren. Irgendjemand hatte irgendwem einen anonymen Tipp gegeben, oder irgendwer hatte irgendwo etwas aufgeschnappt und nicht nachgeprüft, denn dazu blieb keine Zeit – und schon stand das ganze Land wieder Kopf. Amerika war drauf und dran, die Nerven zu verlieren. Er spürte es in seiner Dienststelle, er spürte es vor allem bei der CIA, wo er ein und aus ging, und er spürte es, wenn er morgens die Zeitung aufschlug. Es gab keine Berichte mehr, es gab nur noch

Propaganda, Hysterie und Panik. Überall wurden Leute verhaftet, Leute beschattet und Leute verdächtigt. Dieses Land verlor mit rapider Geschwindigkeit all das, was es groß gemacht hatte. Es war Zeit für eine Therapie. Und Zeit, den Geist von Skip Fenton loszuwerden.

»Hallo, Tony.« Aus dem Nichts materialisierte sich neben ihm der Körper des Mannes, mit dem er sich hier in der Bar verabredet hatte. Edward Logan legte ihm seine Hand auf die Schulter und nickte dem Barmann zu. »So was auch für mich.«

Er ließ sich auf den Hocker neben Woodall sinken und sah seinem alten Kumpel tief in die Augen. Inzwischen waren die Fernsehnachrichten bei der nächsten Meldung angekommen. Fortschritte beim Krieg in Afghanistan. Balsam auf die amerikanische Seele. Oder waren es nur Lügen aus dem Pentagon?

»Du siehst aus wie eine Leuchtreklame für einen dreiwöchigen Urlaub in Cancun«, sagte Logan grinsend. Ende vierzig, ein offenes, aber nicht eben liebenswertes irisches Schlägergesicht voller Sommersprossen. Rote Haare, blaue Augen. Nasenbein zweimal gebrochen. Was ihm an Körpergröße fehlte – Logan war nicht größer als einsfünfundsiebzig und damit gut anderthalb Kopf kleiner als der drahtige Woodall –, machte er durch Zähigkeit und Rücksichtslosigkeit wett. Logan war einer, der auch unter die Gürtellinie schlug, wenn es drauf ankam. Vielleicht schlug er dort auch am allerliebsten zu. »Allerdings eine Leuchtreklame ohne Stromanschluss. Machen Sie dich so richtig fertig in dem verdammten Büro, ja?«

»Worauf du wetten kannst«, sagte Woddall. »Wie geht es dir, Eddie?«

Sie schüttelten einander die Hände. Ein herzlicher, fester Druck.

»Nicht übel. Viel zu tun. Seit alle Welt nur noch Terroristen jagt, hat die Polizei noch weniger Zeit. Und das treibt die Leute in Scharen zu mir.«

»Gut für dich«.
Vor gut fünfundzwanzig Jahren hatten sie zusammen beim FBI angefangen und in den ersten Jahren lief alles gut. Aber dann war Skip Fenton dazwischengekommen – ihr erster richtiger Fall. Zwei junge, hoch motivierte und talentierte Agenten auf Verbrecherjagd. Sie suchten in Arizona und Texas nach einem Tankstellenmörder. Skip Fenton, Kleinkrimineller und offenbar durchgedreht. Sie fanden ihn und brachten ihn vor Gericht und weil er vier Tankwarte umgelegt hatte – einfach so –, machte er wenig später die Bekanntschaft eines heißen Stuhls. Allein, die beiden Heißsporne hatten den falschen Mann erwischt. Der richtige ermordete noch zwei andere Tankwarte und einen Sheriff, der ihn festnehmen wollte, bevor er sich selbst eine Kugel durch den Kopf jagte. Es war ein hochdekorierter Vietnam-Veteran namens Harris, der ein unauffälliges Familienleben führte und einfach ab und zu von dem perversen Drang befallen wurde, jemanden verbluten zu sehen. Woodall und Logan, deren Ermittlungen im Nachhinein als völlig inkompetent, voreilig und überdies nicht mit der Verfassung vereinbar beurteilt wurden, verloren erheblich an Schneid und auch an Zukunftsperspektiven. Damals hielt Woodall das Schicksal seines Kollegen Logan in den Händen. Dass sie den falschen Mann verhaftet hatten, das war nicht nur Schlamperei gewesen. Eddie Logan hatte, wie Woodall plötzlich und zu spät erkannte, Beweismaterial gefälscht, entlastende Zeugenaussagen unterschlagen und Skip Fenton eine Knarre untergeschoben, die ihm nicht gehörte. Aber Woodall hielt die Klappe, was Logan, der seinen Fehler einsah und bitter bereute, ihm nie vergaß.
Logan gab nach dem Skip-Fenton-Desaster seine FBI-Laufbahn auf, ging für ein paar Jahre zum Militär und begann dann eine neue Karriere als Privatdetektiv. Zusammen mit einem frustrierten New Yorker Ex-Cop namens John Matini baute er sein eigenes Büro auf: »Logan und Matini, Private Ermittlungen.«

Woodall blieb beim FBI, aber er wechselte in die Verwaltung und später, als die Abteilung vergrößert wurde, in die Terrorbekämpfung. Für einen Mann mit einem so heftigen Bruch im Karriereverlauf hatte er es ziemlich weit gebracht. Wenn er sich auch in seiner jetzigen Position, als Pendler zwischen FBI und CIA, vorkam, als sei er die silberne Kugel im Flipperautomaten. Und manchmal tauchte immer noch der Geist von Skip Fenton auf und lachte krächzend in seinen Träumen. Fang niemals wieder den falschen Mann, kicherte der Geist.

»Können wir uns da rübersetzen?«, fragte Woodall und griff sich sein zweites Bier, ohne die Antwort abzuwarten.

Logan folgte ihm. »Eine unerwartete Verabredung zu später Stunde ... ein ruhiges Eckchen in einer intimen Bar ...? Willst du mir endlich einen Heiratsantrag machen?«, scherzte er.

»Lass die Witze«, sagte Woodall ungeduldig. »Ich brauche deine Hilfe.«

»Hast du was ausgefressen?«, fragte Logan alarmiert.

»Könnte man so sagen.« Die Untertreibung des Jahres. Im Laufe des heutigen Tages hatte er sich mehrerer Dienstvergehen schuldig gemacht. Er hatte Beweismaterial unterschlagen, Informationen zurückgehalten und in mehreren Fällen nur die halbe Wahrheit erzählt. Nun war er im Begriff, vertrauliche Informationen mit einem Außenstehenden zu teilen und ohne Abstimmung mit der übergeordneten Dienststelle eine Maßnahme einzuleiten, die derartig außerhalb seiner Kompetenz lag, dass sie schon kosmische Folgen haben konnte. Er hatte im Laufe eines einzigen, verzweifelten Tages seine Zuständigkeit so weit überschritten, dass er sich vorkam wie ein Akrobat am Hochseil. Wenn er Zeit gehabt hätte, in aller Ruhe darüber nachzudenken, dann hätte er vermutlich schnell festgestellt, dass er wohl von allen guten Geistern verlassen sein musste. Aber Ruhe gab es nicht in diesen verrückten Tagen.

»Erinnerst du dich an Skip Fenton?«

Logan setzte mitten im Zug sein Glas ab und verzog das Gesicht, als habe er statt Bier saure Milch getrunken. »Oh, Scheiße, Tony, das ist zwanzig Jahre her. Bist du immer noch nicht darüber hinweg?«

»Nein, du?«

»Wir waren zu unerfahren, wir waren zu eifrig und zu ehrgeizig und wir wollten es besonders gut und schnell machen. Das ist alles. Und ich bin dafür verantwortlich gewesen. Ich weiß es und es tut mir Leid. Aber wieso fällt dir das ausgerechnet jetzt wieder ein?«

»Ich glaube«, raunte Woodall, »dass der ganze Laden dabei ist, unseren Fehler von damals zu wiederholen. Sie haben sich festgelegt und suchen den, der einfach der Täter sein muss. So wie wir uns damals in Skip Fenton verbissen haben. Es ist, als ob sein Geist hinter mir her ist und mich warnen will.«

»Tony, nimm es mir nicht übel«, Logan sprach geduldig und sachlich wie ein Arzt zu einem Schwerkranken, »aber du solltest wirklich drei Wochen Urlaub in Cancun machen. Wenn du schon über so was nachdenkst ...«

»Sicher, du hast Recht. Es ist alles ziemlich anstrengend in letzter Zeit.« Die zweite Untertreibung des Jahres. Als der Krieg gegen die Terroristen begonnen hatte, war sein Job unerträglich geworden. Seine eigenen Direktoren schnappten über und liefen durch das Land wie Penner aus der Fußgängerzone mit einem Schild, auf dem stand: »Das Ende der Welt ist nah!« So verunsichert waren sie, so nervös und derart in Panik, dass sie alle damit ansteckten. Sie vermuteten plötzlich Attentäter hinter jeder Tür, unter jedem Gully und in jedem Zeitungsautomaten. Sie gaben Warnungen über angeblich bevorstehende Attacken aus wie Lotterielose. Heute waren es die Shopping-Malls, morgen die Häfen, übermorgen die Highways und dann zur Abwechslung mal wieder die Flughäfen. Ein lächerlicher Anruf reichte, und sie veranlassten die Evakuierung ganzer Stadtteile.

So als ob die Terroristen Bescheid sagen würden, bevor sie zuschlugen. Hatte vielleicht einer am Morgen des 11. September angerufen? Egal. Auch die kleinste Andeutung brachte sie ins Schwitzen, jede blödsinnige Bombendrohung, jeder Brief mit Mehl, jeder anonyme Anruf ließ sie reagieren wie Hühner, die den Wolf in ihrem Stall gerochen hatten. Sie hatten Angst und sie steckten das ganze Land damit an. Sie vergaßen alles, was man ihnen beigebracht hatte, und schrien nur noch »Wolf! Wolf!«. Sie litten unter einem höchst gefährlichen Tunnelblick und am Ende des Tunnels sahen sie nur das Ausland. Dort suchten sie den Feind. Aber Woodall war sicher, dass der Feind hier bei ihnen saß. Seit heute die Postkarten auf seinem Tisch gelandet waren, war er überzeugt: Der Feind saß direkt unter ihrer Nase. Aber niemand suchte nach ihm, weil alle verfügbaren Kräfte im fernen Ausland eingesetzt waren. Und währenddessen plante der Feind in aller Ruhe seinen nächsten Zug. Statt das zu verhindern, förderten die Panik-Bürokraten das geradezu. Und Tony Woodall stand daneben und konnte sich nur die Haare raufen.

Deshalb hatte er beschlossen, selbst zu handeln. Irgendwo hatte er gelesen, dass nur ein Mann, der die Regeln brach, ein Land retten konnte. Hatte das nicht Kennedy gesagt? Oder Roosevelt? Oder sogar Abraham Lincoln? Egal. Der Satz gefiel ihm und er traf zu. Wenn er weiter untätig blieb, dann würden jedenfalls die Feinde Amerikas siegen.

»Ich habe die Regeln gebrochen«, sagte Woodall kleinlaut.

Logan winkte dem Barkeeper mit dem leeren Bierglas. »Erzähl …«

Und Woodall schüttete ihm sein Herz aus. Seine Zweifel, seine Sorgen, seinen Verdacht. Und schließlich sein Eingreifen.

»Ich bekam heute fünf Postkarten auf den Tisch, die offenbar dazu dienen sollten, Terroraktionen in Europa auszulösen«, sagte er mit gepresster Stimme. »Laut Vorschrift müssen wir so etwas zuständigkeitshalber sofort an die CIA weitergeben, damit die sich darum kümmert. Damit ist die Sache aus unseren Händen. Ich habe aber nur drei Postkarten abgeliefert, weil ich fürchte, nein, weil ich weiß, dass die CIA genau das Falsche tun wird.«

»Sie werden die Adressaten dieser Karten natürlich nicht sofort hochnehmen, sondern sie weitermauscheln lassen und dabei nicht aus den Augen lassen. Nicht wahr?«

Woodall schüttelte den Kopf.

»Sie brauchen einen Erfolg. Sie müssen schnell was vorweisen, damit sie endlich wieder ernst genommen werden und ihr Budget noch weiter anschwillt. Da kamen diese verschlüsselten Nachrichten genau zum richtigen Zeitpunkt.«

»Und jetzt?«

»Ich will die Empfänger für mich. Ich habe die beiden unterschlagenen Karten auf den Weg gebracht. Direkt rein in den Postsack und ab nach Europa.«

»Du hast …« Logan wurde blass. »Bist du wahnsinnig? Wenn das rauskommt!«

»Wird nicht rauskommen. Die Sache hat den Zuständigkeitsbereich des FBI verlassen und die CIA hat nun die Verantwortung. Und ich bin das wichtigste Bindeglied zwischen den beiden.« Woodall beherrschte das Kunststück, sich sehr viel zuversichtlicher anzuhören, als er tatsächlich war. Diese Fähigkeit war für Ermittlungsbeamten unerlässlich. »Eddie, ich will nicht angeln, sondern mit einem Netz fischen. Du hast ganz Recht. Man muss sie mauscheln lassen und sie dabei beobachten. Man muss sehen, mit wem sie sich treffen, mit wem sie telefonieren und wie sie sich vorbereiten. Und dann, kurz bevor sie zuschlagen, muss man sie schnappen.«

»Guter Plan«, nickte Logan. »Außer natürlich, die Typen entwischen dir unterwegs und kommen ans Ziel, bevor du sie wiederfindest. Was steht denn auf dem Spiel?«

»Der eine soll offensichtlich das deutsche Parlament in die Luft jagen und der zweite ist auf den Petersdom in Rom angesetzt.«

»Ach, du Scheiße«, sagte Logan erschrocken. »Wenn irgendein Verrückter tatsächlich den Vatikan umpustet, dann würde sich meine erzkatholische Mutter aus dem Grab erheben.«

»Nicht nur die. Verstehst du jetzt, wieso ich in der Klemme bin und deine Hilfe brauche?«

Logan schien zu schrumpfen. »Tony, du weißt, ich würde alles für dich tun. Und nicht nur, weil du damals für mich die Klappe gehalten hast. Sondern weil du mein Freund bist. Aber ich bin kein Terroristenjäger. Und von Europa weiß ich auch nicht viel.«

»Du müsstest nichts anderes tun, als du jetzt tust: ermitteln und Leute beobachten. Bitte, Eddie, ich würde es selbst tun, aber ich kann hier nicht einen Tag weg. Ich muss jetzt zusätzlich zu meiner Scheiß-Verbindungsarbeit auch noch bei den Ermittlungen aushelfen. Sie haben keine Leute mehr.«

Logan schüttelte den Kopf. »Du sprichst von zwei Typen, richtig? Wie soll ich denn zwei Typen in zwei verschiedenen Ländern im Auge behalten?«

»Ich dachte, deine Firma heißt Logan und Matini. Und John Matini ist Italiener. Einer der beiden Vögel wohnt in Italien. Der andere in Deutschland. Und wenn ich mich nicht irre, warst du zwei Jahre bei der Militärpolizei in Deutschland stationiert, richtig?«

Logan wusste, dass er eingekreist war. Und etwas in ihm, etwas Kleines, Verkümmertes, das nur unter dem Mikroskop eines Fachmannes zu erkennen war, rührte sich plötzlich mächtig wie noch nie. Es war so was wie Patriotismus. Als die Zwillingstürme zusammenbrachen, da hatte er wie die meisten Amerikaner gedacht: Zeigt mir die Hurensöhne, die das getan haben, und ich schlage ihnen persönlich die Schädel ein. Aber natürlich wurde er ebenso wenig um Hilfe gebeten wie all die anderen wütenden, traumatisierten, ängstlichen Landsleute. Stattdessen machte man ihnen weis, dass die Regierung und die Behörden die Sache schon erledigen würden. Eddie Logan hatte Blut gespendet, der erste selbstlose Akt in seinem Leben. Aber er war auch bereit, Blut zu vergießen. Das Gefühl war in den Wochen und Monaten nach dem Anschlag etwas abgeklungen, aber jetzt, als sein alter Kumpel Woodall ihm die Chance gab, da war er bereit, sie zu nutzen.

»Okay, Tony. Ich bin dabei. Aber ich weiß nicht, wie Matini zu der Sache steht. Er ist Italiener. Er will Geld verdienen und sich irgendwann in Italien zur Ruhe setzen. Er wird sicherlich nicht umsonst arbeiten.«

Woodall schob ihm einen Umschlag über den Tisch. »Da sind zweihunderttausend Dollar drin. Meine persönlichen Ersparnisse.«

»Das nehme ich nicht!«, protestierte Logan, in seinem irischen Stolz getroffen.

»Dann gib es Matini. Sag ihm nicht alles, was ich dir gesagt habe, aber überzeuge dich davon, dass er weiß, was zu tun ist. Und mach dir wegen des Geldes keine Gedanken. Es sind keine hart verdienten Dollars. Ich bin zu einem guten Zeitpunkt aus der Börse ausgestiegen.«

Logan steckte den Umschlag ein und Woodall gab ihm den Zettel mit den beiden Namen und Adressen. Wenn sich Logan und Matini gleich morgen auf den Weg machten, dann waren sie jedenfalls noch vor den Postkarten bei ihren Männern.

»Wir kaufen uns die Bastarde«, sagte Logan. Er erhob sich, als wolle er gleich zum Flughafen aufbrechen. Tatsächlich hatte er noch eine Menge anderer Sachen am Bein. Aber das musste Tony nicht unbedingt wissen. Es würde ihn nur verunsichern.

»Melde dich täglich bei mir«, sagte Woodall. »Ich setze alles auf euch.«

Im Fernsehgerät über der Bar wehte zum Sendeschluss die amerikanische Flagge im Wind. Nur wer die Regeln bricht, kann sein Land retten, dachte Woodall. Inzwischen war er sich allerdings nicht mehr so sicher, ob das wirklich einer der Präsidenten gesagt oder ob er sich das selbst ausgedacht hatte. Vielleicht war es auch nur wieder mal der Geist von Skip Fenton.

22. Kapitel

Duschanbe, Tadschikistan

Jurij erwachte mit einem Geschmack im Mund, als habe er die Zigaretten nicht geraucht, sondern gefressen. Er blinzelte in die fahle Morgensonne, die ihn auf dem Bürgersteig einer unbekannten Straße geweckt hatte. Sein Rücken lehnte an der abbröckelnden Wand eines Wohnhauses. Zwei Welpen unbestimmbarer Rasse balgten sich zwei Schritte weiter und quietschten übermütig. Noch immer rann der Alkohol durch seine Adern und als er versuchte, sich zu erheben, sank er sofort wieder stöhnend in sich zusammen. Erinnerungsfetzen tauchten auf, die russischen Fernfahrer und ihre schwermütigen Lieder, ihre Geschichten von den lebensgefährlichen Reisen zwischen Moskau und Duschanbe, auf mörderischen Sandpisten, die von Banditen und Schmugglern kontrolliert wurden. Das wohlige Brennen des Wodkas in seinem Hals.

Die ersten Passanten gingen an ihm vorüber und ein verbeultes, schwarzes Taxi verlangsamte im Vorbeifahren sein Tempo. Der Fahrer musterte ihn kurz und brauste wieder davon. Jetzt kamen die beiden Welpen vorsichtig näher. Doch als Jurij eine Hand ausstreckte, um sie zu streicheln, verzogen sie sich kläffend. Er fror. Jeder Knochen schmerzte, jeder Atemzug stach in der Lunge. Er dachte plötzlich an General Oblomow und das Gespräch im Gewächshaus, das ihm wie eine Erinnerung aus einem anderen Leben erschien. Wenn er doch einfach sterben würde. Hier und jetzt, unerkannt, weit weg von zu Hause.

Jurij wusste eigentlich schon, was er finden würde, bevor er in die Hosentasche griff – nichts. Das Geld war weg, die russischen Fernfahrer hatten sich an ihrem Gefährten schadlos gehalten. Wie das blasse Aufschimmern eines Traumes sah er die Szene am Tisch in dem russischen Restaurant, als noch eine Flasche serviert wurde und noch eine. Schließlich hatte er gesagt: »Noch ein Schluck, ich lade euch ein!«, und das amerikanische Geld, das ihm die Offiziere überlassen hatten, mit einem Schlag auf den Tisch gelegt. Es war das erste Mal seit vierzehn Jahren, dass er wieder unter Menschen war, das erste Mal, dass er Stimmen hörte, an einer Unterhaltung teilnahm und Freunde gefunden hatte. Es tat so gut. Sogar jetzt war er noch immer erfüllt von einer seltsamen Wärme, wenn er daran dachte.

Fast eine halbe Stunde saß er da und die Sonne war schon über die Kämme der Berge gestiegen, als er endlich die Kraftreserven mobilisiert hatte, die er zum Aufstehen benötigte. Erst im Aufstehen bemerkte er, dass seine Hose sich nass anfühlte. Er hatte im Suff die Kontrolle über seine Blase verloren.

Großartig, dachte er, als er bemerkte, dass er nach Urin stank wie eine öffentliche Bedürfnisanstalt. Seinen ersten Schritt setzte er in eine Pfütze aus Erbrochenem. Hatte er etwas gegessen? Offensichtlich. Rote Beete und Rindfleisch. Sein Magen krampfte sich bei diesem Anblick schon wieder zusammen und er würgte, aber nichts kam, nur der bittere Geschmack von gelber Galle. Eine junge Frau im Mantel und mit Kopftuch hielt entsetzt in ihrem Gang inne, als sie ihn vor sich sah. Er versuchte ihr beruhigend zuzuwinken. Dennoch eilte sie auf die andere Straßenseite und rannte so schnell sie konnte bis zur Hauptstraße, auf der schon klapprige Busse verkehrten.

Jurij machte drei Schritte, stolperte über eine Unebenheit im Bürgersteig und schlug der Länge nach hin. Seine Stirn und seine Nase bluteten, als er wieder auf die Beine kam. Wo ging es zum Hotel? Das Zimmer war bezahlt. Dort konnte er sich ausruhen und neue Kleider anlegen. Dort sollte er warten auf einen Mann, dessen Namen er vergessen hatte. Und das Hotel, wie hieß das verdammte Hotel? Für einen Moment glaubte er, seine

Unterkunft gefunden zu haben, denn zwei Männer in schäbigen Uniformen standen vor ihm auf der Straße. Doch das waren keine Portiers, sondern Polizisten.

»Wo kommst du her?«, fragte der erste. Und der zweite, fast gleichzeitig: »Wie heißt du?«

»Ich komme schon wieder in Ordnung«, hörte Jurij sich lallen und versuchte, an den beiden vorbei seinen Weg fortzusetzen.

»Moment mal, Freundchen«, sagte einer und bog ihm den Arm auf den Rücken, dass Jurij meinte, den Knochen splittern zu hören.

»Lasst mich los!«, wimmerte er.

»Auch noch frech werden, was?«, fuhr der zweite Polizist ihn an, während der erste seinen Arm noch weiter verdrehte.

Jurij, vornüber gebeugt, sah, wie Tropfen seines Blutes aus seiner Nase auf den Bürgersteig fielen. »Ich habe was für euch!«, flüsterte er.

»Wirklich?« Der Griff lockerte sich.

»In meiner Jackentasche!« Er spürte die Hand, die in die Tasche sank und mit dem Dankesorden des afghanischen Volkes wieder zum Vorschein kam.

»Wertloses Blech!«, grunzte der Polizist.

»Der ist aus purem Gold!«, wimmerte Jurij. »Für besondere Dienste!«

»Lass mal sehen.« Der zweite Polizist griff sich die Plakette und unterzog sie einer kritischen Prüfung. »Stimmt. Los, lassen wir den Bastard laufen.«

Mit einem Tritt beförderten sie Jurij weiter.

Er strauchelte, aber eine Hauswand verhinderte, dass er wieder zu Boden fiel.

»Wo ist das Hotel?«, rief er den beiden Uniformierten zu, die noch über ihre unerwartete Beute gebeugt dastanden.

»Fick dich selbst!«, rief der eine. Der Zweite lachte.

Langsam füllte sich die Straße mit Leben. Die ersten Händler bauten ihre Stände auf, Eselskarren, hustende Autos und Lastwagen ratterten vorbei.

»Hotel Stalinabad?«, fragte Jurij jeden Passanten, der nicht schnell genug war, sich vor dem blutüberströmten Trunkenbold in Sicherheit zu bringen. Er bekam keine Antworten, nur Flüche und einige Schläge. Noch immer war er nicht in der Lage, geradeaus zu gehen. Oder auch nur geradeaus zu sehen. Alles wankte, schaukelte, fiel über ihm zusammen. Plötzlich glaubte er, eine bekannte Straßenecke zu sehen. War es nicht hier, wo er gestern Abend die chinesischen Zigaretten erstanden hatte? Tatsächlich – dort drüben, das war der Händler, der ihm die Hammellunge und die Armbanduhr aufschwatzen wollte. Das Hotel konnte nur noch wenige Schritte entfernt sein. Als er den Eingang gefunden hatte, fühlte sich Jurij wie der erste Mann auf dem Mond. Das Gefühl der Erlösung, das ihn durchflutete, war so stark, dass es ihn wie ein Propeller durch die Empfangshalle schob, die Treppe hinauf und in sein Zimmer. Den Schlüssel zu suchen, hatte er keine Geduld. Er rammte seinen zerschundenen Körper einfach gegen die Tür, die splitterte und nachgab. Als er das ersehnte Bett ansteuerte, bemerkte er eine Gruppe von Männern in seinem Zimmer. Vielleicht hatte er sich in der Tür geirrt. Vielleicht war dies nicht sein Zimmer, aber darauf konnte er jetzt keine Rücksicht mehr nehmen. Er ließ sich vornüber auf das Bett fallen. Roch noch den Schmutz, der in den Laken steckte, und ergab sich in seine Ohnmacht.

Rafi Ahmad, der Mann, der ihn abholen sollte, blickte ratlos auf. »Wodkaleiche.«

»Der hatte jedenfalls keine gute Nacht«, sagte Aziz. »Und keinen guten Morgen.«

»Toll, wirklich toll«, sagte Stephen Margolis vorwurfsvoll. »Danke, dass du mich hierher gebracht hast, Abdul. Da hat sich der weite Weg wirklich gelohnt.«

Abdul Gahid zeigte zum ersten Mal, seit Margolis ihn gesehen

hatte, Anzeichen von Zweifel. Seine hervortretenden Augen zuckten angewidert und er machte einen Schritt zurück.
»Sieht wirklich nicht gerade wie ein glücklicher Lottogewinner aus, was?«, sagte er. »Aber keine Angst, der wird schon wieder. Russen sind zäh und dieser hier ist der Zäheste von allen. Vertrau mir. Ich habe meine Quellen ...«

Aziz war schon zweimal losgeschickt worden, um Tee und etwas zu essen zu besorgen. Alle Versuche, den betrunkenen Russen zum Leben zu erwecken, schlugen fehl. Er rülpste nur, stammelte irgendetwas Unverständliches und sank in noch tieferen Schlaf. Erst gegen Mittag schlug er die Augen auf und bemerkte die Besucher. Ruckartig setzte er sich in seinem Bett auf, das unter den schnellen Bewegungen beinahe zusammenbrach, und zog schutzsuchend die Beine an.
»Wer sind Sie?«
»Na endlich!«, seufzte Abdul Gahid. »Wir dachten schon, Sie wären völlig hinüber. Sie sind Oberst Titov, nicht wahr? Vom Dritten Aufklärungsbataillon der Vierzigsten Sowjetarmee?«
»Ich war es. In einem früheren Leben. Und wer sind Sie?«
»Abdul Gahid. Vom Komitee für die Verbreitung westlicher Werte im Mittleren Osten.« Sein Versuch, witzig zu sein, verklang ungehört. Besonders Margolis bedachte ihn mit einem finsteren Seitenblick, denn zweifellos meinte Gahid mit »westlichen Werten« die Viertelmilliarde Dollar, die ihm sicherlich mittlerweile – ohne die geringste Vorleistung und ohne Garantie auf Erfolg – zugeflossen war. Gahid ließ sich seine sonnige Laune nicht verderben. »Dieser Herr ist Stephen Margolis, er kommt aus Amerika und gehört einem wohltätigen Verein an, der in der Welt als Central Intelligence Agency bekannt ist, kurz CIA.« Margolis' Blick wurde noch finsterer, aber Gahid ließ sich nicht beeindrucken. »Das ist so was Ähnliches wie bei euch der alte KGB, aber ohne die schicken Uniformen. Die anderen

beiden Herren gehören zu meinem Komitee. Schön, dass Sie endlich wach sind, Oberst Titov.«

Jurij fühlte sich schwindlig. Wer war dieser arabische Fettsack, der ihm hier Witze erzählen wollte? Langsam begann es dem Veteranen zu dämmern, dass dies möglicherweise genau die Leute waren, die er hier treffen sollte. Jurij entspannte sich ein wenig. Die sonderbaren Besucher waren jedenfalls nicht gekommen, um ihn auszurauben, zu ermorden oder zu foltern.

»Sie sind von der CIA?«, fragte er Margolis direkt.

»So ist es«, gab der Amerikaner zu und strafte Gahid ein weiteres Mal mit einem spitzen Blick. »Ich würde es aber begrüßen, wenn Sie mit dieser Information ein wenig sensibler umgingen als unser arabischer Freund hier.«

»Sie sprechen sehr gut Russisch«, sagte Jurij.

»Danke. Das gehörte eine Zeit lang bei uns zur Grundausbildung.«

Jurij schwieg und schien darüber nachzudenken, aber in Wirklichkeit waren seine Gedanken mit einer ganz anderen Frage befasst.

»Haben Sie mich ...« Er wandte er sich an Gahid, bevor er bemerkte, dass er nicht wusste, wie er seine Frage formulieren sollte. Angefordert? Ausfindig gemacht? Verfolgt?

Gahid, der die Frage erriet, lächelte wie ein Wolf. »Ich habe mit Ihrem Präsidenten telefoniert, wenn Sie das meinen. Wir haben gelegentlich geschäftlich miteinander zu tun, müssen Sie wissen. Dinge in Tschetschenien und anderswo im Kaukasus, bei denen ich manchmal etwas behilflich sein kann. Nichts, was uns hier weiterhelfen würde. Nun, ich habe Ihrem Präsidenten gesagt, dass ich um die Mithilfe von Oberst Jurij Titov bitte, der über einige außergewöhnlich intime Kenntnisse besonderer Örtlichkeiten in Afghanistan verfügt. Sie sind der einzige Außenseiter, der jemals in die Nähe der Höhlen von Ghostum gekommen ist.«

»Wie konnten Sie das wissen?«
Gahid lächelte geschmeichelt, als habe jemand die Form seines perfekt rasierten Bartes bewundert. »Nun, ich habe einige Freund in diesem Land hinter den Bergen. Und sie erinnern sich gerne an die ruhmvollen Tage, in denen sie die russischen Invasoren verjagten. Und ich meine das nicht als Beleidigung!«, sagte er schnell, als er sah, wie Jurijs Gesicht gefror. »So sehen sie das nun mal. Möge Allah ihnen in ihrer Torheit vergeben. Jedenfalls ist die Geschichte des Oberst Jurij Titov eine, die man sich immer noch gerne erzählt. Sie wissen es vielleicht nicht, aber Sie waren bei den wilden Kriegern nicht unbeliebt.«
Gahid hatte den Satz noch nicht zu Ende gesprochen, da geschah etwas Unheimliches. Von einer Sekunde auf die andere wandelte sich Jurij Titov von einem zusammengesunkenen Häuflein Elend in ein reißendes Raubtier. Mit einem kraftvollen Sprung, der das Bett zusammenbrechen ließ, warf er sich auf Abdul Gahid, der selbstgefällig auf seinem Stuhl hockte, und riss den Libanesen mit sich um, die großen Hände fest um dessen Hals geschlossen. Gahids Augen drangen noch weiter aus den Höhlen und sahen aus wie Tischtennisbälle mit angstgeweiteten Pupillen. Nichts als Röcheln drang aus seiner Kehle und wenn Aziz und der Tadschike Rafi Ahmad sich nicht auf den Rasenden gestürzt hätten, dann hätte Gahid den Angriff nicht überlebt.
Margolis, erschrocken und verwirrt, sprang von seinem Stuhl auf und sah, wie Gahid rückwärts an die Wand robbte und sich erschöpft daran lehnte. Ahmad und Aziz bogen dem Russen die Arme auf den Rücken, bis er endlich Ruhe gab.
»Ich bringe dich um, du verdammtes Dreckschwein!«, fauchte Jurij besinnungslos vor Zorn, sein wutverzerrtes Gesicht von Aziz fast auf den Fußboden gedrückt.
Margolis wunderte sich über die Kraft und Geschmeidigkeit von Gahids Diener. Ihm war der junge Libanese mit dem Clark-Gable-Bärtchen bisher vorgekommen wie ein dandyhafter Se-

kretär. Aber unter der Schale eines verweichlichten Schnösels steckte offenbar ein knallharter Kämpfer, mit dem Margolis es bei aller augenscheinlichen körperlichen Überlegenheit kaum aufnehmen konnte.

»Ich bringe dich um!«, keuchte Jurij. Aber dann wurde sein Körper von unkontrollierbaren Zuckungen und Krämpfen geschüttelt.

Nun geschah etwas, das Margolis fast noch bizarrer vorkam als der plötzliche Ausbruch des Russen. Abdul Gahid, auf seinem Hals die roten Würgemale, rappelte sich hoch, bedeutete seinen Helfern, den Angreifer loszulassen, und reichte Jurij Titov, der wimmernd am Boden lag, ein Messer. Aziz und Rafi tauschten einen ratlosen Blick. Was hatte ihr Boss vor? Wollte er sich einem Wahnsinnigen ausliefern?

»Ich habe nun verstanden«, sagte Gahid feierlich zu dem Mann am Boden. »Erst jetzt habe ich verstanden und ich erbitte deine Verzeihung. Ich habe zu wenig gewusst und habe deine Ehre verletzt. Ich bin bereit, für diesen Fehler mit meinem Leben zu bezahlen. Nimm das Messer und stich mich nieder. Ich verspreche, dass meine Wächter dich nicht anrühren werden.«

Zu Aziz und Rafi gewandt sagte er genau dasselbe auf Arabisch und sie sahen ihn an, als habe er den Verstand verloren.

»Lasst mich sterben, wenn dieser Mann es wünscht! Er hat das Recht dazu«, sagte Gahid. Und, zu Jurij gewandt: »Nimm das Messer und übe deine gerechte Rache. Ich werde dir nicht dafür zürnen. Oder, und darum bitte ich dich, nimm meine Entschuldigung an. In diesem Raum verstehen nur der Amerikaner und ich deine Sprache. Dein Geheimnis bleibt bei uns für immer. Triff nun deine Wahl, Oberst Titov, ich bin bereit.«

Jurij ergriff das Messer, einen arabischen Dolch mit furchterregend großer Klinge, hielt ihn für zehn atemlose Sekunden in seiner Faust und bohrte ihn dann mit einem verzweifelten Schrei zwei Fingerbreit tief in den Fußboden.

Zwei, vielleicht drei Mal in seinem Leben hatte Margolis schon ein derart unwürdiges Schauspiel wie dieses mit ansehen müssen: den Striptease einer Seele, die Entblößung und Entwürdigung einer Person bis auf die Knochen. Er fühlte sich schmutzig, ein schaler Geschmack breitete sich in seinem Mund aus, wie schweflige Vulkandämpfe legte sich ein gelber Film auf seine Atemwege. Margolis wünschte sich an einen sauberen Ort, weit weg von diesem schmierigen Hotelzimmer in Duschanbe. Und gleichzeitig konnte er nicht umhin, Gahids Mut und seine Klugheit zu bewundern.

Der Libanese verscheuchte nun seine beiden Helfer mit einer Handbewegung und sprach mit dem Russen: »Werden Sie mit uns gehen können, Oberst Titov? Heute noch? Werden Sie uns helfen?«

Unglaublich. Der Mann am Boden, der geschrumpft und gebrochen war, dessen Rücken bebte vor unterdrückten Schluchzern, dessen Kopf in tausend Splitter zersprang vor unerträglichen Erinnerungen, keuchte: »Ja!«

Gahid presste die fetten Lippen aufeinander. Er hatte gewonnen. »Wir holen Sie in zwei Stunden ab. Der Weg ist lang und nicht einfach. Vielleicht ist es der Weg zum Sieg. Zu Gerechtigkeit. Vielleicht.«

»Vielleicht ...«, kam kaum hörbar die Antwort des Mannes auf dem schmutzigen Teppich.

Gahid gab Margolis mit den Augen einen Wink, das Zimmer zu verlassen. Er zog die demolierte Tür hinter sich zu und atmete tief durch. Auch für ihn, der sich gerne allwissend und abgeklärt gab, war diese Begegnung kein Spaziergang gewesen. Es gab auf dieser Welt nichts Schlimmeres als unvollständige Informationen und falsche Vermutungen. Seine Gewährsleute in Afghanistan, allen voran ein Syrer namens Yussuf, der nach eigenen Angaben zum engsten Umfeld dessen gehörte, den sie »den Prinzen« nannte, hatte ihm von dem russischen Gefangenen Oberst Jurij Titov berichtet, den sie monatelang mit sich durch die Hügel geschleift hatten. Tage, wenn nicht Stunden vor seiner Hinrichtung, von der er selbst nichts ahnte, war dieser Russe von einem tollkühnen General befreit worden. Er sei sehr beliebt gewesen bei den heiligen Kriegern, hatte Yussuf nur berichtet – und erst jetzt verstand Abdul Gahid den Sinn dieser menschenverachtenden Aussage. Erst jetzt, nachdem er für seinen Fehler fast mit dem Leben bezahlt hatte.

»Knappe Sache«, wisperte er. »Verdammt knappe Sache ...«

»Was ...?« Mehr brachte Margolis nicht heraus. Er hatte eine Vermutung, aber er wagte nicht, sie auszusprechen.

»Jurij Titov. Jung, blond, kräftig. Leichte Beute. Sie haben ihn drei Monate lang mit sich durch die Berge geschleift. Warum wohl? Wenn Jurij eine Frau gewesen wäre, er hätte in dieser Zeit tausend Kinder empfangen.«

Margolis fühlte, wie seine Knie weich wurden, als er in die tiefen Augen des Libanesen sah. »Mein Gott.«

»Dein Gott oder mein Gott«, sagte Abdul Gahid, »das spielt keine Rolle. Wo wir hingehen, da regiert kein Gott.«

23. Kapitel

Langley, Virginia

Greg Foster, Leiter der Counterterrorismus-Abteilung, ließ den Hörer sinken und gönnte sich einen kostbaren Moment der Ruhe. Die Augen geschlossen, den Atem genießerisch tief einziehend, lauschte er seinem eigenen Herzschlag.

Dabei musste er unwillkürlich an Miles Spencer denken, von dem alle – Freund oder Feind – nun nur noch als »dem armen Miles Spencer« sprachen. Dieses posthume Adelsprädikat hatte der Vizedirektor sich durch sein tragisches und unerwartetes Treffen mit dem Tod erworben. Der arme Miles Spencer hatte in seinem letzten Stündchen jedenfalls vergebens auf seinen Herzschlag gelauscht. Die Sache mit dem Herzen wäre vielleicht gerade noch gut gegangen, denn seine Sekretärin verstand sich auf einige Erste-Hilfe-Kniffe und hatte sich durchaus zugetraut, Spencer mit einer Herzmassage wenigstens so lange im Diesseits zu halten, bis der Notarzt eintraf. Aber das Schädeltrauma, das er sich bei seinem unglücklichen Sturz auf die scharfe Tischkante zugezogen hatte, war mehr, als selbst der Bullenschädel dieses Mannes vertragen konnte. Als die Sekretärin ihn fand, hatte der arme Miles Spencer sein Leben bereits ausgehaucht. Der plötzliche Tod des verbissensten und rücksichtslosesten Kämpfers gegen den Terror – und überhaupt alles, was seiner Meinung nach Amerika, seine Freiheit und seine Werte bedrohte, inklusive der Homosexuellen, der verdammten Liberalen und der Feministinnen – hatte sofort wilde Spekulationen über einen heimtückischen, terroristischen Anschlag ausgelöst. In den ersten Pressemeldungen über Spencers Hinscheiden war tatsächlich fälschlicherweise von einem Attentat die Rede. Man mochte es im Nachhinein als eine Art Verbeugung vor seinen verbohrten Ansichten betrachten, wenn sofort vermutet wurde, dass ein umstrittener Mann wie Spencer einfach keines natürlichen Todes sterben konnte, sondern zwangsläufig Opfer der vielen Feinde geworden war, die er sich im Laufe seines turbulenten Berufslebens erworben hatte. Indes sickerte noch im Verlauf seiner Todesnacht die Gewissheit durch, dass der stellvertretende Leiter des amerikanischen Geheimdienstes eines nicht nur natürlichen, sondern gleichsam profanen und überaus gewöhnlichen Todes gestorben war.

Das war vorgestern gewesen. Und soeben hatte Greg Foster einen unerwarteten Anruf aus dem Weißen Haus erhalten, in dem ihm bedeutet wurde, sich innerhalb der nächsten Stunde eben dort einzufinden, in der Pennsylvania Avenue 1600.

Offenbar hatte der Präsident es für eine gute Idee gehalten, in diesen rauen Zeiten einen ausgewiesenen Fachmann für die Terrorismusbekämpfung an die Spitze der CIA zu berufen. Gregory Walter Foster sollte Spencers Nachfolger als CIA-Vize werden. Wobei die Position als »zweiter Mann« durchaus nicht den tatsächlichen Machtverhältnissen entsprach: Er würde der Stellvertreter eines Direktors, der nicht eben in dem Ruf stand, über große Phantasie, Initiative und Sachkenntnis zu verfügen. Das hieß im Klartext: Der Direktor machte die große Politik – Bankette, Empfänge und langwierige internationale Konferenzen – und sein Vize erledigte die praktische Arbeit.

Ein warmes, angenehmes Gefühl von Befriedigung durchflutete Foster, als er die Augen wieder öffnete und aus dem Fenster auf grüne Baumwipfel sah, über denen sich der rosafarbene Wolkenschleier des spätherbstlichen Abendhimmels ausbreitete. Es gab, dachte er dankbar, kein schöneres Gefühl für einen Mann wie ihn, einen Bürokraten des Geheimen, als das der Anerkennung seiner emsigen, aber stets verborgenen Arbeit.

In seinem Fach reichten für den Weg an die Spitze nicht ein

makelloser Lebenslauf, eine überragende akademische Grundbildung, absolute Loyalität und politische Zuverlässigkeit. Es reichten nicht scharfsinnige Papiere und Vorträge über die weltweite Sicherheitslage nach dem Ende des Kalten Krieges, die terroristische Bedrohung und die Maßnahmen dagegen. Manchmal halfen Kontakte zum Senat oder zu den Medien – aber über beide verfügte er nicht. Und manchmal – und diese Fälle waren so selten wie eine weiße Weste in Washington – reichte ein günstiger Moment – wie eben der unerwartete Tod eines anderen oder dessen plötzliche Entscheidung, lieber in die Privatwirtschaft zu wechseln und sich eine goldene Nase zu verdienen.

Foster war ein brillanter Theoretiker, aber durchaus kein Mann, der im Felde hätte überleben können. Er hatte sich alle Kenntnisse über sein Metier aus Büchern, Gesprächen und internen Papieren erworben und empfand den Mangel an Felderfahrung in seinen schwachen Momenten durchaus als gewisses Manko. Seine Halbglatze, die breitrandige Brille und seine bevorzugten grauen Anzüge gaben ihm das Aussehen eines respektierten, aber etwas weltfremden Bürohengstes. Und als der wurde er auch von vielen seiner Kollegen angesehen. Die kümmerte es wenig, dass Foster mehr Bücher gelesen hatte als sie alle zusammen. Dass er sich im Selbststudium vier Sprachen angeeignet hatte, darunter fließendes und akzentfreies Arabisch, erstaunliches Chinesisch und Russisch sowie Kenntnisse des Deutschen, die ihm anregende Fachdiskussionen in dieser Sprache ermöglichten. Foster hatte keine Interessen außer denen, die unmittelbar seine Arbeit betrafen. Er hatte keine Frau und keine Kinder. Seine alte Mutter lebte in einem Heim unweit von Naples, Florida, und er besuchte sie zweimal im Jahr. Er war schließlich ihr einziger Sohn. Sein Vater war schon gestorben, als er ein kleiner Junge war. Gregory Walter Foster war einer, der wissenschaftlich an die Dinge heranging. Der Experimente liebte, weil sie seinen Geist herausforderten. Gleichwohl hasste er Experimente, die schief gingen. Ein Psychiater, wenn er denn jemals einen aufgesucht hätte, wäre nicht umhingekommen, ihm gewisse Defizite im Bereich der zwischenmenschlichen Kommunikation zu attestieren, einen starken Hang zum Eigenbrötlertum und zum Misstrauen gegenüber allem und jedem. Auch wäre einem geschulten Analytiker ein stark ausgeprägter Hang zur Macht und zur Kontrolle über andere Menschen aufgefallen. Eine Liebe, die bislang weitgehend unerwidert geblieben war und allenfalls in seiner Vorstellung eine wichtige Rolle spielte. Er war gestraft mit Momenten, ja Anfällen krankhafter Schüchternheit und Unsicherheit, in denen er zu stottern begann und bis in die Haarwurzeln errötete. Trotzdem hielt er sich für einen der fähigsten Strategen und Visionäre, die dieses Land jemals hervorgebracht hatte. Aber niemandem war das aufgefallen. Bis jetzt.

Der Präsident hatte seine Fähigkeiten erkannt und endlich wurde ihm ein Teil jener Anerkennung zuteil, auf die er lange vergebens gewartet hatte. Der Präsident hatte schließlich einen Krieg gegen den Terror zu gewinnen und er war gut beraten, wenn er sich einen intimen und langjährigen Kenner des unsichtbaren Feindes an den Tisch holte. Was Foster besonders schmeichelte, das war die Frage des Anrufers, eines der engsten Mitarbeiter im Oval Office, ob er sich einen geeigneten Kandidaten für seine, Fosters, Nachfolge in der CT-Abteilung vorstellen könne.

Und ob er das konnte! Er empfahl einen Mann, der anders als er den Pulverdampf gerochen und dem Feind in die Augen geblickt hatte. Und der sich auch auskannte mit der komplizierten Verwaltung der Firma. Sein Stellvertreter, Stephen Margolis, war wie geschaffen für diese Aufgabe. Aber Margolis war unterwegs, auf Spencers ausdrücklichen Befehl, er war nicht erreichbar. Bis er sich von sich aus meldete und Foster ihn auf dem schnellsten Weg zurückbeordern konnte, musste ein Ersatz gefunden werden. Foster konnte dem Präsidenten ja wohl kaum einen Kandidaten als Nachfolger präsentieren, der nicht nur nicht da war, sondern von dem auch niemand mit Gewissheit sagen konnte, wo er sich überhaupt aufhielt. Seitdem Margolis Beirut verlassen hatte, herrschte Funkstille.

Wenn Foster seinen Platz für Margolis warm halten wollte, bevor ein anderer, weniger geeigneter Mann danach greifen konnte, dann bot sich nur der Umweg über eine Interimslösung an. Er würde Margolis als Nachfolger vorschlagen, und in dessen Abwesenheit sollte die Geschäftsführung an einen anderen übertragen werden, der die Abteilung kommissarisch leitete. Dafür eignete sich niemand besser als der Araber, Kalim Fazzar. Der war zwar Seiteneinsteiger mit einer geradezu abenteuerlichen Vita, aber er kannte den Stil und die Linie der Firma, war zuverlässig und von den Kollegen respektiert. Der arme Miles Spencer hatte Fazzar ohne besondere Begründung in Urlaub geschickt, was Foster zuerst gar nicht schmecken wollte. Denn er vermutete, Spencer handele aus purem Rassismus und wolle Fazzar einzig aus dem Grunde aus dem Dienst verscheuchen, weil er Araber war. Im übrigen witterte Foster darin, wie in fast allem, eine Spitze gegen sich selbst.

Jetzt aber, versöhnlich gestimmt unter dem Eindruck des bedeutenden Anrufs, bewertete Foster diesen Vorgang anders. Hatte nicht Spencer zum Zeitpunkt seines Todes Fazzars Dossier auf dem Tisch gehabt? Und bedeutete das nicht, dass der Vizedirektor selbst große Pläne mit ihm gehabt hatte? Vermutlich hatte der alte Fuchs ihn nur deswegen aus seiner, Fosters, Abteilung gezogen, um ihn für seine eigenen Vorhaben einzusetzen. Eine bessere Empfehlung konnte es zu diesem Zeitpunkt nicht geben. Zumindest ließ er das durchblicken, als er mit dem Anrufer aus dem Oval Office telefonierte.

Dann gab er seiner Sekretärin den Auftrag, ihn mit Fazzar zu verbinden, der privat nach New York gereist war, aber vorsorglich alle seine Nummern hinterlassen hatte.

»Wie geht es Ihnen?«, fragte Foster, als er den Araber fünf Minuten später am Telefon hatte. Er war selbst fast ein wenig aufgeregt über die frohe Kunde, die er dem Ahnungslosen mitzuteilen hatte.

»Ich bin okay«, sagte Fazzar nur. »Ich ruhe mich aus. Gezwungenermaßen ...«

»Nicht mehr lange«, sagte Foster geheimnisvoll.

»Was meinen Sie damit?« Fazzars Stimme war plötzlich wachsam und misstrauisch.

»Ich möchte, dass Sie sich auf die nächste Maschine setzen und um Punkt einundzwanzig Uhr in meinem Büro erscheinen«, sagte Foster, den Schalk großer und guter Neuigkeiten im Nacken. »Sie müssen sich nicht länger verstellen. Wir wissen alles ...«

Einige Sekunden vergingen, in denen nur das Rauschen der Leitung zwischen den beiden Männern lag. Foster hörte Fazzars Atem und grinste breit. Seine Art von Humor war noch niemals auf Gegenliebe gestoßen. Sosehr er sich auch immer bemüht hatte – schon in der Schule und in all den Jahren danach war es ihm niemals gelungen, auch nur eine Pointe richtig zu setzen.

»Amerika hat den Tod tausend Mal verdient!«, grollte dann eine Stimme, die gar nicht dem leisen, bescheidenen Mann zu gehören schien, den Foster kannte und schätzte. »Wir werden kämpfen bis zum letzten Tropfen Blut. Unsere Truppen wollen nichts weiter als den Tod umarmen. Lang leben die Märtyrer des Heiligen Krieges!«

Foster ließ die unheimlichen Worte verklingen und prustete dann los. »Gütiger Gott, Kalim, nun machen Sie aber mal halblang! Spencer ist tot, Sie müssen sich nicht mehr über ihn lustig machen. Außerdem glaube ich, dass er Sie nicht wegen Ihrer arabischen Herkunft und irgendwelcher falscher Verdächtigungen beurlaubt hat, sondern weil er große Pläne mit Ihnen hatte, okay? Lassen Sie Gras über die Sache wachsen. Kommen Sie zurück – jetzt habe ich nämlich auch große Pläne mit Ihnen.«

»Wirklich?«

Der perplexe, dankbare Ton in Fazzars Stimme tat Foster gut. Nun lachte auch Fazzar am Telefon, erleichtert und gelöst, über Fosters alberne Falle und seinen eigenen geschmacklosen Scherz.

»Kommen Sie heim, Kalim«, sagte Foster. »Ich habe gute Nachrichten für Sie. Sie sollen mein Nachfolger in der CT-Abteilung werden, jedenfalls so lange, bis Steve Margolis wieder hier ist. Und, ach, noch eins: Keine solchen Witze mehr wie eben, verstanden? Sie wissen, dass die interne Abteilung unsere Gespräche aufzeichnet. In Ihrer neuen Position ist das Letzte, was Sie brauchen, Ihr spezieller Sinn für Humor, okay?«

»Okay, Chef. Danke, ich danke Ihnen für das Vertrauen. Bis heute Abend.«

»Ich freue mich. Bis später.«

»Ach, Mister Foster?«, erklang die prüfende Stimme Kalims, als Foster schon den Hörer auflegen wollte.

»Ja?«

»Ich wollte nur, dass Sie wissen, warum er mich kaltstellen wollte. Es ist nicht, weil ich Araber bin, wissen Sie …«

»Warum denn dann?«, fragte Foster. Er war nicht sicher, ob er es wirklich wissen wollte. Auch beim Geheimdienst – und besonders dort – galt die Regel, dass man Tote besser ruhen ließ.

»Wie Sie wissen, war ich damals mit Spencer und Margolis zusammen in Afghanistan …«

»Ja, und?«

»Einmal habe ich zugesehen, wie Spencer einen Gefangenen rangenommen hat. Ich bin mir ziemlich sicher, dass ich das nicht sehen sollte. Es war ziemlich furchtbar, wenn Sie wissen, was ich meine.«

»Ich kann mir vorstellen, was Sie meinen.«
»Er hat den armen Teufel totgeschlagen. Er war gefesselt. Ich habe alles mit angesehen, aber ich habe niemals und zu niemandem darüber gesprochen. Und das hätte ich auch nie getan. Ich kenne den Krieg und ich weiß, dass der Krieg manchmal Männer in etwas verwandelt, das sie eigentlich gar nicht sind. Aber ich denke, dass Spencer, jetzt, wo er offenbar auf dem Weg nach ganz oben war, ich meine, in die Administration ... jedenfalls ... dass er sich plötzlich wieder daran erinnert hat, dass ich damals dabei war. Und deswegen hatte er vielleicht Angst, dass ich den Mund aufmache und erzähle, was ich damals gesehen habe.«
»Denken Sie nicht mehr darüber nach«, sagte Foster und rieb sich die müden Augen. Spencer, davon war er innerlich überzeugt, war niemand, den der Krieg in etwas verwandelt hatte, was er eigentlich nicht war. Vielmehr hatte der Krieg in Spencer das zu Tage gebracht, was ohnehin in ihm steckte. Aber er wollte das nicht hören und er musste das auch nicht hören. Jetzt wurden die Karten neu gemischt, jetzt saß endlich ein zuverlässiger Mann am Ruder. »Egal, was einmal gewesen ist – der arme Miles Spencer wird seinen Ehrenplatz auf dem Friedhof von Arlington bekommen und fertig. Und niemand will mehr wissen, was er mal irgendwo da draußen getan hat und was vielleicht nicht ganz korrekt war.«
»Ja, Sir. Ich wollte ja auch nur, dass Sie wissen, warum er mich vermutlich kaltstellen wollte. Ich wollte nur, dass Sie nicht auch schlecht von mir denken.«
»Wenn ich schlecht von Ihnen denken würde, dann hätte ich Sie ja wohl kaum für diesen Posten vorgeschlagen. Wenn es auch nur vorübergehend ist.«
»Verstehe, Sir. Stephen ist der richtige Mann dafür. Ich werde mein Bestes tun, um ihm den Platz frei zu halten.«
»Goodbye, Kalim. Bis später.«

Foster legte auf, erhob sich und zog seinen grauen Anzug gerade. Natürlich war Spencer ein absolutes Schwein gewesen und irgendwie, obwohl er so getan hatte, als interessiere ihn das Ganze nicht, war er doch beruhigt, dass Kalim ihm diese Andeutung gemacht hatte. Nun fühlte er sich noch besser – und das war eine gute Voraussetzung für seine Verabredung. Der Präsident wartete auf ihn. Oder zumindest einer seiner engsten Berater. CIA-Vizedirektor Foster. Mit ihm am Ruder würden die Terroristen nichts mehr zu lachen haben.

24. Kapitel

Uruzgan, Afghanistan

»Was?« Das Tier konnte sprechen, und es starrte ihn aus weit aufgerissenen Augen an. Die niederfahrende Messerklinge kam exakt zwei Millimeter vor Nadirs Halsschlagader zum Stillstand. »Was hast du gesagt?«

»Ich weiß es nicht!«, stammelte Nadir. »Was meinst du?«

»Hast du gerade ›Oh, fuck‹ gesagt oder nicht? Antworte oder ich bring dich um!«

Nadir, mit dem Rücken auf dem Boden liegend, einen spitzen Stein genau am Steiß, spürte einen Schmerz, der ihm fast den Atem raubte. Vor seinen Augen zogen sich rote Vorhänge aus Millionen kleinen Lichtern zusammen und wieder auf.

»Hast du gerade ›Oh, fuck‹ gesagt oder nicht? Sprich, oder ich schneide dir deinen schmutzigen Hals ab, so wahr mir Gott helfe!«

Nadir wollte sprechen, aber keine Silbe kam aus seinem Mund – nur Röcheln, Würgen, Husten. Die Schmerzen der Steine in seinem Rücken waren nicht zu ertragen. Er sah, dass das Tier gar kein Tier war, sondern ein Mensch. Das Gesicht bemalt. Die Kleidung sandfarben, eine weiße Reihe großer Zähne und keine Fangzähne darin. Der Angreifer lag mit seinem ganzen beträchtlichen Körpergewicht auf ihm und drückte seinen bewegungsunfähigen Leib immer tiefer in die Messerspitzen des Bodens.

»Fuck, fuck, fuck!« Sein Mund formte die Worte mechanisch, als handele es sich um eine Zauberformel, die den alles beherrschenden Schmerz besiegen konnte. Wenn er noch eine Minute länger so liegen musste, dann wäre er niemals wieder in der

Lage, seinen Rücken zu strecken. Zwei Minuten, und er wäre tot.

»Wer zur Hölle bist du und wieso fluchst du in meiner Sprache?«, fragte der bemalte Krieger.

»Ich habe deine Sprache gelernt. Bitte, bitte, geh von mir runter, ich bekomme keine Luft!«

Statt ihn endlich zu erlösen, wurde die tödliche Umarmung des Mannes noch fester. »Erst will ich wissen, wer du bist!«

»Ich bin Nadir Hayar. Ich war in Amerika. Ich liebe Amerika!«

Unsinnig, diese Aussage, denn er liebte Amerika nicht mehr, als er eine dieser reichlich belegten Pizzas liebte, die es in Amerika gab – oder eine Fahrt in einem offenen Wagen, wie Mrs. Margolis ihn fuhr, oder irgendetwas anderes Bequemes und Wohltuendes, das das Leben erleichterte. Er liebte seine verstorbene Frau und seine Söhne, und er liebte den Gedanken daran, ihnen durch seine Taten Gerechtigkeit und sich selbst Trost zu verschaffen. Aber Amerika liebte er nicht mehr als Haferflocken oder irgendein anderes fremdes Land, das seine Liebe ohnehin nicht erwidern konnte.

»Du liebst Amerika?«, wiederholte der Soldat Rick Ullrich. »Du liebst Amerika?«

»Bitte!« Tränen strömten über Nadirs Wangen und hinterließen Spuren im Schmutz auf seiner Gesichtshaut. »Ich habe große Schmerzen. Bitte!«

Rick Ullrich, Farmerssohn aus Jenkins County, Kansas, hatte die schlimmste Nacht seines Lebens hinter sich. Und wenn es eines gab, das ihn jetzt noch erschrecken und verwirren konnte, dann hatte er es soeben gehört. Ein verdreckter afghanischer Killer, der um Gnade winselte und beteuerte, er liebe Amerika. Ullrich bereute es, den Kerl nicht gleich abgestochen zu haben, wie es eigentlich seine Absicht war. Aber als er ihn auf Englisch fluchen hörte, war eine Hemmschwelle aufgetreten, mit der er nicht gerechnet hatte. Jetzt begann die Sache schon wieder unglaublich kompliziert zu werden. Denn Ullrich, so tödlich seine Talente auch waren und so gut er sich an alles erinnerte, was er in seiner dreijährigen Ausbildung gelernt hatte, war ein Mann, der seine Gefühle nicht leicht unterdrücken konnte. Auch wenn er in der langen, unheimlichen Nacht zwischen den verstümmelten Leichen seiner Kameraden und Freunde genügend Zeit gehabt hatte, diesen Umstand bis in alle Ewigkeit zu verfluchen. Rick Ullrich hatte die ganze Einheit durch seinen Angstschrei verraten, als Trevor, der schräg hinter ihm ging, auf die Mine getreten war. Und dieselben Gefühle, die er einfach nicht unterdrücken konnte, hatten ihm wenig später das Leben gerettet. Weil seine Augen in Tränen schwammen und er nichts mehr sehen konnte durch das hochempfindliche Nachtsichtgerät, hatte er die teleskopartige Brille auf die Stirn geschoben. Und so war er der Einzige gewesen, den das Feuer, das der Feind entfachte, nicht blendete und kampfunfähig machte. Ullrich konnte sich mit einem Sprung in Sicherheit bringen, während alle anderen den Tod fanden.

Er hatte das Morgengrauen abgewartet und wollte versuchen, den Weg zurück durch die Berge und vielleicht nach Pakistan zu finden. Als einziger Überlebender der Einheit von Major Bolivar. Aber noch bevor er aufbrechen konnte, hatte er die Schritte des Afghanen im Tal gehört und beschlossen, wenigstens einen der feigen Mörder zu erledigen. Und ausgerechnet der benutzte ein amerikanisches Schimpfwort, als er ihn umwarf. Und dann erklärte er noch, er liebe Amerika! Ullrichs Gehirn war auf eine derartig bizarre Begegnung nicht eingestellt und er versäumte den kritischen Moment, in dem er dem Feind ohne nachzudenken die Klinge in den Hals stoßen konnte. Jetzt war es zu spät. Ullrich, dessen früheste Kindheitserinnerungen sich um blau-weiß-roten Konfettiregen am vierten Juli drehten, über dessen Teenager-Bett statt Baywatch-Postern die US-Flagge hing und der weinen musste, wenn er »God bless America« hörte, war schlichtweg nicht in der Lage, einen Mann zu töten, dessen letzte Worte lauteten: »Ich liebe Amerika!«

Er ließ das Messer sinken und sah seinem Gefangenen in die Augen. »Bist du einer von uns?«

»Bitte, geh von mir runter, ich fürchte, dass ich nie wieder laufen kann, wenn du mich nicht bald aufstehen lässt«, keuchte der Afghane, der erbärmlich stank und seit Menschengedenken seine Zähne nicht geputzt hatte. Ullrich, der sich jetzt erst der unangenehmen körperlichen Nähe bewusst wurde, beschloss es zu riskieren. Er schob seine achtundneunzig Kilo zur Seite. Der Afghane weinte hemmungslos vor Erleichterung.

»Mach bloß keine falsche Bewegung, Mann! Und lass dir nicht einfallen, um Hilfe zu rufen«, ermahnte ihn Ullrich finster. »Ich kann dir den Hals brechen, noch bevor du auch nur den ersten Geier aufgeschreckt hast. Und nun raus mit der Sprache: Wer bist du?«

»Ich heiße Nadir Hayar. Ich habe eine Zeit lang in Amerika studiert und bei einer Familie in Virginia gelebt.«

»Scheint ja eine nette Familie gewesen zu sein! Haben die dir etwa beigebracht, solche Worte zu benutzen?«

»Was für Worte?«, blinzelte Nadir verständnislos.

»Na, schmutzige Worte. Die du benutzt hast, als ich dich geschnappt habe. Fuck – das ist kein Wort, das ein anständiger Mann benutzen sollte.«

»Es tut mir Leid, mein Englisch ist nicht so gut«, lavierte Nadir, dem es unmöglich war, den Angreifer einzuschätzen. Furchterregend sah er aus in seiner Tarnkleidung und mit dem wild bemalten Gesicht. Seine Augen blitzten und sein Kopf, ebenfalls dunkel bemalt, war kahl geschoren. Seine beeindruckende Körpergröße und sein Gewicht, mit dem Nadir Bekanntschaft gemacht hatten, gaben ihm das Aussehen eines Riesen. Aber er schien ein gut erzogener Riese zu sein, wenn er das f-Wort nicht mochte.

»Es tut mir Leid wegen deiner Kameraden …«, sagte Nadir. »Sind alle außer dir tot?«

Ein weiteres Rätsel: In den Augen des Riesen, der ihn eben noch umbringen wollte, sammelten sich Tränen. »Alle«, sagte er mit verstopfter Nase. »Das haben deine Leute getan!«

Bevor er wütend werden konnte und sich womöglich wieder auf ihn warf, wehrte Nadir schnell ab. »Das waren Verbrecher, mit denen habe ich nichts zu tun. Ich bin selbst vor ihnen auf der Flucht. Sie wollten auch mich umbringen. Ich bin Afghane. Diese Männer sind Araber, die unser Land besetzt halten und ins Unglück stürzen.«

Nadir wartete nicht die Wirkung seiner Worte ab, sondern blickte sich ängstlich um. »Wir müssen hier weg. Wenn jemand dich sieht, dann wird er dich sofort umbringen. Fremde, und besonders Amerikaner, sind hier nicht beliebt. Du musst deine Kleidung wechseln. Und du brauchst eine Decke.«

Der Elitesoldat blinzelte verstört. »Eine Decke?«

»Wir müssen dich kleiden wie einen Afghanen. Und kein Afghane geht auch nur einen Schritt aus seinem Haus ohne seine Decke. Sag mir, haben deine Kameraden einen Mann getötet, bevor sie alle starben?«

Ullrich zuckte die Schultern. »Ich weiß es nicht …«

Nadir erhob sich und wartete einen bangen Moment, ob der Fremde ihn wieder angreifen würde. Aber Ullrich blieb am Boden hocken und machte keine Anstalten zu protestieren. Offenbar war auch er der Meinung, dass sie so schnell wie möglich hier verschwinden sollten. Er hatte sein Funkgerät, mit welchem er ein Notsignal hätte absetzen können, zusammen mit dem Rest seiner Ausrüstung – einschließlich seiner Waffen außer dem Messer – bei der Flucht in die Dunkelheit verloren. Und als er zurückkam, war alles bis auf die geplünderten Leichen seiner Kameraden verschwunden.

Die Sonne stand nun prall über dem Tal und ihre Strahlen

waren heiß. Ein willkommener Gruß nach der eiskalten Nacht, dachte Nadir, aber in dieser Höhe und mit dieser Kraft würde sie dem Amerikaner in wenigen Minuten die Haut verbrennen. Er ging ein paar Schritte den Hang hinauf und spähte konzentriert in die karge Steinwüste ringsherum. Schließlich hellte sich sein Gesicht auf und er winkte den Amerikaner her.

»Ein Grab!«, murmelte er und schritt zielsicher davon.

»Wovon redest du?«, fragte Ullrich. »Und was soll das mit der Decke?«

Aber er war zu müde und zu verwirrt, um den Afghanen aufzuhalten, und so folgte er ihm einfach. Nadir sank vor einem länglichen Haufen aufgeschütteter Erde in die Knie und begann mit beiden Händen, den Schutt beiseite zu räumen. Bald schon kamen zwei Füße zum Vorschein, die in Sandalen steckten. Nadir streifte sie ab und warf sie Ullrich zu.

»Zieh das an!«, sagte er.

»Spinnst du?«, schnappte der Amerikaner. »Soll ich meine guten Stiefel hier zurücklassen und gegen diese Latschen eintauschen?«

»Wenn du interessiert daran bist, diese Gegend lebend zu verlassen, dann würde ich es dir dringend empfehlen!«, sagte Nadir und war stolz auf seine geschliffene Ausdrucksweise. Er genoss es auch, dem Amerikaner Vorschriften zu machen. Oft während seines Aufenthalten in den Staaten hatte er sich gewünscht, dass er einmal jemanden mit seinen Kenntnissen beeindrucken konnte. Das war ihm nur ein einziges Mal gelungen, als er den Frauen im Hause Margolis zeigte, wie man echtes *naan*-Brot buk. Die Frauen und auch Stephen Margolis liebten indisches Essen, aber das *naan*, das sie dazu verzehrten, war immer ein Trauerspiel. Entweder verbrannt oder zu teigig oder hart wie Sperrholz. Nadir hatte ihnen gezeigt, dass sie *naan* in der Pfanne auf dem Herd zubereiten mussten, nicht im Ofen – und so war er endlich in den Genuss ihrer Bewunderung gekommen. Wenigstens für den Verlauf eines Abendessens hatte er sich nicht mehr vorkommen müssen wie ein mittelloser Student aus einem rückständigen Land. Hier nun bestand die Chance, dieses schöne Gefühl der Überlegenheit noch einmal zu erleben.

Ullrich, der sich innerhalb von Minuten vom wutschnaubenden Elitesoldaten zum eifrigen Schüler gewandelt hatte, schnürte seine schwarzen Stiefel auf. »Und das sind die Soldaten, vor denen die ganze Welt Respekt hat?«, murrte er. »Leute, die in Sandalen in die Schlacht ziehen?«

»Wenn du dir fünfmal am Tag vor dem Gebet die Füße waschen müsstest, dann würdest du deine Stiefel auch bald verfluchen«, sagte Nadir, der inzwischen schon fast die Hälfte des Leichnams freigelegt hatte. Eine Decke, dachte er erleichtert. Gott sei Dank. Er zog sie aus dem Schutt und klopfte sie aus. Ein Afghane ohne seine Decke aus grober Schafswolle war kein Afghane. Sie war, nach der Waffe, der zweitwichtigste Besitz in seinem kargen Leben. Die Decke war sein Schutz vor dem Erfrierungstod und gegen die tausend Nadeln der Sandstürme. Sie war seine Tarnkleidung gegen feindliche Angriffe, denn sie besaß dieselbe schmutzgraue Farbe wie das Land ringsherum. Die Decke war sein Tisch, wenn er sich zum Essen niederließ, sein Gebetsteppich, wenn er sich nach Mekka verneigte – und sie war, wenn er starb, seine Totenbahre und schließlich sein Sarg.

»Nimm das!«, sagte Nadir. »Und jetzt hilf mir, dem Mann seine Kleider auszuziehen.«

Er kannte den Toten und dachte sofort, dass der Amerikaner unter dem besonderen Schutz Gottes stehen musste. Oder er hatte einfach mehr Glück als Verstand. Nicht nur hatte er einen Überfall der gefährlichsten Einheiten, die in diesem Land operierten, ohne einen Kratzer überlebt. Nein, der einzige Tote unter den Angreifern war auch noch ein hünenhafter Algerier namens Khaled gewesen, dessen Kleidung dem großen Amerikaner mühelos passen würde. Aber Ullrich schien plötzlich nicht mehr interessiert daran, mit dem Leben davonzukommen.

»Ich weiß, was du vorhast. Aber ich steige nicht in die Klamotten eines toten Mannes!«, sagte er bestimmt und zog sich trotzig sogar die Sandalen wieder von den Füßen.

Khaled, der Algerier, bot keinen sehr erbaulichen Anblick. Ein Geschoss hatte ihm die Hälfte seines Gesichts weggerissen und seine Brust war mit drei Einschusslöchern perforiert. Trotzdem waren seine Kleider, wenn auch blutbesudelt und verdreckt, noch weitgehend intakt.

»Du musst«, drängte Nadir. »Willst du etwa in deiner Uniform durch ein Land spazieren, das von Männern in genau denselben Uniformen aus der Luft angegriffen wird? Sie werden dich in Stücke reißen, wenn sie erkennen, wer du bist!«

Ullrich sah ihn finster an. »Wie wäre es, wenn ich dich in Stücke reiße und mich allein auf den Weg mache? Und zwar in dieser Uniform.«

Nadir, entsetzt über so viel Sturheit und Torheit, fiel keine passende Antwort ein.

»Ich versuche, dir zu helfen!«, sagte er, selbst hilflos.

»Dann zeig mir den Weg zurück nach Pakistan und damit ist mir genug geholfen. Ich bin darauf trainiert, in feindlichem Gebiet zu operieren.«

Nadir nickte schweigend und deutete in die östliche Richtung.

»Danke!«, sagte Ullrich, legte seine Stiefel wieder an und stampfte los.

Nadir blieb sitzen und dachte über den Lauf der Welt, sein Leben und die Logik des Krieges nach, die er niemals verstehen würde. Dachte an den Prinzen und daran, wie viele Menschen bald sterben würden, wenn es ihm nicht gelang, mit Margolis Kontakt aufzunehmen. Der Prinz und dieser geheimnisvolle Doktor Jamal von der Firma Gortheon in Amerika hatten große Pläne, die über alles hinausgingen, was Nadir sich an Skrupellosigkeit vorstellen konnte. Er wusste nur wenig, er hatte nur erlauschen können, dass eine große Epidemie, zahlreiche Angriffe auf bedeutende Bauwerke und Attentate bevorstanden. An einem Ort namens Tirana war sogar eine Atombombe versteckt. Millionen von Menschenleben standen auf dem Spiel, wenn Doktor Jamal nicht rechtzeitig unschädlich gemacht würde. Und nun saß er, vielleicht der einzige Mensch auf der ganzen Welt, der das Chaos verhindern konnte, hilflos und klein am Grab eines Algeriers, dem das halbe Gesicht fehlte, und konnte nicht einmal verhindern, dass ein amerikanischer Soldat in sein Verderben rannte.

Er mochte vielleicht eine halbe Stunde dort gesessen haben, als er die Schüsse hörte. Sie hallten durch die Nachbarschlucht, einzelne Schüsse aus alten britischen Flinten und Salven aus russischen Sturmgewehren. Hatte er den Amerikaner etwa nicht eindringlich genug gewarnt? Hätte er erwähnen sollen, dass in diesem Land der Blutrache und des unausgesetzten Krieges jeder Ziegenhirte bis an die Zähne bewaffnet war? Die Schüsse peitschten durch die Stille, es folgten Schreie und Rufe.

Nadir hörte den Amerikaner stöhnen, lange bevor er ihn näher kommen sah. Er hatte es tatsächlich wieder einmal geschafft, den Angreifern zu entkommen. Zum Glück unverletzt, aber mit einer Angst in den Augen, die Nadir vorher nicht bemerkt hatte.

»Hilf mir!«, keuchte der Fremde. »Sie sind hinter mir her!«

Nadir blieb seelenruhig sitzen. »Was fürchtest du? Hast du vielleicht schon vergessen, dass du darauf trainiert bist, in feindlichem Gebiet zu operieren?«

»Spar dir den Mist und hilf mir!« Ullrich schwitzte vor Anstrengung und Angst.

»Du hast soeben die Bekanntschaft von ein paar misstrauischen Berghirten gemacht, mein Freund. Diese Art der Begrüßung würde man in diesem Land noch als relativ freundlich bewerten. Was meinst du, was von dir noch übrig wäre, wenn du es mit echten Kriegern zu tun gehabt hättest?«

»Ich will es nicht wissen!«, stöhnte Ullrich. »Bitte, hilf mir!«

»Zieh die Sandalen an und die Kleider dieses toten Mannes. Und wirf dir seine Decke über. Und dann folge mir.«

Ach, wie er diesen Moment genoss. Wie er, für einen kurzen Moment nur, aber voller Inbrunst und Würde, stolz war auf dieses mörderische, wunderbare, freie Land.

25. Kapitel

New York

Serene Shepard, die Löwin, hätte nach medizinischen Gesichtspunkten noch mindestens eine Woche in ärztlicher Obhut auf der Intensivstation verbringen müssen. Die Wunde, die ihr der Messerstecher beigebracht hatte, nässte immer noch und schmerzte bisweilen höllisch. Aber sie lernte, mit diesem Schmerz zu atmen, sich zu bewegen und zu leben. Doktor Jamal hatte sie noch in der Nacht aus dem Krankenhaus gebracht, wie er es angekündigt hatte. Sie verließ die Obhut des chinesischen Arztes Dr. Chen gegen dessen ausdrückliches Votum – Doktor Jamal versicherte ihm jedoch, dass sich ab jetzt die besten Ärzte des Landes um die Schwerverletzte kümmern würden. Keine Fragen, kein lästiger Papierkram, noch nicht einmal eine Krankenhausrechnung und schon gar keine Polizei. Doktor Jamal, den Agentenhut tief ins Gesicht gezogen, hatte den Chinesen mit seinem CIA-Dienstausweis und einigen geschickt platzierten Andeutungen über gebrochene Karrieren und irrtümliche Verdächtigungen, Verhaftungen und sogar Verurteilungen, die manchmal Jahre brauchten, bis sie entdeckt und richtiggestellt wurden, derart beeindruckt, dass der Mann gar nicht auf die Idee kam, sich irgendwie einzumischen. Serene, geschwächt bis zum Umfallen, mit Schmerzen und Übelkeit und nicht in der Lage, auch nur ein Wort zu sagen, folgte dem Agenten willenlos. Die Akte Brenda Banister wanderte noch nicht einmal in das Krankenhausarchiv, und soweit es das Gesundheitswesen in New York betraf, war niemals eine durch einen Messerstich schwer verwundete Frau an dem Abend eingeliefert worden, als sieben Blocks entfernt eine Handgranate in einer Menschenmenge explodierte.

So war Serene im Marriot-Hotel am Times Square gelandet und ruhte sich in ihrer Suite im 21. Stockwerk aus. Sie dachte an ihren ersten Auftrag nach langer Pause zurück wie ein Schauspieler an eine total verkorkste Premiere, bei der das Publikum ihn ausgepfiffen hatte. Zum hunderttausendsten Mal wünschte sie sich, dass sie dem Verlangen nach einer Wiederkehr der alten Zeiten nicht nachgegeben hätte. Wie hieß noch der alte Witz? »Was ist schlimmer als ein Killer mit einem schweren Kater?« Bitter wandelte sie die Pointe ab: »Ein Killer in den Wechseljahren.«

Ihre Hormone spielten verrückt, sie war einfach nicht mehr sie selbst. Sie hasste sich, und wenn sie sich nackt im Spiegel betrachtete, dann wurde ihr klar, dass die Person, die sie dort sah, nichts gemeinsam hatte mit der Person, für die sie sich hielt oder bisher gehalten hatte. Geile alte Böcke wie Miles Spencer, von dessen Tod sie aus den Nachrichten erfahren hatte und den sie nicht im Mindesten bedauerte, mochten sie für eine begehrenswerte Frau halten. Junge Mädchen auf Tauchexkursion, die selbst noch nicht wussten, zu welchem Ufer sie schwimmen wollten, waren leicht zu blenden.

Aber Serene wusste es besser. Sie war auf dem Weg zu einer alten Schachtel, verlacht von den Lebenden, den Starken und den Erfolgreichen. Die Macht über Leben und Tod, von der sie meinte, dass sie sie so dringend brauchte wie ein Junkie seinen nächsten Schuss – plötzlich bedeutete sie ihr nichts mehr. Jetzt – immer noch geschwächt von der Stichwunde und dem Blutverlust, mit dem Stigma des Versagens und in der Gewalt eines offensichtlich irren CIA-Mannes, der von ihr verlangte, den Präsidenten umzulegen –, jetzt wünschte sie sich nur noch die Macht, die Uhr zurückzudrehen. Sie wollte wieder die junge Löwin sein. Die Unbesiegte, unabhängige, unbezähmbare Löwin. Stattdessen saß sie wie ein zahnloses Zirkusraubtier in einem Käfig und musste für ihr Futter herumturnen.

Das unerwartete Klingeln des Telefons erschreckte sie so sehr, dass sie zusammenfuhr. Wie, um alles in der Welt, sollte sie in dieser beschissenen Verfassung jemals wieder einen gezielten Schuss setzen?

Niemand kannte ihren Aufenthaltsort außer dem Mann, der sie bezwungen hatte und der ihr Dompteur war. Doktor Jamal. Es war also ratsam, den Anruf anzunehmen.

Beim dritten Klingeln hob sie ab. »Hallo?«

»Hi. Spricht dort Angelica Bishop?«

Serene saß plötzlich kerzengrade und versuchte sich gegen eine Lawine von Gedanken zu stemmen, die von allen Seiten über sie hereinbrach. Sie dachte unzulässigerweise zuerst daran, dass sie nicht genug Zeit haben würde, die Situation zu erfassen, bevor sie eine Entscheidung treffen musste. Sie dachte, was noch viel unzulässiger war, dass sie früher, in besseren Tagen, diese Entscheidung bereits getroffen hätte. Sie glaubte nicht, dass der Anrufer Doktor Jamal war, auch wenn er möglicherweise seine Stimme verstellte, um sie zu testen. Sie fragte sich, ob dies einfach eine harmlose Verwechslung sein könnte oder eine Falle. Sie fragte sich, ob sie Angelica Bishop war oder sein könnte oder sein musste, um zu überleben. Sie war jedenfalls nicht als Angelica Bishop in diesem Hotel registriert. Sie wusste nicht einmal den Namen, unter dem sie in diesem Hotel registriert war. Vielleicht war es doch Angelica Bishop? Sie hatte es nicht einmal nachgeprüft! Alte Schachtel! Verdammte, alte Schachtel.

»Hallo?«, sagte sie wieder. »Hallo?«

»Angelica Bishop?«, wiederholte der Anrufer ratlos.

Zeit gewinnen, nachdenken können. Ich bin nicht mehr jung, ich kann nicht mehr fliegen …

»Hallo? Verdammte Hotel-Telefone!«, sagte sie und legte schnell den Hörer auf.

Ihr Herz rammte wie ein Dampfhammer in ihrer Brust. Ich

kann nicht mehr fliegen, dachte sie immer wieder unsinnigerweise und in einer teuer erkauften Denkpause, in der sie wichtige Entscheidungen hätte treffen müssen. Der Ausdruck gefiel ihr. Früher, ja früher war sie geflogen. Wie ein rächender Todesengel. Wie ein Vampir war sie über ihre Peinigerin und die Mörderin ihrer Mutter gekommen, wie ein Geier hatte sie den Prozess und die Hinrichtung ihres Vaters überschaut, wie ein Raubvogel war sie von einem Kunden zum nächsten geeilt, die fliegende Löwin. Jetzt waren ihre Flügel gestutzt. Wieder das Telefon. Also doch keine harmlose Verwechslung.

Unter diesen Umständen, dachte Serene am Rande des Nervenzusammenbruchs, unter diesen Umständen war es für den Moment das Klügste, tatsächlich Angelica Bishop zu sein.

»Hallo? Hier spricht Angelica Bishop«, meldete sie sich forsch.

»Oh, hi, endlich«, sagte der Mann. »Ich hatte gerade eben schon mal angerufen, aber Sie konnten mich wohl nicht hören.«

»Ja!«, sagte sie kichernd. »Sind Sie das, Kevin?« Nicht schlecht, dachte sie und fühlte wieder den Boden unter ihren Füßen. Gar nicht so schlecht. Sind Sie das, Kevin?

»Nein, mein Name ist Finch, Special Agent Finch. Vom Secret Service.«

»Secret Service! Special Agent«, sagte sie mit exzellent gespielter Überraschung und schaffte es sogar, ein klein wenig Humor in ihre Stimme fließen zu lassen. »Habe ich was verbrochen?«

»Nein, nein«, wehrte der Beamte ab. »keine Sorge, diesmal lassen wir Sie noch laufen. Haha, kleiner Witz. Im Ernst, Misses Bishop …«

»Miss Bishop, bitte.« Ja, sie war gut. Sie war die Beste. Sie spürte, wie ihr neue Flügel wuchsen.

»Okay, Miss Bishop. Ihr Name steht auf der Liste für das Dinner mit dem Präsidenten kommende Woche und daneben stand diese Telefonnummer.«

»Ja?«, forschte sie, jede neue Information aufsaugend wie ein durstiger Schwamm. Offenbar hatte Doktor Jamal, der mächtige Schrecken chinesischer Ärzte und Vernichter stattlicher Krankenhausrechnungen, der Führer einer scharfen Klinge und übergeschnappte Präsidentenverfolger, auch genug Macht, sie zum Abendessen mit ihrem großen Kunden zu verkuppeln. Mein Gott, dachte sie, er meinte es wirklich ernst. Ihr nächster Kunde sollte der größte Kunde der Welt werden. Der Caesar. Der Mann mit dem Lorbeerkranz, in dessen Händen das Schicksal des Planeten lag. Sollte sie jemals ernsthaft daran gedacht haben, vor Jamal davonzulaufen, dann schob sie diese Möglichkeit jetzt ein für alle Mal beiseite. Jamal hatte ihr nichts vorgemacht. Er spielte ein ganz großes Spiel und er konnte sie zertreten wie eine Laus, wenn sie nicht genau das tat, was er sagte.

»Oh, ja sicher. Ich freue mich schon sehr darauf. Ich mag den Präsidenten«, säuselte sie.

»Okay. Gut. Ich weiß, es ist nur eine ganz normale Parteispendengala, wie Sie sie sicherlich schon oft erlebt haben …«

»Hundert Mal.«

»Aber diesmal ist es doch etwas anders. Die Zeiten sind finster. Wir befinden uns im Krieg, wie Sie sicherlich wissen. Und deswegen steht diesmal die Sicherheit an allererster Stelle und erst danach kommt das Buffet. Haha, kleiner Scherz, Sie verstehen …«

»Absolut. Was kann ich tun, damit Sie mir glauben, dass ich keine bösen Absichten gegen den Präsidenten hege?« Verdammt, das war überflüssig. Hätte sie sich sparen sollen. Die Zeiten waren so finster, dass Special Agent Finch zwar selbst gern kleine Scherze machen, aber nicht über die kleinen Scherze anderer Leute lachen konnte. Zumal dann nicht, wenn sie die Sicherheit seines obersten Dienstherrn betrafen.

Finch räusperte sich und klang sachlich. »Wir benötigen eine

Kopie Ihres Lebenslaufes, Referenzadressen und die Namen von zwei Bürgen. Tut mir Leid, wenn wir Ihnen dadurch Umstände machen, aber das sind die neuen Regeln.«

»Verstanden«, sagte sie sachlich. »Kein Problem.«

Er diktierte ihr eine Adresse in Washington, an die sie die Unterlagen schicken sollte, doch sie machte sich nicht die Mühe mitzuschreiben. Wenn Doktor Jamal ihren Namen auf diese erlauchte Liste brachte, dann würde er auch die Sicherheitsprozeduren und alle relevanten Telefonnummern kennen. Er würde dafür sorgen, dass ihre Papiere in Ordnung waren, und auch zwei angesehene Bürgen für Angelica Bishop auftreiben.

»Ich hoffe, Sie haben Verständnis für diese zusätzliche Maßnahme«, sagte Finch zum Abschied.

»Absolut«, sagte Serene, deren Puls jetzt wieder normal schlug. Vertrau auf deine Reflexe, beschwor sie sich. Denk nicht nach, sondern lass deine Reflexe arbeiten. Die funktionieren immer noch besser als dein Hirn. »War nett, mit Ihnen zu sprechen, Special Agent. Sie hören von mir.«

»Wiedersehen, Misses, Verzeihung, Miss Bishop. Ich erwarte Ihre Unterlagen. Vielleicht sehen wir uns ja am Buffet.«

»Vielleicht.« Sie legte auf.

Und jetzt alles der Reihe nach. Serene griff nach der Fernbedienung des TV-Gerätes. »Hotel-Service«, stand auf dem Auswahlmenü und sie wählte ihre Zimmerrechnung an. Da stand es. Angelica Bishop. Sie war also tatsächlich Angelica Bishop und hatte es nicht einmal gewusst. Diese Entdeckung stutzte ihre soeben neu sprießenden Flügel in Windeseile wieder zusammen. Sie war nicht mehr in der Lage, das zu tun, was verlangt wurde. Ihre Reflexe waren beschädigt, ihre Jugend dahin, ihr Wille gebrochen. Sie war eine Löwin ohne Zähne. Und wenn Doktor Jamal das herausfinden würde, dann war sie eine tote Löwin.

26. Kapitel

Bamian, Afghanistan

Knapp vor Einbruch der Dunkelheit erreichten sie das Haus des Teppichknüpfers. Die schneebedeckten Berge des Hindukusch am nordöstlichen Horizont erstrahlten im letzten Licht der untergehenden Sonne. Die friedliche Schönheit der Landschaft war trügerisch, denn in der Ferne grollte das Donnern der Artillerie. Die Nordallianz – welch großer Name für eine zusammengewürfelte Lumpentruppe – lieferte sich Gefechte mit hartnäckigen Einheiten der Taliban. Seit Jahren bekriegten sie sich, ohne Fortschritt, ohne Gewinn. Noch Jahrzehnte hätten sie sich so gegenseitig verstümmeln können, ohne dass die Welt davon Notiz nahm. Aber nun zerkratzten die Kondensstreifen amerikanischer Flugzeuge den blauen Himmel, nun regneten schwere Bomben auf die Gotteskrieger. Die Nordallianz, nun Günstling der zornigen Weltmacht USA, nahm eine Stadt nach der anderen ein. Sogar Kabul war ihnen schon in den Schoß gefallen.

Ein eisiger Wind erhob sich aus den Schluchten. Er zog sofort in die Knochen und erinnerte die fröstelnden Männer daran, dass der Winter nicht mehr fern war. Margolis hatte dieses Land nur im Sommer erlebt. Drei Monate waren er und Miles Spencer 1986 als »Beobachter« mit den *mooj* unterwegs gewesen. Spencer war der Leiter der streng geheimen »Operation Freedom Fighters«, Margolis war sein zweiter Mann. Die beiden Amerikaner waren nicht oft in derselben Gruppe gereist, manchmal waren sie in völlig verschiedenen Landesteilen unterwegs, weit entfernt voneinander und ohne Kontakt. Einzig ihr Verbindungsmann, ein aufgeweckter und neugieriger Bursche namens

Kalim Fazzar, hatte den Kontakt zwischen ihnen aufrechterhalten.

Gekleidet in Lumpen, Westen und Decken, reisten die Amerikaner mit den *mooj,* teilten ihre kargen Mahlzeiten aus Lammfleisch, Lammfleisch und noch mal Lammfleisch und kauten dazu lustlos auf dem *naan*-Brot, das sie schon seit Tagen, manchmal seit Wochen mit sich herumtrugen. Mehr als einmal verfluchte Margolis den Tag, als er in die Firma eingetreten war. Einmal wurde er krank von irgendeinem widerlichen Getränk, das ihm einer seiner Mitreisenden angeboten hatte und das er nicht ablehnen konnte, ohne den Mann zu beleidigen. Er wusste bis heute nicht, was er aus der erbeuteten russischen Feldflasche getrunken hatte, aber es räumte seinen Magen und Darm derart aus, dass er eine Woche nicht aufrecht gehen konnte. Seine Erinnerungen an dieses Land waren jedenfalls keine besonders angenehmen. Und auch die *mooj,* die daheim von einer romantischen Presse gerne als Gotteskrieger und Freiheitskämpfer bezeichnet wurden, hatten nicht gerade seine Zuneigung erworben – nicht nur wegen des Trunks aus der russischen Feldflasche, von dem Margolis später überzeugt war, dass es sich um einen boshaften Scherz des Spenders gehandelt haben musste.

Die Presse, die natürlich bei aller Verschwiegenheit vom Einsatz der CIA-Leute Wind bekommen hatte, schrieb von ihnen als »Beratern« und niemand widersprach ihnen, weil sie natürlich offiziell gar nicht hier waren. Aber als Berater fungierten sie durchaus nicht. Die bärtigen Kämpfer hätten ihnen auch nicht eine Minute ihrer flüchtigen Aufmerksamkeit geschenkt. Selbst wenn die Amerikaner ihnen wertvolle Tipps und Hinweise hätten geben können – die stolzen und dickschädeligen Afghanen waren nicht bereit zuzuhören. Von keinem Ungläubigen hätten sie sich im Gebrauch der Waffen, im Sabotieren einer Pipeline oder im Legen von Minen beraten lassen. Allein den Offizieren und Verbindungsleuten des pakistanischen Geheimdienstes ISI hörten sie zu – aber auch das nicht immer. Manchmal erhoben sie sich wortlos inmitten einer Lagebesprechung, gingen selbstvergessen mit ihrer Kalaschnikow ein paar Schritte abseits und feuerten einfach wild in die Gegend. Schießübungen nannten sie das. Sie hielten sich für die besten Krieger der Welt und empfanden es als demütigend, wenn jemand ihnen Anweisungen und Ratschläge erteilen wollte. Die Amerikaner waren nur deswegen hier geduldet, weil sie Waffen brachten. Und manchmal Bargeld. Beides wurde gerne angenommen. Das hochmoderne Kriegsgerät, das Spencer und Margolis verteilten, erfreute sich größter Beliebtheit. Manche Einheiten, in denen dreizehnjährige Knaben neben Greisen kämpften, hantierten mit Flinten, die aus dem Ersten Weltkrieg stammten. Die amerikanischen Stinger-Raketen standen daher bei den primitiven Bergstämmen schon bald in dem Ruf einer Wunderwaffe. Der Einfluss und der Reichtum eines lokalen Stammesfürsten war nicht zuletzt darauf begründet, wie viele dieser Flugzeugkiller er in seinem Arsenal hatte.

Nach den drei Sommermonaten, den entbehrungsreichsten und gefährlichsten seiner Laufbahn, hatte Margolis Afghanistan mit dem dringenden Wunsch verlassen, es niemals wieder betreten zu müssen. Was ihn nicht daran hinderte, Jahre später den afghanischen Austauschstudenten Nadir Hayar bei sich aufzunehmen. Jeder Afghane, so dachte er sich damals, der die Vorzüge der täglichen Dusche, der Zeitungslektüre und des respektvollen Umgangs mit Angehörigen eines gänzlich fremden Landes kennen lernen konnte, war ein Sieg für die westliche Zivilisation. Seine Frau Lisa, die zweimal Bill Clinton gewählt hatte, weil sie Hillary mochte, schalt ihn zwar für diese, wie sie fand, arrogante und kolonialistische Sichtweise, aber sie hatte schließlich nicht in diesem Land gelebt, war nicht durch seinen Schmutz gekrochen und hatte ständig lustlos auf Lammfleisch herumgekaut. Und, wie sich Jahre später zeigte, hatte Margolis ja auch Recht behalten, als Nadir sich mit ihm in Verbindung setzte, um lebenswichtige Informationen aus dem Lager des Prinzen zu liefern.

Und nun war er wieder in diesem verdammten Land, im Haus eines Teppichknüpfers, und aß – was wohl? – Lammfleisch.

Nach dem Essen legten sich die Männer auf zerfledderten Matratzen hin, unter Bergen von muffigen Decken. Margolis dachte an zu Hause und hatte Heimweh. Lisa fehlte ihm sehr. Und seine Töchter auch. Er konnte lange nicht einschlafen. Die Artilleriegefechte hörten auch in der Nacht nicht auf. Draußen, in mindestens zwanzig Kilometern Entfernung, wummerten die schweren Geschütze. Der Russe redete im Schlaf und fürchtete sich vor den *dukhi*. Manchmal zuckte er heftig zusammen. Abdul Gahid schnarchte und furzte wie ein Braunbär im Winterschlaf, sein massiger Bauch wölbte und senkte sich unter den Decken, als werde er von einem unsichtbaren Blasebalg aufgepumpt. Einzig Aziz, der smarte Libanese, der Margolis dadurch verblüfft hatte, dass er ein komplettes Toilettenset einschließlich Pinzette, Rasiercreme und Aftershave sowie eine Nagelschere und mehrere Zahnbürsten mit sich führte, lag still auf seinem Lager.

Die vier Männer waren am Morgen in Duschanbe aufgebrochen, nachdem sie sich auf dem örtlichen Kleidermarkt in die landesübliche Tracht geworfen hatten: weite, sandfarbene Baumwollhosen, zwei Lagen Pullover aus billigem Kunststoff, Stiefel, Mäntel und andere Versatzstücke aus den Beständen der der russischen Armee.

Mit einem alten russischen Hubschrauber, den Rafi, der zurückblieb, im Auftrag von Abdul Gahid besorgt hatte, verließen sie die tadschikische Hauptstadt. Neben der verrosteten Kiste, die Margolis vorkommen wollte, als tauge sie allenfalls noch als Schweinestall und bestimmt nicht als Fluggerät, lagen achtlos hingeworfen Säcke mit Getreide, Mehl, Trockenmilch und Medikamenten. Margolis wurde wütend bei dem Gedanken, dass Gahid offenbar einen Hilfsflug des Roten Kreuzes gekapert hatte. Der Libanese hatte ihn nur grinsend angesehen, als wolle er sagen: Ich kann eben alles möglich machen.

Der Hubschrauber brachte sie nach Faisabad, der ehemaligen Perle des Pandschir, und von dort aus setzten sie ihren Weg mit einem betagten Toyota-Jeep fort, der sie am Flugfeld erwartete. Gahid persönlich saß hinter dem Steuer. Er fuhr nicht auf der Hauptstraße, das war selbst ihm zu gefährlich. Der Weg führte durch enge Täler und an namenlosen Flüssen und Bächen entlang.

Das unwirtliche Land war genauso, wie Margolis es in Erinnerung hatte – nichts als Geröll, lose Steine, nackte Felsen. Keine Häuser, allenfalls vergessene Ruinen, die sich wie Schorf an die Haut einer gnadenlosen Erde klammerten. Grau und braun die Hänge der Hügel und Berge. Das einzige Grün zeigten die Büsche, die an den kiesigen Ufern der Wasserläufe standen. Verkrüppelt waren die Pflanzen, knorrig und unansehnlich – so als ärgerten sie sich bis heute, dass der Wind ausgerechnet ihre Samen in dieses verfluchte Land getragen hatte.

Erst als die Männer nach stundenlanger Rüttelfahrt ein weitläufiges Tal erreichten, das tatsächlich so aussah, als könne man hier vielleicht Nutzpflanzen anbauen, als sie die ersten Dörfer erblickten, die wie lehmige Festungen aussahen, bog Gahid auf eine staubige Hauptstraße ein. Sie war gesäumt von ausgebrannten Wracks: Lastwagen, Panzer und auch PKWs. Niemand fuhr in ihre Richtung, nach Süden.

Dafür kam ihnen eine fast ununterbrochene Karawane von Karren entgegen – gezogen von müden Eseln oder noch müderen Männern. Die Entwurzelten des Krieges, gepeinigt von jahrelanger Dürre, vielleicht auf dem Weg zurück in ihre Dörfer und Städte. Oder, wenn sie diese zerstört vorfanden, in eine

ungewisse Zukunft. Ein Lager an der Grenze, wenn sie Glück hatten. Vielleicht mit einem Arzt, der sich um die Kinder kümmern konnte, die blass, hohlwangig und mit leeren Blicken in den Armen ihrer Mütter eines langsamen Todes starben.
Die Frauen, die sie trugen, waren selbst nicht mehr als kraftlose Bündel, die nur noch von ihrer Burka, ihrem Ganzkörperschleier, diesem tragbaren Gefängnis, aufrecht gehalten wurden. Ein kleiner Windstoß mochte genügen, um sie umzuwehen und einem einsamen Tod am Straßenrand zu überlassen.
»Da siehst du, Gummisohle, was eure Luftangriffe hier anrichten«, sagte Abdul Gahid irgendwann. »Sie bringen nur noch größeres Elend.«
Margolis, dem fast die Tränen kamen, als er die endlose, zerlumpte Karawane der Heimatlosen betrachtete, die am linken Straßenrand vorüberzog, war nicht im Mindesten empfänglich für diesen Vorwurf.
»Vielleicht schaffen sie es in ein Flüchtlingslager«, antwortete er bitter. »Und vielleicht wäre es noch nicht zu spät, dem einen oder anderen Kind das Leben zu retten. Aber ›Nein, tut uns Leid‹ wird man ihnen sagen. ›Der Hubschrauber aus Duschanbe mit den Hilfsgütern, der ist heute nicht angekommen. Der wurde umgeleitet. Vielleicht kommt er morgen.‹«
Gahid holte Luft, um etwas zu entgegnen, aber ihm wollte so schnell nichts einfallen.
Der brave Aziz, stets zu Diensten, rettete seinen Herrn. »Wir verbringen die Nacht in einem Haus etwa siebzig Kilometer südlich von hier«, sagte er ohne ersichtlichen Zusammenhang, so als hätte Margolis gefragt, zu welchem Ziel sie eigentlich unterwegs waren. »Es gehört einem Teppichhändler namens Mohammed Abdullah. Ein zuverlässiger Mann und alter Freund. Leider hat er das Geschäft mit den Teppichen schon seit einer Weile aufgegeben. Er hatte wundervolle Ware. Ich selbst habe

mir zwei sehr schöne Brücken von ihm anfertigen lassen … Vorsicht, da vorne! Das sieht wie eine Straßensperre aus.«
Tatsächlich hatten sich mitten auf der Straße neben einem verrosteten LKW bewaffnete Kämpfer aufgebaut, Tadschiken, die zu den Truppen der Nordallianz gehörten. Sie stoppten den Jeep, indem sie ihre Waffen hochrissen und auf die Fahrerkabine zielten. Dies war nicht das Land der geregelten Verkehrskontrollen. Die Straßenwächter in ihren schlackernden Kleidern, die aus mindestens zwei verschiedenen Uniformen zusammengeschustert waren, sahen aus wie Schuljungen. Keiner der beiden war älter als sechzehn Jahre.
Abdul Gahid betätigte den elektrischen Fensterheber und ließ die staunenden Jünglinge kaltschnäuzig und auf Arabisch wissen, dass er mit drei Spezialisten aus den USA die lange erwartete Bodenoffensive der amerikanischen und britischen Truppen vorbereiten wolle und auf dem Weg nach Kabul sei. Er zückte aus seiner Weste zwei zerknitterte Dollarscheine und drückte sie dem Posten in die Hand – und schon war der Weg nach Süden wieder frei. Sobald der Toyota an Fahrt gewonnen hatte, grinste Gahid breit. Noch sieben weitere Straßenblockaden hatten sie zu überwinden, alle bemannt mit jungen, nervösen Wachen, die in ihren Ersatzteiluniformen und mit entsicherten Sturmgewehren auf sie zukamen. Dem nächsten Posten erklärte Gahid, dass sie amerikanische Geologen seien und auf dem Weg, die geheimen Erdölreserven des Landes zu erkunden. Er schien Gefallen an dieser Geschichte zu finden und spann sie noch weiter fort. Bald waren sie amerikanische Ingenieure der Firma Caltex, die Pipelines vermessen wollten, dann mutierten sie zum leibhaftigen amerikanischen Vorstand von Caltex, der mal nach dem Rechten sehen wollte. Schließlich wurden sie amerikanische Caltex-Kunden, die einfach nur mal nachsehen wollten, wo eigentlich das Öl gefördert wurde, das ihre Autos antrieb. Zu diesem Zeitpunkt hatte Margolis längst begriffen,

dass die Posten einzig und allein auf das Wort »amerikanisch« und die zerknitterten Dollarscheine reagierten. Zuletzt übertrieb es Gahid ein wenig und verkündete, sie seien die Anführer einer amerikanisch-zionistischen Weltverschwörung und auf dem Weg, ihr Hauptquartier in Kabul aufzuschlagen, aber da war es schon fast dunkel und sie hatten das Dorf Kahar Muhad erreicht, das in einem Seitental etwas abseits der Hauptstraße lag. Hier wohnte Gahids Kontaktmann, der Teppichhändler.
Kaum waren sie aus dem Wagen gestiegen und streckten die eingerosteten Glieder, als vier US-Jets im Niedrigflug und mit Höllenlärm über sie hinwegfegten und jenseits der südlichen Hügel ihre Bombenlast abwarfen. Sie befanden sich weniger als zwanzig Kilometer entfernt von der ständig wechselnden Frontlinie. Sie zogen unter dem kreischenden Getöse alle unwillkürlich die Köpfe ein. Aber Jurij, der Russe, der auf dem ganzen Weg kein Wort gesagt, sondern nur stumm vor sich hingestarrt hatte, warf sich mit einem Aufschrei auf den Boden und kroch unter den Toyota, um Schutz zu suchen.
»Er steht unter Stress«, sagte Gahid entschuldigend. »Das wird sich geben. Ich weiß, dass er ein harter Knochen ist, sonst wäre er schon längst lala geworden.«
»Gaga«, korrigierte Margolis ohne nachzudenken und starrte auf Jurijs Füße, die unter dem Toyota herausragten.
»Wieso gehen wir nicht hinein und sagen dem Teppichknüpfer guten Tag?«, meldete sich Aziz.
Und sie nahmen seine Anregung auf.
Dies war der Moment, in dem das Abendlicht der Sonne die weißen Bergspitzen in ein unwirkliches Feuer tauchte und der beißende Wind aus den Schluchten kroch. Der Moment, in dem das Land sie mit seinem kalten Atem begrüßte und zu fragen schien: Seid ihr stark genug, es mit mir aufzunehmen?
Wie sich herausstellte, war der Teppichknüpfer nicht anwesend. Die verhüllten Frauen, die wie Gespenster durch die nied-

rige, aus Lehm und selbst gebackenen Steinen errichtete Behausung huschten, berichteten, dass er von den Truppen der Nordallianz zwangsverpflichtet worden sei, um gegen die Feinde im Süden zu kämpfen. Sie bereiteten schweigend das Abendessen für die Besucher und verzogen sich grußlos in einen Anbau des Hauses.

Irgendwann kam Jurij herein und setzte sich wortlos an das Feuer, das in der Mitte des Raumes brannte. Seinen unsteten Bewegungen konnte Margolis entnehmen, dass der Russe heftig an seinen Wodkavorräten zehrte. Was wäre, wenn er alle Flaschen geleert hatte? Wie sollte ihnen ein von Todesangst verfolgter Mann, der seinen einzigen Treibstoff aufgebraucht hatte, weiterhelfen? Margolis beschloss, nicht weiter darüber nachzudenken.

»Was ist unser nächstes Ziel?«, fragte er Gahid, eigentlich nur, um sich abzulenken. Er erwartete keine ehrliche Antwort.

»Das hat uns dein Nadir über deine Gattin mitteilen lassen. Die Höhlen von Ghostum«, sagte der Libanese.

Jurij zuckte zusammen und senkte den Kopf tief über seine Schale mit Schafsuppe.

»Die Höhlen von Ghostum«, wiederholte Margolis. »Wo ist das?«

»Ungefähr zweihundert Kilometer südwestlich von hier. Ziemlich hoch in den Bergen und nicht ganz leicht zu erreichen. Ich war selbst auch noch nicht dort. Aber jemand, den wir kennen, wird unser Führer sein.«

Jurij Titov schien in seiner Schale verschwinden zu wollen.

»Du warst dort?«, fragte Margolis ihn und versuchte seine Scheu vor dem Russen zu überwinden. Der Mann war ihm nicht geheuer.

»Ja«, sagte Jurij zu Margolis' Überraschung. Tatsächlich war jeder in der Runde über diese rasche und klare Antwort überrascht, einschließlich dessen, der sie gegeben hatte. Der ungewohnt feste Klang seiner eigenen Stimme schien den Veteranen aufgeweckt zu haben. Er musste eine ganze Menge Wodka in sich hineingeschüttet haben, denn er sprach zwar langsam und konzentriert, aber trotzdem verlallte er manche Worte. »Ich weiß nicht, woher Abdul Gahid diese Information hat, aber sie ist zutreffend.«

»Wundere dich nicht, mein Freund.« Gahid hob unschuldig die Hände. »Ich weiß alles.«

»Ich war monatelang in den Höhlen von Ghostum zu Gast«, fuhr der Russe fort und ein schräges Lächeln, das im Feuerschein noch unheimlicher wirkte, als es ohnehin schon war, stahl sich auf sein Gesicht. »Ich weiß nicht, wo die Höhlen sind. Mir waren auf dem Weg dorthin und von dort weg immer die Augen verbunden. Aber da drinnen kenne ich jeden Stein und jede Unebenheit in der Wand. Sie sind groß, die Höhlen, groß wie eine Stadt. Größer als das Moskauer U-Bahn-Netz. Und die Gänge sind lang ...« Er verstummte, als in der Ferne dumpfes Bombengrollen ertönte.

»Es sind alte Lapislazuli-Minen«, sagte Abdul Gahid. »Sehr weitläufig. Das perfekte Versteck für einen flüchtenden Schurken. Um genauer zu sein, es ist das perfekte Versteck für ihn und eine ganze Armee.«

»Einmal habe ich gesehen, wie sie einen russischen Panzer hereingebracht haben«, sagte Jurij und griff ganz offen zu seiner Wodkaflasche, die er in der Innentasche seiner Armeejacke verborgen hatte. »Die Besatzung hatten sie am Panzerrohr aufgehängt. Drei Mann, keiner älter als zwanzig. Einen kannte ich mit Namen.«

»Furchtbare Kerle.« Aziz schüttelte angewidert den Kopf und zwirbelte sich nervös seinen Schnurrbart.

»Der Tod ist eine Hure«, sagte Jurij. »Der Tod ist eine verdammte Hure.«

Das sagen immer nur die Aggressoren, dachte Margolis, während er ins Feuer blickte. Erst als die fragenden Blicke seiner Gefährten ihn trafen, wurde ihm bewusst, dass er diese Worte laut ausgesprochen hatte. Es war ihm peinlich, dass er sich nun erklären musste. »Ich war nicht in Vietnam, aber mein bester Freund war dort. Er kam ohne Beine zurück. Irgendwann sprachen wir darüber, warum wir diesen Krieg wohl verloren hatten, und er sagte: ›Wir hatten Angst vor dem Tod. Aber die Vietcong liefen in die Schlacht und schrien: Der Tod ist eine schöne Frau!‹«

»Der Tod ist ein Sack voll Scheiße, meine Herren«, polterte Abdul Gahid. »Und ich lege mich jetzt schlafen.«

Aziz folgte ihm, und Margolis blieb noch eine Weile mit dem Russen am wieder brennenden Feuer sitzen. Keiner sagte ein Wort und doch schienen sie miteinander zu reden. Die Hitze tat ihren Gesichtern gut und wärmte ihre Knochen.

»Ich bin müde.« Mit diesen Worten verschwand Jurij irgendwann.

Als Margolis später in den ehemaligen Lagerraum des verschwundenen Teppichknüpfers hinüberging, da schliefen die anderen schon tief und fest. Jurij zuckte und stöhnte, Gahid schnarchte und furzte und Aziz lag vornehm und ruhig da. Auch Margolis streckte sich auf dem filzigen Lager aus, aber schlafen konnte er nicht.

Er starrte in die Dunkelheit, lauschte auf die fernen Donnergeräusche der Kanonen und Bomben und sah zu, wie das Feuer im Nebenraum erlosch. Und dann kam ihm der Gedanke: Gahids Telefon! Der Libanese hatte ein kleines Satellitentelefon bei sich und Margolis hatte zufällig gesehen, wie er es in seinen Sachen versteckt hatte. All ihre Taschen und Bündel lagen draußen im großen Raum, wo das Feuer gebrannt hatte.

Leise erhob er sich wieder und schlich hinaus. Ein Griff in die Reisetasche des Libanesen und er fühlte die Konturen des schmalen Gerätes, das nicht viel größer als ein normales Mobiltelefon war, allerdings mit einer Antenne, lang wie ein französisches Weißbrot. Er nahm es an sich, er presste es an seine Brust wie einen kostbaren Schatz und schlich nach draußen.

Lisa und seine Töchter – jetzt waren sie nur wenige Sekunden von ihm entfernt. Es war, als halte er plötzlich einen Schlüssel in den Händen, der ihn zurück in sein altes Leben bringen konnte. Auch wenn er – Dienst ist Dienst – zuvor noch bei der Firma anrufen musste, wo man sich sicherlich schon fragte, wo Margolis eigentlich abgeblieben war.

Er entfernte sich auf hundert Meter von dem Haus des Teppichknüpfers, das eine halbe Meile abseits vom Rest des Dorfes stand, und schaltete das Telefon ein. Bange Sekunden wartete er, bis die Antenne ihr Signal gefunden hatte, hörte das Freizeichen und wählte nervös die Telefonnummer an, die weniger als ein halbes Dutzend Menschen kannten – die des roten Telefons auf dem Schreibtisch des Leiters der CT-Abteilung, Greg Foster.

»Ja?«, meldete sich eine vertraute Stimme. Nicht Fosters Stimme. Aber Margolis war so nervös, dass er gleich lossprudelte, während er im Unterbewusstsein registrierte, das irgendetwas anders war als sonst.

»Hier ist Margolis, ich bin in Afghanistan auf dem Gebiet der Nordallianz! Abdul Gahid will uns in die Höhlen von Ghostum führen, wo der Prinz sich versteckt hält«, spulte er schnell seine wichtigsten Informationen herunter, als er plötzlich erkannte, wer den Hörer abgenommen hatte.

»Kalim?«, fragte er verwirrt.

»Hi, Steve! Wo bist du?«

»Kalim? Ich muss mit Foster sprechen!«

»Und er mit dir. Du sollst so schnell wie möglich zurückkommen.« Kalim klang so alarmiert und nervös, wie Margolis seinen Kollegen noch nie erlebt hatte. Was, zum Teufel, war daheim bloß los?

»Aber Spencer hat ...«

»Spencer ist tot. Foster ist jetzt Vizedirektor und er will dich hier haben.«

»Ich habe einen Job zu erledigen«, protestierte Margolis.

»Steve, komm sofort zurück. Das ist ein Befehl. Es ist zu deinem eigenen Besten.«

»Was sagst du da? Seit wann erteilst du mir Befehle?«

»Es wird zu gefährlich. Komm nach Hause. Das ist Fosters Befehl.«

Margolis konnte den letzten Satz nicht verstehen, weil ein F-18-Bomber ein paar Meilen südlich am Nachthimmel eine elegante Kurve hinlegte und der Wind das Kreischen seiner Triebwerke wie eine Flutwelle in die Schluchten trieb.

»Was?«, rief er gepresst.

»Steve, es ist etwas im Busch, alle haben Angst vor einem neuen Terroranschlag. Wir müssen Omar finden, Nadir Hayar. Du bist der Einzige, bei dem er sich melden wird. Können wir ihn finden? Hast du Kontakt zu ihm?«

Selbst in seiner bizarren Lage, kauernd über einem geklauten Telefon am Fuße eines vegetationslosen Berges in einer kalten Nacht und mit dem Geräusch einer angreifenden F-18 im Ohr, klingelten in Margolis' Hirn die Alarmglocken. Wieso kannte Kalim plötzlich den Namen seines persönlichen und geheimen Informanten?

»Ruf sofort Foster ans Telefon«, sagte er streng. Gewiss, Kalim war sein Kollege und sie arbeiteten an derselben Sache. Aber in der Hierarchie stand er unter ihm. Und die Tatsache, dass Kalim Fazzar soeben gesagt hatte: »Das ist ein Befehl«, wollte Margolis gar nicht passen. Irgendetwas stimmte nicht, signalisierten seine Instinkte.

»Foster ist nicht da. Ich bin jetzt Abteilungsleiter. Und ich befehle dir.«

»Du bist Abteilungsleiter?«, stammelte Margolis.

»Ja, verdammt. Nur vorübergehend. Und ich meine es nur gut mit dir.«
Die Alarmglocken schrillten jetzt auf doppelter Lautstärke. Wieso sollte erstens Fazzar Abteilungsleiter werden und nicht er? Und wieso sagte Fazzar so etwas völlig Absurdes wie: »Ich meine es nur gut mit dir«?
»Fick dich!«, sagte Margolis wütend. Er hatte nichts gegen Fazzar, aber er nahm keine Befehle von ihm entgegen. Und er wollte von ihm bestimmt nicht hören, dass er es gut mit ihm meinte. Wie konnte es Foster oder irgendjemandem einfallen, ihn bei der Beförderung zu übergehen?
»Ich meine es gut mit dir«, wiederholte Kalim Fazzar langsam und in seiner Stimme klang jetzt eine unausgesprochene Drohung mit. Margolis überlegte fieberhaft, was das zu bedeuten hatte. Er musste Foster erreichen. Irgendwas stimmte nicht und er wusste nicht, was es war. Die F-18 donnerte jetzt so tief über das Tal, dass er die Umrisse der Raketen unter ihren Tragflächen genau erkennen konnte.
»Ich meine es gut mit dir. Und mit deiner Familie«, sagte Kalim Fazzar noch einmal.
Margolis unterbrach die Verbindung. Keine Zeit zu verlieren. *Jemand operiert direkt unter eurer Nase*, hatte Abdul Gahid gesagt. *Und er zupft euch jedes einzelne Barthaar einzeln aus*. Verdammt, der Bastard hatte Recht gehabt. Und nun wusste auch Margolin, wer dieser Jemand sein konnte. Und dieser Jemand wusste, was ihm das Teuerste auf der Welt war.
Voll böser Vorahnungen wählte er die Nummer des Hauses in Forrest Lane, Virginia.
»Hallo?« Gott sei Dank, sie war da.
»Lisa! Hast du Kalim von Nadir Hayar erzählt?«, fragte er. Seine Stimme verlor sich unter dem Kreischen einer neuen Welle von amerikanischen Jägern, die sich irgendwo am nördlichen Himmel sammelten.

Sie zögerte. »Ja, sicher. Aber er schien schon alles zu wissen. Was geht hier vor? Was ist das für ein Lärm bei dir?«

Er schien schon alles zu wissen! Mehr Beweise waren nicht nötig. Kalim Fazzar spitzelte ihm hinterher und horchte seine Familie aus. Kalim war der Verbündete des Prinzen in ihrem eigenen Hauptquartier.

»Mach dir keine Sorgen!«, sagte Margolis unsinnigerweise. Er wusste genau, dass er lauter sprach, als es für einen heimlichen Anruf ratsam war, aber das Geräusch der amerikanischen Kriegsvögel schwoll plötzlich ohrenbetäubend an.

Weiter kam er nicht, denn das Kreischen des Jägers war nun direkt über ihm wie der Schrei eines Adlers, der auf seine Beute niederstieß. Unter ohrenzerfetzendem Krachen schlugen die Geschosse ein, beschrieben einen feurigen Halbkreis entlang der Hügelkette und stoppten nur wenige Meter vor dem Haus des Teppichknüpfers. Das Dröhnen der Flugzeugtriebwerke war nun so stark, dass Margolis fürchtete, seine Trommelfelle würden platzen. Ein zweiter Flieger, eine zweite Salve regnete von der gegenüberliegenden Seite des Tals herab und zog eine Feuerspur zwischen ihn und das Haus. Der Toyota wurde getroffen und ging augenblicklich in Flammen auf.

Ein Schatten flog aus der Dunkelheit heran und kam über ihn mit tödlicher Wucht. Das Mobiltelefon, die kostbare Verbindung in die Heimat, wurde ihm aus der Hand gerissen und zerschellte auf den Steinen. Margolis knallte zu Boden und sein Kopf schlug hart auf einen faustgroßen Stein, der sein Bewusstsein ausschaltete wie ein Licht.

Sein letzter Gedanke war, dass er Lisa und die Mädchen niemals wiedersehen würde.

27. Kapitel

Bari, Italien

Es war ein arabischer Herbstwind, der an diesem Abend durch die Gassen der Altstadt wehte. Es war der Wind aus der Levante und er führte winzige Sandkörnchen mit sich, war schwanger mit den Gerüchen und dem Flüstern der Wüste und dem Atem des heiligen Bodens. Der Wind der Sarazenen war zurückgekommen.

Murat Bhengal hielt auf dem Weg nach Hause inne und atmete die köstlichen Versprechen des Windes tief ein. Die Kühle, die er eben noch gespürt hatte, war mit einem Mal verschwunden und er fühlte sich, als tanke er Kraft aus diesem Wind. Die Gassen leerten sich, es lungerten nur noch die Banden der Straßenjungs in den dunklen Ecken, wartend auf verirrte Touristen, die sie um Geldbeutel oder Handtaschen erleichtern konnten. Jedesmal wenn er durch die geheimnisvolle Altstadt von Bari die Treppen und grob gepflasterten Wege zu seiner winzigen Wohnung entlangschritt, kam sich Murat vor wie ein Eroberer in dieser ehemaligen Kreuzfahrerstadt. Heute gehörte sie ihm. Er war wie ein Nachfahre der Sarazenen, die einst hier gewohnt hatten und deren Geist er immer noch zu spüren meinte. Der Kampf um die Herrschaft über das Mittelmeer war wieder eröffnet worden – und diesmal waren die Rechtgläubigen durch keine Hinterlist und keine Armee mehr zu besiegen. Eine neue Zeit stand bevor.

Murat war vor zehn Jahren in Bari gelandet, damals gerade vierzehn Jahre alt und mit nichts am Leib als einer dreckigen Hose. Er war einer von tausenden, die den Frachter *Vlora* im Hafen von Durres in seiner Heimat Albanien gekapert hatten.

Murat Bhengal hatte an diesem Tag einfach nur am Hafen gestanden und auf einen Job als Löscharbeiter gewartet, als plötzlich hunderte, dann tausende Menschen auf dieses Schiff stürmten, als gäb es dort etwas umsonst. Ohne nachzudenken schloss er sich ihnen an. Dicht gedrängt, die meisten ohne eine Vorstellung, wo sie überhaupt hinwollten und was sie dort erwartete, harrten sie an Deck, in den Kabinen und den Laderäumen aus, bis endlich der Hafen von Bari in Sicht kam.

Als man ihnen die Landung zuerst verwehrte, hatten manche schon die Nerven verloren und waren über Bord gesprungen. Schwimmend versuchten sie an Land zu kommen, wo sie von den Grenztruppen sofort festgenommen wurden. Nicht Murat. Er blieb an Bord bis zuletzt. Bis den Flüchtlingen aus Albanien gestattet wurde, sich für ein paar Tage am Dock und im Fußballstadion einzurichten. Einige probten dort den Aufstand, attackierten die Soldaten, die die Ausgänge bewachten, und legten Feuer. Nicht Murat. Er sah genau zu, merkte sich Gesichter oder auch Namen und suchte die Nähe der italienischen Beamten, denen er seine Informationen über die Aufrührer weitergab. Die Italiener, die Dummköpfe, wussten das zu schätzen. Und als ein paar Tage nach ihrer spektakulären Flucht fast alle der *Vlora*-Flüchtlinge wieder zurück auf den Balkan transportiert wurden, war Murat einer der wenigen, denen tatsächlich politisches Asyl in Italien gewährt wurde. Konnte er, der sein Alter mit achtzehn angab und sogar damit durchkam, doch die Behörden davon überzeugen, dass ihm fürchterliche Rache drohte, wenn die anderen herausfanden, dass er sie bei den Italienern verraten hatte. Außerdem war er schließlich als Moslem in seiner Heimat allen nur erdenklichen Schikanen ausgesetzt und wurde an der Ausübung seiner Religion gehindert. Das – und die guten Spitzeldienste, die er den Wachtruppen am Stadion geleistet hatte – war die Pforte in ein neues Leben. Es mochte auch von Bedeutung gewesen sein, dass Murat eine Waise war,

ledig und ohne Nachkommen – es bestand nicht die Gefahr, dass er jemanden nachholen würde. Wie hatten sie sich getäuscht! Er holte tausende nach.
Mittlerweile, zehn Jahre nach seiner Flucht, war er italienischer Staatsbürger, sprach die Landessprache fließend und ohne Akzent und arbeitete als Koch in einem beliebten Nudelrestaurant am Hafen. Still, zuverlässig und respektiert von seinen Kollegen, auch wenn es manchen immer noch schwer fiel, einen Moslem in der Küche zu akzeptieren.
Statt nach Rom oder Mailand zu gehen oder sogar in ein anderes, reicheres Land der Europäischen Union weiterzuziehen, blieb Murat in Bari, weil er dort seiner eigentlichen Arbeit am besten nachgehen konnte. Er schmuggelte Menschen. Flüchtlinge vom Balkan, aus den kurdischen Gebieten der Türkei und aus Tschetschenien. Zehntausend amerikanische Dollar pro Person zahlten die illegalen Immigranten und Murat besorgte die Schiffe, die Lastwagen und die falschen Papiere. Für Murat blieben nach Abzug aller Unkosten immer noch tausend Dollar pro Nase. Seit er dieses einträgliche Geschäft begonnen hatte, mochten es an die zehntausend Flüchtlinge sein – Männer, Frauen und Kinder –, die er nach Europa geschleust hatte. Auch wenn bis zu siebzig Prozent seiner Kunden von der Polizei aufgegriffen und zurückgeschickt wurden, schmälerte das nicht seinen Nettoverdienst, denn selbstverständlich zahlten die Flüchtlinge im Voraus. Da Murat klug war und die Fassade eines braven Nudelkochs nicht verlieren wollte, hortete er das Geld in seiner Wohnung und wartete auf den Moment, in dem sein Leben einen Sinn erhalten sollte. Murat war tief religiös. Die Religion war ihm eingeprügelt und eingebrannt worden in seinem Waisenhaus, das von einer islamischen Untergrundgemeinde in Durres betrieben wurde. So streng wie das Religionsverbot der Kommunisten außerhalb ihrer geheimen Koranschule, so streng war das Regiment des Mullahs, der

Murat und noch ein Dutzend andere Waisen unterrichtete. Prügel, Essensentzug und immer wieder sexuelle Quälereien erduldete er über Jahre und paukte sich in seiner Verzweiflung die unverständlichen arabischen Texte in sein ängstliches Gehirn. Murat verließ die Schule mit zwölf Jahren, äußerlich ein kräftiger Junge, aber im Geist ein verkrüppelter Gnom, fähig und willens, anderen all das zuzufügen, was er selbst an seinem Leibe erduldet hatte. Mit Hilfsarbeiten schlug er sich durch, bettelte, bis eines Tages am Hafen die Menge auf die *Vlora* stürmte und Murat sich ihr anschloss.

Er war jetzt Mitte zwanzig. Sein offenes und unschuldig wirkendes Gesicht täuschte darüber hinweg, dass er in seinem Leben mehr Menschen hatte sterben sehen – einige von seiner eigenen Hand –, als er zählen konnte. Denn er war dem Ruf des Heiligen Krieges gefolgt. Zwei Mal hatte er seinen gesamten Jahresurlaub und noch zwei unbezahlte Monate dazu genommen und war in die Heimat gefahren, hatte an der Seite der albanischen Brüder gegen die Serben gekämpft. Zusammen mit den Brüdern aus Ägypten, deren Einheit er sich angeschlossen hatte. Tapfere, fürchterliche Männer, die den blutrünstigen Serben in ihren Methoden und ihrer Entschlossenheit in nichts nachstanden. Am liebsten wäre er bei ihnen geblieben, aber ihr Anführer, Abdullah al-Fakr, hatte ihn beschworen, wieder nach Italien zu gehen, denn dort werde er für größere Aufgaben gebraucht.

Murat tat, was ihm gesagt wurde. Er war bereit, sein Leben für die Rückeroberung Arabiens aus der Hand der Verräter und Ungläubigen zu opfern, und dürstete nach der Chance, sich zu bewähren. Seine Reichtümer, von denen er dem ägyptischen Freund berichtet hatte und von denen er inzwischen die Hälfte für Waffen und andere wohltätige Zwecke gestiftet hatte, sollten zum richtigen Zeitpunkt in den Dienst der heiligen Sache gestellt werden. Murat freute sich auf diesen Tag, denn das Geld bedeutete ihm nichts. Er hatte keine Familie, keine alten Eltern und keine Geschwister, die er versorgen musste. Er hatte keine Frau und keine Kinder. Er hatte kein Interesse an weiblicher Begleitung, an schnellen Autos und teuren Uhren. Aller Luxus, den seine versteckten Ersparnisse ihm ermöglicht hätten, interessierte ihn nicht. Er war taub gegen die Lockrufe des Reichtums und unempfindlich gegen den süßen Duft des Überflusses. Murat brauchte nichts als seine kleine, spärlich möblierte Wohnung im fünften Stock eines heruntergekommenen Altstadtgebäudes. Er brauchte keine feinen Speisen und keine Laken aus Seide und keine Reisen. Die einzige Reise, die er, abgesehen von seinen Ausflügen an die jugoslawische Front, je unternommen hatte, war eine Pilgerfahrt nach Mekka. Dollarscheine türmten sich in seiner bescheidenen Bleibe und Murat machte sich einen Spaß daraus, sie zusammenzurollen und damit seine Wasserpfeife zu entzünden. Er fühlte, wie mehr und mehr der Geist der Sarazenen, der in den Mauern seiner Exilheimat wohnte, nach ihm griff. Er wollte sein wie sie, die großen Herren des östlichen Mittelmeeres, stolz, rechtgläubig und unbezwingbar. Ihr Glaube war sein Glaube. Jede kleine Schikane, jede rassistische Spitze, jede ätzende Bemerkung seiner katholischen Kollegen im Nudelrestaurant festigte seinen Entschluss. Bari würde er zurückerobern und vielleicht ganz Europa dazu, die Heimat der mörderischen Kreuzfahrer. Manchmal, wenn er die Flüchtlinge am Strand in Empfang nahm, die bärtigen Männer, die Frauen in ihren Kopftüchern, dann fühlte er sich auf dem richtigen Weg. Er würde Europa überfluten mit den Armen und Elenden aus dem Osten. Er würde den Kreuzrittern und Gottlosen das nehmen, was ihnen am meisten bedeutete: ihren Reichtum. Er vergaß dann, dass die Armen und Elenden aus dem Osten beträchtliche Reichtümer aufgewendet hatten, um ihn zu bezahlen. Auch sie leisteten eben durch diese Zahlungen unbewusst einen Beitrag für die Sache der Glaubenskrieger.

Vor etwa einem Jahr war ein Abgesandter von Abdullah al-Fakr urplötzlich vor seiner Tür erschienen.
»Der Krieg hat begonnen«, sagte der Mann mit dem schwarzen Bart. »Bist du bereit zu sterben?«
»Ich umarme den Tod«, hatte Murat geantwortet und das Glänzen seiner Augen log nicht.
»Bist du auch bereit zu töten? Ungläubige zu töten?«
»Einen Ungläubigen zu töten ist kein Verbrechen, sondern im Heiligen Krieg eine Pflicht.«
Der Mann, der sich nicht mehr als zwei Stunden bei ihm aufhielt und ab und zu nervös aus dem Fenster blickte, hinterließ eine Liste mit Kontaktnummern ihrer Organisation in ganz Europa. Er schärfte dem Albaner ein, dass er sich mit diesen Leuten erst dann in Verbindung setzen dürfte, wenn er seine Befehle bekäme. »Der Feind schläft nicht«, warnte er und spähte immer wieder aus dem Fenster auf die verwinkelten Altstadtgassen, in denen er offenbar seine unsichtbaren Verfolger vermutete.
Von diesem Tag an gab es für Murat nur Warten und Hoffen, dass er bald gerufen würde, um seine Pflicht zu tun. Er las den Koran, den er längst auswendig konnte, mit einer Inbrunst, die ihn zum Erzittern brachte. Je stärker sein Hass gegen die Katholiken wurde, desto gerissener wurde seine Verstellung. Er war freundlich gegenüber seinen Kollegen, auch wenn sie Hurensöhne waren. Er war freundlich gegenüber den Gästen, den Alkoholtrinkern und Schweinefleischessern. Er las die Zeitungen und staunte über die Heldentaten des Mannes, den sie den Prinzen nannten und der, wie er wohl wusste, ein Verbündeter seines ägyptischen Freundes al-Fakr war. Er sah die Feuerzeichen am Horizont und über den Städten der Ungläubigen und wusste, die Stunde seines Auftritts rückte näher. Er sammelte in einem Versteck in der Wand sein Geld, inzwischen waren es über fünf Millionen Dollar, und wartete auf den Moment, da er gerufen wurde. Er wartete auf das Zeichen, von dem er nicht

wusste, wie es aussehen würde und wann es ihn erreichen sollte. Wie ein plötzlicher Stern am Abendhimmel würde es ihn erleuchten und den Weg weisen ins Paradies.
Als er an diesem Abend des sarazenischen Windes, den er hinterher als Zeichen Gottes einordnete, die Postkarte aus seinem Briefkasten fischte und in den Händen hielt, wusste er, dass dies sein Marschbefehl war. Die Ansichtskarte zeigte den Petersdom in Rom, die Zitadelle der Christen. Das Datum war der 25. Dezember und die Karte kam aus Amerika, dem Feindesland. Murat schloss die Augen und sah einen Feuerblitz und hörte seinen Schrei, der sich triumphierend über das Getöse einer mächtigen Explosion legte: »*Allah 'u akbar*«. Gott ist groß.
Noch in dieser Nacht griff er zum Telefon und führte die ersten vorbereitenden Gespräche mit Verbindungsleuten von Abdullah al-Fakr. Sie sprachen Arabisch, die Sprache des Korans, den sie alle studiert und auswendig gelernt hatten. Sie verständigten sich mit Koranzitaten, die jeden Lauscher vor unlösbare Rätsel stellten würde, wenn dieser Lauscher nicht selbst durch die harte Schule der Mullahs gegangen war.
Lange brannte Licht in der Stube des Albaners. Er ging in seiner Wohnung auf und ab und hielt den Telefonhörer in der Hand. Sprach mit unbekannten Brüdern in Madrid, Basel, Frankfurt und Kopenhagen. Und schließlich wählte er die Nummer in den Vereinigten Staaten, die der Kurier des Ägypters rot umrandet hatte. Doktor Jamal bei der Firma Gortheon Research.
Alles Nötige finde er daheim, in Tirana, sagte Dr. Jamal. Bei einem Russen namens Michail Petrowitsch, der eine Im- und Exportfirma unterhielt. Petrowitsch akzeptiere nur Bargeld und verlange drei Millionen. Ob Murat den Betrag heute noch aufbringen konnte?
Mit Leichtigkeit. Und mehr als das. Mit einem seiner Schnellboote konnte er noch vor dem Frühstück in Albanien sein und vor dem Abendessen wieder in Bari.

Erst um Viertel nach drei in der Frühe erlosch das Licht in Bhengals Wohnung, die in naher Zukunft gewiss ein Museum sein würde, ein Schrein für einen Märtyrer, der dem Heiligen Krieg einen unvergesslichen Sieg bereitet hatte.
Der Mann unten auf der Straße blickte auf seine Uhr und gähnte. Dann schob er die Hände in seine Taschen und trottete fröstelnd Richtung Hafen. Zwei jugendliche Straßendiebe, die ihn während der letzten zweieinhalb Stunden, die er regungslos unter der Markise eines geschlossenen Gemüseladens gewartet hatte, nicht aus den Augen gelassen hatten, fuhren blitzschnell hoch. Der eine schwang sich ohne ein Geräusch auf sein Moped, der andere schlich lautlos wie ein Schatten hinter dem Fremden her. Um diese Uhrzeit und nach so langem Warten fühlte sich der Verfolger berechtigt, ein wenig rabiater vorzugehen als sonst. Er zückte aus seiner Tasche ein etwa dreißig Zentimeter langes Stück Starkstromkabel, dickes Kupfer, ummantelt mit schwarzem Gummi. Ein gezielter Schlag in den Nacken und dann konnte er den Bewusstlosen in aller Ruhe ausräumen. Er beschleunigte seine Schritte, holte aus – und starb drei Sekunden später. Der Mann hatte sich plötzlich umgedreht und eine schallgedämpfte Pistole spuckte dem Angreifer drei Kugeln in die Brust.
Vergebens wartete sein Komplize auf dem Moped. Als er schließlich losfuhr, um nachzusehen, war der Mann verschwunden und das Blut seines Freundes erkaltete schon in den Ritzen der Pflastersteine.
John Matini aber ging auf schnellstem Wege zu dem Telefonverteiler im Untergeschoss des alten Postgebäudes, von dem aus die Anrufe aus dem ganzen Altstadtdistrikt abgewickelt wurden, und kabelte sein Erfassungsgerät ab.
Sieben Telefonnummern waren die Ausbeute. Eine davon in den USA.

28. Kapitel

Uzurgan, Afghanistan

Nadir ging voraus und der Amerikaner folgte ihm in drei Schritten Abstand. Rick Ullrich mochte ein hoch spezialisierter Kämpfer sein, ein Fachmann des lautlosen Angriffs, einer, der mit seiner Truppe in dreihundert Meter Höhe mit dem Fallschirm aus einem Flugzeug abspringen und eine Festung, einen Flugplatz oder ein Trainingslager überfallen und ausräuchern konnte – aber ohne seine Kameraden, ohne seine Waffe, sein satellitengestütztes Positionierungsgerät und die Verbindung zur Einsatzleitung in Pakistan war er in diesem Gelände hilflos wie ein kleines Kind. Ohne weiteren Widerstand hatte er die blutige, verschmutzte Kleidung des Toten angelegt, sich die Decke über die Schultern geworfen und sogar seine Stiefel gegen die Sandalen eingetauscht.

Die Sonne hatte sich inzwischen weit über die Kämme der Berge erhoben und brannte erbarmungslos. Im fernen Norden strahlten die weißen, schneebedeckten Spitzen der hohen Gebirgszüge, darunter und davor Einöde ohne Farben und ohne Wege. Nichts als Felsen und Kiesel, keine Brunnen, keine Bäche, keine Vegetation. Eine Landschaft, die dem bibelfesten Farmerssohn aus Jenkins County, Kansas, vorkommen wollte wie das verfluchte Land Nod, jenseits von Eden, in welches Gott der Herr Kain schickte, nachdem er seinen Bruder Abel erschlagen hatte. Auch Rick Ullrich hatte einen Bruder, einen hageren, verlogenen Klugscheißer, den er vielleicht nur deswegen nicht erschlagen hatte, weil er unterbewusst fürchtete, dafür von Gott in ein schreckliches Land wie dieses verbannt zu werden. Und jetzt war er hier, obwohl sein Bruder lebte und den ahnungslosen,

hoch verschuldeten Farmern in Kansas Versicherungen aufschwatzte, die sie nicht brauchten.
Es gibt keine Gerechtigkeit auf der Welt, dachte Rick. Gott hat uns verlassen. Und sogleich schalt er sich für diesen lästerlichen Gedanken. Wenn Gott etwas davon mitbekommen hatte, dann würde er vielleicht jetzt erst recht dafür sorgen, dass Rick Ullrich gefoltert, gehenkt und zerhackt würde. Aber vielleicht hatte Gott der Herr ihm in guter Absicht diesen wundersamen Afghanen geschickt, der seine Sprache beherrschte und ihn zumindest vorerst nicht töten, sondern ihm offenbar sogar helfen wollte. Vermutlich, weil er sich davon eine fürstliche Belohnung versprach. Denn Ullrich wusste, dass die Terroristen eine Belohnung von fünfzigtausend Dollar auf den Kopf jedes Ausländers ausgesetzt hatten, der in Afghanistan aufgegriffen wurde. Und vielleicht war sein Begleiter ja auch scharf auf dieses Geld. Vielleicht hätte er ihn lieber erdolchen sollen, als er noch die Möglichkeit dazu hatte. Seine Lage war beschissen und wurde mit jedem Schritt auswegloser. Ullrich ertappte sich dabei, dass er sich wünschte, mit den anderen zusammen gefallen zu sein. Bevor ihm einfiel, dass auch dies ein ziemlich gotteslästerlicher Gedanke war, den er lieber schnell vergessen sollte.
»Wohin gehen wir?«, fragte er zaghaft und hoffte, dass der andere es nicht als Zeichen von Misstrauen auffasste. »Zurück nach Pakistan?«
»Ich bezweifele, dass wir lebend dort ankommen würden«, sagte Nadir. »Außerdem kenne ich nicht den Weg dorthin. Ich kenne nur den Weg zurück nach Kandahar.«
»Ich will nicht nach Kandahar«, sagte Ullrich und fühlte, wie ihm schwindlig wurde. Mitten ins Herzland des Feindes, in die Hochburg der Taliban. In die Stadt, die ganz oben auf den Bombenlisten des Generalstabs stand. In die Stadt, in der ein Amerikaner, wenn er erwischt wurde, mit nichts anderem zu

rechnen hatte, als dass man ihn steinigte, kastrierte, hinter einem Toyota-Pickup zweimal um den Block schleifte und seinen Leichnam als Gastmahl für die Geier irgendwo aufhängte. Vielleicht war Nadir tatsächlich nur auf das Geld aus, das er für seinen Kopf einstreichen würde.

»Hör mal, vielleicht wäre es besser, wenn wir einfach hier warteten«, sagte Ullrich. »Früher oder später wird jemand nachschauen, was aus meiner Einheit geworden ist.«

Er redete sich das wirklich ein. Obwohl er wusste, dass die unbemannten Aufklärungsdrohnen oder die Satellitenbilder sicher längst enthüllt hatten, dass die Einheit von Major Bolivar massakriert worden war. Dass jemand den Angriff der Araber überlebt haben könnte, war auszuschließen. Und jetzt, in dieser Aufmachung, war er für die Augen im Himmel nur ein weiterer dreckiger Afghane und möglicher Terrorist, den man erschoss, bevor man ihm Fragen stellte.

»Sie werden jemanden schicken«, wiederholte er, wenn auch weniger überzeugt als eben noch. »Plan B. Sie schicken Auffänger … Das tun sie immer. Sie lassen keinen von uns hier draußen verrecken.«

Nadir zuckte die Achseln, ohne stehen zu bleiben oder sich umzudrehen. »Wenn du so sicher bist, dann solltest du vielleicht hier bleiben. Und beten, dass sie schnell kommen, denn länger als einen Tag gebe ich dir nicht. Ein paar Kilometer weiter oben in den Bergen lagern die Mörder deiner Kameraden. Und irgendwann werden sie dich auch finden.«

Rick Ullrich wog die beiden aussichtslosen Möglichkeiten minutenlang schweigend gegeneinander ab, ohne zu einem Ergebnis zu kommen. Wortlos trottete er weiter hinter dem Afghanen her. Inzwischen trennten ihn von seinem Führer schon zehn Schritte. Schließlich sagte er: »Aber was soll ich in Kandahar? Das ist kein guter Platz für einen Amerikaner.«

»Ich kenne einen Mann, der dir vielleicht helfen kann. Abdul

Gahid, ein Libanese, der an jedem zweiten Donnerstag jedes geraden Monats auf dem Basar erscheint.«

Ullrich verdrehte die Augen. »Und woher willst du wissen, dass er auch diesmal kommt? Vielleicht ist dir das nicht so klar, Mann, aber wir haben Krieg. Im Basar in Kandahar steht vielleicht kein Stein mehr auf dem anderen. Und wieso sollte ein Libanese mir helfen?«

Nadir blieb endlich stehen, fuhr herum und schrie ihn an. »Der Libanese tut alles für Geld. Er ist die einzige Chance, die ich sehe. Wenn du willst, kannst du auch hier bleiben und verfaulen.« Das Echo prallte von den Bergen zurück und schreckte einen großen Vogel auf, der unsichtbar irgendwo am Hang gelauert hatte.

»Vielen Dank«, sagte Rick Ullrich bitter und zuckte unter einem inzwischen fast vertrauten Schmerz zusammen. Schon wieder hatte sich ein kleiner, scharfer Stein zwischen seinen Fußballen und das Leder der Sandalen gedrängelt und stach wie eine Messerspitze. Rick hob den Fuß und fischte das Steinchen heraus. Dabei stellte er fest, dass seine Füße blutig waren.

»Ich kann nicht mehr lange so laufen«, sagte er. »Wie weit ist es bis Kandahar?«

»Vier Tagesmärsche – wenn wir schnell sind. Und wir müssen schnell sein, sonst verpassen wir den Libanesen.«

»Ich schaffe das nicht!«

Nadir schloss die Augen, wie um sich zu sammeln, und als er sie wieder aufschlug, waren sie noch ebenso schwarz und unheimlich wie vorher. »Du musst.«

Und schon drehte der Afghane sich wieder um und schritt weiter, den kaum sichtbaren, steinigen Pfad aus den Hügeln hinunter in die Ebene.

Rick Ullrich folgte ihm, verzweifelt und in der Hoffnung auf ein Wunder. Er bemerkte, dass auch Nadir nichts weiter an den Füßen trug als diese beschissenen Sandalen, und redete sich ein,

dass er, der Elitesoldat, der Christ, der Amerikaner, ein besserer Mann war als dieser unzivilisierte Heide. Was der kann, kann ich schon lange, sagte er sich trotzig.
Rick Ullrich war ein Mann, der zur Schule gegangen war, der ein eigenes Auto besaß, der einen Computer und sogar hochkomplizierte Waffen bedienen konnte. Er war frei, demokratisch und überlegen. Er konnte Schweinekoteletts essen und Bier trinken, wenn ihm danach war. Er konnte sich – wenn er wollte – sogar schmutzige Pornofilme aus der Videothek holen und Urlaub in Disneyland machen. Er konnte Dinge tun, von denen dieser ahnungslose Nomade in seiner wasserlosen Geröllheimat nicht einmal zu träumen wagte. Er gab in einem Monat mehr Geld für Dinge aus, die er gar nicht brauchte, als ein Mann in diesem heruntergekommenen Teil der Welt jemals auch nur zu besitzen hoffen konnte. Er kannte die wichtigsten Hits von Madonna und Aerosmith, er kannte *Jurassic Park* und *Terminator* und David Letterman. Er kannte alle Tricks bei *Final Fantasy* und hatte am Broadway *Les Misérables* gesehen. Und bei jedem Schritt, den er tat, fiel ihm etwas anderes ein, was er tun konnte und was er dem Afghanen voraus hatte. Ein neuer Grund, sich besser und stärker und gerechter zu fühlen. Mit jedem verdammten Schritt den Hang hinunter feierte er im Stillen eine weitere Errungenschaft, die er diesen analphabetischen Dattelfressern voraus hatte und mit der er den gesamten Mittleren Osten vor jedem unabhängigen Richter der Welt beschämen konnte. Wir haben Bruce Springsteen und wir haben Microsoft, dachte Ullrich, als rezitiere er ein Mantra, und wir haben Dolby Sound und Big Macs und *Pulp Fiction*. Aber seine Füße hörten nicht auf, unerträgliche Notsignale zu senden. Wir haben Leute, die sich in der Pause von *Aida* einen Cappuccino an der Bar in der Met gönnen, und wir haben bleifreies Benzin und Sonnenschutzfaktor fünfzig. Schließlich brach er einfach zusammen und weinte.

Nadir ging weiter und drehte sich nicht einmal nach ihm um. Sie hatten nun schon fast die Talsohle erreicht, durch die sich eine staubige Straße schlängelte. Es war die Gebirgsstraße, die Kandahar über viele Umwege mit der Hauptstadt Kabul verband – eine ehemals befestigte, aber nach so vielen Kriegsjahren verwahrloste Piste. Es war die Straße, die der Konvoi des Prinzen auf der ersten Etappe seiner Flucht benutzt hatte, bevor man von den Autos auf Reittiere umstieg. Es war auch eine Straße, auf der manchmal Handelsreisende unterwegs waren, die Früchte und Stoffe aus den nördlichen Ebenen nach Süden brachten. Mit etwas Glück konnten sie einen Karren oder vielleicht sogar einen Transporter finden, auf dessen Ladefläche noch Platz war für zwei müde Wanderer. Obwohl Nadir bezweifelte, dass der Amerikaner, den er allenfalls als einen taubstummen, vielleicht verrückten Mitreisenden vorstellen konnte, unentdeckt bleiben würde. Sie brauchten mehr als nur Glück – sie brauchten Gottes Hilfe oder sie waren verloren.

Wir haben … dachte Rick Ullrich betäubt vor Schmerz und Einsamkeit. *Wir haben …*

Endlich drehte sich Nadir um. »Wir haben noch einen langen Weg vor uns.«

Ullrich war sich des Schleims bewusst, der aus seiner Nase rann, aber er konnte nichts dagegen tun. Er war am Ende. Woher er die Kraft nahm, sich dennoch zu erheben und weiterzugehen, konnte er selbst nicht sagen. Vielleicht war es die Kraft des Stolzes, sich nicht in die Knie zwingen lassen von diesem Mann oder diesem Land oder der Sonne, die vom Himmel stach wie ein Skorpion.

Nadir lauschte angestrengt und über das Schluchzen des Amerikaners hinweg und vernahm das Geräusch herannahender Motoren. »Sei still!«, herrschte er Ullrich an, der sofort verstummte. »Da kommt was.« Er zog Ullrich schnell in die Deckung eines Felsens, während das Geräusch von LKW-Motoren immer näher kam.

»Hör mir gut zu«, beschwor Nadir den Soldaten, in dessen verheultem Gesicht plötzlich ein verirrter Schimmer von Hoffnung aufblitzte. »Du weißt, was dir blüht, wenn man dich als das entlarvt, was du bist. Du musst dich verstellen oder du wirst sterben. Und ich auch. Du darfst nicht sprechen. Du darfst dein Gesicht nicht zeigen, hülle deinen Kopf immer in dieses Tuch. Gib mir deine Hände!«

Ohne nachzudenken streckte Ullrich seine beiden Arme aus. Nadir wickelte flink einen Strick, den er in der Tasche hatte, um Ullrichs Handgelenke.

»Was machst du?«

»Du musst verrückt handeln, nur so haben wir eine Chance. Du bist mein Bruder und du bist krank im Kopf und ich bringe dich nach Kandahar zu einem Arzt. Hast du verstanden? Das Tuch verbirgt deinen bösen Blick.«

Ullrich nickte und fragte sich, wie er diese Reise jemals überleben sollte. »Nadir?«

»Was ist?« Der Afghane hatte sich abgewendet, um sich um die Fahrzeuge zu kümmern, und fuhr nun ungeduldig herum.

»Du willst mich nicht ausliefern, oder? Du willst nicht ein Kopfgeld für mich kassieren und mich an die Taliban übergeben?«

»Denkst du das?«, fragte Nadir betroffen. Zum ersten Mal sah er die Welt durch die Augen des Fremden. Allein, mit wunden Füßen in einem fremden, kriegerischen Land, alle Kameraden getötet, keine Waffen außer einem Messer und nicht einmal mehr seine vertraute Kleidung. Er war in keiner beneidenswerten Lage. Aber, verdammt, das war Nadir auch nicht. Knapp mit dem Leben davongekommen, nur weil ein geiziger Syrer im Geheimen sein Geld und den Koran seines Vaters nach Hause schicken wollte.

Nadir schaffte es, seinem angespannten Gesicht ein Lächeln abzupressen. »Mach dir deswegen keine Gedanken. Geld interessiert mich nicht. Nichts ist uns Afghanen so wichtig wie ein Gast. Selbst wenn er ein Feind ist. Gastfreundschaft ist heilig. Ich bringe dich lebend wieder heraus. Das schwöre ich dir. Sei jetzt ruhig und warte auf mein Zeichen.«

Es waren Dieselmotoren, zwei oder drei Fahrzeuge, und sie waren höchstens noch zweihundert Meter von der Wegbiegung entfernt, die vor dem Felsen lag. Nadir trat hinter dem hausgroßen Felsbrocken hervor und hockte sich neben die Piste wie einer, der hier schon tagelang wartete.

Langsam und feierlich, denn der Zustand der Straße ließ keine Geschwindigkeit zu, die höher als zwanzig Stundenkilometer war, bog der erste Lastwagen in die Schlucht ein. Kiesel knirschten unter dem Gewicht seiner Reifen. Fast hätte Nadir vor Erleichterung laut aufgejauchzt, als er sah, dass der LKW das Emblem des Roten Kreuzes trug, weithin sichtbar auf die Motorhaube und auf die Planen links und rechts der Ladefläche gemalt – und auch auf das Dach, damit auch die Flugzeuge des Feindes erkennen konnten, dass sie diese Lieferung von Hilfsgütern an Not leidende Flüchtlinge lieber nicht angreifen sollten. Hinter dem Steuer saß kein ausländischer Mitarbeiter, sondern ein Afghane, was Nadir nicht im Mindesten beunruhigte, denn es war üblich, dass die Einheimischen die einfachen Arbeiten übernahmen. Auch auf dem Beifahrersitz erkannte er einen bärtigen Mann mit Turban.

Rick Ullrich spähte hinter dem Felsen hervor, sah die Lastwagen des Hilfskonvois – es waren insgesamt drei – und hinkte, so gut seine verletzten Füße das zuließen, freudig erregt auf die Straße, als sei soeben die US-Kavallerie eingetroffen. Zuerst dachte Nadir, der Amerikaner hätte seine Ermahnungen und den Überlebensplan allzu gewissenhaft verinnerlicht, denn er führte sich tatsächlich auf wie ein Irrer. Er winkte den Fahrern zu, die ratlose Blicke austauschten, tanzte mühselig auf den ersten LKW zu, der zwanzig Meter vor dem Felsen zum Stehen kam, riss die Tür auf und wollte den Insassen des Führerhäuschens die Hände schütteln. Und plötzlich erkannte Nadir, dass sein Schützling tatsächlich übergeschnappt war. Denn er sprach.

»Ich wusste doch, dass ihr kommen würdet! Hey Jungs, ich bin Rick Ullrich aus Major Bolivars Einheit! Ich hoffe bloß, ihr habt Pflaster dabei. Komm schon, Nadir, keine Angst, das sind unsere Leute!« Während er mit lauter Stimme seiner Begeisterung Luft machte, ging er an dem LKW vorbei und lugte durch die lose Plane auf die Ladefläche. »Ihr könnt rauskommen!«, rief er, klatschte in die Hände und kam wieder auf Nadir zu.

Der Afghane war betäubt und sprachlos ob dieser unsäglichen Dummheit. Er erhob sich zögerlich aus der Hocke.

»Plan B«, erklärte Rick Ullrich und humpelte lachend auf ihn zu. »Das ist Plan B. Ich habe es dir ja gesagt.«

»Du verdammter Narr«, knurrte Nadir nur.

»Glaubst du mir nicht? Komm mit!« Die Männer in der Fahrerkabine staunten bewegungslos, als Rick seinen Begleiter am Ärmel packte, nach hinten zog und die Plane beiseite warf. »Überzeuge dich selbst. Unsere Jungs!«

Nadir klappte buchstäblich die Kinnlade herunter. Der verrückte Amerikaner hatte Recht. Auf den Bänken links und rechts saßen sieben Mann in afghanischer Kleidung, aber mit westlichen Gesichtern. Große, starke Männer, wie sie die Eliteeinheiten bevorzugten. Mit ausdruckslosen, weit aufgerissenen Augen starrten sie stur geradeaus. Ihre Arme waren auf den Rücken an die Bank gefesselt, damit sie nicht umfielen. Ihre Kehlen waren durchgeschnitten.

»Es scheint, das Schicksal hat uns wieder zusammengeführt, Nadir, mein afghanischer Freund.«

Die Stimme, süß wie Honig, hoch wie die einer Frau, fuhr Nadir

ins Mark wie eine stumpfe Klinge. Er wagte nicht, sich umzudrehen, denn dort stand der Tod.
Rick Ullrich verstand nicht, was er sah. Er bemerkte, dass seine Kameraden in dem Lastwagen nicht mehr lebten. War das eine List? Stellten sie sich nur tot, weil sie Nadir und ihn für Taliban-Kämpfer hielten? Dann hörte er diese sanfte Stimme und meinte noch einen Moment lang, dass es für alles eine logische und beruhigende Erklärung geben würde. Er blickte auf Nadir, der den Kopf gesenkt hatte, als erwarte er Prügel.
Dann drehte er sich um zu der Stimme und fühlte, wie seine Knie weich wurden. Hinter ihnen stand lächelnd der Prinz, umgeben von seinen schwer bewaffneten saudischen Leibwächtern.

29. Kapitel

Langley, Virginia

»Sicherlich ist der Betrag sehr hoch. Aber für das, was wir von ihm verlangten, kann Abdul Gahid jeden Preis fordern. Und das weiß er«, sagte Kalim Fazzar, der kommissarische Leiter der CT-Abteilung. Er hielt das Dokument gegen das künstliche Licht, als suche er nach einem Wasserzeichen oder einem anderen Beweis der Echtheit.

»Ich bin mir nicht sicher«, sagte der frisch gebackene CIA-Vizedirektor Greg Foster. Hier unten in der fensterlosen Welt der Terrorbekämpfer, die so isoliert und konzentriert war, dass sie noch nicht einmal ein Fenster nach draußen besaß, kam er sich bereits wie ein Gast vor. Ein Gefühl, das ihm eine gewisse Erleichterung verschaffte. Zwar hatte er schon in seiner Zeit als Abteilungsleiter hier unten in den CT-Kerkern Anspruch auf ein Büro in einem der oberen Stockwerke gehabt, aber der Schwerpunkt seiner Arbeit hatte doch in den letzten drei Jahren hier unten gelegen – in den Arbeitsboxen, zwischen Computerbildschirmen und Satellitenfotos an den Wänden. Sein neues Büro aber war nun noch weiter oben, nur ein paar Türen vom Büro des Chefs entfernt. Das wiederum war meist verwaist, weil der Direktor ständig zu irgendwelchen Banketten, Präsidentenauftritten oder Vorträgen ausflog. Nicht, dass ihn einer vermisste. Fosters Vorschlag für seine eigene Nachfolge war sofort akzeptiert worden. Margolis, das bestätigte jeder, war eine gute Wahl. Und auch die Berufung seines einstweiligen Platzhalters, Kalim Fazzar, stieß auf keinerlei Widerspruch. Im Gegenteil. Man zeigte sich stolz und beglückt darüber, dass ein Amerikaner mit mittelöstlicher Biografie und arabischem Namen diese Aufgabe wahrnahm. Und wenn nicht bestimmte Regeln es verboten hätten, die internen Neu- und Zwischenbesetzungen gegenüber der Presse zu enthüllen, dann wäre aus Kalim Fazzars Beförderung sicherlich die eine oder andere patriotische Nachrichtenmeldung geworden. »Seht her, das ist Amerika. Hier hat jeder eine Chance, auch wenn er aus dem Land des Feindes zu uns gekommen ist. In Gottes eigenem Land ist für einen ehrlichen und hart arbeitenden Mann alles möglich ...«

»Spencer können wir ja nun nicht mehr fragen«, stellte Foster trocken fest. »Aber das Ding liegt jetzt in meinem Unterschriftsordner und ich muss irgendetwas tun.«

Fazzar gab ihm das Papier zurück, als habe es plötzlich eine unerträgliche Hitze entwickelt. Es war eine Zahlungsanweisung an die neue, geheime Operativkasse. 250 Millionen US-Dollar auf ein Konto von Abdul Gahid in Paris. Und noch einmal so viel auf ein Sperrkonto in der Schweiz, zu dem ebenfalls Abdul Gahid und sonst niemand Zugang hatte. Wenn Foster das Dokument unterschrieb, war eine Menge Geld unwiderruflich verschwunden.

»Ich glaube, die Sache ist vielleicht ernster, als wir bisher gedacht haben«, sagte Fazzar geheimnisvoll. »Viel ernster.«

»Wovon reden Sie?« Foster, der tagaus, tagein mit Geheimnissen zu tun hatte, konnte es nicht ausstehen, wenn seine eigenen Leute in Rätseln sprachen.

»Ich rede von Miles Spencer. Ich glaube, er hatte schmutzige Finger.«

»Da sind Sie nicht der Einzige«, versetzte Foster. Die ewige Stänkerei des Arabers gegen den verhassten, aber auch verstorbenen Vize ging ihm auf die Nerven. »Natürlich war er kein Heiliger. Wer mal die Abteilung für schmutzige Tricks geleitet hat – und zwar ziemlich erfolgreich –, der kommt wohl nicht umhin, sich die Hände schmutzig zu machen. Aber nun ist er tot und wir sollten ...«

»Das meine ich nicht.« Fazzar unterbrach seinen Chef.
Foster zog böse seine Mundwinkel nach unten und funkelte seinen kommissarischen CT-Leiter aus wenig verständnisvollen Augen an. Widerspruch hatte er noch nie sehr gnädig aufgenommen und schon gar nicht, wenn er beim Reden unterbrochen wurde. Es kamen ihm ernsthafte Zweifel, ob es wirklich klug gewesen war, den Assyrer Fazzar auf diesen wichtigen Posten zu setzen, und sei es auch nur für ein paar Tage zur Vertretung. Aber nach allem, was er Lobendes über diesen Mann gesagt hatte, konnte er jetzt kaum noch zurückrudern, ohne als Trottel dazustehen, der nicht wusste, was er wollte. Fazzar wurde keck. Ihm war seine plötzliche Beförderung offenbar zu Kopf gestiegen. Er zeigte weder Angst noch den nötigen Respekt und hielt dem bösen Blick des Vorgesetzten stand.
»Wie wäre es damit: Spencer veranlasst die Überweisung von einer halben Milliarde Dollar an einen Kontaktmann von sehr zweifelhaftem Leumund«, sagte Fazzar kühl und überlegen, denn er wusste, wovon er sprach. Vor nicht allzu langer Zeit hatte Fazzar selbst auf diesem Wege eine schöne Menge Geldes beiseite geschafft. Zukunftssicherung. »Eine unerhörte Summe. Aber weil Leute wie er plötzlich das Sagen haben, prüft es keiner nach. Er hat ja noch nicht einmal Sie darüber informiert. Woher wissen wir denn, dass Spencer nicht selbst einen Teil dieser Summe einstecken wollte?«
»Nun mal langsam.« Foster wollte empört etwas einwenden, aber Fazzar unterbrach ihn schon wieder.
»Das ist noch nicht alles. Ich habe mich schon seit einiger Zeit gefragt, wie der so genannte Prinz es anstellen sollte, logistisch anstellen sollte, ein weltweites Netz von Gefolgsleuten zu unterhalten, zu informieren und zu leiten. Von einer Höhle in Afghanistan aus? Ich glaube, er hatte Helfer. Kommt Ihnen das nicht auch wahrscheinlich vor, Herr Vizedirektor?«
Die Art, wie Fazzar das Wort »Vizedirektor« aussprach, ließ

Foster innerlich explodieren. Was bildete sich dieser Araber eigentlich ein? Sobald Margolis zurückkam, würde er wieder Funksprüche übersetzen und Memos verfassen. Zu mehr taugte er nicht, ohne gleich einen Höhenrausch zu bekommen. Nichts hasste Gregory Walter Foster mehr als Emporkömmlinge, die sich als undankbar erwiesen und vergaßen, wo sie hingehörten.

»Es ist ein ungeheuerlicher Vorwurf, den Sie da erheben! Gegen einen Mann, der sich nicht mehr wehren kann.«

»Das ist mir bewusst. Es ist auch nur eine Vermutung. Eine, die mir ziemliche Sorgen macht.«

»Sie werden Ihrer Sorgen bald enthoben sein«, sagte der Vizedirektor schmallippig. »Steve Margolis wird bald zurück sein.«

»Margolis wird, so fürchte ich, nicht so bald zurückkommen«, sagte Fazzar, als könne er Fosters Gedanken lesen. »Er sagte, er habe einen Job zu erledigen. Ich kenne ihn gut. Er kann verdammt stur sein.«

Jetzt konnte Foster nicht mehr an sich halten. Er sprang aus seinem Stuhl und baute sich vor dem Araber auf, beide Arme in die Hüften gestemmt. »Wann hat er angerufen? Und wieso haben Sie mir das nicht sofort berichtet?«

»Vor ein paar Minuten hat er mich angerufen«, sagte Fazzar unschuldig. »Ich wollte es Ihnen gleich sagen, aber da kamen Sie schon mit Spencers Überweisungsformular.«

»Ich habe ausdrücklich befohlen, dass Margolis umgehend von diesem Himmelfahrtskommando zurückkehrt!«

»Ich habe diesen Befehl weitergegeben«, erwiderte Fazzar trotzig.

»Und?«

»Er sagte, mit Verlaub: fick dich!«

Foster schloss die Augen, als bäume er sich innerlich gegen einen bevorstehenden Tobsuchtsanfall auf. Irgendetwas lief hier mächtig aus dem Ruder und er konnte es nicht stoppen. Er wusste nicht mehr, was er denken und entscheiden sollte. Er hatte darauf gebaut, dass alle das taten, was ihnen gesagt wurde. Nur so war der Krieg zu gewinnen. Die Macht, die er manchmal spürte, und das Glücksgefühl, das ihn überkam, wenn er mit der Macht spielte – er fühlte, wie sie ihm nun zwischen den Fingern zerrannen. Menschen hatten zu tun, was er wollte, nicht was sie selbst für richtig hielten. Er allein wusste, was richtig war. Er war der Gebildetste von allen, er hatte den größten Überblick. Er beherrschte das Spiel und sonst niemand. Wie ein trotziges, kleines Kind, dem es einfach nicht gelingen wollte, das große Puzzle zusammenzusetzen, war er kurz davor, es zu zerstören und wütend darauf herumzutrampeln.

»Und da ist noch etwas«, sagte Fazzar leise. »Die Postkarten, die auf Spencers Schreibtisch gefunden wurden …«

»Was ist damit? Wie kommen Sie überhaupt dazu, sich um diese Postkarten zu kümmern?« Foster, aus seinen Gedanken und Wünschen aufgeschreckt, fiel nichts anderes ein, als wiederum den strengen Chef herauszukehren.

»Ich hielt es für meine Pflicht.«

Jetzt überschlug sich die Stimme des Vizedirektors. Rings herum in den Arbeitsboxen der CT-Abteilung fuhren Köpfe hoch, um sich sogleich wieder tief über Abhörprotokolle und Landkarten zu beugen.

»Ich entscheide, was Ihre verdammte Pflicht ist!«, schrie Gregory Walter Foster.

Kalim Fazzar blieb ruhig. »Die Vermutung liegt nahe, dass Spencer diese Postkarten selbst verfasst hat.«

»Sie sind irre!«

»Natürlich haben wir die Adressaten sofort festnehmen lassen, bevor sie Unheil anrichten konnten. Bei allen dreien wurde die Telefonnummer von Gortheon gefunden.«

»Jesus«, stotterte Foster und massierte sich die Brust. »Dafür hänge ich Ihnen ein Disziplinarverfahren an. Sie werden dankbar sein, wenn Sie danach hier noch die Papierkörbe ausleeren dürfen.«

Kalim Fazzar ignorierte die Drohung. »Es kommt noch besser. Spencer hat ein paar Tage vor seinem Tod ein Päckchen aus einem geheimen Depot der CIA in Catskill abgeholt. Das Päckchen enthielt allem Anschein nach Milzbrand-Erreger.«

Fazzar sah zu, wie der Vizedirektor plötzlich zusammenschrumpfte und an seinem Fingernagel kaute. Dann sagte er mit sanfter Stimme: »Spencer war ein Verrückter. Ich habe damals in Afghanistan beobachtet, wie er einen Gefangenen verhört hat. Spencer hat ihn geschlagen, getreten und Zigaretten auf seinem Arm ausgedrückt. Er hat seine Waffe auf ihn gerichtet und abgedrückt, aber natürlich vorher das Magazin rausgenommen. Ich weiß nicht einmal mehr, was er eigentlich damit in Erfahrung bringen wollte. Viel hat der Kerl sicher nicht gewusst. Aber Spencer war wie im Blutrausch. Er hat den gefesselten Mann mit bloßen Händen erschlagen. Nicht einmal die *mooj* haben ihre Gefangenen so beschissen behandelt. Spencer war ein verdammter Irrer. Und ein paar Leute bei uns haben eine ganze Zeit tief geschlafen.«

Foster fiel keine Erwiderung mehr ein. Die Rolle des tobenden Chefs konnte er vergessen, damit kam er nicht weiter. Er musste vieles, vielleicht alles neu planen. Mit leerem Blick saß er auf dem Besucherstuhl gegenüber dem Platz, den er selbst lange innehatte und sah in die dunklen Augen eines Mannes, der geradezu erschreckend effizient war. Damit hatte Foster nicht gerechnet. Plötzlich passte so vieles zusammen. Es war, als hätte Fazzar einen Lichtstrahl auf die offenen Fragen gerichtet, und endlich ergaben gewisse Dinge, über die Foster sich selbst schon mehrmals gewundert hatte, Sinn. Spencer hatte jedenfalls Glück, dass er nicht mehr am Leben war.

»Und das ist noch nicht alles. Spencer hat eine Killerin angeheuert, Serene Shepard, um Steves Familie, seine Frau und seine beiden Töchter, auszulöschen. Auch das war ein Preis, den Gahid gefordert hat. Das Hühnchenspiel. Und Spencer hat dieselbe Killerin beauftragt, den Mord an Rabbi Weintraub auszuführen. Ich habe hier die Aussagen von zwei Agenten, Cleveland und Walls, die von Spencer losgeschickt wurden, um Shepard anzuwerben.«

»Gottverdammt«, knurrte Foster wie ein Mann, der gerade erfahren hat, dass der Krebs sich schon in seinem Körper fortgepflanzt hat und bald die Leber erreichen wird. »Der Weintraub-Mord geht auf Spencers Konto? Was ist mit dieser Killerin?«

»Ich habe sie nach der Tat kurz in einem Krankenhaus aufgespürt«, sagte Fazzar. »Aber dann war sie wie vom Erdboden verschluckt. Sie wurde ohnmächtig, und ich verließ den Raum für eine Weile. Als ich zurückkam, sagte mir der Arzt, jemand von der CIA habe sie abgeholt. Dem Zeitpunkt nach zu urteilen, könnte es Spencers letzte Tat gewesen sein, bevor er starb. Ich nehme an, er hat sie umgebracht, damit sie ihn nicht verrät.«

»Gottverdammt.«

»Was nun das Geld für Gahid betrifft – ich kann Ihnen nur empfehlen, es anweisen zu lassen. Gahid ist keiner, der über nicht eingehaltene Zusagen hinwegsieht. Wenn er nicht bezahlt wird, bricht er das Unternehmen sofort ab. Aber in einem Punkt hatte Spencer leider Recht: Abdul Gahid ist der Einzige, der uns die Trophäe nach Hause bringen kann.«

»Wir sprechen uns noch«, sagte Foster geistesabwesend, während er sich mit den Armen abstützte, um sich aus dem Stuhl zu erheben. Ein Mann, dessen Welt von Grund auf neu geordnet werden musste. Einiges wurde schwerer, manches wurde leichter. Er musste jetzt alleine sein und nachdenken.

»Ich sitze hier nur als Platzhalter«, sagte Fazzar und erhob sich ebenfalls, jetzt wieder ganz der bescheidene Befehlsempfänger. »Ich will vor allem eines: Steve zurückbekommen. Er ist der richtige Mann für diesen Job und er ist mein Freund. Ich weiß, dass Sie ihn nicht im Stich lassen da draußen. Wir müssen ihm helfen.«

Foster nickte wie betäubt und ging zur Tür.

Für den frühen Abend war ein Gespräch mit den Militärs angesetzt. Es ging darum, dass die CIA vom Weißen Haus die Erlaubnis bekommen hatte, ihre eigenen Soldaten und auch ihre eigenen bewaffneten Drohnen in Afghanistan einzusetzen. Das schmeckte den Generälen nicht, besonders nicht den Luftwaffengenerälen. Foster würde ihnen klar machen, dass es der CIA durchaus möglich war, bestimmte, begrenzte taktische Ziele auf eigene Faust zu bestimmen und zu vernichten. Sie mussten dafür niemanden um Unterstützung bitten und sich vor niemandem rechtfertigen. Und er hatte solch ein begrenztes, taktisches Ziel.

Abdul Gahid.

30. Kapitel

Frankfurt

Eddie Logan war spät dran und fühlte sich schlecht. Aber wie konnte Woodall auch erwarten, dass er alles stehen und liegen ließ und nach Deutschland flog? Er brauchte drei Tage, um den Fall, an dem er arbeitete, abzuschließen. Am vierten Tag war er reisefertig, aber alle Maschinen ausgebucht. Erst am fünften Tag nach der Begegnung mit Tony konnte er nach Frankfurt fliegen. Die Postkarte dürfte inzwischen angekommen sein, dachte er mit einem unbestimmten Gefühl der Dringlichkeit, aber scheiß drauf. So schnell würden die Araber schon nicht tätig werden. Araber taten nie etwas schnell. Und immerhin war sein Partner, John Matini, gleich nach Italien losgeflogen.
Eddie Logan war seit fünfzehn Jahren nicht mehr in Frankfurt gewesen, aber sobald er seinen Mietwagen in den Verkehr am Flughafen eingefädelt hatte und auf die Hochhausansammlung am östlichen Morgenhimmel zuhielt, fühlte er sich ein bisschen so, als kehre er in einen alten Urlaubsort zurück. Er war nach dem Skip-Fenton-Desaster bei der Militärpolizei untergekommen und auf eigenen Wunsch nach Übersee verschickt worden. Okinawa oder Germany standen zur Auswahl und er hatte sich für Deutschland entschieden, weil er das tropische Klima nicht vertrug. Frankfurt hatte sich als gute Wahl erwiesen. Lustige Zeiten hatte er hier verbracht. Galonenweise Jim Beam, palettenweise Budweiser, billige Zigaretten, erstklassiges Marihuana und stramme Frolleins, die er mit seinem gebraucht gekauften Mercedes Benz Coupé beeindruckte. Seine Arbeit als Militärpolizist erschöpfte sich im Wesentlichen darin, ab und zu mal einen betrunkenen GI einzusammeln.

Das Bahnhofsviertel, in dem die Wohnung des Postkartenempfängers Ali al-Sayyaf lag, kannte er gut. Es sah sogar noch einige der Puffs und Spelunken, in die er damals manchmal gerufen worden war. Aber er verspürte keine Lust, alte Bekanntschaften mit Zuhältern oder Rausschmeißern aufzufrischen. Logan ließ den Wagen in der Tiefgarage am Bahnhof zurück und wanderte die Kaiserstraße entlang bis zur Ecke Weserstraße, stieg angewidert über eine Crack-Leiche, die noch nicht mitbekommen hatte, dass der Vormittag begonnen hatte. Es war ein strahlender, kalter Wintertag, die Sonne schien von einem makellos blauen Himmel und selbst die Puffmeile war weihnachtlich herausgeputzt. Eddie Logan fragte sich belustigt, ob die Nutten in diesen Tagen ihrem Geschäft in samtroten Santa-Claus-Kostümen nachgingen.

Das Haus, in dem Ali al-Sayyaf wohnte, war ein ordentlich geführtes Apartmentgebäude mit Gardinen und sogar kleinen Tannenbäumen in den Fenstern, die sicherlich bei Nacht hübsch blinkten. Nicht gerade ein dreckiges Terroristennest, dachte Logan und inspizierte die Klingelleiste. Ali wohnte nicht allein, sondern mit einem Deutschen zusammen: »A. Sayyaf / M. Klein« stand auf dem Namensschild. Logan klingelte, um zu sehen, ob jemand zu Hause war – keine Antwort. Offenbar war die Mehrzahl der Mieter berufstätig, es war zehn Uhr und das Haus schien leer zu sein. Er versuchte es bei der Wohnung nebenan, bei der Wohnung darüber und der Wohnung darunter. Erst dort meldete sich eine Stimme, die einem alten Mann zu gehören schien, über die Gegensprechanlage.

»Hallo?«

»Ich habe ein Päckchen für Ihre Nachbarn«, sagte Logan auf Englisch.

»Verschwinden Sie!«, kam die Antwort. So viel Deutsch verstand Logan gerade noch.

Neben dem Haus bemerkte er einen schmalen, schattigen Gang,

durch den die Mülleimer auf die Straße geschoben werden konnten. Dort bog er ein, stieß am Hinterhof auf eine Tür, die nur angelehnt war und betrat das Treppenhaus. Jemand kam gerade von oben die Treppe herunter, schwere Schritte von Motorradstiefeln, die hallten, als wäre ein SS-Sturmtrupp im Anrollen. Eine Tür wurde aufgerissen und dieselbe Altmännerstimme, die ihn eben abgewiesen hatte, brüllte irgendwas in den Flur. Eine kurze, barsche Antwort ertönte und schon war der Rowdy auf der Straße. Wenig später heulte ein Motorrad auf.
Logan schlich lautlos die Treppe empor, erreichte die Tür, an deren Klingel »Ali al-Sayyaf und Martina Klein« stand. Sieh mal an, dachte er. In weniger als zehn Sekunden hatte er das Schloss geknackt und schlüpfte in die Wohnung. Es sah aus wie im Saustall. Also doch ein dreckiges Terroristennest. Kleidungsstücke lagen planlos auf Stühlen und halb ausgepackten Möbelkisten, Bücher und Zeitschriften auf Deutsch und Arabisch. An den Wänden Poster und Plakate, die selbst Logan mit seinen minimalen Kenntnissen der deutschen Sprache sofort verstand, denn sie waren überaus grafisch: gegen Polizeigewalt, gegen den Ausbau des Flughafens, für Asylbewerber, gegen Krieg und Atomkraft und gegen Amerika. Dazwischen hing die marokkanische Flagge und gab ihm Aufschluss über die Nationalität des Mitbewohners von Martina Klein.
In der Küche sammelte sich das ungewaschene Geschirr einer ganzen Woche in der Spüle und auf dem Tisch. Darüber hing die unvermeidliche Ikone jeder umstürzlerischen Küche auf dieser Welt. Che Guevara. Logan grinste humorlos wie ein Hai.
Die Frau war Mitte bis Ende zwanzig. Nackt lag sie auf einer Matratze im Schlafzimmer, das aussah, als wäre ein Tornado hindurchgefegt. Ihre Zunge war blau und drang wie ein Fremdkörper aus ihrem Mund. Ihre Augen waren so weit aufgerissen, dass sie kaum noch in den Höhlen zu stecken schienen. An ihrem Hals waren die dunklen Spuren eines dicken Seils oder

Tuchs, mit dem Ali al-Sayyaf ihr Leben beendet hatte. Das Mädchen war keine Schönheit gewesen, dicklich und mit ungepflegten, langen Haaren. Auf ihre Schulter hatte sie sich irgendwann ein Lesbenzeichen tätowieren lassen. Wäre sie mal dabei geblieben, dachte Logan bitter. Er war zu spät gekommen. Die verdammten vier Tage Verzögerung waren doch zu viel gewesen. Der Marokkaner hatte schon seine Postkarte bekommen und war verschwunden, die einzige Zeugin verstummt. Keine gute Nachricht für das deutsche Parlament. Allzu lange konnte sie aber noch nicht da liegen, denn obwohl ihr Körper schon reichlich mit Totenflecken übersät war und die Leichenstarre schon fortgeschritten, hatte sie noch nicht begonnen zu kompostieren – was bei einer Zimmertemperatur von vielleicht 27 Grad nicht mehr allzu lange dauern konnte.

Diese Wohnung, die mehr an eine Müllkippe erinnerte, nach Spuren von Ali al-Sayyafs Kontaktleuten zu durchsuchen, würde sicher einen Monat dauern. Logan versuchte, mit seinem gesunden Menschenverstand und seiner Erfahrung zu rekonstruieren, was passiert war. Als Ali seine Postkarte bekam, war er offenbar durchgedreht. Vielleicht hatte die linke Martina, bei der er untergekrochen war, etwas von seinen Plänen mitbekommen und sich gedacht: »Nanu? So sehr hasse ich unseren Staat aber dann doch nicht, dass ich gleich das Parlament in die Luft jagen will …« Oder Ali hatte plötzlich Angst vor seinen Kumpanen, denn wie sah es denn aus, wenn ein angehender Märtyrer im Heiligen Krieg ein Liebesnest mit einer unverschleierten Guevara-Tante unterhielt? Da hatte er beschlossen, sich auf die einzige Art, die ihm einfiel, schnell von Martina zu trennen, und war getürmt. Zuvor hatten sie sich allerdings noch über ihre zerrüttete interkulturelle Beziehung gestritten, denn am Fuß der Matratze lag ein zerrissenes Foto, das Martina und einen jungen Mann mit dunklen, affig hochtoupierten Haaren, einer schmalen, fast weiblichen Nase und einem unsäglich arroganten Mund zeigte. Logan steckte ein, was von dem Bild noch übrig war, denn wenn ihn das Detektivglück nicht gänzlich verlassen hatte, dann konnte er den Bastard vielleicht doch noch aufspüren. Notfalls am 25. Dezember in Berlin, in der Gegend um das Reichstagsgebäude. Ansonsten entdeckte Logan nichts, was ihm irgendwie weiterhelfen konnte. Dasselbe im Wohnzimmer, einem quadratischen Augiasstall mit Fenster zur Straße. Ein Esstisch, ein Sofa und ein Sessel waren unter Lagen von Zeitungen, Zeitschriften, Büchern und Unterwäsche zu erkennen. Wozu gab es hier eigentlich ein Regal? Dort standen nur ein paar Flaschen mit Rum und Wodka, Gläser und eine Reihe von Souvenirs aus Südamerika und Nordafrika. Das Telefon lag auf dem Teppich neben einer leergefressenen Chipstüte.

Logan zog sich seine dünnen Handschuhe an und nahm den Hörer ab. Vielleicht geschieht ein Wunder, dachte er und drückte die Wahlwiederholungstaste. Die Nummer war lang und während Logan sie vom Display ablas, fühlte er seinen Puls Gas geben und das Blut in den Kopf steigen. Es war eine Nummer in New York.

»*Thank you for calling Gortheon Research Institute …*«, meldete sich eine Tonbandstimme.

In diesem Moment hörte Logan hinter sich ein Geräusch. Ein Knacken im Holzbelag des Fußbodens. Jemand hatte den Raum betreten. Ali al-Sayyaf hatte noch etwas vergessen und war zurückgekommen. Logan kauerte weiter am Boden neben dem Telefon, hatte die quäkende Stimme eines weit entfernten Anrufbeantworters im Ohr, aber hörte sie nicht mehr. Er überlegte fieberhaft, was er tun konnte. Seine Waffe hatte er natürlich nicht dabei, denn obwohl sie registriert und legal war, hätte sie ihm, wenn sie am Zoll im Koffer entdeckt wurde, eine Menge Ärger einbringen können. Ihm blieb nur eine einzige Chance – sich im richtigen Moment umzudrehen und alle Kraft in einen Sprung zu legen, mit dem er den Eindringling überraschen und

umwerfen konnte. Aber bevor er noch seinen Willen und seine Kraft auf den Sprung einschwören konnte, erklang die Stimme.
»Keine Bewegung! Hände hoch und umdrehen.«
Als ehemaliger Militärpolizist wusste er nur zu gut, was diese deutschen Worte bedeuteten.

31. Kapitel

Ghostum, Afghanistan

Stephen Margolis schaukelte unsanft auf der Ladefläche eines Toyota-Pickup hin und her und schob immer wieder forschend seine Zunge in den Bereich seines Oberkiefers, an dem die beiden wackelnden Zähne saßen. Er wusste, dass das idiotisch war und dass er dadurch die Zähne so weit lockern konnte, dass sie ihm tatsächlich ausfielen. Aber angesichts der höllischen Schmerzen, die sie ihm bereiteten, war dieser Gedanke direkt eine Erleichterung. Sein rechtes Auge war blau angelaufen, auf seinem rechten Wangenknochen war die Haut von Abdul Gahids Schlägen abgeschürft. Aber dieser Schmerz war erträglich – was wirklich wehtat, waren die beiden angebrochenen Zähne und die Gewissheit, etwas unsagbar Dummes getan zu haben.

Als die amerikanischen F-18-Hornets im Tiefflug durch die Nacht angebraust kamen und das Feuer eröffneten, war Margolis noch nicht klar gewesen, dass er selbst sie herbeigelockt hatte. Irgendein Satellit, eine Drohne oder ein Aufklärungsflugzeug hatte die Signale des Satellitentelefons aufgenommen und an die Bomber weitergegeben. Diese Erkenntnis hatte erst der Libanese in Margolis' Kopf gehämmert, als er wie ein Wilder über ihn herfiel und ihn prügelte, bis er selbst kraftlos zusammensackte. Die F-18 waren verschwunden, hatten entweder ihre Geschosse alle abgefeuert oder waren zu dem Schluss gekommen, dass ihr Angriff erfolgreich verlaufen war.

»Du verdammter Idiot«, brüllte Gahid. »Du hättest uns alle umbringen können!«

Und wieder schlug er dem CIA-Mann mit der Faust ins Gesicht, so dass Margolis, der sich gerade erheben wollte, um endlich

Widerstand zu leisten, mit einem heiseren Stöhnen nach hinten überkippte.

»Idiot! Idiot! Idiot!«, schrie Gahid immer wieder. »Du musst doch am besten wissen, dass deine Leute jeden verdammten Furz in diesem Land mitbekommen! Und da schleichst du dich raus und gibst ihnen ein Leuchtsignal!«

Margolis, der nun seinen Fehler erkannte, wurde übel von Gahids Schlägen auf seinen Kopf und der unentschuldbaren Fahrlässigkeit. Der Libanese hatte mit jedem Wort Recht.

»Es tut mir Leid«, sagte Margolis kraftlos.

»Es tut mir Leid!«, äffte Gahid ihn nach. »Heilige Scheiße! Wahrscheinlich hast du wieder mit der Mama daheim telefoniert, weil du Heimweh hattest!«

»Ich habe meine Dienststelle angerufen«, keuchte Margolis und hoffte, dass Gahid niemals herausfinden würde, wie Recht er hatte. »Ich muss das ab und zu tun!«

»Deine Dienststelle ist jetzt hier! Und ich verlange, dass du das endlich einsiehst!«

»Wir müssen aufbrechen. Sofort.« Die Stimme ließ sie beide zusammenfahren. Hinter ihnen stand Jurij, der zusammen mit Aziz aus dem Haus des Teppichknüpfers hatte flüchten können, bevor es einen Treffer im Wohnbereich erhielt. Hinter dem Russen flackerte das Feuer, das in den Überresten des Hauses entfacht war, davor standen die Frauen, händeringende Umrisse vor brennendem Hintergrund, und jammerten. »Sie werden zurückkommen und nachsehen, ob sie gefunden haben, wen sie suchen.«

»Steh auf!«, herrschte Gahid den Amerikaner an. »Steh auf und entschuldige dich bei den Frauen, dass du ihr Haus zerstört hast. Verdammter Amateur!«

Margolis drückte den Frauen ein dickes Bündel Dollarscheine in die Hand – es mochten Zehner oder Hunderter sein, ihm war es egal, denn er schämte sich in Grund und Boden.

Abdul Gahid hatte noch in der Nacht den Toyota-Pickup besorgt, den er in einem mörderischen Tempo durch die Schluchten steuerte. Und wenn er eine offene Fläche erreichte, dann wurde das Tempo noch haarsträubender, denn jede Sekunde konnten wieder amerikanische Flieger auftauchen und sie ins Visier nehmen. Gahid und der Russe saßen im Führerhaus, Margolis und Aziz auf der Ladefläche. Mit nichts als ihren Stoffhosen und Westen, die die Hiebe der Ladefläche von unten und von der Seite kaum abfederten. Am Anfang jaulte Aziz noch bei jedem Schlagloch auf und verfluchte dieses Land, doch irgendwann hörte er damit auf. Benommen, wie unter Narkose, die Augen geschlossen, ließ er seinen schmalen Körper zum Spielball der Elemente werden. Margolis pulte mit der Zunge an seinen wackeligen Zähnen herum und hoffte, dass er irgendwann lebend nach Forrest Lane zurückkehren würde.
Einmal sah es aus, als würde daraus nichts werden. Gegen Mittag näherte sich von Westen her eine Welle von Explosionen und am Himmel sahen sie die Kondensstreifen einer hoch fliegenden B-52. Der Bombenteppich stoppte gerade mal fünfhundert Meter vor der Piste, die offenbar noch für militärische Zwecke gebraucht wurde. Aber die Druckwelle der letzten Bomben reichte aus, um den Toyota auf einer Seite anzuheben, so dass er für ein paar halsbrecherische Sekunden nur auf zwei Rädern dahinsauste.
»Wir sind über die Front hinaus. Wir fahren jetzt durch Taliban-Land!«, schrie Abdul Gahid dem Russen zu, der nickte, aber kein Wort verstand. Für ihn gab es in diesem Land ohnehin keinen freundlichen Flecken, keinen sicheren Aufenthaltsort.
Die *dukhi*, die Gespenster, waren überall. Sie lauerten hinter Felsen und in Erdlöchern. Sie hockten in den niedrigen Bäumen am Flusslauf und strömten lawinengleich von den Hängen der Berge. Und wenn sie nicht selbst kamen, dann hatten sie ihre

Fallen gelegt. Thermosflaschen, Kofferradios und sogar Uhren – Souvenirs, die damals kein schlecht bezahlter russischer Soldat hatte liegen lassen können. Doch der pakistanische Geheimdienst hatte alles vermint und verkabelt, und wenn einer dumm genug war, etwas aufzuheben, das nicht ihm gehörte, dann flogen er und seine Kameraden in die Luft. Das war die Art von Krieg, den die *dukhi* führten.

Jurij hatte nur zwei Wodkaflaschen aus dem brennenden Haus des Teppichknüpfers retten können. Der verfluchte Amerikaner hatte dafür gesorgt, dass sein gesamter Vorrat verloren war. Zwei Flaschen von zwei Kisten. Er wusste nicht, was passieren würde, wenn diese Flaschen aufgebraucht waren. Die erste war jetzt schon halb leer. Immer wieder setzte er sie an, trotzig gegen die Schaukel- und Stoßbewegungen des dahinrasenden Wagens ansteuernd. Die angewiderten Blicke des Libanesen waren ihm egal. Er war kein Held und er war nur zurückgekommen, um hier zu sterben. Inzwischen glaubte er fest daran, dass es für ihn keinen Weg zurück mehr gab. Sergeij war ihm in der letzten Nacht im Traum erschienen und hatte ihn gerufen. Sergeij, sein Freund und Kamerad, den die *dukhi* kastriert hatten, bevor sie Jurij und die drei anderen Männer unter dem LKW entdeckten und hervorzogen. Sie schossen die drei anderen ohne zu zögern in den Kopf. Ihr Blut lief an Jurijs Stiefeln vorbei und versickerte auf dem staubigen Boden der Salang-Straße. Aber der Anführer der *dukhi* bedeutete den anderen, dass sie Jurij in Ruhe lassen sollten. Lachend strich er über Jurijs helles Haar, während ihm die Fesseln angelegt wurden, die er für drei Monate nicht mehr loswerden sollte.

Die schneebedeckten Berge auf der anderen Seite einer weitläufigen Ebene, auf die Abdul Gahid nun in Höchstgeschwindigkeit zuhielt, erkannte Jurij sofort wieder. Es war der Teil jenes südlichen Ausläufers des Hindukusch, in dem die Höhlen von Ghostum lagen. Am Beginn ihrer Fahrt durch die Ebene, die zwei volle Stunden dauerte, sah Jurij noch am Himmel die vorüberrasenden Schatten niedrig fliegender amerikanischer Jagdflugzeuge. Aber das Wetter wurde schlechter. Die Piloten konnten sich nicht mehr ohne weiteres unter die niedrigen Wolken wagen, die an einigen Stellen schon mit einem dichter werdenden Bodennebel verschmolzen. In den Bergen tobten die ersten Schneestürme und die Winde entlang der Hänge und selbst in der Ebene waren tückisch und unberechenbar. Auch die Sicht auf der Straße wurde erheblich eingeschränkt.

Gahid fuhr trotzdem weiter, in einem Tempo, als werde er von allen Höllenhunden gehetzt. Zweimal wären sie beinahe mit Gruppen von Flüchtlingen zusammengestoßen, deren Umrisse sich nur wenige Sekunden vorher aus dem bleiernen Nebel abzeichneten. Gahid fluchte und schrie den Elenden üble Verwünschungen hinterher, aber er bremste seine rasante Fahrt nicht ab. Am Nachmittag hatten sie die Ausläufer der Berge erreicht und Gahid wurde endlich ruhiger.

»Du kennst dich gut aus in diesem Land«, sagte Jurij, dessen Wodkapegel inzwischen den Stand erreicht hatte, an dem er halbwegs normal mit Menschen reden konnte.

»Was glaubst du denn?«, sagte Gahid großspurig und dankbar, dass er endlich wieder reden und angeben konnte. »Ich mache hier seit Jahren gute Geschäfte.«

»Mit Afghanistan kann man Geschäfte machen?«, wunderte sich der Russe.

»Ja, was denkst du denn?«, antwortete Gahid. »Keine Regierung, keine Gesetze, nichts als ein Haufen halbwilder Stammesfürsten, die nichts weiter im Sinn haben als ihren eigenen Vorteil. Dazu ein Land, das so lange im Krieg war, dass jeder sein Besitztum vergraben hat. Lauter versteckte Reichtümer! Das ist der ideale Ort für Geschäfte.«

»Also handelst du mit Drogen«, knurrte Jurij voller Verachtung. Er hatte Kameraden zerbrechen sehen unter diesem Teu-

felszeug, dem Gift der Gespenster. Andere hatten es benutzt, um damit reich zu werden. Für ihn kamen keine Drogen in Frage. Wem das Leben zu feindselig erschien, wer zu schwach war und zu feige, der konnte immer noch Wodka trinken.
»Drogen sind nur ein Bruchteil des Geschäfts«, sagte der Libanese. »Und ein riskanter dazu. Besser sind Gold, Diamanten, Schmuck, Antiquitäten, Teppiche, Flüchtlinge und so weiter.«
»Verstehe«, sagte Jurij. Das war eine ganz andere, fremde Welt. Nichts, mit dem er irgendetwas anfangen konnte. »Wie hast du mich gefunden?«, fragte er mit der unvermittelten Direktheit des Alkoholikers.
Der nüchterne Gahid brauchte eine Weile, bis er die Frage verdaut hatte. Und dann noch eine Weile, bis er eine Antwort formuliert hatte, die vage genug war und doch der Wahrheit entsprach. Dazu kam die unebene Piste, die einen Großteil seiner Konzentration beanspruchte. Ein falsches Lenkmanöver und der Pickup wäre ins Schleudern gekommen, im Straßengraben gelandet oder einen Abhang hinuntergestürzt. Um den verdammten Amerikaner da hinten auf der Ladefläche hätte es ihm nicht Leid getan – aber Aziz war ein loyaler und guter Mann, den er nicht verlieren wollte.
»Ich habe gute Kontakte hier und in Russland. Vor Jahren schon berichteten die Afghanen von einem Russen, der die Höhlen von Ghostum gesehen hatte und der befreit wurde, kurz bevor man ihn hinrichten wollte. Das warst du. Deinen Namen fand jemand für mich in einem russischen Militärarchiv. Ich wollte mich schon längst mit dir in Verbindung setzen, seit die Amerikaner diese Unsummen auf den Kopf des Prinzen aussetzen. Ich dachte, das wäre mal ein nettes, kleines Zubrot für mich und auch für dich. Ein gut bezahlter Spaziergang. Wo doch jeder weiß, der sich in diesem Land auskennt, dass der Prinz am liebsten in Ghostum unterkriecht.«

»Ghostum ist wie eine Stadt unter der Erde«, sagte Jurij und nahm einen letzten, großen Schluck. Die erste Flasche war leer und der Tag war noch nicht einmal zu Ende. »So viele Seitengänge und Nebengänge und versteckte Höhlen. Manche so hoch wie eine Kathedrale. Es wird Monate dauern, bis wir das ganze Labyrinth untersucht haben.«

Gahid wich fluchend einem Felsbrocken aus, der so groß war wie der Fernsehapparat daheim in Jurijs Wohnung. Er trat so scharf auf die Bremsen, dass sie die Wutschreie der beiden Ladeflächen-Passagiere hören konnten, die unsanft gegen die Rückwand der Fahrerkabine geschleudert wurden.

»Vertrau mir, ganz so lange werden wir nicht brauchen«, sagte Gahid, als er den Wagen wieder unter Kontrolle hatte. Er klopfte fast zärtlich auf seine lederne Reisetasche, die er zwischen sich und dem Russen platziert hatte.

Jurij beobachtete die Geste, Gahids zuversichtliches Gesicht und folgerte schnell: »Das bisschen Semtex-Sprengstoff wird uns nichts nützen. Die Höhlen sind solider als ein Stahlbetonbunker. General Oblomov hat damals fünfzehn Tonnen Sprengstoff darauf abgeworfen und nichts erreicht.«

Gahid grinste. »Semtex? Glaubst du wirklich, ich ginge auf die Jagd mit tschechischem Plastiksprengstoff?«

»Was weiß ich ...«

»Nein. Ich habe was Besseres. Aber ich habe auch ein kleines Problem. Wir haben keine Waffen. Eigentlich wollte ich heute Morgen zwei Leute treffen, die uns mit ein paar Sturmgewehren ausrüsten sollten. Aber daraus ist ja nichts geworden, dank dieses vertrottelten Amerikaners. Jetzt sind wir ziemlich nackt.«

»Außer dem Zeug, das du da in der Tasche hast und das nicht Semtex ist.«

»Ja«, sagte Gahid finster. »Aber das nützt uns nichts.«

Wieder eine scharfe Bremsung. Vor dem Toyota waren aus dem

Nebel Schafe aufgetaucht. Die Herde bestand aus vielleicht fünfzig Tieren. Dahinter materialisierten sich die Umrisse von neun in Decken gehüllten Gestalten.

»Du brauchst Waffen? Hier sind Waffen«, sagte Jurij.

»Ja. Genau. Die gefährlichen Killerschafe von Ghostum«, raunzte Gahid verächtlich.

»Du kennst vielleicht Afghanistan, aber du kennst den Krieg nicht«, gab Jurij ebenso verächtlich zurück und öffnete die Tür des Jeeps.

Bevor die Hirten wussten, was geschah, griff er sich das erstbeste Schaf, warf es zu Boden und machte sich an ihm zu schaffen. Dann tauchte er wieder auf, in der Hand ein Sturmgewehr, mit dem er auf die neun Männer schoss. Einer stürzte tot hintenüber, die anderen suchten schleunigst das Weite. Die Schafe rannten in Panik davon und Jurij schrie Margolis und Aziz zu, dass sie ihm helfen sollten, die Biester einzufangen. Eine halbe Stunde später hatten sie vierzehn Kalaschnikows und sieben Munitionsgürtel in ihrem Besitz, die den Tieren um den Bauch gewickelt waren.

»Fünfzig Schafe und neun Hirten«, sagte Jurij, als er wieder neben Gahid Platz nahm. »Ein ganz alter Trick.«

»Gute Arbeit«, nickte der Libanese.

»Ich habe die Waffen besorgt. Und jetzt will ich wissen, was du da in deiner Tasche hast und was kein Semtex ist.«

»Sarin«, sagte Gahid leichthin. »Nervengas. Genug, um die Höhlen von Ghostum auszuräuchern.«

Eigentlich hatte Abdul Gahid erfurchtsvolles Schweigen erwartet auf diese furcheinflößende Meldung. Aber der Russe lachte nur.

»Du hast wirklich keine Ahnung, wie groß die Höhlen sind. Stimmt's? Dein Sarin wird ein paar Asseln und Ratten vernichten. Sonst nichts.«

Gahid wurde mürrisch. Er liebte es nicht, wenn seine kühnen

Vorhaben verlacht wurden. »Deswegen habe ich ja dich mitgebracht.«

»Das war nicht abgemacht.« Stephen Margolis trat demonstrativ einen Schritt zurück.
Sie hatten den Toyota in einer Seitenschlucht zurückgelassen und zu Fuß, im grauen Nachmittagslicht und gepeinigt von einem kalten Graupelschauer, den Hügel erklommen. Erst einen Meter bevor sie die Öffnung erreicht hatten, zu der Jurij sie führte, war ihnen klar geworden, dass sie ihr Ziel erreicht hatten. Jedem ungeübten Betrachter musste diese Felsformation vorkommen wie eine natürliche Wölbung im Berg. Aber Jurij öffnete ihnen die Augen. Die kleinen Zweige vor dem Eingang gehörten zu einer Pflanzenart, die nur unten im Tal und in der Nähe des Flusslaufes wuchs. Sie waren das Zeichen für Neuankömmlinge, dass dies der zur Zeit benutzte Eingang zur Höhle war. Die senkrechten und waagerechten dünnen Linien im Fels waren keine natürlichen Zeichnungen des Gesteins, sondern sie waren von Menschenhand eingefügt. Sie gehörten zu einem groben Muster von Rechtecken, das den ganzen, unsichtbaren Bergpfad entlang in den Fels gehauen worden war – die Tarnung von Schießscharten. Auf ein Kommando hin konnten die backsteingroßen Aushöhlungen nach außen fallen wie ein plötzlicher Steinschlag und aus jeder der vielen Öffnungen würden Gewehrläufe wachsen. Kein Eindringling hätte auch nur die Zeit, seinen Fehler zu bereuen, bevor er starb.
Jurij hatte sie bis zu diesem Eingang geführt, denn er erkannte das Terrain wieder. Obwohl dichter Nebel über der Schlucht lag, obwohl mit Schnee vermischter Regen fiel, der Margolis und Aziz auf der Ladefläche bereits völlig durchnässt hatte, bedeutete er Abdul Gahid, den Toyota hier anzuhalten und zu Fuß weiterzugehen. Die Dämmerung war ihr Verbündeter, die Nacht war eine Freundin, wenn sie nur vorsichtig und leise

waren. Jurij, in seiner Hand die letzte, bereits zu einem Drittel geleerte Wodkaflasche, ging voran, den Blick auf den Boden geheftet. Er führte sie schweigend zum Eingang der Höhle. Unterwegs hielt er dreimal inne und deutete auf kaum sichtbare, faserfeine Drähte, die im Gestrüpp verliefen. Das Frühwarnsystem. Bevor ein ahnungsloser Eindringling den verborgenen Eingang erreichte, würde er drei Mal Alarm ausgelöst haben, ohne es auch nur zu merken. Er würde denken, dass er sich in einem Spinnennetz oder einem Dornenbusch verfangen hätte. Aber tief drinnen im Berg würde eine Glocke ertönen und das Begrüßungskomitee wäre bereit, ihn zu empfangen.

Als sie den Eingang erreicht hatten und Abdul Gahid aus seiner Ledertasche das Sarin auspackte, trat Margolis einen Schritt zurück und funkelte den Libanesen böse an.

»Ich bin draußen«, zischte er.

»Du bist was?«, zischte Gahid zurück.

»Ich mache da nicht mit. Ich bin draußen.«

»Hast du den Verstand verloren?«, fragte Gahid mit einer Unschuldsmiene, die für diesen Moment verbarg, dass er kurz davor war, dem Amerikaner den Hals umzudrehen. Erst brachte er sie mit seinem tölpelhaften Telefonanruf in Lebensgefahr und jetzt wollte er kneifen. Gahid holte tief Luft, um sich zu sammeln und nicht auszurasten. »Glaubst du, diese Ratten da drinnen würden auch nur eine Sekunde zögern, uns alle zu vergasen, wenn sie die Möglichkeit dazu hätten? Und hat dein Präsident nicht wörtlich gesagt, er wolle die Burschen ausräuchern?«

»Das war metaphorisch gemeint. Ich bin draußen«, wiederholte Margolis, dem nichts Passenderes einfallen wollte. »Ich mache da nicht mit. Fertig. Was ist, wenn sie Geiseln haben, wenn Frauen und Kinder bei ihnen sind oder amerikanische Gefangene?«

Jurij gönnte sich einen tiefen Schluck aus seiner Flasche und

Aziz verdrehte zum hundertsten Male an diesem Tag verzweifelt die Augen zum Himmel.
»Diesen Kampf kann man nicht auf die John-Wayne-Art gewinnen«, fuhr Abdul Gahid den Amerikaner an. »Wer Ungeziefer jagt, muss auch entsprechende Waffen mitbringen.«
»Du redest genau wie Miles Spencer«, gab Margolis zurück. »Aber das ist nicht mein Stil. Und wird es niemals sein. Das ist nicht die amerikanische Art.«
»Dann verpiss dich auf die amerikanische Art und warte unten beim Auto. Aber stolpere nicht über die verdammten Drähte!«, herrschte ihn Abdul Gahid mit unterdrücktem Zorn an. »Ihr bezahlt mich und ihr wollt ein Ergebnis. Und ich bringe euch das verdammte Ergebnis! Jetzt halt die Klappe und verschwinde!« Er wurde lauter, als es in ihrer Situation ratsam gewesen war.
»Du hast Recht. Wir bezahlen. Aber nicht für so was.« Anklagend deutete Margolis auf den Behälter, in dem Gahid das tödliche Nervengas transportierte. »Wenn du das benutzt, dann sorge ich persönlich dafür, dass du keinen Cent von uns bekommst.«
»Du verfickter Schwächling«, fauchte Abdul Gahid und holte hinter seinem Rücken die Kalaschnikow hervor. Er legte auf Margolis an, der ebenfalls sein Sturmgewehr in Anschlag brachte. Die beiden Männer standen weniger als einen Meter voneinander entfernt und schienen bereit, sich gegenseitig zu zerfetzen.
»Lasst uns zurückgehen. Wenn wir nicht handeln wollen, dann wird es hier zu gefährlich!« Jurijs sachliche Bemerkung erstaunte die beiden Streithähne so sehr, dass keiner mehr daran dachte, den anderen zu erschießen.
»Ja, zurück«, pflichtete Aziz bei. »Lasst uns unten noch mal über alles nachdenken.«
»Du Schwächling«, grollte Gahid. »Du verdienst die Niederlage tausend Mal.«

Margolis schloss die Augen, während er antwortete. »Kein Mensch, kein Krieg und kein Befehl bringt mich dazu, Menschen zu beseitigen wie Ungeziefer«, sagte er und fühlte, wie er wuchs und gleichzeitig schrumpfte. »Wenn das der Preis für den Sieg ist, dann zahle ich ihn nicht.«

»Dann lass uns sehen, wer zahlt«, sagte Gahid finster und winkte Jurij zum Rückzug.

Wieder ging der Russe voran und geleitete sie in der immer tiefer werdenden Dunkelheit zurück ins Tal, zu ihrem Pickup. Gahid sprach nichts mehr auf dem Weg, aber unten angekommen, griff er sein Satellitentelefon und verschwand in der Nacht. Margolis, Jurij und Aziz drängten sich im Führerhäuschen zusammen und froren.

»Du hast den Krieg schon verloren, wenn du solche Maßstäbe anlegst«, sagte Jurij irgendwann, seine Zunge schwer von Wodka. »Im Krieg gibt es keine Maßstäbe. Außer dem, alles und jeden zu zerstören. Hat man euch das in Amerika nicht beigebracht?«

»Ich bin kein Soldat mehr«, gab Margolis zurück. Zweifel nagten längst an ihm. Wieso hatte er nicht zusehen können, wie Abdul Gahid die Höhle ausräucherte? Wieso war es ihm nicht gleichgültig, wenn dutzende oder hunderte Taliban und Talibanfreunde, terroristische Araber und arabische Terroristen und vielleicht eine unbestimmte Zahl von unschuldigen Geiseln jämmerlich im Dunkel verreckten? Wer war Schuld daran, dass er so etwas nicht mehr ertragen konnte? Die Liberalen? Das fettige Essen? Die schlechten Fernsehprogramme? Nein, sagte er sich. Es wäre einfach ein feiger Mord gewesen. Massenmord. Das war keinen Deut besser als das, was die Terroristen machten. Und er wollte sich von den Mördern nicht die Wahl der Waffen diktieren lassen. Vielleicht hatte Jurij Recht und vielleicht hatten sie deswegen den Krieg tatsächlich schon verloren. Aber das war ihm egal. Den Krieg hätten sie auch dann verloren, wenn sie so wurden wie ihre Feinde. Seine Zunge bohrte so heftig an seinen Wackelzähnen herum, dass der Schmerz vom Kiefer längst in den Kopf gestiegen war.

»Steig aus«, Abdul Gahid war wie ein Schatten aus der Dunkelheit zurückgekommen und öffnete die Autotür. Seine Stimme war kalt und er vermied es, Margolis in die Augen zu sehen. Der Amerikaner schwang seinen Körper aus dem engen Auto und baute sich vor dem Libanesen auf. Er würde sich nicht noch einmal von diesem glubschäugigen Bastard zusammenschlagen lassen. Wenn Gahid jetzt auf Streit aus war, dann würde er Margolis von einer anderen Seite kennen lernen.

Abdul Gahid legte das Satellitentelefon mit der riesigen Antenne auf den frei gewordenen Sitz und schloss die Tür, damit Jurij und Aziz ihr Gespräch nicht mit anhören konnten.

»Unser Handel ist geplatzt«, sagte der Kaufmann. Er sagte es ruhig und sachlich, ohne eine Spur von Emotion, was Margolis höchst nervös machte. Er fühlte, wie ihm flau im Magen wurde.

»Was?«

»Du hast richtig gehört. Deine Seite hat ihren Teil der Vereinbarung nicht eingehalten. Ich habe mit meiner Bank telefoniert. Keine Überweisung. Schon seit vorgestern müssten auf meinem Konto zweihundertfünfzig Millionen von deinem Chef Miles Spencer liegen. Aber nichts ist überwiesen worden.«

»Miles Spencer ist tot. Und ich habe jetzt eine Ahnung, wer der Mann ist, der direkt unter unserer Nase operiert. Vermutlich hat er die Überweisung gestoppt. Es ist Kalim Fazzar. Lass mich noch einmal telefonieren und ich bringe die Sache in Ordnung.«

Mit einem Mal lag Margolis sehr viel daran, dass er weiter bei Abdul Gahid bleiben konnte. Der Kerl war ein rücksichtsloses Schwein und ein Gauner. Aber ohne ihn wäre Margolis niemals so weit gekommen. Sie waren nur noch wenige Schritte vom Schlupfwinkel des Prinzen entfernt. Sie konnten ihn zu fassen bekommen, wenn sie sich nur auf das passende Mittel einigten. Margolis schluckte seinen Stolz und seinen Ärger hinunter. Seine Zähne taten in diesem Moment so weh, dass er am liebsten laut aufgeheult hätte. »Bitte.«

»Kalim Fazzar ist also ein Helfer des Prinzen, ja? Und wer bist du? Der Kaiser von China?«

»Hör mal, wenn das wegen der Sache da oben ist, an der Höhle, dann sag es nur. Ich will nicht, dass diese Aktion scheitert, nur weil du meine Überzeugungen nicht teilst. Wir können immer noch einen Weg finden …«

Gahid schnaufte belustigt. »Hältst du mich für einen Anfänger? Das Geschäft ist meine Religion. Wer bezahlt, der darf auch die Regeln bestimmen. Aber das Problem ist, ihr habt nicht bezahlt. Und nicht nur das.«

»Ich kann dir nur versichern, dass ich mich darum kümmern werde, sobald wir hier wieder raus sind.«

Gahid schüttelte den Kopf. »Keine Geschäfte auf Raten oder gar auf Kredit. Das ist eine meiner Überzeugungen. Außerdem habe ich noch einen zweiten Anruf gemacht. Ein Gespräch darf übrigens niemals länger als drei Minuten dauern, sonst fangen dich die Satelliten deiner eigenen Armee auf so wie gestern. Aber das nur am Rande. Ein guter Freund von mir, ein Barkeeper in Gaza, den die Kunden Abu Zapfhahn nennen, hatte eine wichtige zweite Information für mich. Wusstest du, dass deine Freunde mich suchen lassen?«

»Ich weiß nicht einmal, wovon du redest!«

»Die CIA ist hinter mir her, um mich fertig zu machen. Sie verbreiten überall, ich sei so was wie der Pate des Prinzen.«

»Ich glaube dir nicht.«

»Dein Pech. Frag deinen neuen Chef. Gestern buhlen sie um meine Hilfe und heute wollen sie mich umlegen. So schnell wechseln sonst nur die Afghanen die Seiten. Und noch was. Ganz schlechte Nachricht. Die Grünen Brüder sind gestern

Nacht ausgeflogen. Keiner mehr da. Vierhundert menschliche Bomben auf dem Weg in das Abendland.«

Margolis wurde schwarz vor Augen. »Was werden sie tun?«

»Soweit ich weiß, sind sie darauf trainiert, Attentate zu begehen. Jeder Bruder ein Opfer. Personen des öffentlichen Lebens. Wirtschaftsbosse, Schriftsteller, Fernsehstars, Popsänger und Filmschauspieler, vielleicht Politiker, wenn sie einen kriegen können. Den Leuten richtig Angst machen, wenn ihre Helden und Idole ringsherum explodieren und blutüberströmt zusammenbrechen. Aber diese Informationen darf ich dir eigentlich gar nicht geben, denn unser Deal ist ja bekanntlich geplatzt.«

»Bitte ...«

Gahid unterbrach ihn schnell. »Spar dir deinen Atem und fang nicht an zu jammern. Es gibt kein Zurück. Mein Händedruck ist besser als ein Vertrag. Aber wenn der Handelspartner sein Wort bricht, dann ist alles aus. Die CIA hat mich verladen. Sie haben nicht gezahlt, sie haben das Hühnchenspiel nicht mitgespielt und jetzt wollen sie mich sogar umlegen.«

»Welches Hühnchenspiel?«

»Ach, nichts Wichtiges. Ich wollte nur mal sehen, wie ernst es Spencer wirklich damit meinte. Ich habe von ihm gefordert, dass er deine Frau und deine beiden Töchter liquidieren soll. Keine Aufregung!«, sagte Gahid schnell, bevor Margolis ihm gefährlich werden konnte. »Das war nur ein Spaß. Ich sagte ihm, dass ich allein das Signal dazu geben würde, und ich hätte es natürlich nicht gegeben. Ich wollte nur sehen, ob er es wirklich ernst meint. Er meinte es offenbar ernst.«

Margolis' Herz pochte explosionsartig in seinen Schläfen, seinen kaputten Zähnen und rüttelte seine Brust durch wie ein Erdbeben. Er hatte das Gefühl, gleich zu ersticken vor Angst und Übelkeit. Gahid dachte schon an etwas ganz anderes.

»Ach, ja. Hol bitte deine Sachen von der Ladefläche. Ich brauche den Wagen.«

»Du wolltest meine Familie …?«

»Ich sagte doch schon – es war nicht ernst gemeint. Ein Hühnchenspiel, nichts weiter. Ich musste mich schließlich für den Fall absichern, dass du den Verstand verlierst und wieder anfängst, mich wegen der Sache damals in Beirut zu belästigen. Und nun nimm deine Tasche von meinem Auto runter, ja?«

Margolis wurde von einem Albtraum in den nächsten geschubst. »Was redest du da? Willst du mich hier zurücklassen?«

»Du kennst dich aus in diesem Land. Du wirst schon zurechtkommen. Ich habe Geschäfte im Süden, die keinen Aufschub dulden. Wenn du nicht so ein verdammter Waschlappen wärst, dann hätten wir den Prinzen schon unschädlich gemacht. Aber nein, der Herr muss sich ja in die Hosen machen, weil ihm Abdul Gahids Mittel zu unfein sind. Ihr Amerikaner seid eben doch verdammte Luxuskreaturen. Da, wo ich herkomme, gibt es diesen Luxus nicht.«

»Auch du bist in Amerika gewesen«, versuchte Margolis seine Haut zu retten. Die Sorge um Lisa und die Mädchen brachte ihn fast um. Er musste heim. Er musste sie warnen oder beschützen. Kalim Fazzar, der Verräter, hatte ausdrücklich gesagt, er sorge sich um das Wohl seiner Familie. Das war eine Drohung gewesen. Er durfte nicht in einer Schlucht im Westen Afghanistans stecken bleiben!

»Ja. Das stimmt. Ich war ein paar Jahre in Amerika. Aber nur um zu sehen, wie ich *nicht* leben und *nicht* werden will. Das kannst du dir nicht vorstellen, ich weiß. Für dich und deinesgleichen gibt es nur den *American Way of Life*. Aber ich will ihn nicht und viele andere in meinem Teil der Welt wollen ihn eben auch nicht. Ich bevorzuge den *Arabian Way of Life*. So, und jetzt Ende der Unterredung. Ich habe noch Platz auf der Ladefläche und biete dir eine Mitfahrgelegenheit nach Süden an. Aber entscheide dich schnell, denn ich muss bald los.«

Gahid ließ den Amerikaner stehen und ging weiter zur anderen Tür, um den Russen von der neuen Sachlage zu unterrichten.

Margolis starrte in die Finsternis und fühlte sich, als sei er verloren auf einem fremden Planeten. Die Angst um seine Familie und die Angst, allein in diesem Gebiet zurückgelassen zu werden, wechselten sich ab. Er würde hier keinen Tag überleben trotz seiner unauffälligen Kleidung und seiner Sprachkenntnisse. Der erstbeste Krieger, dem er über den Weg lief, konnte ihn enttarnen und ihm die Kehle durchschneiden.

Jurij trat neben ihn. »Ich muss zurück nach Hause«, sagte der Russe mit schwerer Zunge und einer Spur von Bedauern in der Stimme.

Margolis wehrte ab. »Geh nur, geh mit ihm. Mach dir keine Gedanken um mich, ich komme schon durch. Geh mit Gahid.«

»Gahid geht nach Süden«, gab Jurij nach einer Denkpause zurück. »Russland liegt im Norden. Kannst du mir helfen, schnell wieder nach Russland zu kommen? Ich habe keinen Wodka mehr.«

Aziz hüpfte behände auf die Ladefläche und reichte Margolis seine kleine Reisetasche über das verbeulte Blech. Dann bückte er sich wieder und sagte: »Nehmen Sie diese bitte auch, Mr. Margolis? Das ist meine.«

Margolis griff die zweite Tasche und Aziz kletterte herunter und klopfte sich den Staub von seiner Kleidung. »Gahid geht nach Süden«, sagte Aziz. »Das ist Selbstmord. Die Raketen fliegen einem dort nur so um die Ohren. Ich bleibe bei Ihnen. Und ich hoffe, dass Sie irgendein geheimes Zeichen oder so was kennen, das uns schnell einen Hubschrauber herbeischafft. Gahid hat gesagt, Sie dürfen sein Satellitentelefon benutzen und die Kavallerie anrufen, wenn Sie es diesmal kurz machen.«

Margolis versuchte, seine Gedanken zu ordnen, seine Angst zu besiegen und sich zu konzentrieren. Er nahm das Telefon wie eine scharfe Bombe, trug es ein paar Schritte vom Auto weg und wählte die Nummer fast blind.

Die Verbindung kam sofort zustande, als ahnten die wundersamen Strahlen und Signale, die zwischen hier und der Heimat hin- und herflogen, nichts von Angst, Sorge und Not. Margolis konnte sich vorstellen, als er jetzt gepeinigt und ungeduldig die Augen schloss, wie das plötzliche Klingeln des Telefons den Kater aufschreckte, der manchmal bei ihnen wohnte, wie das Tier den Kopf hob und einen kurzen, beleidigten Laut von sich gab, um dann wieder auf sein Kissen zu sinken. Wie Rosie aus dem Garten oder Paula vom Computerzimmer aus rief: »Mami, Telefon!«, weil sie selbst zu beschäftigt und zu faul zum Aufstehen waren. Als hätte jedes Detail seiner Vorstellung gestimmt, meldete sich nach dem dritten Klingeln Lisa.

»Liebling!«, sagte er, hoffentlich nicht zu laut.

»Steve? Wo zum Teufel bist du?«

»Es geht mir gut, mach dir bitte keine Gedanken. Ich bin in Afghanistan. Hör zu, ich muss ...«

»O Gott«, stammelte sie. »Ich bin so froh, deine Stimme zu hören.«

»Ich liebe dich«, stammelte Margolis zurück, plötzlich mit den Tränen kämpfend. »Aber du musst mir jetzt genau zuhören ...«

»Wieso haust du einfach ab, du Arschloch, und lässt uns hier zurück ohne eine Ahnung, wo du bist und was du machst!«

Typisch Lisa, dachte er und lächelte. Schon damals, in ihrem Volleyballteam, hatte sie immer auf Angriff gespielt. »Ich komme bald zurück«, log er. »Aber in der Zwischenzeit müsst ihr eine Weile untertauchen.«

»Was?«, schrie sie.

»Fahrt an die Küste und wartet dort, bis ihr Nachricht von mir bekommt.«

»An welche Küste? Was redest du? Sind wir in Gefahr?«

»Ich weiß es nicht. Erinnerst du dich an das Haus am Meer?

Das Haus auf dem Foto?« Gott, flehte er, gib ihr die Kraft, sich zu erinnern und richtig zu schalten. Vor ein paar Jahren waren sie alle zusammen in dem Ferienhaus ihres Juwelier-Nachbarn an der Chesapeake Bay gewesen – ihr letzter gemeinsamer Urlaub. Aber er durfte nicht deutlicher werden, weil er nicht sicher war, ob sein Telefon abgehört wurde.

»Das Haus mit den dicken Scheiben und der kaputten Toilette?«

Gott hatte ihn erhört. Margolis dankte dem alten Mann dort oben zum hunderttausendsten Mal für seine kluge Frau. »Genau das. Fahrt dort raus und warte, bis ich mich melde. Und nehmt euch in Acht vor dem Mann mit der silbernen Corvette ...«

Drei Minuten waren fast um. Er unterbrach die Verbindung. Gahid war neben ihm aufgetaucht und selbst in der Dunkelheit sah Margolis sein Grinsen.

»Hatte ich mir schon gedacht«, sagte der Libanese mit einem breiten, mitleidigen Grinsen. »Du bist ein grundguter Mensch, ein liebender Vater und Gatte. Und ein verdammter Narr. Jetzt könnt ihr sehen, wer euch hier heraushölt.«

Er schaltete das Telefon ab und ließ Margolis am Boden sitzend zurück. Das Aufheulen des Motors in der stillen Schlucht konnte nicht unbemerkt bleiben, aber Abdul Gahid war das einerlei. Er winkte den drei Männern nicht einmal zu, als er sie zurückließ. Geschäft ist Geschäft.

»Wann kommen die Hubschrauber?«, fragte Aziz hoffnungsvoll.

Margolis überlegte einen Moment, mit welcher Lüge er den kleinen Libanesen abspeisen sollte. Aber er entschied sich anders. »Keine Hubschrauber. Wir werden uns den Weg nach draußen selbst suchen müssen. Aber vorher holen wir uns die Höhlenmenschen.«

»Was? Welche Höhlenmenschen?«, jammerte Aziz.

Margolis ignorierte ihn.

»Oberst Titov? Findest du den Eingang, an dem wir heute waren, auch in der Dunkelheit?«

Jurij rülpste. »Sicher. Aber vergiss nicht die Alarmanlage. Die Drähte werde ich in der Dunkelheit bestimmt nicht wiederfinden.«

»Macht nichts. Wir haben Waffen«, sagte Margolis und tätschelte den Kolben seiner Kalaschnikow. Von der Stelle, an der Aziz stand und den Amerikaner atemlos und entsetzt anstarrte, sah es aus, als blitze in den Augen des Amerikaners der Wahnsinn auf.

»Jetzt holen wir uns den Bastard.«

»Dann los«, sagte der betrunkene Russe. »Aber morgen früh fahren wir zurück in die Heimat.«

32. Kapitel

New York

»Wir sind vielleicht nicht die größte Filiale von Barney's Burger in Manhattan, aber wir haben wirklich eine gute Lage«, schwärmte der schwarze Manager, den sein goldenes Namensschild als »Chuckie« vorstellte und der mit seiner Statur und den drei Speckwülsten über dem Gürtel eine wandelnde Warnung vor dem übermäßigen Genuss ebender fettigen Ware war, die er verkaufte. Seine trägen Augen betrachteten ihr Gegenüber, als gelte ihr wahres Interesse allein der nächsten Mahlzeit. »Außerdem zahlen wir ordentlich. Jedenfalls zahlen wir mehr, als sie den Sicherheitsleuten an den Flughäfen bezahlen.«
Chuckie hatte das vor einiger Zeit in der Presse gelesen und fand dieses Detail ungeheuer beruhigend. Tiefgefrorene Portionen von mit Weiß-der-Himmel-was versetztem Hackfleisch auf eine heiße Platte zu werfen und tiefgefrorene Kartoffelstäbchen in brutzelndes Fett zu tunken, wurde besser entlohnt als das Handgepäck von Flugpassagieren auf versteckte Waffen zu prüfen. Und da sage noch einer, die Arbeit in seinem Restaurant wäre ein Job, der nicht ernst genommen würde.
»Übrigens hast du die Chance«, fuhr Chuckie seinen letzten Pluspunkt auf, »›Angestellter des Monats‹ zu werden. Dann winken zweihundert Dollar Prämie und wir hängen dein Foto draußen auf.«
Mustafa Mbirs Augen leuchteten in wohl berechnetem Entzücken auf.
»Ich werde mein Bestes geben, Boss.«
»Nenn mich nicht Boss, okay?«, sagte Chuckie mit einem Grinsen. »Das hier ist New York, Mann. Jeder hat seine Chance.

Wenn du es hier schaffst, dann schaffst du es überall. Du kennst doch den alten Sammy-Davis-jr.-Song: ›*Start spreading the news I'm leaving today* …‹«.
»Frank Sinatra«, murmelte Mustafa Mbir und bereute es sofort.
Aber der singende Filialmanager hörte ihm glücklicherweise gar nicht zu. Er freute sich zu sehr auf die nächste Frage, die er jedem Bewerber stellte – so als führe er wichtige Einstellungsgespräche für ein international operierendes Großunternehmen und nicht für eine schmierige Hamburgerklitsche ein paar Blocks vom Times Square entfernt. Abrupt beendete er seinen Gesang und sah dem Bewerber mit seinem wässrigen Bernhardinerblick tief in die Augen. »Jetzt sag noch eins: Wo siehst du dich selbst in, sagen wir, fünf Jahren?«
Mustafa Mbir zuckte verstört die Achseln. »Ich weiß nicht … Vielleicht hier?«
Chuckie seufzte. Noch nie hatte ihm einer der Trottel und Halbstarken, die er hier beschäftigte, eine vernünftige und überzeugende Antwort auf diese geniale Frage geben können. Und vielleicht war es genau das, was diese lichtlosen Gestalten zu zuverlässigen und loyalen Mitarbeitern machte – die Abwesenheit jeglicher Alternative und Zukunftsperspektive.
»Okay«, sagte der Manager. »Deine Papiere sind in Ordnung und jetzt kann ich dir ja sagen, dass ich dich sowieso eingestellt hätte, denn einer meiner Brüder von der Organisation ›Brothers help Brothers‹ hat mich angerufen und dich empfohlen. Ich hab nun mal was übrig für Neu-Amerikaner. Außerdem siehst du aus wie Denzel Washington und das kann dem Verkauf nur förderlich sein.« Er stand auf und bot dem Anwalt aus Abijan seine Pranke. »Wann willst du anfangen?«
Mbir stand auf und grinste dankbar. »Am liebsten sofort. Aber nicht im Verkauf. Ich würde gern erst einmal gründlich die Zubereitung lernen.«

»Hey, hey!« Chuckie fuhr zurück und hob scherzhaft die Hände, als sei er mit einer Waffe bedroht worden. »Gleich Forderungen stellen, was? Immer mit der Ruhe. Natürlich wirst du an der heißen Platte anfangen, keine Sorge. Zieh dir deine Kluft an und ich bringe dich zu deinem Arbeitsplatz.«

Mustafa Mbir wusste, dass er am Ziel war, als er durch ein langes Kontrollfenster auf dem Gang einen Blick in die Küche unter sich warf. Mehr als zwei Dutzend Angestellte wirbelten auf der Fläche eines Tennisplatzes zwischen Bratplatten, Kühlschränken und Abzugshauben, Schieberegalen und Plastikbehältern durcheinander. In der Küche arbeiteten nur Schwarze, Lateinamerikaner und Chinesen. Gedämpfte Rufe erklangen, Anweisungen des Abteilungsleiters, der wie ein Sklavenaufseher mit hinter dem Rücken verschränkten Händen auf und ab ging, wurden von einem Kopfmikrofon aufgefangen und durch eine Lautsprecheranlage verstärkt: »Zwölf Cheeseburger, zack, zack! Und die Pommes nicht vergessen! Wo ist der zweite Sack mit Hühnchen?«

Tiefgefrorene Fleischscheiben flogen durch die Luft wie Frisbees, landeten auf den heißen Platten und brieten in Minutenschnelle zu den begehrten Hamburgern heran. Scharfe Soße – Barney's Spezialität –, etwas Salat, eine Tomate oder eine Käsescheibe, rein in das schlaffe Brötchen und eingewickelt, fertig. Die Schnelligkeit der Küchenbediensteten war geradezu erschreckend. Mustafa Mbir betrachtete fasziniert das Treiben in der Küche und fragte sich, wo er in diesem Gewitter der schnellen Handgriffe Zeit finden würde, die Lassa-Erreger zu platzieren. Er hatte sie mittlerweile umgefüllt. Von den versiegelten Plastiktüten, in denen er sie ins Land gebracht hatte, in drei Sprühflaschen, die zuvor biologisch abbaubaren Armaturenreiniger enthalten hatten. Er nahm an, dass er das Zeug nur tröpfchenweise verteilen konnte, weil sonst jeder schmecken würde, dass irgendwas faul war. Eine der Sprühflaschen hatte er bei sich, damit er sofort mit der Arbeit beginnen konnte. Er war nicht gerade erpicht darauf, länger als irgend nötig unter diesen Bedingungen in New York zu bleiben. Wenn er das Zeug losgeworden war, konnte er in aller Ruhe irgendwo warten, bis die verheerende Epidemie die halbe Stadt ausgelöscht hatte. Am besten das ganze Land.

Mbir war bereit für hohe Aufgaben in einer neuen Weltordnung. Solange nicht von ihm verlangt wurde, in dieser miserablen Absteige zu wohnen. Er war zwar nicht verwöhnt und das Hotel Splendid zwischen dem Sexkino und der Großbaustelle war auch nicht weniger komfortabel und nicht unhygienischer als manch andere Absteige, die er im Lauf der Jahre benutzt hatte. Streng genommen war es sogar luxuriöser ausgestattet als seine eigene Wohnung, denn das Zimmer hatte eine Klimaanlage und eine funktionierende Dusche. Aber, verdammt, er war hier in einem reichen Land. In einem Land, in dem man es sich gut gehen lassen konnte. In dem das nicht nur erlaubt, sondern sogar erwünscht war. Und er hatte dreitausend Dollar im Voraus bezahlt für ein Zimmer im Marriot, das nun niemand benutzte. Er wollte in diesem Land nicht unter den Läusen leben, sondern seinen schönen Anzug tragen, in guten Restaurants speisen und in angenehmen Räumen wohnen. Hier kam schließlich der Gerechtigkeitssinn des trainierten Anwaltes zum Tragen: Hatte nicht er, der ein großes Opfer für den Heiligen Krieg brachte, ein Anrecht darauf, sich schon jetzt ein wenig an den Brunnen des süßen Lebens zu laben, statt auf das Paradies und seine Jungfrauen zu warten?

Mustafa Mbir verbarg seinen Missmut und seine Ungeduld hinter der Fassade eines Einwanderers aus dem Armenhaus der Welt, dem es endlich gestattet war, seine ersten Schritte im Land der Freiheit und des Reichtums zu unternehmen. »Sieht ja unheimlich sauber aus hier!«, sagte er anerkennend.

»Was glaubst du? Wir haben regelmäßige Hygienekontrollen«,

belehrte ihn Chuckie, der neben ihm vor dem langen Kontrollfenster stand, die Hände vor seinem enormen Bauch gefaltet.
»Ich dachte, ob ich vielleicht mit Putzen anfangen könnte?« Mbir dachte, dass seine Sprühflaschen mit dem hochgiftigen Urin der toten Belgierin am wenigstens Aufsehen erregen würden, wenn er dazu mit einem Putzlappen in der Hand herumlief. Allerdings – wie sollte er an die Lebensmittel kommen? Salat mit Scheuermittel putzen?
»Red keinen Unsinn!«, lachte Chuckie. »Ich brauche dich so schnell wie möglich vorne beim Verkauf. Der Denzel-Washington-Faktor, verstehst du?«
»Okay. Aber ich muss erst das Grundwissen haben. Ich kann doch nichts verkaufen, von dem ich nicht weiß, wie es hergestellt wird.«
»Ja, ja«, wehrte Chuckie ab und musterte Mbir von der Seite. Komischer Vogel, dachte er. Bisher wollte noch immer jeder so schnell wie möglich in den Verkauf. Allein, weil es da nicht so erbärmlich nach Bratfett stank. »Ich denke trotzdem, dass wir dich heute erst mal an der Schmierstation einsetzen werden. Da lernst du alles über die Zubereitung, was du wissen musst. Ist nämlich gar nicht so schwer. Von links reicht dir einer das Brötchen mit dem Fleisch, du streichst die leckere Barney's Chili-Soße drüber, eine Tomatenscheibe und zwei Blättchen Salat und schiebst es weiter an den Nebenmann.«
»Okay«, sagte Mbir ohne Begeisterung. Eingekeilt zwischen zwei Mitarbeitern hätte er keine Chance, das Zeug in Ruhe zu versprühen.
»Los, such dir eine Kluft, die dir passt, und dann bring ich dich runter.«
Chuckie wartete vor dem Umkleidezimmer mit dem Schild »Nur für Mitarbeiter« und nahm ihn mit einem müden Klatschen seiner Speckhände in Empfang. »Gut steht dir das! Wie gemacht für dich!«

Er führte ihn über eine fettverschmierte Metalltreppe hinunter und durch den Hintereingang in die Küche. Die Geräusche – das Rufen, die Befehle des Vormanns, das Klappern und Wetzen und Brutzeln – verstärkten sich mit einem Mal zu einem Höllenlärm. Chuckie musste fast schreien, damit Mbir ihn verstand. Nur wenige Schritte auf dem fettverschmierten Boden und Mustafa Mbir glitt aus. Er versuchte, mit beiden Armen fuchtelnd, sich auszubalancieren, wie ein Mann, der unverhofft auf Glatteis geraten war, doch dann fiel er hilflos nach vorne und sah, in grotesker Deutlichkeit, einen Hebel auf sich zukommen, der am unteren Ende einer großen Messingwanne hing wie der Wasserhahn einer Badewanne. Mustafa streckte im Sturz schützend die Hand aus, um nicht mit dem Kopf auf dem Hebel zu landen. Nur Millimeter bevor seine Hand den Hebel erreichte, hatte Chuckie ihn am Kragen gefasst und riss ihn mit einem kraftvollen Ruck in die Höhe.

»Gott im Himmel!«, schrie der Manager. »Bist du von allen guten Geistern verlassen?« Mühevoll rappelte Mustafa sich hoch und rang das Verlangen nieder, dem fetten Idioten seine Faust ins Gesicht zu schlagen. »Es tut mir Leid!«, stammelte er und hoffte, sein Hass auf den feisten Drecksack, der ihn in diese schmierige Küche geführt hatte, würde sich nicht in seinen Augen zeigen.

Aber Chuckie war viel zu erleichtert, um aufmerksam zu sein. »Hat man schon so was gesehen?«, sagte er laut und sah sich dabei Beifall heischend um, aber im Lärm der Küche ging selbst sein kräftiger Bass unter. »Junge, das machst du nicht noch mal, hast du verstanden? Ich hatte in dieser Küche noch nie einen Unfall, wenn man von einem abgeschnittenen Finger mal absieht. Das Ding da unten ist die Schleuse zur Hölle!«

»Okay, Boss«, sagte Mbir, obwohl er das mit der Hölle nicht verstanden hatte. Dann sah er genauer hin: Die Messingwanne war gefüllt mit siedendem Fett, darüber hingen die Metallkörbe

für die Pommes Frites. Der Hebel, den er in seinem Sturz fast getroffen hätte, war das Ablaufventil für den Ölwechsel.
»Scheiße!«, sagte Mbir tonlos, als er erkannte, was beinahe geschehen wäre.
»Du schuldest mir einen«, sagte Chuckie, der cool tat, aber in Wirklichkeit nicht weniger Herzklopfen hatte als sein neuer Mitarbeiter. Wenn das heiße Fett ausgelaufen wäre, dann hätte auch er sich neue Schuhe kaufen müssen. Vielleicht sogar neue Füße.
»Tut mir Leid. Ich werde jetzt besser aufpassen.«
Beinahe, sagte sich Mbir, beinahe wäre alles im Eimer gewesen wegen eines falschen Fußtrittes und einer falschen Handbewegung. Stand das Paradies eigentlich auch für Märtyrer offen, die in Ausübung ihrer Märtyrerpflicht von heißem Pommesfett verbrüht worden waren? Er wollte lieber nicht darüber nachdenken. Das Paradies konnte noch eine Weile warten.
Chuckie zog ihn weiter und brachte ihn an seinen neuen Arbeitsplatz, der aussah wie ein Standort an einem Fließband.
»Hier sind wir. Sieh dir den Mexikaner hier eine Weile an und dann machst du seinen Job. Verstanden?«
Mbir nickte. Ein junger Latino, dessen Hände wie die Teleskoparme einer schnellen Maschine zwischen dem Soßentopf, den Brötchen und der Schüssel mit Salat und Tomatenscheiben hin und her fuhren, bemerkte ihre Anwesenheit und kam aus dem Rhythmus.
»Wir nennen diesen Job den Springer. Der Mann in der Mitte muss auch dafür sorgen, dass er immer genug Nachschub hat. Wenn die Chili-Soße zur Neige geht, rast er hier herüber in den Vorratsraum und holt sich einen neuen Kanister. Wenn Salat oder Tomaten knapp werden, schreit er den Gemüseheinis da drüben seine Bestellung zu. Kapiert?«
»Ja.«
»Der Trick ist, das alles rechtzeitig und mit der geringstmöglichen Verzögerung hinzubekommen. Wir nennen das *Just-in-*

Time. Aber das kriegst du schon raus. Außerdem ist der Springer der Lieferant für den Verkauf. Wenn der Packer da vorne eine Lage voll hat, dann bringst du sie nach vorne. So gewöhnst du dich schon mal an den Verkaufsraum. Wie ich schon sagte: Deine Zukunft liegt im Schalterraum. Und, Gott im Himmel, pass auf deine verdammten Füße auf!«

»Sicher, Boss.«

Chuckie sah ihm lange und tief in die Augen, wie um zu prüfen, ob der Neuling wirklich verstanden hatte. Dann tippte er dem Latino am Fließband auf die Schultern. »Hey, Miguel! Deine Fingernägel sind schon wieder nicht sauber. Was machst du eigentlich? Arbeitest du in deiner Freizeit als Totengräber oder was? Wie oft habe ich dir schon gesagt, dass du dir deine verfickten Hände waschen sollst, bevor du zum Dienst kommst. Mir reicht's jetzt. Du bist gefeuert.«

»Aber Chuckie!«, begehrte der Mexikaner auf.

»Nichts da. Hol dir bei Tanya deinen Lohn ab und verschwinde, du verdammter Junkie.«

Chuckie schob den verdutzten Mexikaner zur Seite und Mustafa Mbir trat an seine Stelle. Miguel, der Gefeuerte, stand noch immer sprachlos herum.

»Hau ab, du Hurensohn!«, brauste Chuckie ihn an und Miguel verzog sich. »Ich dachte, ich könnte ihn aufbauen. Er sieht ein wenig aus wie Enrique Iglesias, findest du nicht? Aber er hat kein Talent. Überhaupt kein Talent. Und Dreckfinger. Soll zur Hölle fahren. Okay, Mann. Zeig, was du kannst!«

Fünf Minuten blieb Chuckie neben ihm stehen und beobachtete Mbir, wie er zunächst zögernd und dann mit wachsendem Selbstvertrauen die stupide Arbeit erledigte. Die Soßenkanne war fast leer und Chuckie zeigte ihm den Vorratsraum. Still, dunkel und kühl. Die Soßenkanister mit der dickflüssigen, roten Masse, die Mbir schaudernd an Menstruationsblut denken ließ, standen in einem Regal.

»Das ist Barneys bestgehütetes Geheimnis«, prahlte der Manager. »Die Chili-Soße. Keiner außer Barney selbst kennt die Zutaten. Ist wie bei Colonel Sanders. Oder Coca-Cola.«
Man schraubte die Kanister hier drinnen auf und trug sie hinaus. Mustafa Mbir änderte seinen Plan. Er würde einfach den ganzen Inhalt der Sprühflasche in solch einen Kanister leeren. Die Soße war so intensiv, so zäh und überwürzt, dass keinem Menschen auffallen würde, dass er zusammen mit seinem Imbiss auch eine tödliche Dosis Lassa-Viren herunterschluckte. Barneys bestgehütetes Geheimnis.
»Wie lange reicht so ein Kanister?«, fragte Mbir.
»Ich würde mich freuen, wenn einer vier oder fünf Stunden überlebt, denn sonst wird es teuer für uns. Also nicht so verschwenderisch mit der Soße umgehen, kapiert?«
»Ja. Alles klar.«
In vier oder fünf Stunden würden die ersten Infizierten das Lokal verlassen und im Laufe des Tages unzählige weitere Menschen anstecken. Durch Niesen, Küsse oder Geschlechtsverkehr. Im Laufe seines morgigen Arbeitstages würde er die beiden anderen Sprühflaschen loswerden und dann musste er nur noch warten.
In der Tat, dachte Mustafa Mbir, ich bin am Ziel.

Serene Shepard hatte es nicht weit bis zum Veranstaltungsort. Das Dinner mit dem Präsidenten war unten im Grand Ballroom des Marriot Marquis Hotel anberaumt und sie musste nur in den Aufzug steigen und ein paar Stockwerke nach unten fahren. Sie rauschte durch den Flur und die Balkone entlang, die hoch über dem weitläufigen Atrium des Marriot Marquis Hotel verliefen. Dem Anlass entsprechend trug sie einen konservativen, grauen Hosenanzug mit Nadelstreifen, dazu eine rote Blume im Knopfloch, eine weiße Bluse – ihre blonde Mähne umwehte ihren schönen Kopf, der hoch erhoben war. Eine erfolgreiche

Frau, klug und millionenschwer, begehrt und anspruchsvoll. Ihre Tischnachbarn würden entzückt sein. Es waren, wie sie der Sitzordnung entnommen hatte, allesamt wichtige Chinesen, denn das Dinner war eine Prestigeveranstaltung anlässlich irgendeines kommunistischen Feiertages und diente der weiteren Vertiefung der Beziehungen zwischen Peking und Washington. Anwesend waren auch die Repräsentanten wichtiger US-Unternehmen, die in China investiert hatten und die zu den mächtigsten Befürwortern ebendieser Vertiefung zählten und die die eigentlichen Gastgeber des Abends waren, denn sie bezahlten die Rechnung – prominent vertreten waren die Luftfahrt- und Autoindustrie, die Computerbranche und die Hollywoodmafia sowie die Tabaklobby. Dem Präsidenten, der in dieser unruhigen Zeit wahrlich andere Sorgen hatte, waren fruchtbare Beziehungen zu China immer noch wichtig genug, um für einen Abend nach New York zu kommen und guten Willen zu zeigen. Außerdem würde er in nicht allzu langer Zeit auf den guten Willen der Gastgeber angewiesen sein, wenn er um Spenden für seine Wiederwahl betteln musste.

Angelica Bishop, so viel hatte Serene inzwischen von Doktor Jamal erfahren, war eigentlich Doktor Angelica Bishop – eine hoch geachtete und vor allem von den Chinesen respektierte Juristin im Bereich des Copyrights, weswegen ihr Tisch von einer Delegation der Shanghaier Filmstudios belagert war. Es würde indes kaum Gelegenheit geben, sich über die komplizierten Fragen des Urheberrechtes auszutauschen, denn von dem Zeitpunkt an, da der Präsident den Grand Ballroom betrat – auf einem genau berechneten Weg, der nur einen Meter an dem Tisch der chinesischen Filmbosse vorbeiführte –, hatte er nur noch wenige Minuten zu leben, und im ausbrechenden Chaos nach dem Anschlag würde Serene, alias Angelica, schnell das Weite suchen.

Unten angekommen, näherte sie sich mit verständnisvollem

Lächeln den zweihundert Sicherheitsbeamten, die jeden Kubikmillimeter jeder Handtasche und jede Faser an jedem Gast einer genauen und nervtötenden Kontrolle unterzogen. Serene wartete nicht weniger als eine Dreiviertelstunde, bevor sie endlich an der Reihe war.

»Ihre Einladung, Ma'am?«

Serene präsentierte mit nachsichtigem Lächeln die in Gold gefasste Karte und begleitete eine Beamtin in Zivil, von der sie sofort erkannte, dass sie lesbisch war, hinter einen Vorhang, wo drei weitere Frauen in Uniform warteten, die ihre Handtasche leerten und jedes einzelne Stück überprüften. Sie wurde abgetastet und angefasst, die Außen- und Innentaschen ihres Jacketts umgedreht, ihre Schuhe wurden untersucht und selbst ihre wallenden Haare.

»Sorry, Ma'am«, sagte die Beamtin in Zivil. Vermutlich eine Agentin des Secret Service, der für die Sicherheit des Präsidenten verantwortlich war. Ihr Gesicht war scharf geschnitten und irgendwie asymmetrisch, die Augen standen eine Kleinigkeit zu weit auseinander. »Wir sind im Krieg und wir dürfen kein Risiko eingehen.«

»Das ist überhaupt kein Problem«, sagte Serene fromm. »Tun Sie Ihren Job und tun Sie ihn gründlich.«

»Ja, Ma'am. Würden Sie sich bitte umdrehen?«

Serene fühlte die Hände der lesbischen Beamtin an der Innenseite ihrer Schenkel und sie spannte wie zur Begrüßung ihre Beinmuskeln an. Die Frau kam in der Hocke von hinten nach vorne und tastete noch einmal von unten nach oben. Als sie fertig war, war ihr asymmetrisches Gesicht fast auf gleicher Höhe mit Serenes.

»Muss ziemlich anstrengend sein, diese Arbeit«, sagte Serene mit einem hinreißenden Lächeln. »Wann haben Sie denn Feierabend?«

»Nach dem Dinner«, lächelte die Frau zurück. Ihr Gesicht wurde dadurch noch schiefer, denn ihr schmaler, harter Mund lächelte in einer Diagonalen.

»Vielleicht sehen wir uns ja noch an der Sushi-Bar im Atrium«, gurrte Serene. »Wie heißen Sie?«

»Linda.«

»Linda. Schöner Name. Ich heiße ... Angelica. Mögen Sie Sushi?«

»Sicher. Aber ich fürchte, Sie werden nicht mehr sehr hungrig sein, nach all dem köstlichen chinesischen Essen, dass da drinnen serviert wird.«

»Ich mache mir nichts aus chinesischer Küche«, sagte Serene. »Aber ich mag Essstäbchen. Sie ahnen ja gar nicht, welch wundervolle Dinge man mit Essstäbchen anstellen kann.«

Sie zwinkerte der Beamtin zu, deren Herz sichtbar in ihrem Hals pochte, und nahm ihre Handtasche von einer der Uniformierten in Empfang.

»Die Nagelfeile können wir nicht durchgehen lassen«, sagte die Kontrolleurin. »Die können Sie später wieder bei uns abholen, sobald der POTUS den Raum verlassen hat.«

»Wer?« Serene lüpfte amüsiert die Augenbrauen.

»Der POTUS – *President Of The United States*.«

»Oh, natürlich. Dann werde ich mir die Nägel wohl später feilen müssen.«

Sie verabschiedete sich von Linda mit einem Nicken und betrat den Ballsaal wie eine Königin. Überall schwarze Köpfe, schlecht sitzende Anzüge und vernachlässigte Frisuren. Wo sie hinsah, nur Chinesen. Es mochten wohl vierhundert Leute sein, die sich an den Tischen versammelt hatten – darunter waren vielleicht zwanzig Frauen. Und sie war die einzige mit blonden Haaren. Serene hob sich aus dem Publikum dieses Abends heraus wie ein Leuchtturm an einer dunklen Küste und viele Blicke folgten ihr, als sie durch den Saal zu ihrem Platz schritt. Das Rednerpodest, auf dem der POTUS eine kurze Ansprache halten sollte, war umgeben von runden Tüllkränzen in Blau-Weiß-Rot. Darüber hingen überdimensionale Flaggen der USA und der Volksrepublik China. Das Summen der vielen im gedämpften Ton geführten Unterhaltungen in Englisch und Chinesisch erfüllte den Raum und ließ die Kronleuchter erzittern.

Serene erreichte ihren Tisch und stellte sich den Filmbossen vor, die sie freundlich begrüßten, aber mangels Sprachkenntnissen lediglich ihren Namen und ein paar unverbindliche Begrüßungsworte ablassen konnten. Sie ließ sich nieder und sah sich um, griff nach einer Weile die kleine Speisekarte und tat so, als interessiere sie sich für die Vorspeisen. Hundertjährige Eier, Ingwercremesuppe und Wachtelleber im Spinatmantel. Was sie wirklich interessierte, waren die Essstäbchen, die neben dem Teller lagen, auf einem silbernen Halter. Solides, starkes Edelholz. Sie lagen gut in der Hand und hatten ein angenehmes Eigengewicht. Serene hatte diese Kunst schon vor vielen Jahren erlernt, als sie unter der Anleitung großer Meister für Einsätze in Fernost trainiert hatte, die dann doch abgesagt wurden. Sie hatte ihre Fähigkeit in den letzten Tagen auf Veranlassung des Doktor Jamal in ihrer Suite wieder aktiviert. Es war eine eher einfache Übung aus dem Repertoire des klassischen Kung-Fu. Alles hing davon ab, den richtigen Winkel zu finden, die Kraft zum richtigen Zeitpunkt freizulassen und dem Stäbchen den richtigen Schub zu geben. Dann flogen sie mit der Geschwindigkeit einer Pistolenkugel und bohrten sich mühelos durch Holz und selbst durch Metallplatten. Und erst recht durch den Kehlkopf, das Auge oder das Herz eines ahnungslosen Mannes.

33. Kapitel

Ghostum, Afghanistan

»Ich hoffe wirklich, dass wir diese Nacht nicht im Freien verbringen müssen«, murmelte Aziz. »Ich fürchte, ich werde erfrieren.«

Seinem Gesicht war anzusehen, dass er schon längst begonnen hatte, sich zu fragen, ob es nicht doch weiser gewesen wäre, mit Abdul Gahid nach Süden zu reisen. Inzwischen war eine pechschwarze Nacht angebrochen und der mit Schneeflocken vermischte Gebirgsregen begann ihre Kleidung zu durchnässen. Von den Hängen, die rechts und links in die nebligen Höhen anstiegen, war nichts mehr zu sehen. Und kein Laut war zu hören, außer dem Flüstern des Windes, der zwischen Felsen und nackten Ästen wehte wie der Atem eines jagenden Wolfs.

»Wir könnten versuchen, über einen anderen Weg in die Höhlen zu kommen«, sagte Jurij.

Aziz schnaufte, als handele es sich um einen schlechten Scherz. »Hat jemand was dagegen, wenn ich hier warte? In die Höhlen, wo diese Irren mit den schwarzen Turbanen auf uns warten, gehe ich nicht. Weiß der Himmel, was die mit mir machen würden! Die hassen Libanesen. Meine einzige Chance ist, dass ich ihnen weismache, ich sei Syrer.«

»Kennst du einen anderen Weg?«, wollte Margolis wissen. Ihm fiel es schwer, an irgendetwas anderes zu denken als die Sicherheit seiner Familie. Abdul Gahid mochte ein Betrüger und Halsabschneider sein, aber Margolis spürte, dass der Kaufmann ihn in dieser Sache nicht angelogen hatte: Er hatte mit ihren Leben gespielt, sie aber verschont. Nun waren Lisa, Paula und Rosie in tödlicher Gefahr durch Fazzar, und er hatte keine Möglichkeit, sie zu beschützen. Seine Hilflosigkeit raubte ihm fast den Verstand. Er musste sich zwingen, diese Gedanken beiseite zu schieben. Lisa war eine Bärenmutter, sie war klug, vorsichtig und unberechenbar, wenn sie gereizt wurde. Sie wusste, dass sie vorsichtig sein musste und die Warnung, die er durchgegeben hatte, war im Moment alles, was er für seine Lieben tun konnte. Hoffentlich konnte sie Kalim Fazzar unschädlich machen, wenn er sie tatsächlich fand. Der Juwelier hatte eine Schrotflinte in seinem Ferienhaus, die aber grundsätzlich nicht geladen war. Würde Lisa die Patronen finden?

Inzwischen musste er selbst sehen, wie er hier wieder heil herauskam. Und vielleicht sogar herauskam mit der Nachricht: »Auftrag ausgeführt.« Wenn Jurij tatsächlich einen Weg in die Höhlen finden konnte, wenn sie tatsächlich heimlich in das Tunnelsystem eindringen konnten, dann hatte er eine Chance, den Prinzen zu erwischen. Ohne Nervengas. Mit einer AK-47 im Anschlag. Auf die John-Wayne-Art würde er den Kerl zur Strecke bringen. Auf die amerikanische Art. Und er würde Abdul Gahid danach kalt und triumphierend ins Gesicht lachen.

»Die Höhlen haben dutzende von Eingängen«, sagte Jurij. »Nicht jeder wird bewacht. Ich habe nur diesen hier ausgesucht, weil er zufällig in der Nähe unserer Route lag. Vielleicht finde ich einen anderen.«

»Ja«, grollte Aziz, der sich offenbar nicht entscheiden konnte, was er tun wollte. »Vielleicht. Aber vielleicht reicht mir nicht. Wir brauchen ein Dach über dem Kopf, denn der Regen wird immer stärker. Wenn ich nicht bald in einen warmen Raum komme, dann könnt ihr mich morgen beerdigen.«

Tatsächlich zitterte der Libanese am ganzen Körper. Und auch Margolis fühlte die Kälte der Nacht in seine Knochen ziehen.

Jurij spürte alarmiert, wie die beruhigende Wirkung seines letzten Wodkaschlucks abnahm. Innerhalb der nächsten zwei Stunden würde sie ganz abklingen und nichts weiter zurücklassen als gähnende Leere, drängende Angst und den dringenden Wunsch nach einer neuen Flasche. Er reichte Margolis ein Tuch.

»Binde mir das vor die Augen. Vielleicht finde ich den Eingang mit verbundenen Augen. So wie damals.«

»Na, viel Glück«, presste Aziz zwischen zusammengebissenen Zähnen hervor. »Ich hätte nie geglaubt, dass ich mein Leben in die Hände eines betrunkenen Russen legen muss, der zudem noch mit verbundenen Augen laufen will.«

Zum Glück redete er französisch, so dass Jurij ihn nicht verstand. Margolis bedachte Aziz mit einem strafenden Blick.

»Du kannst auch hier bleiben, wenn dir das lieber ist«, sagte er.

»Schon gut, schon gut!«, wehrte Aziz ab. »Mir ist nur so verdammt kalt. Ich muss ins Trockene. Aber halt mir die verdammten schwarzen Turbane vom Leib.«

Jurij tauchte in seine Augenbinde ein wie in einen Traum. Er zischte den beiden Begleitern zu, still zu sein, und hob den Kopf, als schnuppere er die nasskalte Bergluft. Er lauschte auf den Wind, der mal stärker, mal schwächer von den Höhen herabstieß, und ging in die Knie, streichelte prüfend den Boden mit der Innenfläche seiner Hand, nahm einzelne Steine auf und ließ sie wieder los.

»Nichts«, sagte er nach einer Weile. »Ich erkenne nichts wieder.«

Aziz verdrehte die Augen zum Himmel und führte seine eiskalten Hände zum Mund, um sie mit seinem Atem zu wärmen.

»Lass uns ein paar Schritte weitergehen«, schlug Margolis vor. Sie packten ihre Taschen, hängten sich die Sturmgewehre über und folgten Jurij, der ohne Ziel auf den Hang hinaufkletterte. Aziz schimpfte lautlos und mit weit aufgerissenem Mund. Mit den Armen fuchtelte er in Margolis' Richtung, um zu signalisieren, wie aberwitzig und sinnlos diese Suche war, doch der Amerikaner tat so, als bemerke er das nicht. Jurijs Erinnerungsvermögen war die beste Chance, die sie hatten. Selbst dann, wenn ganze Tankladungen von Wodka dieses Vermögen mit den Jahren angegriffen hatten. Nichts prägt sich einem Gefangenen besser ein als jedes Staubkorn in seinem Gefängnis, dachte Margolis. Und sobald sie tatsächlich einen Eingang gefunden hatten, würde er nicht zögern, Jurij auch in tiefster Finsternis sein Leben anzuvertrauen. Hier draußen freilich, ohne festen Anhaltspunkt, war seine Suche ein fast aussichtsloses Unterfangen. Annähernd eine Stunde stiegen sie tiefer und tiefer in die Berge, folgten einem abschüssigen Pfad, durchwanderten ein Bachbett und stiegen wieder aufwärts.

Plötzlich stolperte der Russe, und weil der Wodka seine Reflexe noch immer betäubte, konnte er seinen Sturz nicht rechtzeitig abfangen. Er schlug mit dem Gesicht auf den Boden und stöhnte vor Schmerz.

»Können wir nicht mit diesem Blinde-Kuh-Spiel aufhören«, wisperte Aziz. »Er wird sich noch wehtun.«

Jurij spürte warmes Blut über sein Gesicht laufen und setzte sich mühsam auf. Margolis ließ sich neben ihm nieder.

»Bist du in Ordnung?«, fragte er skeptisch. Endlich hatte der Regen aufgehört, die Wolken waren aufgerissen und ein blasser Halbmond spendete ein kaltes Licht. Jurijs Gesicht sah darin aus wie das eines Mordopfers.

»Okay, okay«, sagte der Russe und presste sich die Hand auf die Stirn, um die Blutung zu stoppen.

»Wir können von Glück sagen, wenn wir den Punkt wiederfinden, an dem Abdul Gahid uns verlassen hat. Vielleicht kommt er zurück und holt uns ab, wenn er seine Geschäfte im Süden erledigt hat«, drängte Aziz. »Bitte, lasst uns zurückgehen! Das ist doch Wahnsinn, was wir hier machen. Bitte!«

»Abdul Gahid wird nicht zurückkommen«, sagte Margolis finster. »Er ist ein Verräter, wie er im Buche steht«.

»Warte mal, das stimmt nicht!«, empörte sich der Libanese, der einen Angriff auf die Ehre seines Chefs nicht dulden wollte. Selbst wenn dieser Chef sie hier draußen im Stich gelassen hatte.

»Abdul Gahid ist ein Kaufmann. Aber ein ehrlicher.«

Jurij hatte seine Stirn losgelassen und tastete nun mit beiden Händen auf dem Boden herum.

»Ein Kaufmann, gewiss. Aber ein Kaufmann, der seine eigene Mutter verkaufen würde, wenn der Preis stimmt«, gab Margolis ätzend zurück. Es machte ihn wütend, dass Aziz, ein kultivierter und intelligenter junger Mann, einen Schurken wie Gahid verteidigte.

»Jeder Libanese, den ich kenne, würde das tun«, gab Aziz zurück. »Deswegen sind wir ...«

»Haltet endlich das Maul!«, zischte Jurij und sofort hielten die beiden inne. Der Russe kroch über den Boden wie ein schwer Verletzter. Aber er kroch nicht aus Schwäche, sondern in höchster Konzentration. Seine Finger betasteten jeden einzelnen Stein, suchten nach bestimmten Felsen und Unebenheiten im Boden.

»Ich kenne diesen Weg«, murmelte er.

»Er kennt diesen Weg«, echote Aziz frech. »Er ist wohl schon ein paar Mal auf allen vieren diesen Berg hochgekrabbelt.«

»Genau so war es«, sagte Jurij, der ihn gehört hatte. »Nicht nur einmal. Viele Male. Wir sind nicht mehr weit vom Ziel entfernt. Vierzig Schritte vor uns liegt ein großer Felsen, zehn Schritte dahinter müssen wir nach links abbiegen. Dann noch fünfhundert Schritte einen steilen Hang hoch.«

»Gibt es dort keine Stolperdrähte?«, fragte Margolis.

»Früher gab es keine. Der Eingang wurde nur von einer bestimmten Gruppe von Tadschiken benutzt, mit der ich meist unterwegs war. Ich denke, viele andere wussten gar nichts davon. Die *dukhi* haben einander nicht viel Vertrauen entgegengebracht.«

Ein schwarzer Schatten, schnell wie eine Sternschnuppe, jagte

einem nächtlichen Raubvogel gleich in geringer Höhe über dem Kamm des Berges hinweg. Sie hörten ein Geräusch wie von einer kurzen, heftigen Brise.
»Was zur Hölle war das?« Aziz bekam es mit der Angst zu tun.
»Eine Rakete? Cruise-Missile?« Jurij lauschte in die Dunkelheit auf eine Detonation. Aber es erfolgt keine.
Margolis ahnte, was es war, aber er hoffte, er möge sich täuschen. »Beeilen wir uns«, drängte er. »Nimm jetzt die Augenbinde ab, Jurij.«
»Wenn ich sehe, finde ich den Weg nicht!«, widersprach der Russe. Er richtete sich auf, ging mit grotesk vorgebeugtem Körper voran, als ernte er im Laufen Kartoffeln.
Sie hatten den Felsen fast erreicht, als der schwarze Schatten zurückkam. Langsamer diesmal und nicht quer über die Hügel, sondern in gerader Linie die Schlucht entlang. Margolis hörte das Pfeifen in seinem Rücken und wusste, dass sie entdeckt worden waren. Die Predator-Drohne war mit hochempfindlichen Wärmekameras ausgerüstet, die aus zehntausend Metern Höhe ein Kaninchen aufstöbern konnten. Drei flüchtende Männer in den kalten Bergen und aus einer Höhe von weniger als dreihundert Metern waren für die Drohne ein leichtes Ziel. Irgendwo, vielleicht ein paar hundert, vielleicht auch ein paar tausend Meilen entfernt, saß der Pilot an einem Computerterminal und sah die drei Männer den Berg hinaufstolpern. Leicht und mit einer kleinen Bewegung seines Zeigefingers konnte er sie ins Visier nehmen. Ein kleiner Druck nur auf den roten Knopf und er startete die Hellfire-Rakete.
»Schnell, hinter den Felsen!«, schrie Margolis, ergriff gleichzeitig die Arme von Aziz und Jurij und zog sie in Sicherheit. Zwei Sekunden später schlug die panzerbrechende Rakete nur fünf Fuß entfernt direkt neben dem Felsen in den Boden. Der Schatten am Himmel beschleunigte wieder und glitt lautlos in die Nacht.
»Ich habe was abgekriegt!«, jammerte Aziz und hielt sich sein

rechtes Bein, das er nicht schnell genug hinter dem Felsen in Sicherheit bringen konnte.
»Kannst du laufen?« Margolis untersuchte den Unterschenkel und stellte fest, dass vermutlich fliegendes Gestein den Knochen getroffen hatte. Er schien nicht gebrochen. »Wir müssen uns beeilen. Wir haben vielleicht zwei Minuten, dann kommt sie zurück.«
»Wer denn? Was war das?« Aziz war kurz davor, vor Schmerz und Angst die Nerven zu verlieren.
»Eine Drohne. Wir müssen rennen.«
»Wie viele Raketen?«, fragte Jurij, schwer atmend. Er hatte sich seine Augenbinde heruntergerissen, und Margolis sah das Weiß in seinen weit aufgerissenen Augen.
»Zwei. Manchmal vier. Schnell jetzt.«
»Ich kann nicht!«, wimmerte der Libanese. »Lasst mich hier!«
Margolis ergriff beide Arme des Verletzten, nahm Aziz huckepack und stürmte los, wie zuletzt vor vielen Jahren auf dem Football-Feld. Jurij rannte voraus, den Berg hinauf. Er war sich nicht sicher, ob dieser Weg der richtige war. Erst weiter oben, wenn sie eine schroffe Felswand erreichten, konnten seine Hände in den Klippen und Rissen im Gestein den Weg zum verborgenen Eingang lesen.
Sie hatten die Strecke nicht einmal zur Hälfte bewältigt, als die Drohne zurückkam. Sie hatte einen großen Bogen beschrieben und flog abermals von Südwesten her in die Schlucht ein. Tiefer als beim ersten Anflug und fast auf gleicher Höhe mit ihrer Beute. Margolis ließ Aziz fallen und riss sein Sturmgewehr hoch, feuerte blindlings eine Salve in die Nacht. Sein Mündungsfeuer musste den unsichtbaren Piloten gewarnt haben: Die Drohne, ein teures, aber auch verletzliches Stück Equipment, drehte ab, während das hämmernde Echo der Schüsse in der Nacht verklang und verschwand.
»Hast du sie getroffen?«, fragte Jurij .

»Bitte, bitte, ich will weg hier, sie kommt bestimmt gleich wieder zurück!«, weinte Aziz und versuchte, sich zu erheben. Zwecklos, denn sein Bein wollte ihn nicht tragen.

Margolis nahm ihn wieder auf seine Schultern und sie setzten ihren quälenden Aufstieg fort. Die Ruhe war trügerisch. Der Pilot hatte den Kurs korrigiert und setzte seine Jagd nun vorsichtig aus größerer Höhe fort. Die Armee hatten schon einige Predators durch simple Gewehrkugeln verloren, aber deren Budget war unendlich. Diese Drohne gehörte der CIA und wenn sie verloren ging, dann würde es lästigen Formularkrieg und eine Menge Fragen geben.

Sie konnten hundert Meter über sich den schwarzen Schatten der Klippe sehen, unter der irgendwo der Eingang zum Tunnel lag. Mit schwindenden Kräften hielten sie auf die Wand zu. Margolis' Atem war nur noch ein Stöhnen, Jurij wankte hin und her, als habe der Wodka ihn noch einmal mit voller Wucht erwischt. Diesmal sahen sie die Drohne nicht, und sie hörten die Rakete erst eine Sekunde, bevor sie neben ihnen einschlug. Margolis fühlte, wie er mitsamt dem Libanesen hochgehoben und meterweit den Hang hinuntergeschleudert wurde. Sein Bewusstsein erlosch, kurz nachdem er mit dem Rücken zuerst auf dem Boden aufschlug. Zuvor hob er noch den Kopf und sah, dass Aziz zwei Meter entfernt von ihm gelandet war und zuckte. Weiter oben lag der leblose Körper des Russen.

An einem Computerterminal, hunderte, vielleicht tausende Meilen entfernt sah sich wenig später ein Pilot die Fotos an, die die Drohne bei ihrem nächsten Überflug aufgenommen hatte. Er nickte zufrieden. Es würde einige Pluspunkte geben für diesen Einsatz, den kein anderer als Vizedirektor Greg Foster persönlich angeordnet hatte.

34. Kapitel

New York

Khaled al-Sakah konnte sich kaum noch auf den Beinen halten. Siebzehn Stunden war er diesmal gefahren und langsam begann alles vor seinen Augen zu tanzen und zu verschwimmen. Der Regen, der bei Einbruch der Dunkelheit eingesetzt hatte, gab ihm den Rest. Es war, als steuerte er den Wagen durch eine Waschanlage. Die Scheibenwischer kamen nicht nach, die Bremslichter der Vordermänner begannen in seinen Augen zu beißen. Eigentlich hatte er auch heute wieder vierundzwanzig Stunden voll machen wollen. Dann sechs Stunden schlafen und noch mal zwölf Stunden fahren. Dann zwölf Stunden schlafen und wieder vierundzwanzig Stunden fahren. Wenn er diesen mörderischen Rhythmus bis zum Monatsende durchhielt, dann hätte er die Krankenhauskosten raus. Aber sein Körper spielte nicht mehr mit. Und seine Nerven auch nicht. Er brauchte das Geld, aber seine Kraft reichte einfach nicht mehr aus.

Vielleicht konnte er die Jungs vom Hospital noch ein paar Wochen hinhalten, dachte er. Es war ja nicht so, dass er die Zahlung verweigerte oder seinen Job verloren hatte. Es war eben nur ein bisschen viel zur Zeit. Das vierte Baby, Kaiserschnitt, vier Tage Krankenhaus für seine Frau und dann noch die Nachkontrollen – das waren unerwartete Kosten. Der kleine Ahmed schrie wie ein Indianer auf dem Kriegspfad und riss Khaled immer wieder aus dem lebensnotwendigen Schlaf. Statt sechs Stunden brachte er es nur auf drei oder vier pro Tag. Ahmed, nicht mal zwei Wochen auf der Welt, brachte schon deren Gleichgewicht völlig durcheinander. Die anderen drei Kinder hatten damals wenigstens begriffen, dass sie den Vater in Ruhe lassen mussten, wenn er müde war, aber Ahmed focht das nicht an. Er kreischte und schrie und hatte Blähungen und Khaled kam sich vor wie ein Geist, als er sein Taxi im Halteverbot abstellte, um auf dem Heimweg wenigstens noch etwas Essbares einzufahren. Seine Frau kam nicht mehr zum Kochen, seit Ahmed sie in Schach hielt, und Khaled war hungrig wie ein Bär. Schon der Gedanke an einen dieser dicken, saftigen Barney-Burger mit Chili-Soße trieb ihm den Speichel in den Mund. Er machte sich nicht einmal die Mühe, den Wagen abzuschließen, wie es die Vorschrift besagte, sondern ließ einfach den Warnblinker an und rannte durch den Regen in das grell erleuchtete Restaurant.

»Scheiße!«, sagte er verzagt. Vor jeder Kasse standen mindestens zehn Leute. Barneys heiße Hamburger mit der geheimen Chilisoße – jeder Idiot, der diesen Amerikanern etwas verkaufen wollte, musste ein Aufhebens um irgendeine blöde, geheime Soße machen – wurden immer beliebter.

Khaled reihte sich in die Schlange ein, von der er meinte, dass sie den schnellsten Fortschritt machen würde, und wusste schon jetzt, dass die anderen viel schneller laufen würden. Das war immer so. Ob im Stau auf der Brooklyn Bridge, an der Passkontrolle im Flughafen oder im Supermarkt oder eben hier – wo immer man gerade anstand, die anderen schafften es in der Hälfte der Zeit. Ätzend langsam ging es vorwärts. Erst hatte einer seine Chicken-Wings mit heißer Barney-Soße nicht geliefert bekommen und zickte herum, dann veranstaltete ein anderer einen Aufstand, dann stimmte das Wechselgeld nicht. Khaled drehte die Augen zum Himmel und flehte um Geduld und die Kraft, nicht hier zusammenzusinken und auf dem Boden eines Schnellrestaurants einzuschlafen. Nur noch drei Leute vor ihm, noch drei Bestellungen, noch dreimal zahlen und Wechselgeld zählen, dann war er dran.

Und dann sah er den Scheißkerl. Er war sich ganz sicher. Er

hatte ein gutes Gedächtnis für Gesichter und an dieses konnte er sich ganz besonders gut erinnern, weil der Kerl aussah wie der Bruder von Denzel Washington. Und weil er ihm nur zehn beschissene Cents Trinkgeld gelassen hatte. Normalerweise hätte Khaled über so was hinweggesehen, denn er war nicht geizig. Aber in seiner Lage nahm er ein solches Trinkgeld als persönliche Beleidigung und als Anschlag auf seinen gerade geborenen vierten Sohn. Denzel Washington brachte ein Tablett mit schön verpackten, appetitlichen Barney-Burgern zur Warmhaltestation hinter der Kasse und verschwand sofort wieder nach hinten. Khaled al-Sakah erinnerte sich genau, wo er diese Küchenhilfe vor ein paar Tagen abgesetzt hatte: am Marriot Marquis Hotel am Times Square. Aber da trug der Kerl nicht die alberne, rotweiße Barney-Uniform, sondern einen schicken Anzug. Mit einem Mal war Khaled hellwach und sein Gehirn begann Purzelbäume zu schlagen. Wieso? Warum? Wie war das möglich und gab es dafür eine Erklärung?

Endlich war er an der Reihe. »Zwei Cheese, Pommes und einen Salat. Thousand Island Dressing, was sonst? Ja, zum Mitnehmen.« Er konnte nicht aufhören, über den Afrikaner nachzudenken. Wie kam einer dazu, sich an einem Tag in schicker Aufmachung und mit zehn Cent Trinkgeld an diesem Luxushotel abladen zu lassen, und dann schuftete er kurz drauf als Hamburger-Monteur bei Barney's? Wie passte das zusammen? Er fragte sich ernsthaft, ob er vielleicht die Polizei benachrichtigen sollte. Sagten sie einem nicht ständig, dass man sich melden sollte, wenn einem was sonderbar vorkam? Und das hier war höchst sonderbar.

Vor seinem Taxi standen zwei Cops und hatten die Daumen in ihre Gürtel verhakt. Ganz schlechtes Zeichen.

»Wir hätten gerne mal Ihre Zulassung gesehen, Sir!«, sagte der eine. Sie waren schlechter Laune, weil sie wohl schon eine ganze Weile dort standen und weil der Regen stärker geworden war.

Khaled befand sich in einer düsteren, fast selbstmörderischen Stimmung.

»Kein Problem, Officer«, sagte er bitter. »Hier sind die Papiere. Und wenn Sie meine Lizenz einziehen wollen, dann machen Sie nur. Ich fahre seit siebzehn Stunden und das ist gegen die Vorschrift. Aber meine Frau hat mir gerade einen vierten Sohn geschenkt, per Kaiserschnitt. Und der Kleine schreit den ganzen Tag und die ganze Nacht und ich kann nicht schlafen. Aber ich muss weiterfahren, weil ich sonst die Krankenhauskosten nicht bezahlen kann, verstehen Sie das? Und jetzt wollte ich nach Hause, aber da gibt es nichts zu essen, weil meine Frau sich erst von der Operation erholt und nicht auch noch kochen kann. Und da habe ich eben hier im Halteverbot geparkt und dann waren da lange Schlagen und ein Idiot macht einen Riesenaufstand wegen seiner verdammten Chicken-Wings …«

Khaled war nicht bewusst geworden, dass er mittlerweile nicht mehr redete, sondern lauthals schrie. Er schrie die beiden Beamten an, die ihn mit misstrauischen Blicken musterten und sich fragten, ob er nun ein Kandidat für die Ausnüchterungszelle oder das Irrenhaus war.

»Und dann sehe ich Denzel Washington, den ich vor ein paar Tagen am Marriot Marquis abgesetzt habe«, schrie Khaled weiter, »und der faltet da drinnen jetzt Hamburger zusammen. Und jetzt auch noch diese Scheiße hier.«

Die Offiziere nickten sich zu. Klarer Fall für das Irrenhaus.

Linda Verhelt bebte innerlich vor Erwartung und Neugierde. Die Aussicht, die aufregende Frau mit der Löwenmähne später an der Sushi-Bar wiederzusehen, erfüllte sie mit Erregung bis in die Spitzen ihrer Zehen. Angelica Bishop war eine Ausnahmeerscheinung, ein Segen des Himmels. Vielleicht konnte sie ihr wirklich näher kommen. Nahe genug, um sie nach Washington, D.C., in ihr Haus und in ihren Partykeller einzuladen. Ihr Herz hüpfte aufgeregt bei dieser Vorstellung. Wer war diese Frau, die sie so verwirrt und aufgeregt hatte? Was tat sie beruflich, wie war sie im Bett und gab es jemanden, der sie vermissen würde? Aus den Unterlagen des Secret Service ging hervor, dass Angelica Bishop eine bekannte Anwältin im Bereich Urheberrechte war. Zwei Bürgen hatten für sie unterzeichnet – ein hohes Tier von Disney und Jerry Falwell, ein ausgemachtes Arschloch von fanatisch-religiösem Erweckungsprediger, der durchs Land lief und den Leuten weismachen wollte, Abtreibungsbefürworter und Homosexuelle hätten in Wirklichkeit Schuld an den Terroranschlägen, weil sie Gott erzürnt hatten, der sich dann von Amerika abwandte. Wie immer, wenn Linda diesen Namen las, spürte sie Aggression und eine aufkommende Übelkeit. Jetzt aber spürte sie noch mehr – Unsicherheit. Wieso hatte ausgerechnet Falwell, dieser geistige Brandstifter, für eine lesbische Advokatin gebürgt? Personen wie Angelica Bishop gehörten doch seiner Meinung nach eher in geschlossene Anstalten denn auf ein Dinner mit dem Präsidenten.

Linda war so vertieft in ihre Gedanken, dass sie nicht wahrnahm, wie eine ältere chinesische Dame in einem diamantenbesetzten Abendkleid ungeduldig und mit einem Blick höchsten Missfallens darauf wartete, von ihr abgetastet zu werden.

»Schon okay«, sagte die Secret-Service-Agentin und sah sich die Dame noch nicht einmal näher an, als sie sie durchwinkte. Sie nahm ihr Funkgerät vom Tisch und rief die Einsatzzentrale.

»Ich möchte, dass ihr mal einen Namen durch den Computer laufen lasst. Angelica Bishop.«

»Wird gemacht«, knarrte die Antwort aus dem kleinen Lautsprecher direkt neben ihrem Ohr.

»Beeilung, bitte.« Noch fünf Minuten bis zum offiziellen Beginn des Dinners. Dann würde irgendeine sonore Männerstimme verkünden: »Meine Damen und Herren, der Präsident der Vereinigten Staaten von Amerika.« Der mächtigste und gefährdetste Mann der freien Welt würde durch einen Seiteneingang in den Ballsaal treten, empfangen von Marschmusik und den stehenden Ovationen der Chinesen und Geschäftsleute.

»Die Frau ist Rechtsanwältin aus Dallas, geboren am 22.11.1963, Vater hiess J.W. Booth und Mutter Ivana Princip, Jura-Ausbildung in Harvard und Oxford, danach zwei Jahre angestellt, heiratete einen anderen Anwalt namens Frank Bishop, von dem sie sich kurze Zeit später scheiden ließ, aber seinen Namen behielt. Und wahrscheinlich sein Geld. Gott, wenn Anwälte doch immer ihresgleichen heiraten und ausnehmen würden, dann bliebe der Welt viel Ärger erspart ...« Im Hintergrund hörte Linda seine Kollegen lachen, aber sie winkte ungeduldig ab, als könne ihr Kollege in dem Einsatzzentrum sie tatsächlich sehen.

»Warte, warte ...« Lindas Kopf begann zu brummen. Aus irgendeiner der hinteren Kammern ihres Gehirns wurde die gurrende Stimme der Anwältin abgespult. *Sie ahnen ja gar nicht, welche wundervolle Dinge man mit Essstäbchen anstellen kann ...*

Noch zwei Minuten, bis der Präsident den Grand Ballroom betreten sollte. Es war wie eine Prüfung auf Leben und Tod und Linda fand die Antwort nicht. Die Informationen lagen wie die funkensprühenden nackten Enden von Starkstromkabeln vor ihr auf dem Boden und sie musste sie schnell zusammenfügen, um die Antwort zu bekommen. Sonst war es zu spät.

Ein Tusch drang gedämpft aus der Halle, Linda spürte, wie ihr der Schweiß auf die Stirn trat.

»Was ist, brauchst du noch mehr Informationen oder nicht? Die Frau scheint sauber zu sein, jedenfalls sind ihre Daten in Ordnung und von den großen Tieren der CIA abgezeichnet.«

Für einen Moment lockerten sich Lindas Muskeln wieder. Wenn Angelica Bishop von der CIA geprüft war, dann sah sie hier vielleicht doch Gespenster. Eine weitere Chinesin, die spät dran war, baute sich vor ihr auf für eine Körperuntersuchung. Eine bezaubernde Schönheit in einem engen, seidenen Chipao mit langem Beinschlitz.

»Wie war noch mal der Name des Vaters?«

»J.W. Booth. Die Mutter Ivana Princip. Betreibst du Ahnenforschung?«

Was war es, das diese Namen ihr sagen wollten?

»Danke.« Linda unterbrach die Verbindung.

»Könnten Sie bitte schnell machen, ich möchte noch vor dem Präsidenten an meinem Platz sein«, flehte die Chinesin. Linda tastete sie geistesabwesend ab.

»Kann man mit Essstäbchen zustechen?«, fragte Linda die verdutzte Frau.

»Zustechen?«

»Ja. Haben Sie schon mal gehört, dass jemand mit Essstäbchen irgendwelchen Schaden angerichtet hat?«

»Sie meinen, ob ich gesehen habe, wie jemand sich beim Essen mit Stäbchen verletzt hat?«

»Nein, schon gut.« Linda machte ihr den Weg frei.

Die Frau ging zur Tür und hielt inne: »Ach so, jetzt erinnere ich mich – ich habe mal in einem Kung-Fu-Film gesehen, wie ein Shaolin-Mönch mit Essstäbchen geworfen hat. Das Ding flog wie eine Rakete und blieb bei seinem Angreifer in der Stirn stecken. Aber das war nur ein Film.«

Ihre letzten Worte gingen unter, denn soeben erklang von drinnen die sonore Ansagerstimme. »Meine Damen und Herren, der Präsident der Vereinigten Staaten von Amerika.« Tosender Applaus, Marschmusik.

Als hätten sich alle Schleusen geöffnet, stürzten plötzlich die versteckten Informationen auf Linda ein. Die Funken sprühenden Starkstromkabel fanden zusammen und schienen sie zu verbrennen, so heiß wurde es mit einem Mal: John Wilkes Booth war der Mann, der Präsident Lincoln erschossen hatte, Princip hieß der Kerl, der diesen Österreicher Franz Ferdinand in Sarajevo angegriffen und damit den Ersten Weltkrieg ausgelöst hatte. Der 22.11.63, Angelica Bishops Geburtsdatum, war der Tag, als John F. Kennedy ermordet wurde. In Dallas, Angelicas angeblicher Geburtsstadt.

Ohne nachzudenken zückte Linda Verhelt ihre Dienstwaffe und rannte los, stieß die verwirrte Chinesin, die beleidigt aufschrie, zur Seite und stürmte in den Ballsaal. Ein Wald von menschlichen Rücken empfing sie. Dicht gedrängt standen die Gäste beisammen, irgendwo da vorne war der Präsident – und eine Killerin.

35. Kapitel

Kandahar, Afghanistan

Die Stadt, die nach Alexander dem Großen benannt war, ähnelte an vielen Stellen eher einem Steinbruch als einer menschlichen Ansiedlung. Kandahar war niemals eine Perle gewesen, aber nach wochenlangem, mehr schlecht als recht gezieltem Bombardement der amerikanischen Luftwaffe war in manchen Straßenzügen kein Stein mehr auf dem anderen geblieben. Viele Stadtviertel waren gerade noch als eine Art steinerner Irrgarten zu begehen – wohnen konnte dort niemand mehr. Besonders in der Gegend, in der die einzigen etwas ansehnlichen Bungalows gestanden hatten, die des Taliban-Chefs und seines wichtigen Gastes, dem die Bomben galten, war nichts weiter als eine Mondlandschaft aus Kratern und Mauerresten zu erkennen. Vor den Angriffen der Amerikaner hatten sich die Taliban in die Wohnviertel zurückgezogen, so dass auch hier niemand mehr sicher war. Die Hälfte der Läden auf dem einst belebten Basar war geschlossen, zwei sogar ausgebombt. Die übrigen hatten kaum mehr etwas anzubieten.

Keiner wurde so schmerzlich vermisst wie der Bäcker, aus dessen Ofen einst die leckersten Gerüche durch die Gasse gezogen waren. Der Bäcker war tot, seine Familie geflüchtet, seine Backstube geplündert und verlassen. Der Bürstenbinder hielt tapfer sein Geschäft offen, und der Messerwetzer stand an seinem Schleifstein oder bosselte in seiner Werkstatt herum. Auch der Gewürzhändler Faruk war da, ein Greis mit knotiger Nase und schlohweißem Bart, der ihm bis auf die Brust fiel. Krieg konnte ihn nicht schrecken, Krieg hatte in seiner Welt immer geherrscht und die Gefahr, durch eine fehlgeleitete Bombe zermalmt zu werden, machte ihm keine Angst. Sein Sohn war längst eingezogen worden und der Geselle, der ihm zur Hand ging, hatte sich freiwillig zu den Waffen gemeldet, obwohl er nach einem Minenunfall nur ein Bein hatte. Seine Körbe mit Safran, Koriander, Curry und Pfeffer, seine Tumerik- und Kümmeltöpfe waren gefüllt und ihr Duft brachte sofort die Erinnerung an friedlichere Tage zurück. Aber weil der Fleischhändler schon lange geflohen war, brauchte kaum jemand Faruks Gewürze.

Trotzdem kam der Alte jeden Tag, setzte sich auf den Stuhl zwischen seine Körbe und wartete, als könne wie durch ein Wunder die Normalität ganz plötzlich zurückkehren. Obwohl er ahnte, dass es niemals wieder werden könnte wie früher – ob das gut oder schlecht war, darüber maßte Faruk sich kein Urteil an. Ihm war alles gleichgültig. Seine Frau war längst gestorben, sein einziger Sohn im Krieg, seine Tochter nach Herat verheiratet und aus seinem Leben verschwunden. Ihm blieb nichts als das Warten auf den Tod.

Wenn einmal keine feindlichen Flugzeuge über die fernen Hügel herandonnerten, dann krochen die Menschen, die zu schwach, zu dumm oder zu arm zur Flucht waren, aus ihren Kellern und abgedunkelten Häusern und gingen in die Stadt. Frauen in blauen Burkas huschten an den Häusern entlang und versuchten, irgendetwas Essbares aufzutreiben, blasse, kränklich wirkende Kinder hinter sich herziehend. Nicht wenige hatten Eimer bei sich und lauschten, ob irgendein neues Gerücht in Umlauf war, das Hinweise darauf geben konnte, an welcher Stelle ein Brunnen entdeckt oder wieder in Betrieb genommen war. Eselskarren holperten über die Löcherpiste, die einmal die Hauptstraße gewesen war. Noch immer waren einige mit Habseligkeiten beladen, noch immer fanden Einzelne jetzt erst den Mut oder die Weisheit, sich auf- und davonzumachen.

Manchmal hockte ein Blumenhändler auf seiner Decke und hatte vor sich vier oder fünf halb verblühte Blumen ausgebreitet, die ihm niemand abkaufte. Selten nur noch sah man die Aufpasser der Taliban in der Stadt, die Schläger von der Religionspolizei, die früher an jeder Ecke gestanden hatten und dafür sorgten, dass alle Bärte in Ordnung waren und alle Schleier festsaßen. Einmal hatte der Gewürzhändler selbst gesehen, wie die Aufpasser eine Frau mitgenommen hatten, die einen rot lackierten Fußnagel hatte. Am nächsten Tag wollten einige gesehen haben, wie sie ihr den Zeh abschlugen, andere schworen, sie hätten ihr den Fuß amputiert, und wieder andere verbreiteten, die Übeltäterin sei kurzerhand im Hof des Hauptquartiers in den Hinterkopf geschossen worden. Genaues wusste niemand, aber jeder konnte sich ausmalen, dass eine der drei Varianten schon zutreffen würde. Jetzt aber, verfolgt von den gottlosen Amerikanern, ließen sich die Herrscher des Landes nur noch selten in der Stadt blicken und wenn, dann nur kurz. In ihren japanischen Autos brausten sie heran, vier Mann in der Fahrerkabine, fünfzehn, manchmal zwanzig auf der Ladefläche. Dann holten sie, was sie brauchten, und meist noch einen jungen Mann dazu – oder auch einen nicht mehr so jungen, je nachdem, wie knapp sie mit Leuten waren –, den sie in den Krieg schicken wollten und der ihnen bisher entgangen war. Und schon waren sie wieder in einer Staubwolke verschwunden.

Auch das war dem Gewürzhändler egal. Mochten sie überleben und weiter herrschen, mochten sie im Bombenhagel sterben, mochten sie überlaufen zu den anderen Kriegsherren auf der anderen Seite – es machte keinen Unterschied. Allein, dass Fremde es gewagt hatten, sein Land anzugreifen, das wurmte den alten Faruk, so wie es das Blut jedes echten Afghanen in Wallung brachte. Und wenn er nicht zu alt gewesen wäre und sein Augenlicht besser, dann hätte er es den Amerikanern schon

gezeigt. Aber so musste ihm auch das einerlei sein und er versuchte, nicht zu viel daran zu denken.
Schon gar nicht heute. Heute war in zweierlei Hinsicht ein besonderer Tag. Erstens waren gestern Abend mehrere Lastwagen mit Hilfsgütern in der Stadt angekommen, die sicherlich schnell ihren Weg auf den Basar finden und damit für etwas Leben sorgen würden. Und zweitens war heute ein Tag, auf den selbst Faruk, dem sonst fast alles gleichgültig war, mit einer gewissen Spannung gewartet hatte. Vorausgesetzt, sein Kalender täuschte ihn nicht – und wer konnte davor schon sicher sein in einer Zeit, in der man kaum noch Menschen traf, die einem bestätigten, dass heute Montag, Mittwoch oder Sonntag war? Allein der Freitag war in der staubigen, strukturlosen Masse von Tagen noch deutlich zu erkennen, weil am Freitag jeder Mann, der noch laufen konnte, in die Moschee kam. Heute aber war der zweite Donnerstag eines geraden Monats – der Tag, an dem es manchmal hoch herging in seinem Gewürzladen. Dann hatte sich nämlich im Hinterzimmer der libanesische Kaufmann eingerichtet, dessen Besuche schon seit Jahren von vielen Leuten herbeigesehnt wurden wie das tägliche Brot. Der Kaufmann hieß Abdul Gahid und war ein kluger, vielleicht sogar ein gerissener Bursche. Er hatte Freunde und Kunden aus allen Gesellschaftsschichten und aller Nationalitäten. Die wenigen Usbeken, die es in Kandahar aushielten, kamen zu ihm genauso wie die Paschtunen und die Tadschiken. Es kamen reiche Leute und arme Leute, es kamen manchmal sogar Frauen, es kamen ehemalige Krieger und Beamte und sehr häufig erschienen Vertreter der Taliban, die dann besonders heimlich taten und Faruk zwangen, sein Geschäft zu verlassen und draußen auf der Straße zu warten, damit auch bloß niemand bezeugen konnte, welche Geschäfte sie mit dem Händler aus dem Libanon abwickelten.
Zweimal, daran erinnerte sich Faruk besonders gut, zwei Mal

war sogar der Mann hier gewesen, dessentwegen der neue Krieg ausgebrochen war. Der arabische Gast des Mullahs. Faruk hatte dafür nicht nur seinen Laden, sondern mitsamt seinen Nachbarn den ganzen Basar räumen müssen. Bewaffnete Krieger, ebenfalls Araber, die weder Faruk noch sonst irgendjemand leiden konnte, waren vorausgeschritten und hatten den Weg frei gemacht. Dass selbst der mächtige und unendlich wohlhabende Gast des Mullahs im Basar erschienen war, um den Libanesen zu treffen, das hatte Faruk mächtig imponiert. Der Einfluss dieses dicken Mannes mit den hervortretenden Augen schien schier unbegrenzt zu sein. Am zweiten Donnerstag jedes geraden Monats glich Faruks Gewürzladen manchmal einem betriebsamen Bienenstock, weil so viele Besucher den Kaufmann Abdul Gahid sprechen wollten. Was immer er für die Menschen regelte, was er ihnen verkaufte oder abkaufte – manche kamen mit wertvollen Teppichen und Familienschmuckstücken zu ihm –, Faruk war das alles gleichgültig. Er bekam als Miete für sein Hinterzimmer jedes Mal fünftausend *afghani*. Und wenn Abdul Gahid seine Audienz beendet hatte und Faruk mit einem Glas Tee zu ihm schlich, um sich die Miete abzuholen, dann hatte der Libanese immer noch einen ganz besonderen Schatz für ihn parat – ein Päckchen mit Schnupftabak, das sich Faruk genüsslich unter seine knotige Nase rieb und sich daran erfreute, wie unter dem Einfluss des scharfen Zeugs die Tränen aus seinen alten Augen kullerten.
Jetzt war die letzte Dose Schnupftabak fast aufgebraucht und Faruk wusste nicht, ob er hoffen sollte, jemals wieder Nachschub zu bekommen. Nachdem so viele Leute Kandahar verlassen hatten, war vielleicht für den Kaufmann nicht mehr viel zu holen. Und das Risiko, die lange Fahrt durch ein Kriegsgebiet auf sich zu nehmen, war vielleicht zu groß. Dies waren seine Gedanken, als er am Morgen des zweiten Donnerstags eines geraden Monats wie immer zwischen seinen Gewürzen hockte,

und ohne Vorwarnung der Mann den Laden betrat, den er am wenigsten zu sehen gewünscht hatte.

»Friede sei mit dir«, sagte der Mann, der hohe Gast des verschwundenen Mullahs, der Mann, den sie den Prinzen nannten. Um seinen feinen Mund spielte ein Lächeln.

Faruk blieb regungslos sitzen und sah, wie hinter dem Mann die arabischen Bewacher in Stellung gingen. Faruk hatte, obwohl es streng verboten war, ein altes, batteriebetriebenes Radio in seinem Haus und hörte manchmal nachts die Übertragungen der Feinde. Er wusste, dass die Amerikaner auf den Kopf dieses Mannes mehr Geld ausgesetzt hatten, als alle Einwohner Kandahars jemals besessen hatten. Aber weil es die Amerikaner waren, die seinen Kopf forderten, dachte Faruk nicht einmal daran, sein altes Gewehr zwischen den Körben herauszunehmen und den Mann vor sich zu erschießen. Obwohl er sehr genau wusste, dass er damit viel Schaden von diesem Land und möglicherweise noch vielen anderen Ländern abwenden konnte. Aber auch das bedeutete ihm jetzt nichts mehr. Er wollte nur noch eine Packung von diesem köstlichen Schnupftabak haben, der ihn zum Weinen brachte wie ein kleines Kind, und dann in Ruhe auf den Tod warten.

»Ist dein Untermieter schon aufgetaucht?«, fragte der Araber und sah sich im Laden um. Er schob auch den dünnen Teppich beiseite, der den Hauptraum vom Hinterzimmer trennte. Das Hinterzimmer war leer.

»Ist denn heute der zweite Donnerstag eines geraden Monats?«, fragte Faruk unschuldig. »Ich weiß es nicht, hoher Herr, denn ich bin nur ein alter Mann, der längst nicht mehr auf den Kalender blickt.«

»Heute ist dieser Tag«, sagte der Besucher. »Aber ich sehe deinen Untermieter nicht.«

»Vielleicht ist er spät dran. Es sollen ja die Straßen im Land nicht sehr bequem sein. Aber wie wüsste ich das, ich bin ja seit Jahren schon nicht mehr aus dieser Stadt herausgekommen.«

Aufmerksam beobachtete Faruk unter seinen gesenkten Lidern die Gesichtszüge des Arabers. Sie waren, obwohl seine Stimme weich und freundlich klang, hochgradig angespannt und nervös. Ein unkontrollierbares Zucken ließ alle paar Momente seinen Bart erzittern, als lebe darin ein unsichtbares Tier. Der Mann war auf der Flucht, folgerte Faruk, und der fintenreiche libanesische Händler war seine letzte Hoffnung.

»Du scheinst mir mehr zu wissen, als du vorgibst, alter Mann«, sagte der Araber und tauchte seinen Finger in den geriebenen Kümmel, führte ihn dann zu seinem Mund und ließ sich das Gewürz auf der Zunge zergehen. »Kaum einer deiner Nachbarn hat geöffnet. Alle sind geflohen oder haben sich zu den Waffen gemeldet – aber du sitzt hier, als wäre nichts geschehen.«

»Ich bin zu alt für den Krieg und halb blind, sonst wäre auch ich schon längst losgezogen«, gab Faruk zurück, lauter und gereizter, als es vielleicht ratsam gewesen wäre, wenn man bedachte, welch gefährlichen Mann er hier vor sich hatte.

Aber der Mann lachte nur und klopfte ihm gönnerhaft auf die Schultern. »War denn heute vor mir schon jemand hier?«, wollte er wissen.

Wieder zuckte sein Bart und wieder dachte Faruk, dass der Mann unter Druck stand. Auch die Art, wie sich die nervösen Wachen draußen auf der Gasse gebärdeten, wie sie sich, die Waffen im Anschlag, nach allen Seiten und oft auch nach oben umsahen, zeigte ihm, dass der Mann den Libanesen heute so nötig hatte wie die Luft zum Atmen. Er wusste nicht, ob er hoffen sollte, dass Abdul Gahid erschien und ihm half. Oder ob er hoffen sollte, dass Abdul Gahid fernblieb und dem Araber nicht geholfen wurde. Oder ob ihm auch das gleichgültig sein sollte.

»Niemand hat sich blicken lassen«, sagte Faruk.

Und da erklang eine tiefe Stimme aus dem Hinterzimmer, die beide, den alten Gewürzhändler und den meistgesuchten Mann der Welt, zusammenfahren ließ.
»Glücklich der Mann, der sich in diesen rauen Zeiten von zahnlosen Eichhörnchen bewachen lässt«, polterte Abdul Gahid und schob lachend den Vorhang beiseite. »Dass unser Freund Faruk einen Hinterausgang hat wie jeder kluge Gewürzhändler, ist deinen Wächtern offenbar entgangen.«
Der Araber breitete lächelnd die Arme aus und begrüßte den Kaufmann mit einem Kuss auf jede Wange. Die arabischen Wächter mit ihren Sturmgewehren knurrten kriegerisch vor der Tür und tuschelten Feindseligkeiten gegen den unverschämten Libanesen.
»Wer müsste Wachen aufstellen, wo doch nur ein teurer Freund auf diesem Wege das Haus betreten wird. Friede sei mit dir, Abdul Gahid.«
»Und mit dir. Obwohl, bei Lichte betrachtet, ist der Frieden nicht deine größte Kunst. Gibt es einen Tee, Vater des Pfeffers? Mein Weg war lang und beschwerlich.«
Faruk erhob sich, um etwas von dem kostbaren Wasser auf das Feuer zu stellen. Sein knotiger Zinken kitzelte schon jetzt in Vorfreude auf eine würzige Prise. Sobald er den beiden Männern, die sich wie immer im dunklen Hinterzimmer auf einem Teppich niederließen, den Tee gebracht hatte, winkte ihn einer der arabischen Wächter heraus und bedeutete ihm, dort zu warten und die beiden Männer in Ruhe ihre Geschäfte bereden zu lassen. Faruk sollte es recht sein. Es interessierte ihn nicht, welcher Art diese Geschäfte waren. Der Araber war nervös und der Libanese war ruhig und aufgeräumt wie immer. Daraus konnte man schließen, wer bei diesem Geschäft den größeren Gewinn einstreichen würde.
»Dein Mut, teurer Freund, wird nur noch von der Größe deines Vertrauens übertroffen«, sagte Gahid schmunzelnd. »Wie du

weißt, haben deine Feinde eine hohe Summe auf deinen Kopf ausgesetzt. Welcher Kaufmann sollte da nicht schwach werden?«

»*Inschallah*«, sagte der andere und hob die Hände. »Wie schlimm wären die Zeiten, wenn man einem Glaubensbruder und Freund nicht mehr vertrauen könnte.«

Gahid schlürfte seinen Tee und nickte versonnen. »Sehr schlimm, wahrhaftig. Außerdem würden deine Eichhörnchen mich sicherlich nicht so leicht davonschleichen lassen, wie sie mich hereinschleichen ließen.«

Gahid war Kaufmann durch und durch. Einer, auf dessen Wort man Paläste bauen konnte, wenn er es mit seinem Handschlag besiegelt hatte. Aber sein geheiligtes Prinzip war, dass sich niemand, nicht einmal dieser Mann, hundertprozentig sicher sein konnte, dass er bekam, was er wollte, bis nicht der Preis abgemacht und der Handel perfekt war. Dann allerdings hatte er Anspruch auf seine Leistung und Gahid war noch niemals säumig geworden – jedenfalls nicht, wenn der Kunde nicht säumig wurde. War dies aber der Fall, dann verlor der Kunde jegliches Anrecht auf Ware oder Dienstleistung. Gahids beträchtliche Geschäftskontakte bauten unverrückbar auf der von allen verstandenen Prämisse auf, dass er seinen Vorteil suchte und versuchen würde, ihn zu erlangen. Gegenüber einem König genauso wie gegenüber einem Schmuggler. Aber wenn ein Handel perfekt war, dann hielt der Libanese sein Versprechen und erwartete, dass sein Geschäftspartner dies genauso tat. Es gab im vorderen, im mittleren und auch im hinteren Orient keinen Politiker, General, Händler oder Gangster, der diese Regeln nicht kannte und sich daran hielt. Wer es versuchte und nicht zahlte, hatte es immer noch bereut, denn nichts brachte Gahid mehr auf und forderte seinen Zorn und seine Rachelust schneller heraus als ein wortbrüchiger Kunde. So wie ein gewisser Geheimdienstchef aus Amerika, der ihn erst geködert hatte, aber dann nicht zahlen wollte. Selbst sein plötzlicher und unerwarteter Tod war da keine Entschuldigung.

»Was kann ein bescheidener Händler wie ich für einen solch mächtigen Krieger und Feldherrn ausrichten?«, fragte er geradeheraus.

»Ich muss dieses Land verlassen«, sagte der Prinz ebenso direkt. Abdul Gahid zog die buschigen Brauen über seinen großen, hervortretenden Augen eindrucksvoll in die Höhe. »Das wird aber schwierig.«

»Deswegen bitte ich ja dich, mir bei diesem Unternehmen hilfreich zu sein.«

»Sagte ich schwierig?« Abdul Gahid liebte es, mit Leuten, die etwas von ihm wollten, ein grausames Spiel zu spielen. »Schwierig ist es allemal. Aber auch teuer. Vielleicht sehr teuer.«

»Ich habe Geld, wie du weißt«, versetzte der Araber mit einer ersten Spur von Gereiztheit. Es war ihm durchaus nicht lieb, wenn Leute mit ihm spielten.

»Amerikanische Dollars«, sagte Gahid kühl. »Das Geld der Ungläubigen.«

»Wie viel?«, fragte der Araber kühl.

»Eine halbe Milliarde«, schoss Gahid zurück.

»Hast du den Verstand verloren?«

»Mir ist gerade ein Geschäft geplatzt und ich trauere ihm ein wenig nach, das gebe ich zu. Es war übrigens ein Geschäft mit der amerikanischen Regierung. Nur, damit du es nicht aus anderer Quelle hörst und denkst, ich hätte dir etwas verschwiegen. Ich sollte dich dafür ans Messer liefern. Aber daraus wurde nichts, sie haben nicht gezahlt.«

Der Prinz konnte das Zucken in seinem Bart nicht mehr verbergen. Ein Gesichtsmuskel war nun völlig außer Kontrolle geraten. Beinahe war er versucht, seine Wachen zu rufen und diesen verweichlichten libanesischen Bastard in Stücke schießen zu

lassen. Aber er fand seine kühle Beherrschung schnell wieder.
»Da habe ich ja Glück gehabt.«
»In der Tat.«
Die Blicke der beiden Männer hatten sich ineinander verschlungen wie zwei Ringkämpfer. Dies war der entscheidende Moment des Handels und Gahid liebte diesen Moment des Kräftemessens. Es war ein Moment der Wahrhaftigkeit, in dem jede Faser eines Mannes gefordert war. Jede Zelle, jeder Muskel, jede Empfindung und auch das kleinste Härchen an seinem Körper musste auf das eine ausgerichtet sein, nämlich den Sieg. Nichts auf der Welt war so kostbar wie dieser erhabene Moment des Feilschens.
»Und wohin soll die Reise gehen?«, fragte Gahid.
»In den Jemen.«
»Schwierig. Aber machbar.«
»Dann mach es.«
»Machbar für eine Milliarde.«
Der Araber verlor die Geduld. Ein Mann wie er konnte sehr gefährlich werden, wenn er die Geduld verlor, das wusste Abdul Gahid sehr wohl. Er hoffte nur, dass der Prinz ihn dringender brauchte als umgekehrt.
»Ich habe nicht genug Geld, um deinen geplatzten Handel zu ersetzen«, sagte der Prinz. »Aber ich biete dir dies: dein Leben. Ist das nicht mindestens eine Milliarde Dollar wert?«
»Mir schon«, sagte Gahid leichthin. »Aber dir nicht. Für dich ist es billig. Eine Kugel aus der Waffe eines deiner Eichhörnchen. Aber woher willst du wissen, dass ich nicht aus dem geplatzten Handel mit deinen Feinden ein globales Positionierungsgerät – du weißt sicherlich, was das ist, oder? – in der Tasche habe? Ich könnte es in dieser Sekunde drücken und einem fern am blauen Himmel kreisenden amerikanischen Kampfflugzeug das Ziel für eine richtig große Bombe liefern.«
Der Araber hatte den Kampf verloren, denn sein Blick huschte

flink hinunter, um sich zu vergewissern, dass Abdul Gahid tatsächlich eine Hand in der Tasche seines Umhanges vergraben hatte. Gahid lächelte.

»Bleiben wir sachlich, reden wir vom Geld. Ich habe meine Prinzipien, wie du es aus unseren vergangenen Treffen sicherlich noch in Erinnerung hast. Du zahlst die vereinbarte Summe und ich erfülle meinen Teil des Handels.«

»Hundert Millionen.«

Ein guter Geschäftsmann war er jedenfalls nicht, dachte Gahid mit einem Anflug von Verachtung. Auf jedem Basar zwischen hier und Istanbul hätte man ihm die Hosen heruntergezogen. Er hätte bei fünfzig Millionen anfangen und sich mühsam und unter Schmerzen bis achtzig hochhandeln lassen können. Und dann, an der Stelle, da Gahid sich erhob, um empört den Raum zu verlassen, hätte er neunzig sagen können. Und schließlich hätte man sich auf hundert Millionen geeinigt.

»Damit kann ich noch nicht einmal meine Unkosten decken«, sagte er enttäuscht.

»Du bist ein Moslem. Und wir befinden uns in einem Heiligen Krieg!« In den Augen des Arabers leuchtete ein unheimliches Feuer auf, das einen Geringeren als Abdul Gahid zerschmolzen hätte.

»Ja. Aber Krieg ist Krieg und Geschäft ist Geschäft«, sagte er mit jener furchtlosen Kaltschnäuzigkeit, die ihn manchmal selbst verwunderte. »Und außerdem glaube ich mich als Moslem daran erinnern zu können, dass nicht jeder kriegerische Mann zum Heiligen Krieg aufrufen kann, wenn es ihm gerade in den Kram passt. Du hast vielleicht vergessen, dass du nur ein selbst ernannter Prinz bist. Du kannst keine *fatwa* aussprechen, nicht einmal eine ganz kleine. Wie dem auch sei: Ich befinde mich in keinem Krieg und ich habe meinen Preis. Wenn dir eine halbe Milliarde zu teuer ist, dann such dir einen anderen.«

Gahid erhob sich und tat so, als wolle er den Raum verlassen.

»Warte!«, herrschte ihn der Araber an, den es ebenfalls nicht auf dem Teppich hielt. »Hundert Millionen jetzt und den Rest später. In Raten.«
»Tut mir Leid, ich mache aus Prinzip keine Ratengeschäfte.«
»Ich kann das Geld besorgen, meine Familie hat Verbindungen.«
»Deine Familie wäre, wenn man glaubt, was man in der Zeitung liest, erleichtert, wenn du dich in Luft auflöstest.«
»Hundert Millionen ist mein letztes Wort und wenn du diesen Raum lebend verlassen willst, dann nimm diesen Handel an.«
Langsam drehte sich Gahid um und sah, dass der Araber seine Waffe auf ihn gerichtet hatte. Er meinte, was er sagte. Eine richtig große Bombe oder nicht – der Araber war bereit, das Risiko auf sich zu nehmen.
»Ein Handel mit vorgehaltener Waffe ist kein Handel«, sinnierte Abdul Gahid. »Aber unter den gegebenen Umständen werde ich ein Auge zudrücken. Ich bringe dich in den Jemen. Allerdings müssen wir einen kleinen Umweg einschlagen. Die Hälfte des Geldes gibst du mir jetzt, die andere Hälfte bei Ankunft.«
»Das ganze Geld bei Ankunft«, sagte der Araber und sein Finger zitterte am Abzug.
»Wie du willst. Wie ich hörte, seid ihr mit Rotkreuzfahrzeugen unterwegs. Das ist nicht klug, denn mittlerweile weiß die halbe Welt, wo ihr die herhabt. Wie ihr es schafft, ist eure Sache, aber ihr müsst in fünf Tagen an der tadschikischen Grenze an der Straße nördlich von Kunduz sein. Ein Mann namens Rafi Ahmad wird dich nach Duschanbe bringen.«
»So sei es.«
»Ach, eines noch. Der Bart muss ab!«
»Du verlangst Unmögliches!«, brauste der Prinz auf.
»Du auch«, sagte Abdul Gahid und trat in den Verkaufsraum des Gewürzhändlers.
Die Wachen bedeuteten Faruk, der draußen wartete, dass er

nun seinen Laden wieder betreten konnte, und er kam freudestrahlend auf Abdul Gahid zu.
»Mein Bruder«, sagte Abdul Gahid versöhnlich wie immer, wenn er seine Audienz im Hinterzimmer beendet hatte. »Ich habe deine Gastfreundschaft nun zur Genüge strapaziert. Erlaube mir, dir ein kleines Geschenk zu machen, das sicherlich die Unannehmlichkeiten nicht aufwiegen kann, die ich deinem Geschäft bereitet habe.« Er drückte dem alten Mann eine Packung Schnupftabak in die Hand.
Im Hinterzimmer lauschte der Mann, den sie den Prinzen nannten. Er war sich nicht sicher, ob er einen guten Handel abgeschlossen hatte, und hatte das unbestimmte Gefühl, dass etwas, irgendetwas, seiner Aufmerksamkeit entgangen war. Aber er wischte diesen Zweifel weg und konzentrierte sich auf die wichtigen Dinge: seine Flucht in den Jemen und die Fortsetzung des Heiligen Krieges.
Wenn er lange genug nachgedacht hätte, wäre ihm vielleicht aufgegangen, dass der Handel, den er soeben abgeschlossen hatte, nicht nach alter orientalischer Sitte mit einem Handschlag besiegelt worden war.

36. Kapitel

New York

Zweiundvierzig Dollar, das war alles, was sie noch für ihn übrig hatten. Zweiundvierzig lumpige Dollar. Er brauchte mindestens fünfhundert, damit er dem Haitianer seine Schulden zurückbezahlen konnte. Gottverdammt, der Haitianer würde ihn zerlegen, er würde ihm die Ohren abschneiden. Und dann war es mit seiner Karriere endgültig vorbei. Miguel wollte Sänger werden. Er sang nicht schlecht und er tanzte wie ein junger Gott. *Merengue,* das war seine Musik, das war die Hitze der Karibik, und Miguel hatte sie im Blut. Aber ohne Ohren würde er sie nicht mehr hören können. Miguel war vor Tanya, der Buchhalterin, in die Knie gegangen, er hatte sie angefleht und versucht, ihre Hand zu küssen. Niemals zuvor hatte er sich vor einer Frau derartig erniedrigt. Aber sie lachte nur und schubste ihn weg wie ein Stück Dreck.

»Verschwinde, Speedy Gonzales!«, hatte sie gegrunzt, diese fette Eule. Speedy, so nannte sie ihn spöttisch, als wüsste sie, was ihn antrieb. Speedy Gonzales. Aber Speed, das reichte ihm längst nicht mehr. Speed hatte ihn eine Weile unterhalten, aber mittlerweile war er auf Crack und streckte seine Finger nach allem möglichen Zeugs aus, das gehandelt wurde. Übler chemischer Mist, der ihn von einem Delirium ins nächste katapultierte, aber Miguel wollte es vorkommen, als seien diese Rauschzustände noch immer dem realen Leben vorzuziehen. Und wenn er es nahm, dann wurde seine Stimme noch besser und seine Tanzbewegungen noch verführerischer. Die Jungs in seiner Band bekamen den Mund nicht mehr zu, wenn er loslegte. Nur teuer war das Scheißzeug. Unsäglich teuer. Er musste mehr zahlen, als er verdiente in seinem Hungerjob bei Barney's. Viel mehr. Der Haitianer hatte das sehr gut verstanden und war ihm mit einem Kredit hilfreich gewesen. Die letzte Rate war heute Nacht fällig.

»Bitte«, wimmerte Speedy Miguel Gonzales, »ich bin sicher, dass ich insgesamt noch fünfhundert Dollar bekomme. Schau doch nach und vergewissere dich selbst«, flehte er. Aber Tanya wandte sich wieder anderen Abrechnungen zu und sagte nur: »Hau ab, Miguel. Du verdammter Schnorrer, verpiss dich einfach.«

»Möchtest du, dass ich ...« Miguel wusste doch, wie er sich Tanyas Wohlwollen verdienen konnte. Er war klein und geschickt und unendlich flink mit seiner Zunge.

»Denk nicht mal drüber nach, du kleines Wiesel«, wehrte sie lächelnd ab.

An der Tür erkannte er, dass es aussichtslos war. Die dicke Tanya hatte einen neuen Lecker gefunden, der sich vor ihr erniedrigte und Miguel war abgeschrieben. Er mochte der talentierteste Merengue-Sänger und -Tänzer der Welt sein – das galt jetzt nichts mehr. Der Haitianer würde sich nicht mit zweiundvierzig Dollar zufriedengeben. Er verlieh Geld nicht, weil er so ein netter Kerl, sondern weil er ein verdammter Halsabschneider war. »Voodoo-Mann« nannte er sich. Ihm ging der Ruf voraus, dass er Nadeln in seine Schuldner steckte. Nicht in deren Puppen, wie das beim Voodoo üblich war, sondern in die Menschen. Heute Abend war die Zahlung fällig und wenn Chuckie ihn nicht in einer seiner diktatorischen Launen einfach so rausgeschmissen hätte, dann wäre er später zu Tanya gegangen, hätte einen Vorschuss auf den Lohn der nächsten Woche bekommen, hätte ihr unter dem Schreibtisch einen geblasen und alles wäre gut gewesen. Aber jetzt war gar nichts gut. Die fette Schlampe, die unendliche Macht über ihn hatte, war abweisend wie ein Eisblock und würde keinen Finger krümmen, um ihm zu helfen.

Miguel, die Hand auf der Klinke, bemerkte, dass die Fensterblenden in ihrem Büro allesamt heruntergelassen waren. Kleine Schutzmaßnahme gegen allzu neugierige Blicke. Draußen sah er den mächtigen Schatten von Chuckie vorbeiwalzen, auf dem Weg zu seinem Büro. Niemand konnte ihn sehen. Wenn er schnell war, konnte er Tanya überwältigen, bevor sie schrie. Und schnell war er. Die fette Wanze hatte ihn nicht umsonst Speedy Gonzales genannt. Die schnellste Maus von Mexiko. Obwohl er aus der Dominikanischen Republik stammte, aber die arroganten New Yorker interessierten sich für solche Feinheiten nicht.

Statt sie zu öffnen, schloss er die Tür ab und war mit drei Schritten an Tanyas Tisch. Die Dicke starrte ihn nur an und war vor lauter Staunen noch nicht einmal in der Lage, den Mund zu öffnen. Bevor sie wusste, was geschah, hatte er seine Finger um ihren Hals geschlossen und drückte zu wie ein Besessener. Er stellte dabei mit Erstaunen fest, dass Chuckie Recht gehabt hatte: Seine Fingernägel waren tatsächlich schmutzig. Miguel unterdrückte ein irres Lachen über diese Entdeckung und stöhnte unter der körperlichen Anstrengung, die es ihm abverlangte, Tanyas Kehlkopf bis weit hinten in ihren Hals zu drücken. Als die Qualle leblos in ihren Stuhl sank, durchsuchte er die Schubladen ihres Schreibtisches. Er fand nichts. Nur Papiere und Abrechnungen. Die paar Dollars, die sie ihm ausgehändigt hatte, schienen das einzige Bargeld weit und breit zu sein. Nicht einmal Schecks konnte er finden. Keine Geldkassette, keinen Tresorschlüssel.

Panik griff nach ihm und er durchsuchte die Handtasche der Toten. Sie enthielt zweiunddreißig Dollar. Flucht, schoss es ihm durch den Kopf. Der Voodoo-Mann würde ihn überall aufspüren. Nun hatte er auch noch einen Mord begangen, und wenn nicht der Haitianer, dann würde ihn die Polizei finden. Sie hatten sein Foto und seine Personalien, denn bevor er hier bei

Barney's anfing, hatte er ein paar Einbrüche begangen. Sie würden ihn einlochen.

Tanya hatte anscheinend gerade eine Dose Pepsi angebrochen, die Miguel sich nun griff und gleichzeitig mit der anderen Hand in seiner Hemdtasche wühlte. Noch zwei Tabletten. Gut so. Er nahm beide und spülte mit lauwarmer Pepsi nach. Langsam kamen die Lebensgeister zurück und auch sein Mut. Sein Stolz, seine Würde. Er hörte Applaus aufbranden und Bravorufe. Eine Lautsprecherstimme. »Ladies and Gentlemen, und hier ist er, der Star des heutigen Abends, der Schwarm aller Frauen, der King of Merengue: Speedy Miguel Gonzales ...«

Lautlos, ohne sich noch einmal nach der Toten umzusehen, stahl Miguel sich aus dem Gehaltsbüro und schlich an der langen Fensterfront über der Küche entlang zum Ausgang. Er war am Ende. Er hatte alles gegeben, aber es hatte nicht gereicht. Er weinte. Die Angst vor dem Haitianer, dessen Leute sicherlich schon draußen warteten, war so stark, dass er sich in die Hosen machte. Er hatte Angst und gleichzeitig brandete in ihm ein unbändiges Triumphgefühl auf, das die Tabletten verursachten. Welche Verwirrung der Gefühle: Weinend stand er vor einem großen Publikum, das ihn liebte und verehrte, in einer ausverkauften Halle und hatte sich in die Hosen gepisst! Miguel Gonzales hasste. Hasste wie noch nie in seinem Leben. Sich selbst, dieses Land, das Publikum, den Haitianer, Barney's Burger. Alles. Tanyas Geist verfolgte ihn, machte ihm Vorwürfe, peinigte ihn mit bösen Flüchen und Verwünschungen. *Wieso hast du mich umgebracht, Speedy?*, schrie der Geist. *Für zweiunddreißig verfickte Dollars? Wieso hast du mich umgebracht und nicht Chuckie, diesen Schinder? Der hat dich schließlich rausgeschmissen und nicht ich!*

Miguel hielt inne. Der Geist hatte vollkommen Recht. Er drehte sich um und steuerte das Büro des Managers an. Chuckie saß hinter seinem Schreibtisch und hatte einen Joint im Mund. Er

masturbierte, während auf dem Fernsehschirm eine wilde Sexorgie im Gange war.
»Was willst du denn hier?«, schrie der Ertappte, völlig außer sich.
Speedy Gonzales war schnell wie nie zuvor. Er griff sich einen Regenschirm, der neben der Tür in einem Eimer stand, legte ihn an wie eine Lanze und rannte auf den Manager zu, sprang über den Tisch und bohrte die Spitze des Schirmes in die Kehle seines Feindes. Sie stürzten nach hinten, ein Heidenlärm, den aber niemand hörte. Chuckie lebte noch, als er mit dem Kopf auf den Fußboden schlug, Speedy Gonzales über ihm, den Regenschirm in beiden Händen, stach immer wieder zu, bis Chuckies Kehle aussah wie der rot sprudelnde Krater eines Vulkans. Die Tabletten hatten ihn jetzt ganz im Griff. Seine Hose war getrocknet, seine Hüften schwangen, seine Stimme erklang fest und melodisch. Seine Begleitband gab ihr Bestes und das Publikum liebte ihn. Er hörte begeistertes Kreischen aus tausend Kehlen. *Miguel, Miguel,* schrien die Frauen.
Geld interessierte ihn jetzt nicht mehr. Er machte sich nicht die Mühe, Chuckies Büro nach Bargeld zu durchsuchen. Er stand jetzt darüber. Er war jetzt mächtig genug, es mit jedem Gegner aufzunehmen. Der Voodoo-Mann würde entsetzt zurückweichen, wenn er das Feuer in Speedys Augen sah.
»*Miguel, Miguel!*«, hallte es aus tausend Kehlen durch seinen Kopf. *Zugabe, Zugabe!*
Er erhob sich, ließ Chuckies Leiche am Boden liegen und machte sich auf den Weg zur Bühne, zur größten Show seines Lebens. Madison Square Garden. Der Lärm des Publikums wurde immer lauter. Hatte Chuckie nicht mal gesagt, dass er aussehe wie Enrique Iglesias? Scheiß auf Enrique! Miguel war der größte Star. Die Band spielte auf, als er die Bühne betrat. Das Johlen und Kreischen der Fans empfing ihn wie ein Orkan. Da drüben stand ein Mann, dem er noch was zu sagen hatte, bevor er das

nächste Lied anstimmte – seinen größten Hit, der den Saal zum Überkochen bringen würde. Der Mann, ein schwarzer Schlagzeuger, der ein wenig aussah wie Denzel Washington, hatte gerade seine Trommel genommen und wollte verschwinden. Miguel kam mit schnellen Schritten auf ihn zu. Die anderen Bandmitglieder strahlten ihn an. Das Publikum warf Rosen auf die Bühne.

»Lass mich los, Mann! Ich muss den Soßenkanister wechseln!«, sagte der Schlagzeuger, der auf dem Weg in den Lagerraum war. Miguel Gonzales erkannte ihn. Es war der Kerl, dessentwegen Chuckie ihn gefeuert hatte. Aber Miguel Speedy Gonzales sah nichts weiter als einen Schlagzeuger aus seiner umjubelten Band, der sich von der Bühne schleichen wollte.

»Wir müssen noch eine Zugabe spielen, Mann!«, sagte Speedy.

»Lass mich los, der Kanister ist leer!«

Miguel, der Tänzer, rang den Schlagzeuger zu Boden und setzte sich rittlings auf seine Brust. Jubelnd riss er beide Arme in die Höhe. Jetzt zog der Schwarze eine Sprühflasche mit Reinigungsflüssigkeit aus der Tasche. Das Publikum jauchzte und flippte völlig aus. Was wollte der Schlagzeuger mit dem Gesicht von Denzel Washington mit der Sprühflasche in seiner Hand? War es vielleicht gar kein Reinigungmittel, sondern eine Pistole? Miguel hatte keine Zeit nachzudenken. Die Show musste weitergehen, das Publikum liebte ihn. Er drehte den Verstärker auf und spürte, wie die Hitze des Tanzes in seine Beine floss. Der Schlagzeuger schrie wie ein Verrückter und sein Körper begann, wild zu zucken. Jetzt wurde Miguel ein Rodeo-Reiter, der auf einem wilden Bullen saß. Das Publikum in der größten Arena von Texas hörte sich an wie ein Orkan. Miguel hörte eine einzelne Stimme.

»Raus hier, das heiße Fett läuft ab!«

Die Begleitband machte sich aus dem Staub. Aber Miguel, der König des Merengue und des Rodeos, verstand nicht, was das zu bedeuten hatte. Zwischen seinen Knien begann sich das Gesicht des Schlagzeuger, der sein Rodeostier war, aufzulösen. Quiekend warf der Stiermann, der seinen Job geklaut hatte, den Kopf hin und her und versuchte, den Reiter abzuschütteln. Und da spürte Miguel zum ersten Mal den Schmerz, der von seinen Knien aus nach ihm griff. Er kniete in siedend heißem Fett. Immer noch besser als der Mann unter ihm, der lag darin. Es sprudelte aus dem Hahn direkt auf sein Gesicht. Miguel fand das lustig und er lachte übermütig.

Das Publikum geriet nun völlig aus dem Häuschen. Aus der ersten Reihe schrie einer: »Stehen Sie auf und nehmen Sie die Hände hoch!«

Miguel lachte ihn aus. Seine Knie taten so weh, dass an Aufstehen nicht zu denken war.

»Stehen Sie auf oder ich schieße!«, hörte er die Stimme schreien. Der Körper des Rodeostieres hatte aufgehört zu zucken. Dann hörte Miguel das fordernde Donnern einer Bassdrum und wollte sich erheben und die Zugabe anstimmen, aber stattdessen fiel er nach hinten. Seine Brust schmerzte, und das Fett begrüßte seinen Körper, als hätte es nur darauf gewartet, ihn zu verbrennen.

»Oh, Scheiße!«, schrie der Beamte und steckte seine Waffe weg. Er wollte in die Küche stürmen, doch sein Kollege hielt ihn zurück.

»Bist du wahnsinnig? Wenn sich das Öl entzündet, gehen wir alle in die Luft! Wo ist hier ein verdammter Feuerlöscher?«

Doch niemand war mehr da. Die Bediensteten wie auch die Gäste hatten das Barney's in Panik verlassen.

Draußen vor der Tür stand Khaled al-Sakah und schüttelte den Kopf. Verdammt, er war ein gesetzestreuer Bürger – aber für heute hatte er die Schnauze voll. Keine Lust, wegen eines beschissenen Parkvergehens die Nacht auf der Polizeiwache zu verbringen. Die beiden Polizisten, die ihn mitnehmen wollten, waren mitten in der Aufnahme der Personalien in das Restaurant gerufen worden und hatten nun offenbar Wichtigeres zu tun. Er wäre schön blöde, wenn er hier warten würde, bis sie sich wieder an ihn erinnerten. Langsam und das Lokal und die beiden abgewandten Beamten nicht aus den Augen lassend, schritt er durch eine immer größer werdende Menge von Schaulustigen zu seinem Taxi, stieg ein und startete den Motor. Niemand bemerkte ihn. Er stellte die Papiertüte mit dem Abendessen auf den Beifahrersitz und fuhr los. Hoffentlich würde Baby Ahmed ihm heute Nacht ein paar Stunden Schlaf gönnen. Er fädelte sich in den Verkehr ein und fummelte einen Barney-Burger aus der Tüte. Gottverdammt, diese Chili-Soße war wirklich eine Delikatesse. Das machte den Jungs von Barney's so schnell keiner nach. Als er nach Hause kam, war er satt und müde und schlief sofort ein.

Ahmed meldete sich in dieser Nacht nicht mehr und zum ersten Mal seit langer Zeit schlief Khaled al-Sakah wieder tief und fest.

37. Kapitel

Frankfurt

Es dauerte eine ganze Weile, bevor die deutschen Beamten einen Kollegen aufgetrieben hatten, der passables Englisch sprach und Eddie Logan vernehmen konnte. Ohne Widerstand hatte der Amerikaner sich von den vermummten und schwer bewaffneten Mitgliedern eines Sondereinsatzkommandos in der Wohnung des Marokkaners festnehmen und wegbringen lassen. Sie hatten, so viel konnte er sich immerhin zusammenreimen, Ali al-Sayyaf längst im Visier, aber offenbar nichts gegen ihn in der Hand. Seine Wohnung war ständig unter Beobachtung. Allerdings schienen sie irgendwie verpasst zu haben, dass Ali sich verdrückt hatte. Logans Ankunft allerdings war ihnen nicht entgangen und sie setzten den Privatdetektiv fest. Vier Stunden waren seitdem vergangen und Logan hockte hundemüde vom Jetlag vor einem leeren Pappbecher, der schwarzen Kaffee enthalten hatte, als der Beamte mit den Englischkenntnissen den Verhörraum betrat. Er kam in Begleitung eines etwas reiferen Kollegen, der so unauffällig und harmlos tat, dass Logan sofort einen Mitarbeiter des hiesigen Geheimdienstes in ihm witterte.

»Wir wundern uns, dass Sie nicht versucht haben, das US-Konsulat zu erreichen«, sagte der Beamte, der wirklich ausgezeichnetes Englisch sprach. »Oder auch nur einen Anwalt einzuschalten.«

»Ich brauche kein Konsulat und keinen Anwalt. Ich habe nichts verbrochen«, sagte Logan trotzig.

»Ihren Papieren zufolge sind Sie Privatdetektiv. Wer ist Ihr Auftraggeber?«

Logan wusste, dass der Weg aus dieser Verhörzelle ziemlich leicht war: Er brauchte den deutschen Cops nur die Nummer von Tony Woodall zu geben und sie konnten sich mit dem FBI kurzschließen. Leider war das auch der sicherste Weg, seinem alten Kumpel eine Menge Ärger zu bereiten. Besonders dann, wenn al-Sayyaf nicht gestoppt werden konnte. Also beschloss er, nicht die Wahrheit zu sagen.

»Was wissen Sie von Ali al-Sayyaf«, ließ sich nun der Geheimdienstmann vernehmen.

»Dass er ein Terrorist ist und dass er etwas Böses plant.«

Die beiden Beamten wechselten einen vielsagenden Blick.

»Was wollten Sie von Sayyaf?«

»Weiß nicht«, sagte Logan. »Vermutlich ihn umlegen, bevor er Schaden anrichten kann.«

»Nennen Sie uns einen Grund, warum wir Ihnen das glauben sollen.«

»Mir fällt keiner ein. Kann ich noch einen Kaffee haben?«

Das konnte lange dauern, dachte Logan. Aber das Gespräch wurde offenbar mitgehört, denn der Kaffee kam eine Minute später, ohne dass die beiden Deutschen den Raum verlassen oder irgendein Zeichen gegeben hätten. Ein dritter Mann brachte den Becher, ein grauhaariger Riese mit wasserblauen Augen und einem Gesicht, das aussah, als hätte jemand darin übernachtet.

Die beiden anderen kuschten vor ihm. Logan begann zu kombinieren, dass sie durchaus nicht so lange gebraucht hatten, um einen Kollegen aufzutreiben, der Englisch sprach. Sie hatten ganz offensichtlich auf diesen Typen, der Ausstrahlung nach ein ziemlich hohes Tier, gewartet, um ihn bei der Vernehmung dabeizuhaben.

»Woher beziehen Sie Ihre Informationen?«, fragte der Grauhaarige. Die tiefe, eindringliche Stimme passte perfekt zu seinem zerknitterten Gesicht. Sein Englisch hatte einen breiten deutschen Akzent, aber er sprach es mit großer Selbstverständlichkeit.

»Das ist geheim«, sagte Logan. »Aber ich weiß, wovon ich rede. Ali al-Sayyaf hat offenbar von seinem Anführer den Befehl erhalten, irgendwas Deutsches in die Luft zu jagen. Möglicherweise. Ich weiß natürlich nichts Genaueres.«

Der Grauhaarige zog sich einen Stuhl von der Wand heran und setzte sich Logan gegenüber. Er seufzte schwer und streckte dem Amerikaner seine Rechte hin. »Mein Name ist Wollenschläger. Ich bin Staatssekretär im Innenministerium.«

»Freut mich, Sie kennen zu lernen«, sagte Logan leichthin und gab ihm die Hand.

»Für wen arbeiten Sie?«, versuchte nun Herr Wollenschläger sein Glück. »Wir haben vorsichtig bei der US-Regierung angefragt. Dort sind Sie nicht bekannt.«

Logan hatte plötzlich eine Idee und er hoffte, er würde damit durchkommen.

»Natürlich nicht«, sagte er. »Wie würde es denn aussehen, wenn die zugäben, dass sie ohne das Wissen der deutschen Behörden einen Agenten nach Deutschland einschleusen.«

»Oh, das tun sie ständig.«

»Wirklich?«

»Ja, wirklich. Und erst recht seit dem 11. September.«

»Diese Bastarde.« Logan zwinkerte dem deutschen Staatssekretär verschwörerisch zu.

»Sie können sich mir anvertrauen. Ich bin an nichts anderem interessiert als daran, eine Katastrophe zu verhindern.« Wollenschläger sah ziemlich müde aus und Logan vermutete, dass er nicht viel geschlafen hatte in letzter Zeit. Ali al-Sayyaf und seine Kumpane hatten ihn wach gehalten. Und nun war Ali auf der Flucht.

»Ich müsste mal telefonieren«, sagte Logan und blickte auf die Uhr. Es war früher Nachmittag, also Vormittag daheim. Er wusste, dass er möglicherweise Tony Woodall gefährdete, aber etwas in ihm hatte beschlossen, dass dieser Herr Wollenschläger ihn tatsächlich nicht reinreiten würde.

»Warum unternehmen wir nicht einen kleinen Spaziergang und Sie benutzen mein Mobiltelefon?«, schlug der Staatssekretär vor.

Die beiden Beamten, die ihr Gespräch bis zu diesem Zeitpunkt mit großem Interesse verfolgt hatten, blickten sich enttäuscht an. Sie waren hiermit ausgebootet.

Wollenschläger führte Logan in den Garten der Anlage, ein kleines, aber gepflegtes Stück Grün inmitten der Stadt, ummauert und geschützt vor neugierigen Blicken. Er zog aus seiner Manteltasche das Telefon und überreichte es dem Amerikaner.

»Natürlich werden Sie die Nummer zurückverfolgen«, sagte Logan.

»Möglicherweise«, gab Wollenschläger zu.

»Sie könnten einem Freund von mir eine Menge Ärger bereiten. Mein Freund hatte nichts Böses im Sinn, wissen Sie. Er musste nur ein paar Regeln übertreten.«

»Das muss jeder mal«, sagte Wollenschläger geheimnisvoll.

Logan wählte Tonys Nummer in New York. Der Deutsche hatte sich abgewandt, um ihm das Gefühl von Diskretion zu geben, aber natürlich waren seine Ohren auf höchste Empfangsbereitschaft gestellt.

»Tut mir Leid, wenn ich dich aufgeweckt habe, alter Junge«, sagte Logan.

»Machst du Witze? Ich bin seit Stunden wach«, gab Tony zurück. »Wo bist du?«

»Im Moment stehe ich in einem Garten, der zu irgendeinem Polizeikomplex gehört. In Frankfurt. Neben mir steht ein Mann vom Innenministerium, der mir freundlicherweise sein Mobiltelefon ausgeliehen hat.«

Tony Woodall schwieg wie vom Donner gerührt.

»Okay, Tony, hör zu: Ali al-Sayyaf ist geflüchtet. Er hat offenbar seine Nachricht bekommen und beschlossen, sofort anzufangen. Seine deutsche Freundin hat er umgebracht. Ich habe nicht viel rausfinden können in seiner Wohnung. Nur dass er, bevor er verschwand, eine Nummer in New York angerufen hat. Und zwar von einer Firma namens Gortheon Research Institute. Hört sich an wie irgendwas aus der Chemiebranche oder der Rüstungsindustrie, findest du nicht? Die Nummer habe ich nicht notieren können.«

»Ich glaube, ich habe die Nummer. Dein Freund Matini hat sich gestern Abend gemeldet. Er hat das Telefon dieses Albaners in Bari angezapft und der hat ebenfalls in New York angerufen. Ich sehe mir diese Firma jetzt mal etwas näher an.«

»Pass auf dich auf, alter Kumpel. Mach keinen Unsinn. Es wird, glaube ich, langsam Zeit, dass du wieder anfängst, die Regeln einzuhalten.«

»Mach's gut, Eddie. Und danke.«

Logan gab Wollenschläger sein Telefon zurück. »Okay«, sagte er. »Danke.«

»Wollen Sie mir nicht jetzt vielleicht erzählen, was los ist?«

Für einen Moment war Logan versucht, dem Deutschen alles zu beichten. Aber dann entschloss er sich doch dagegen.

Wenn nämlich Ali al-Sayyaf das deutsche Parlament in die Luft jagte und ruchbar wurde, dass die Postkarte, die ihm den Befehl dazu gab, von einem FBI-Agenten, der sich für schlauer hielt als die ganze Behörde, abgefangen und trotzdem wieder auf den Weg gebracht worden war, dann würde Tony nichts mehr zu lachen haben. Nie wieder. Und er auch nicht.

»Ich sage es Ihnen, wenn wir Ali al-Sayyaf hinter Gittern haben. Versprochen.«

Wollenschläger nickte traurig. Sein zerknittertes Gesicht schien um einige Falten reicher geworden zu sein. »Gut, dann mache ich den ersten Schritt. Ali al-Sayyaf war ein völlig unbeschriebenes Blatt. Niemals mit dem Gesetz in Konflikt geraten, solides Visum, keine Auffälligkeiten. Lebt seit fünfzehn Jahren bei uns. Hatte sogar eine deutsche Freundin.«

»Ich weiß, ich habe sie heute Morgen kennen gelernt«, sagte Logan bitter. »Sie hatte wohl auch keine Ahnung vom Doppelleben ihres marokkanischen Lovers.«

»Erst vorgestern bekamen wir einen Hinweis, dass al-Sayyaf mit einem der New Yorker Attentäter verkehrt hat, als dieser noch in Hamburg studierte. Das ist zwar ein paar Jahre her, aber seit wir das wussten, ließen wir seine Wohnung beobachten.«

»Und weiter? Wann haben Sie ihn zum letzten Mal gesehen?«

»Irgendwann gestern Nacht ist er verschwunden. Wir haben keine Ahnung, wohin. Oder was er vorhat.«

Logan dachte, dass er diese zwei Fragen ziemlich leicht beantworten konnte: Ali war unterwegs nach Berlin und wollte das Reichstagsgebäude in Schutt und Asche legen. Aber wie?

»Womit hat al-Sayyaf sein Geld verdient«, fragte er.

Wollenschläger machte ein Gesicht, als sei sein Magengeschwür durchgebrochen. »Er hat am Flughafen gearbeitet.«

»Oh shit«, entfuhr es Logan. »Ich hoffe, bei der Putzkolonne oder wenigstens nur beim Check-in.«

»Leider nicht. Er war in der Cargo-Branche. Schichtleiter bei einem großen Spediteur.«

»Also weiß er, wie er in ein Flugzeug gelangen kann, und vielleicht sogar, wie er ein Flugzeug steuern kann?«

»Wir hatten bisher immer nur an Verkehrsmaschinen gedacht. Erst seit die Fahndung nach al-Sayyaf läuft, werden die Sicherheitsvorkehrungen für Cargoflüge verschärft. Jedenfalls hier in Frankfurt.«

Logan dachte schneller, als er sprechen konnte. Er begann zu stottern. »Der Spediteur, für den al-Sayyaf arbeitete – hat der auch ein Büro auf dem Berliner Flughafen?«

»Ich denke schon. Worauf spielen Sie an?«

»Ein Gefühl, nichts weiter«, log Logan. »Aber mein Gefühl hat mich noch nie getäuscht.«

Staatssekretär Wollenschläger begriff sofort. Und nun begriff er auch, warum der Amerikaner ihm seine Geschichte nicht erzählen wollte.

»Sie kommen mit mir«, befahl er.

38. Kapitel

Bari

Privatdetektiv John Matini aus New York war kein Mann, der viele Worte machte, und manchem wollte der verschlossene Mittfünfziger mit dem grauen Schlapphut und der knolligen Nase vorkommen wie ein etwas langsamer, träger Zeitgenosse. Aber wer ihn unterschätzte, wie zuletzt der junge Dieb in den Gassen der Altstadt von Bari, der bekam selten eine zweite Chance, seinen Irrtum wieder gutzumachen. Matini war ein kaltblütiger Mensch, nach außen hin ruhig bis zur Lethargie. Aber wenn es darauf ankam, dann war er schneller als ein Raubtier. Und er war ein scharfer Beobachter. Selten in seiner Laufbahn – erst als Polizist und dann erst recht als Privatermittler – hatte er eine Zielperson verloren. Umso finsterer war jetzt seine Stimmung.

Murat Bhengal, der Albaner, den er im Augen behalten sollte, war verschwunden. Nachdem Matini die abgezapften Anrufdaten aus der Telefonzentrale abgeholt und durch das Relais die Nummern rekonstruiert hatte, die gewählt worden waren, war er in sein Hotel zurückgekehrt in der Annahme, dass der Albaner, nachdem er das Licht gelöscht hatte, endlich auch zu Bett gegangen war. Das schien indes nicht der Fall gewesen zu sein. Als Matini früh am nächsten Morgen wieder in der Nähe der Wohnung in der Altstadt auftauchte und aus den Gesprächsfetzen der Händler entnahm, dass hier letzte Nacht einer von diesen gefährlichen Jugendlichen offenbar einem Bandenkrieg zum Opfer gefallen war, wartete er vergebens darauf, dass Murat Bhengal erschien. Bis zum Mittag saß Matini mit immer schlechterer Stimmung in einem Straßencafé schräg gegenüber,

dann dämmerte ihm, dass der Kerl ihn abgehängt hatte. Frustriert wanderte Matini zum nächsten Postamt und meldete ein Ferngespräch in die USA an. Er riss Tony Woodall, den er nicht kannte und der ihm nichts bedeutete, aus einem leichten, unruhigen Schlaf und brummte ihm die Nummern ins Ohr.
»Ich weiß nicht, ob ich hier noch viel mehr erreiche«, sagte er. »Der Kerl scheint abgehauen zu sein.«
»Bitte, bleiben Sie dran!« Tony Woodall war mit einem Schlag hellwach. »Es ist wichtig. Der Bastard hat den Auftrag, den Petersdom in die Luft zu jagen.«
»Da wird sich der Papst aber wundern«, sagte Matini trocken. Er hatte zu viel gesehen in seinem Leben und war kein Mann, den man leicht beeindrucken konnte.
Aber er war auch keiner, der es leicht verkraften konnte, wenn er hereingelegt worden war. Kurzerhand verschaffte er sich Zutritt zur Wohnung des Albaners und stellte das spartanisch eingerichtete Apartment gründlich auf den Kopf. Als er damit fertig war, hatte er in einem Versteck hinter den Kacheln der Badewanne eine größere Menge Bargeld sichergestellt – wobei der Ausdruck »größere Menge«, den Matini im Geiste benutzte, vermutlich die Untertreibung des Jahres war. In dem Hohlraum in der Badezimmerwand lagerten sicherlich ein paar Millionen Dollar. Außerdem fand er Seekarten, Einsatzpläne der italienischen Küstenwache, ein Notizbuch voll mit Adressen in allen europäischen Ländern und einen Haufen gefälschter Pässe. Matini musste nicht lange nachdenken, um zu erraten, in welchem Business der unscheinbare Nudelkoch aus Albanien tätig war. Der Detektiv verstaute das Bargeld in einer Plastiktüte und drückte es fest an seine Brust, als er kurz nach Sonnenuntergang die Wohnung des Schleppers verließ.
Menschen ändern sich eben nie, dachte Matini gleichmütig. Seinen Job bei der New Yorker Sitte hatte er damals aufgegeben, nachdem die Interne Abteilung ein Verfahren gegen ihn einlei-

ten wollte: Er hatte aus der Brieftasche eines erschossenen Bordellbesitzers ein paar Scheine mitgehen lassen. Es konnten nicht mehr als vielleicht drei-, höchstens vierhundert Dollar gewesen sein. Und jetzt? Jetzt beklaute er immer noch die Schurken und war mit einem Schlag ein stinkreicher Mann geworden. Wohl dem, der sich treu bleibt, dachte Matini zufrieden. Er hatte sich schon immer vorgenommen, irgendwann, wenn die Kohle stimmte, zurück nach Italien zu gehen und sich ein schönes Häuschen am Meer zu kaufen. In einem Olivenhain, mit Blick auf die blaue See, am besten in der Nähe von Neapel, wollte er an seinem Swimmingpool sitzen und es sich gut gehen lassen. Und siehe da – nun brauchte er nicht einmal mehr zurück nach Amerika, um sich diesen Traum endlich zu erfüllen. Alles, was er brauchte, trug er in einer Plastiktüte an seine Brust gepresst. Eine größere Summe Bargeld, dachte er amüsiert und ein seltenes Lächeln erschien auf seinem Gesicht. Nichts hielt ihn davon ab, sich sofort auf die Suche nach einem Haus zu begeben. Murat Bhengal, du verdammter Hurensohn, ich danke dir. Mit einem Gefühl der Dankbarkeit dachte er auch an seinen Geschäftspartner, Eddie Logan, der ihm diesen wundervollen Job verschafft hatte, und machte sich eine geistige Notiz, Eddie eine Postkarte zu schreiben. *Habe plötzlich Heimweh nach Bella Italia bekommen und beschlossen, hier zu bleiben. Die Firma gehört dir. Ciao. Johnny.* Ohne Absender. Logan würde das verstehen. Oder ach, er hatte doch jetzt mehr als genug Bargeld. Eigentlich sogar genug für drei. Und wenn es einmal einsam und langweilig würde – vielleicht brauchte er dann ein bisschen Gesellschaft. Also würde er vielleicht schreiben: *Warum kommst du nicht auch hierher und bringst deinen FBI-Freund mit? Ist schön warm hier und wir hätten einen dritten Mann zum Pokern.*

Flüchtig dachte Matini an den Papst und ob er noch etwas daran setzen sollte, den Terroristen von seinem Vorhaben abzubringen. Ein anonymer Hinweis bei der Polizei vielleicht. Wenigstens das war er der katholischen Kirche schuldig. Ach, Quatsch, dachte er dann. Wozu haben die all die Jahre lang meine Steuergelder der CIA und dem FBI in den Hintern geblasen? Die sollten auch mal was leisten. Er hatte genug getan. So dachte John Matini, als er die letzte Treppenwende erreicht hatte, die zum Ausgang führte. In der Tür stand der Albaner Murat Bhengal mit zwei jugendlichen Punks.

»Ist das der Mann?«, fragte Bhengal und die Jungs nickten eifrig.

»Gestern Nacht hat er die ganze Zeit unter deinem Fenster gewartet und dann Luigi erschossen. Und heute Morgen ist er in deine Wohnung eingedrungen.«

Sofort verschwand Murats rechte Hand in seiner Jacke. Matini war schneller. Er riss die Waffe, die er sich gleich bei seiner Ankunft bei einem entfernten Verwandten in Rom besorgt hatte, hoch und feuerte drei Schüsse auf den Albaner, der zusammenbrach, bevor er seine Pistole ziehen konnte. Das Echo der Schüsse in dem engen Treppenhaus zerriss Matini fast das Trommelfell. Die beiden Punks verschwanden, als hätte jemand sie weggezaubert, und drei Sekunden später hörte Matini ein Moped aufheulen.

Von oben schrie jemand: »Was ist denn das für ein Lärm da unten?«

»Nur keine Aufregung!«, schrie Matini zurück.

In diesem Moment schaltete sich das Licht im Treppenhaus automatisch aus. Matini schob die Waffe zurück in seinen Mantel und stieg in der Dunkelheit über den toten Albaner hinweg ins Freie. Der Kerl war offensichtlich gerade von seinem Ausflug zurückgekommen. Ein weißer Kombiwagen stand mit laufendem Motor vor der Tür, wo ihn die beiden Wiesel abgepasst hatten, um Matini zu verpfeifen.

Seelenruhig stieg Matini in Murat Bhengals Wagen ein, ärgerte sich über die verdammten Europäer, die immer noch Autos mit Gangschaltung benutzten, und würgte den Gang rein. Der Wagen setzte sich mit einem Ruck in Bewegung.

Nachdem er die Stadt schon verlassen hatte und sich auf die A 16 Richtung Neapel eingefädelt hatte, stellte Matini im Rückspiegel fest, dass die hintere Sitzbank umgeklappt war und dass darauf ein von einer groben Wolldecke halb verdeckter Überseekoffer stand.

Oh shit, dachte der Detektiv. Entweder enthielt der Koffer eine Leiche oder eine kurdische Flüchtlingsfamilie. Beides konnte er in seiner jetzigen Lage nicht gebrauchen. Er steuerte fluchend den nächsten Parkplatz an, stieg aus und öffnete die Heckklappe, schlug die Decke zurück und starrte auf eine Kiste, etwa sechzig Zentimeter lang, vierzig breit und vierzig tief. Keine Leiche, keine Flüchtlingsfamilie. Vielleicht noch mehr Geld? Er stellte fest, dass der Koffer mit einem Schloss gesichert war, suchte und fand den Wagenheber und erbrach den Riegel. Mit offenem Mund starrte er im schwachen, flüchtigen Licht der vorbeifahrenden Autos auf die russische Schrift, die Symbole, die Knöpfe und die Drähte.

Oh shit, dachte er wieder. Jetzt schuldet der Papst mir aber einen dicken Gefallen.

Matini nahm die Plastiktüte vom Beifahrersitz, schloss den Kombi ab und wanderte durch die Nacht in die nächste Ortschaft, zur nächsten Telefonzelle.

»*Pronto*? Ist da die Polizei? Hier spricht ein besorgter Verkehrsteilnehmer. Auf einem Parkplatz auf der A 16 Bari–Neapel ungefähr bei Kilometer fünfzig steht ein weißer Kombi mit römischem Kennzeichen. Auf der Ladefläche liegt eine tragbare Atombombe. Vielleicht sollten Sie mal jemanden vorbeischicken, bevor ein paar Kinder das Ding finden.«

Er hängte ein und grinste kopfschüttelnd. Dann machte er sich zu Fuß auf den Weg nach Neapel.

39. Kapitel

New York

Schwarz angerußte Backsteinwände und daran ein abgerissenes, verblasstes Werbeplakat für einen Autotyp, der schon lange nicht mehr produziert wurde. Im Untergeschoss das Büro einer Autovermietung, daneben eine Garage. Überall chinesische Schriftzeichen in verschiedenen Größen und Farben. Das vierstöckige Gebäude im nördlichen Teil Chinatowns, in dem laut Telefonbuch der Sitz der Firma Gortheon Research Institute war, flößte dem Besucher nicht viel Vertrauen ein. Tony Woodall stand davor und suchte ohne Erfolg den Eingang. Vielleicht gab eines der Zeichen Aufschluss darüber, aber Woodall konnte sie nicht entziffern. Schließlich betrat er das Büro von Rent-a-car. Dort roch es so streng nach Ingwer, dass es dem Agenten für einen Moment den Atem raubte.

»Hi. Entschuldigen Sie die Störung«, hustete er. »Ich habe einen Termin bei Gortheon.«

»Was?«, fragte der dünne, etwa sechzigjährige Chinese hinter dem Schalter und blinzelte ihn durch dicke Brillengläser verständnislos an.

»Das Gortheon Research Institute. Ich habe um drei dort einen Termin.«

Was durchaus nicht stimmte. Nachdem sowohl sein alter Kumpel Eddie Logan aus Deutschland als auch John Matini aus Italien ihm die Telefonnummer beziehungsweise den Namen dieser Firma genannt hatten, rief Woodall sofort die Nummer an. Dahinter verbarg sich offenbar eine Anlaufstelle für Terroristen. Aber er konnte nicht viel in Erfahrung bringen, denn er scheiterte schon an der Telefonzentrale. Zuerst am Switchboard. Dann, als er sich maschinell zu einer leibhaftigen Telefonistin durchstellen ließ, an deren professioneller Kaltschnäuzigkeit. »Tut mir Leid, Sir, ich kann das nicht beantworten. Wenn Sie Fragen zu unserer Produktpalette und unseren Dienstleistungen haben, dann wählen Sie bitte die Nummer 1«, sagte die Frau und schon war er wieder in den Klauen der Maschine. Bevor er noch Verdacht erregte und ihn jemand anhand seiner Telefonnummer zurückverfolgen konnte, suchte er im Telefonbuch, wo die Firma tatsächlich aufgelistet war, nach der Anschrift und beschloss, selbst einmal vorbeizuschauen. Aber der betagte Chinese war offenbar die männliche Version der abweisenden Telefonistin.

»Ich will zu Gortheon«, wiederholte er.

»Was habe ich damit zu tun? Wollen Sie mit dem Auto hinfahren, dann kann ich Ihnen eines vermieten«, schnatterte der Greis in so schlechtem Englisch, dass Woodall Schwierigkeiten hatte, ihn zu verstehen. »Das hier ist eine Autovermietung und kein Auskunftsbüro.«

»Sagt Ihnen der Name was? Gortheon?«, fragte Woodall. »Die Firma ist hier in diesem Haus angemeldet.«

»Nie gehört.« Der Mann zuckte so demonstrativ unschuldig die Schultern, dass Woodall beinahe gelacht hätte. Er zückte seinen Dienstausweis und hielt dem Alten das Ding direkt unter die Nase.

»Wenn Konfuzius sich weigert, seine Weisheit mit mir zu teilen, dann muss ich ihn vielleicht mitnehmen und ins Loch sperren«, sagte er kühl. »Zum letzten Mal: Wie komme ich in das Haus und in das Büro von Gortheon?«

»Ach so, ach so«, lächelte der Chinese, als hätte er gerade im Lotto gewonnen. »Den Eingang suchen Sie. Wieso sagen Sie das nicht gleich? Die Firma Goseon oder wie sie heißt, die kenne ich nicht. Aber das Haus erreichen Sie über das Parkdeck Nummer drei.«

»Danke«, sagte Woodall und steckte den Ausweis wieder ein. Ohne sich umzudrehen, verließ er den Chinesen in seinem nach Ingwer stinkenden Büro und so sah er nicht, wie der Mann umgehend zum Telefon griff und eine Nummer wählte, die ihm für diese Fälle mitgeteilt worden war. Er bekam hundert Dollar im Monat und die stillschweigende Duldung der Tatsache, dass er seinen Großneffen, dessen Frau und zwei Kinder illegal nach Amerika gebracht hatte. Dafür passte er hier auf und meldete eventuelle Besucher.

Woodall zog seine Waffe, als er über eine rostige Leiter das dunkle Parkdeck drei erreicht hatte. Die Auffahrt, die mal nach hier oben geführt hatte, war gesperrt. Ein chinesisches Schild stand davor und Woodall vermutete, dass es »Vorsicht, Einsturzgefahr« bedeutete. Hier oben standen nur Autowracks, ausgeweidet und verstaubt, manche ruhten reifenlos auf ihren Radnaben, andere waren auf Backsteinen aufgebockt. In aufgerissenen Polstern nisteten Ratten. Die Tür war verschlossen. Keine Klingeln, kein Lichtschalter. Kein Schild, das darauf hinwies, dass dieses Gebäude das Hauptquartier der Firma Gortheon war. Woodall prüfte die Tür und stellte fest, dass das Holz morsch genug war, um einen kräftigen Tritt zu versuchen. Sie sprang sofort auf. Dahinter aber befand sich eine zweite Tür aus Metall.

Sein Mobiltelefon klingelte in der Jackentasche. Er hatte ein wichtiges Briefing mit Vertretern der CIA im Federal Plaza in Süd-Manhattan sausen lassen, um sich in Ruhe bei dieser Firma umsehen zu können, und am Apparat war Janice, seine Sekretärin, die bereits zwei ungeduldige Anrufe der Gummisohlen abgeschmettert hatte.

»Ich habe ihnen gesagt, dass Sie sicherlich im Stau stecken«, sagte Janice. »Was soll ich sagen, wenn sie noch mal anrufen?«

»Dass ich immer noch im Stau stecke«, sagte Woodall, während er sich die Metalltür genauer ansah. Nichts, was man mit einem Fußtritt erledigen konnte. Er ging zurück auf das schrottbeladene Parkdeck und fand in der Ecke eine Werkbank mit einem Sortiment von Hämmern und Schraubenschlüsseln. Ein Wagenheber.

»Vielleicht wäre es besser, wenn ich sage, dass Sie krank geworden sind.« Janice war eine sehr hartnäckige Sekretärin.

»Okay, dann sagen Sie eben das!«, beschied sie Woodall und beendete das Gespräch. Er hatte bereits zu viele Regeln übertreten und sich zu vieler Dienstvergehen schuldig gemacht, um sich noch um ein verpasstes Treffen zu kümmern. Hier, das spürte er, war er ganz kurz davor, ein Rätsel zu lösen, von dem sehr viel mehr abhing, als er jemals in einem der Treffen mit den CIA-Leuten erfahren konnte, die ohnehin nie die ganze Wahrheit erzählten. Er nahm den Wagenheber und einen schweren Hammer und schleppte beide zu der Metalltür. Auf halber Strecke klingelte wieder sein Telefon.

»Janice!«, brauste er auf. Er war bei der Anstrengung ins Schwitzen gekommen, was seine Geduld erfahrungsgemäß auf ein Minimum reduzierte.

»Hier spricht Greg Foster. Wieso sind Sie nicht zu unserem Treffen erschienen?«

Unter normalen Umständen wäre Woodall nicht so kurz angebunden gewesen, wenn ihn der Vizedirektor der CIA anrief. Aber im Moment hatte er andere Prioritäten gesetzt. Nach allem, was er getan hatte, gab es nur diese eine Chance, um sein illegales Vorgehen zu entschuldigen. Wenn er das Backsteingebäude in Chinatown mit leeren Händen verließ, dann war er ein toter Mann. »Wir haben einen Notfall!«, sagte Foster ungehalten.

»Den habe ich auch!«, raunzte Woodall in den Hörer und drückte die Off-Taste. Keine Anrufe mehr. Erste Priorität hatte jetzt diese verdammte Tür. Wenn zwei gefährliche Terroristen die Nummer dieser Firma gewählt hatten, dann wurde hier kein Spielzeug hergestellt, sondern dann saß hier die Zentrale.

Davon war Woodall inzwischen überzeugt. Er wuchtete den Wagenheber unter die Schwelle und hieb mit dem Hammer so lange dagegen, bis der Hebel sich verkeilt hatte. Dann pumpte er mit dem Fuß den Hebel in die Höhe und schlug gleichzeitig mit dem Hammer auf das Schloss ein. Das ganze Parkdeck erzitterte und zwischen den Hammerschlägen war das Pfeifen und Trappeln der aufgeschreckten Ratten zu hören. Schließlich gab der Metallrahmen nach, die Tür kippte nach innen und Woodall griff sofort wieder nach seiner Waffe. Das Treppenhaus war dunkel und voller Unrat. Der Weg nach unten war zugemauert.

»Ist da jemand?«, schrie Woodall in die Dunkelheit. Keine Antwort. Dicht an der Wand entlang, die Waffe in beiden Händen, stieg er die Treppe empor. Ihm war nach der Anstrengung an der Tür so heiß geworden, dass sein Kopf zu glühen schien. Er verfluchte jede Faser des Wollpullovers, der auf seiner Haut kratzte. Hoffentlich kommt nicht noch eine Stahltür, dachte er. Aber das blieb ihm erspart. Der Eingang zur Zentrale der Firma Gortheon bestand aus nichts weiter als einer einfachen Holztür und die war noch nicht einmal verschlossen. Woodall stand, die Waffe immer noch fest mit beiden Händen umklammert, in einem leeren, großen Raum, der vielleicht vor vielen Jahren mal als Knochenmühle für irgendeine chinesische Perücken- oder Feuerwerkskörperfabrik genutzt worden war.

»Verdammt«, sagte er laut und sein Fluch hallte von den leeren, grauen Wänden zurück. Er hatte alles auf diese Karte gesetzt und verloren. Es gab keine Firma namens Gortheon, jedenfalls nicht hier. Dies war kein konspiratives Nest einer islamischen Terrorgruppe, sondern nichts weiter als eine beschissene Ruine. Aber wozu die Metalltür?

»Kommen Sie raus, die Hände über dem Kopf!«, schrie er und kam sich sofort wie ein Idiot vor. Hier war niemand, er spürte es doch. Dennoch ging er tiefer in den Raum hinein. Durch die geschlossenen Jalousien fiel nur eine blasse Ahnung von Sonnenlicht. Genug, um zu sehen, dass hier nichts zu sehen war.

Als Woodall ein Klicken hörte, fuhr er schussbereit herum. Zum Glück drückte er nicht ab, denn dann hätte er das zweite Klicken nicht gehört. Der schwache Schein roter Lichter zeichnete sich an der Wand ab und Woodall ging langsam darauf zu. Der Lichtschein kam aus einem der hinteren Räume dieser Etage und er folgte ihm, die Waffe voran.

Es war nicht der größte Raum im vierten Stock, eher der kleinste. Vielleicht hatte er einmal einem Aufseher als Büro gedient. Jetzt sah dieser Raum aus wie das Cockpit eines Space-Shuttles. Reihe um Reihe von Lichtern, Knöpfen und Schaltern. Zahlenkolonnen und Buchstabenchiffren. Woodall ließ die Waffe sinken und starrte verwirrt auf die Konsole eines hochmodernen Computers, der aussah, als gehöre er in eine Welt, die von Außerirdischen kontrolliert wurde. Dann begriff er endlich. Dies war nichts weiter als eine unbemannte Telefonzentrale. Wer immer Gortheons Nummer wählte, wurde von hier aus weiterverbunden. Mit einer Telefonistin, die an einem ganz anderen Ort saß, vielleicht noch nicht einmal in den Vereinigten Staaten, oder mit einem Touchtone-Relais, durch das der Anrufer sich weiterverbinden lassen konnte.

»Ganz langsam die Arme hoch und die Waffe loslassen«, sagte eine Stimme direkt neben seinem Ohr. Woodall, zu Tode erschrocken, gehorchte. Er spürte die kalte Mündung einer 45er in seinem Nacken. Eine flinke Hand entwand ihm seine Pistole. Der Chinese, dachte Woodall voller Wut. Der verdammte Opa hatte den Hausherrn verständigt.

»Nicht umdrehen«, sagte die Stimme. »Ganz ruhig bleiben.«

»Ich bin FBI-Agent Tony Woodall«, hörte er sich bluffen. »Ich bin nicht alleine hier.«

»Natürlich sind Sie allein«, war die eisige Antwort. »Und jetzt gehen wir ganz langsam und leise zurück in das Parkhaus.«

40. Kapitel

Ghostum

Sein Bein war angeschwollen und sah aus wie ein Regenbogen, der sich zusammengeknotet und verklumpt hatte. Alle Farben schillerten darin, von Blutrot bis Eitergelb, und Aziz, der Libanese, war sich sicher, dass er nie wieder ohne Gehstock würde laufen können. Und als bedürfe es noch einer weiteren Schmerzensquelle, um ihm ständig vor Augen zu halten, dass er sich niemals aus der sicheren Nähe seines Arbeitgebers Abdul Gahid hätte entfernen dürfen, hatte er sich bei seinem Sturz nach dem Raketeneinschlag die Schulter ausgerenkt und mindestens zwei Rippen angebrochen. Aber Aziz war ein zäher Kerl und die Höllenqualen, die ihm seine Glieder verursachten, hinderten ihn doch nicht daran, seine beiden Begleiter unter größter Anstrengung in die relative Sicherheit des Felsvorsprungs zu zerren, den sie in der vergangenen Nacht nicht mehr erreicht hatten. Mit dem Arm, der etwas weniger schmerzte, zog er unter unendlichen Mühen den hochgewachsenen Amerikaner, der sein Leben gerettet hatte, Zentimeter für Zentimeter über den steinigen Grund, vorbei an dem Krater, den das Geschoss zurückgelassen hatte, und in den Schatten des Felsens.
Die Sonne stand schon am Himmel, als er auch den Russen nach oben gezerrt hatte. Jurijs Gesicht war unter einer Kruste getrockneten Blutes kaum noch zu erkennen. Seine Beine lagen in solch aberwitzigen Winkeln verbogen, dass sie sicherlich nicht nur einmal, sondern mehrmals gebrochen waren. Die Hosen waren schwarz von Blut, ebenso der Boden rund um die Stelle, wo er lag. In seinem Hintern steckte ein dreieckiges Schrapnell, groß wie eine Zigarettenpackung. Als Aziz das ent-

deckte, wurde ihm schlecht vor Mitleid und Wut auf die feigen Angreifer in der Nacht und er hoffte für Jurij, dass der Tod wenigstens schnell gekommen war. Margolis atmete noch hörbar, immerhin. Sein Hinterkopf, mit dem er offenbar auf einen Stein geschlagen war, war ein Wust aus blutverschmierten und verklebten Haaren. Andere Verletzungen konnte Aziz nicht erkennen, aber er fürchtete, der Amerikaner könnte sich vielleicht das Rückgrat gebrochen haben. Das Letzte, was er von ihm gesehen hatte, war ein Körper, der durch die Luft flog wie eine Schaufensterpuppe. Aziz tätschelte vorsichtig das Gesicht des Amerikaners und hoffte, dieser werde bald die Augen aufschlagen, denn er fühlte sich hilflos und allein. Gab es noch einen Ausweg? Und wie sollten sie den finden, ohne dass die verdammte Drohne sie wieder einholte?

Der Amerikaner stöhnte und zuckte mit den Armen, doch er wachte nicht auf. Zu Aziz' Entsetzen aber begann der Russe zu sprechen.

»Sergej ...«, sagte Oberst Titov. »Bist du da, Sergej, mein Freund?«

»Nein, ich bin's. Aziz.«

»Sergej?« Jurij öffnete die Augen, aber er konnte nichts sehen. Seine Hand wollte sich erheben und das Gesicht des Libanesen betasten wie die Hand eines Blinden, aber seine Kraft reichte nicht aus. »Beine tun weh, Sergej.«

»Ich heiße Aziz«, sagte der Libanese, aber dann besann er sich eines Besseren. »Das kommt schon wieder in Ordnung, Jurij, mein Freund.«

Ein erlöstes Lächeln erblühte im zerschundenen Gesicht des Sterbenden. »Sergej. Ich bin zurückgekommen.«

Aziz nahm die Hand des Russen und drückte sie. Tränen schossen in seine Augen und seine Stimme begann zu zittern. »Danke, dass du zurückgekommen bist. Ich habe dich vermisst.«

Schwach erwiderte Jurij den Druck seiner Hand.

»Er stirbt.« Margolis war erwacht und kroch zu ihnen. »Er stirbt.«
»General. General Oblomov. Sehen Sie, General. Sie haben mich nicht umsonst gerettet. Sehen Sie, General. Ich habe Sergej wiedergefunden.« Kaum zu verstehen waren Jurijs Worte, langsam gesprochen und wie im Schlaf, seine Augen starr ins Nichts gerichtet.
»Können wir denn nichts tun?«, flehte Aziz.
Margolis, der neben ihm auf dem Bauch lag, schüttelte den Kopf. Die zerstörten Beine, die Kopfverletzung, das Schrapnell in seinem Hintern – jede seiner Verletzungen für sich allein, mit Blutverlust und inneren Blutungen, hätte einen anderen Mann längst getötet. Irgendetwas hielt Oberst Titov noch am Leben. Es musste der Gedanke an diesen Sergej sein, vielleicht ein Freund aus Kindertagen. Vielleicht ein gefallener Kamerad aus dem Krieg. Vielleicht beides. Margolis wünschte, er hätte wenigstens eine Spritze dabei, um seine Schmerzen zu lindern. Oder eine Flasche Wodka.
»Ja, Sergej, ich komme schon …«, sagte Jurij. Und dann sagte er nichts mehr.
»Scheiße. Scheiße«, weinte Aziz und deutete mit anklagendem Zeigefinger immer wieder auf den Amerikaner und den blauen Himmel über ihnen. Sein Clark-Gable-Bärtchen bebte vor Aufregung. »Das waren Amerikaner, die uns beschossen haben. Keine Afghanen und keine Araber, keine Taliban. Das waren die verdammten Amerikaner.«
»Ich weiß«, sagte Margolis. Und weil ihm nichts anderes einfallen wollte, keine Erklärung, keine Entschuldigung und schon gar keine Rechtfertigung, wiederholte er nur mit erstickter Stimme: »Ich weiß.«
Aziz weinte und schwieg eine ganze Weile. Schließlich schluckte er fast hörbar seine Gefühle herunter. »Und was fangen wir jetzt an? Haben Sie vielleicht eine Ahnung, was wir jetzt anfangen?«

»Wir suchen die Höhle.«
»Was? Sie sind ja irre. Wollen Sie vielleicht immer noch Ihren verdammten Oberterroristen da verhaften?«
»Ich gehe hier erst weg, wenn mein Auftrag ausgeführt ist.«
»Sie können sich ja kaum auf den Beinen halten!«
Margolis warf dem Libanesen einen bitterbösen Blick zu, verzog den Mund vor Schmerzen und erhob sich. Langsam, sich an der Felswand abstützend, kam er auf die Beine, Knochen um Knochen knackte. Er wandte seinen Blick nicht von Aziz ab, während er sich aufrichtete wie eine Lehmfigur, die zum Leben erwacht. Dann sah den Fels an und sagte leise: »Scheiße.«
»Was ist?«
»Jurij hat uns zur Höhle geführt. Das hier ist der Eingang.« Vorsichtig fuhren seine Finger an einer kaum sichtbaren Holzklappe entlang, die eine Öffnung im Gestein verschloss. »Los, hilf mir«, flüsterte er Aziz zu, so als hätten sie nicht längst versteckte Lauscher auf sich aufmerksam gemacht.
»Was soll ich denn helfen?«, gab Aziz zurück, der sich ebenfalls unter Mühen und Pein aufrichtete.
»Gib mir irgendeinen Hebel. Den Stock da!«
»Sie wollen doch nicht etwa jetzt diese Tür aufmachen? Was ist, wenn dahinter der Feind liegt?«
»Gib mir den Stock und hol die Waffen.« Margolis deutet auf eines der Sturmgewehre, das zehn Schritt neben ihnen im Geröll lag.
Aziz humpelte hinüber, um das Gewehr zu holen, und fand in der Nähe noch das zweite. Eines schnallte er sich vor seinen Bauch, das zweite gab er Margolis. Erst dann bückte er sich und gab dem Amerikaner den Stock. Margolis setzte den Hebel an und bemerkte, dass die Tür schon ziemlich lose in der Felsöffnung hing. Er warf den Prügel weg und nahm die Waffe in Anschlag.

»Warum feuern wir nicht einfach durch das Holz?«, wisperte Aziz.
»Du hast wohl eine Menge von deinem Chef gelernt«, knurrte Margolis.
»Oh, Entschuldigung. Hier spricht wieder John Wayne, was? Und wer hat uns gestern Nacht angegriffen? War das nicht vielleicht auch …«
Weiter kam er nicht. Margolis holte kurz Schwung und rammte seinen Fuß in die Tür, die sofort nachgab und in das Dunkel der Höhle fiel. Staub wirbelte auf und schlug ihm ins Gesicht. Er konnte nichts sehen. Aziz wandte sich schnell ab und ging in Deckung für den Fall, dass aus der Höhle das Feuer eröffnet wurde. Sollte der Amerikaner allein für seine Dummheit bezahlen. Aber nichts geschah. Das Krachen der Tür verhallte in den stockfinsteren Gängen des Tunnelsystems. Jurij hatte Recht gehabt. Dieser Eingang war unbewacht.
Margolis trat ein und spähte ins Nichts.
»Das wäre Abdul Gahid nicht passiert«, hörte er hinter sich Aziz sagen. »Wenn Abdul Gahid einen Tunnel besichtigen will, dann bringt er Taschenlampen mit. Haben Sie vielleicht Taschenlampen dabei?«
»Halt's Maul!«, fuhr Margolis ihm über den Mund. Dann ließ er plötzlich die Waffe fallen und verschwand in der Höhle.
Aziz blieb ratlos am Eingang zurück und fragte sich, ob der Amerikaner den Verstand verloren hatte. »Wo sind Sie?«, flüsterte er. Dann rief er zaghaft. »Hallo? Mr. Margolis? Sind Sie okay?«
Vor Schreck hätte er fast die Waffe abgefeuert, die er immer noch krampfhaft vor sich hielt, denn aus der Dunkelheit tauchte der Amerikaner wieder auf – aber er war nicht allein. Über seiner Schulter hing ein schmutziger, toter Afghane. Margolis lehnte den Toten draußen an die Wand und tauchte wieder in die Höhle ein. Diesmal brachte er einen zweiten Mann, einen

baumlangen Kerl in afghanischer Kleidung. Beide waren an Händen und Füßen gefesselt, aber, wie Aziz nun erkannte, noch am Leben. Nur völlig entkräftet. Der große Mann, seine Lippen aufgesprungen wie der Boden einer Wüste, versuchte zu sprechen, aber kein Laut kam aus seinem Mund.

»Wir brauchen Wasser«, sagte Margolis.

Aziz rang verzweifelt die Hände. »Wir brauchen Wasser. Oh, ja. Wir brauchen auch einen Arzt und was zu essen. Und am dringendsten brauchen wir einen Hubschrauber. Abdul Gahid hätte einen Hubschrauber gehabt. Er hat immer alles, was man braucht.«

Margolis hob sehr langsam den Kopf, als lausche er in sich hinein und höre dort eine Stimme, die ihm befahl, den Libanesen jetzt endlich für immer zum Schweigen zu bringen.

Aziz fürchtete, jetzt habe er zu viel gesagt. Aber dann hörte er es auch. Unverkennbar. Das Hämmern und Stampfen eines Helikopters. Aziz tauchte sofort in den Schutz der Höhle.

»Machen Sie, dass Sie hier hereinkommen!«, schrie er dem Amerikaner zu. Jetzt kamen sie, um zu erledigen, was die Drohne in der vergangenen Nacht nicht vollendet hatte. Aber Margolis hörte nicht auf ihn. Er ging, so aufrecht seine schmerzenden Knochen das zuließen, in die Richtung, aus der das Geräusch kam. Bald sah er sie. Es waren zwei Black Hawks, die dicht hintereinander in die Schlucht einflogen und genau auf sie zuhielten.

»Sie werden mich erschießen«, dachte Margolis voller Furcht. »Sie werden mich abknallen wie einen Hasen.«

Hässlich und gefährlich wie riesige schwarze Insekten donnerten die Kampfhubschrauber auf ihn zu. Er riss die Arme hoch und gab die Handzeichen, die jeder amerikanische Pilot kennen musste: »Soldaten in Not, ein Toter, vier Verletzte!«, schrie er dazu. »Bitte nicht schießen!«

Der erste Hubschrauber drehte ab und zog eine weite Bahn über den Hügel hinweg. Der zweite hielt Kurs. Margolis konnte die beiden Piloten sehen, die Sonnenbrillen trugen und auf Zigarren kauten, ihre Maschine abbremsten und sinken ließen. Der zweite Hubschrauber tauchte wieder auf und kreiste über den Kämmen der Hügel. Er sicherte das Manöver des anderen. Margolis brach vor Erleichterung zusammen, als ihm klar wurde, dass dies keine Zerstörungs-, sondern eine Rettungsmission war. Der Black Hawk schwebte nur noch fünfzig Zentimeter über dem Boden und stand still. Staub und kleine Steinchen wirbelten auf und trafen ihn im Gesicht.

Bevor Margolis sich abwandte, sah er, wie zwei Soldaten aus dem Hubschrauber sprangen. Sie trugen Sanitätskoffer.

»Stephen Margolis, CIA, CT-Abteilung«, empfing er die Soldaten.

»Großer Haufen Scheiße«, sagte einer der beiden zur Begrüßung und Margolis fragte sich, ob diese Aussage seine Situation oder seine Dienststelle betraf.

Der Hubschrauber gewann wieder an Höhe und flog nun zusammen mit dem anderen in großen Kreisen um die Schlucht. Die Sanitätssoldaten eilten zu den Verletzten vor der Höhle. Sie flößten den Männern, die Margolis geborgen hatte, vorsichtig eine whiskyfarbene Flüssigkeit ein und wenig später konnte der Größere der beiden wieder sprechen.

»Ich bin Rick Ullrich«, stammelte er. »Delta Force. Aus der Einheit von Major Bolivar.«

»Ihr Jungs habt nie sehr viel Glück, oder?«, frotzelte der Sanitäter. »Wer ist der Afghane?«

»Nadir Hayar«, sagte Margolis. »CIA-Agent am Boden.«

»Am Boden ist absolut korrekt. Ihr seid ein echter Sauhaufen, weißt du das? Du hast ja bestimmt mitgekriegt, wer euch letzte Nacht hier beschossen hat? Das war eine eurer eigenen Drohnen. Wir von der Air Force waren schon immer dagegen, dass man euch Gummisohlen mit solchem Spielzeug ausrüstet. Das habt ihr nun davon.«

Zu viele Fragen, zu große Ratlosigkeit. Margolis lehnte sich an die Felswand und ließ sich langsam hinuntergleiten. Nachdem sie Ullrich, Nadir und Aziz verarztet hatten, nahmen die Sanitäter Margolis' Kopf in Augenschein und stellten fest, dass er außer einer Gehirnerschütterung und einer inzwischen geschlossenen Wunde zumindest am Kopf nichts abbekommen hatte.

»Was ist mit ihm?« Die Sanitäter standen vor Jurijs Leichnam. »Nehmen wir ihn mit?«

»Nein«, sagte Margolis. »Er hat hier seinen Freund gefunden und will bei ihm bleiben. Bringen wir ihn in die Höhle.«

Sie trugen Oberst Titov in das Dunkel des Tunnelschachtes und bedeckten seinen Körper mit Steinen. Ullrich war so weit wiederhergestellt, dass er dabei helfen konnte.

Auch Nadir hatte sich erhoben und beobachtete die Männer stumm und ausdruckslos. Als sie fertig waren und wieder ans Licht kamen, reichte er Margolis seine Hand. »Ich freue mich, Sie wiederzusehen.«

Der Amerikaner nahm die Hand, doch er nahm auch gleich den ganzen Mann in die Arme und drückte ihn an sich wie einen verlorenen Sohn. Nadir erwiderte die Umarmung schüchtern.

»Sie sind gerade noch rechtzeitig gekommen«, sagte er. »Ich glaube, noch einen Tag hätten wir nicht überlebt. Der Prinz hat uns hier eingesperrt und wollte uns verrecken lassen.«

»Also ist er nicht hier?«

»Längst nicht mehr. Er hat von seinem Telefon aus mit Doktor Jamal gesprochen und offenbar eine neue Fluchtroute verabredet.«

»Mit wem hat er gesprochen?«

»Mit Doktor Jamal von der Firma Gortheon.«

»Das kann nicht sein«, sagte Margolis und fühlte, wie sich unter ihm der Boden auftat. »Gortheon? Das ist eine Frontfirma für die CIA.«

»Ich hab doch gesagt, dass Ihr Laden ein großer Haufen Scheiße ist und zum Himmel stinkt«, raunzte ungeduldig der Air-Force-Sanitäter. »Was ist? Können wir das Picknick jetzt abbrechen und zurück zur Basis fliegen?«

41. Kapitel

Forrest Lane, Virginia

Das Haus war leer – das erkannte Kalim Fazzar schon, als er die silberne Corvette vor dem Garagentor zum Stehen brachte. Die Margolis-Vögelchen waren ausgeflogen. Jetzt, im grauen Spätherbst, sah die Gegend längst nicht mehr so einladend und strahlend aus wie ein paar Wochen zuvor. Der Wind hatte die Bäume restlos entlaubt und die Blätter, die nachlässige Gärtner übersehen hatten, lagen wie Schmutz auf der Straße und dem Bürgersteig. Die US-Fahnen, dachte Fazzar, waren Huren des Sonnenlichts. Wenn der Himmel bedeckt war und tiefe Wolken über das Land zogen, dann fehlte dem Blau-Weiß-Rot jeglicher Schwung, dann hingen die Sternenbanner vor den Häusern traurig und unansehnlich wie bunte Putzlappen. Es war, als habe Amerika allen Glanz verloren, wenn ihm die Sonne mal nicht schien.

Fazzar stieg aus und ging mit schnellen Schritten über den Plattenweg zur Veranda. Er schellte und wusste schon, dass ihm niemand antworten würde. Jemand war ihm offenbar zuvorgekommen. Er sah sich flüchtig um und machte sich an dem Schloss zu schaffen. Für einen Beobachter aus der Ferne musste es aussehen, als besitze der Araber einen Schlüssel zum Haus. Die Schnelligkeit, mit der er das Schloss knackte, war selbst mit einem Schlüssel kaum zu übertreffen. Vielleicht hatten die Vögelchen eine Spur hinterlassen, irgendeine Nachricht oder einen Hinweis, wo er sie finden konnte.

Stephen Margolis war in Sicherheit und auf dem Weg nach Washington, das hatte er im letzten CIA-Briefing erfahren. Aber er würde es nicht rechtzeitig schaffen, um seine Familie zu retten.

Eigentlich hätte Kalim Fazzar das Land längst verlassen müssen. Er hatte schon mit größter Vorsicht Tickets gekauft, aber die Maschine, eine Air France nach Paris mit Anschlussflug nach Zürich, war ohne ihn geflogen. Auf seinem Konto in der Schweiz warteten sechs Millionen Dollar auf ihn, die er im Verlauf der letzten Jahre in aller Stille beiseite geschafft hatte. Der Schlüssel zu einem neuen Leben irgendwo in einem Land Europas oder des Nahen Ostens. Der Libanon war schön. Vielleicht auch Istanbul. Irgendwo, wo ihn niemand finden konnte oder vermuten würde. Wo er endlich beginnen konnte, seine eigene Familie zu gründen. Und wo die Wohnzimmer nicht so schauerlich aussahen wie in diesem Land. Fazzar betrat soeben einen Raum, der so schauderhaft überdekoriert war wie jedes amerikanische Wohnzimmer, das er in den vielen Jahren in diesem Land betreten hatte. »Oh, Sie haben es aber wirklich nett hier!«, musste man sagen und ein paar verbindliche Worte über ekelhafte Patchworkdecken verlieren und die schauderhafte Statue eines lebensgroßen Hundes – Bernhardiner oder Dobermann, je nachdem, ob die Kinder schon aus dem Haus waren. Man hatte die Tapete zu loben, selbst wenn sie einem Beklemmungen verursachte, und auch den billigen Druck irgendeines bekannten europäischen Meisters an der Wand. Margolis' Wohnzimmer war noch das erträglichste von allen, aber es entsprach noch immer nicht dem Ideal von einem Ort, an dem Kalim Fazzar sich hätte wohlfühlen können.

Die Vögelchen waren gewarnt worden, so viel konnte er sofort erkennen. Auf dem Tisch standen noch das Kaffeegedeck und ein angeschnittener Kuchen. Wie lange lag der überstürzte Aufbruch schon zurück? Drei oder vier Tage?

Ein klopfendes Geräusch in der Küche ließ den Eindringling hochschrecken. Reflexartig griff er zu seiner Waffe.

»Hallo? Ist da jemand?« Seine Stimme verhallte unheimlich in dem leeren Haus. Die Waffe im Anschlag, trat er in die Küche und sah nichts, das ihn irritiert hätte. An dem großen Fenster, das in den Garten hinausführte, klebte Blut und unten, auf dem Terrassenboden, lag ein Vogel, der sich den Schädel zerschmettert hatte.

Fazzar steckte die Waffe wieder ein und ging zurück ins Wohnzimmer. Auf dem Kaminsims standen Fotos. Stephen und Lisa, die Töchter, die ganze Familie zusammen vor einem schmucken Ferienhaus, das mit seinen schnuckeligen Dachfenstern und der Veranda auch ganz gut nach Forrest Lane gepasst hätte – mit der Einschränkung vielleicht, dass es sich ein wenig bescheidener ausnahm als die herrschaftlichen Eigenheime hier draußen. »Carter's Creek, Chesapeake Bay, 1998« stand in einer weiblichen Handschrift darunter. Fazzar nahm das Foto und sah es lange an. Stephen hatte ihm nie davon berichtet, dass er ein Ferienhaus besaß. Oder dass er Seebrassen angeln ging, was seines Wissens die einzige menschenwürdige Beschäftigung an der Chesapeake Bay war. Wenn er sich richtig erinnerte, machte sich Stephen nicht mal besonders viel aus Fisch. Ein Urlaub in Chesapeake Bay? Er versuchte, sich zu erinnern. *Drei Wochen nur ausspannen,* hatte Stephen irgendwann mal geschwärmt. *Keine Anrufe, keine Faxe, keine Besprechungen. Es war wie im Paradies. Eine völlig andere, friedliche Welt. Wir waren im Ferienhaus, das einem unserer Nachbarn gehört. In einem Flecken namens Carter's Creek unten in der Bucht ...*

Das war nach der Sache mit den Botschaften in Tansania und Kenia gewesen, als Margolis bis zum Anschlag angespannt war und sein Blutdruck in Sphären geschossen war, die selbst den Vertrauensarzt, der sonst nicht so zimperlich war, dazu veranlasste, ihm eine Zwangspause zu verschreiben. Chesapeake Bay also. Eine völlig andere, friedliche Welt. Wo anders würde man seine Lieben in diesen unruhigen Zeiten hinschicken als nach Chesapeake Bay? Kalim Fazzar wusste, dass er nur diesen einen

Schuss frei hatte. Wenn sie zu einer ihm unbekannten Tante, einer Freundin oder einer Studienreise nach Griechenland aufgebrochen waren, dann hatte er alles verloren. Er beschloss, das Risiko einzugehen.

42. Kapitel

New York

Wenn das Terroristen waren, dann verhielten sie sich in auffälliger Weise professionell und effizient, dachte Tony Woodall. Als sie ihn in der mysteriösen Telefonleitstelle der Geisterfirma Gortheon gestellt hatten, alarmiert zweifelsohne von dem alten Chinesen, da fürchtete Woodall, sein letztes Stündlein habe geschlagen. Bevor er noch die erste Frage stellen konnte, klebten sie ihm mit einer geübten Bewegung von hinten ein breites Verpackungsband mit unglaublicher Klebewirkung quer über die Augen, eines über den Mund, schließlich eines um die Handgelenke und durchsuchten seine Kleidung. Sie fanden seine Papiere, tuschelten ein wenig und führten den blinden und stummen Gefangenen dann unsanft die engen Stufen der Hühnerleiter hinunter auf das Parkdeck zwei, wo sie ihn in einen Kleinbus verfrachteten. Woodall versuchte, sich jedes Geräusch, jedes kleinste akustische Signal einzuprägen und in seiner Erinnerung zu speichern, für den unwahrscheinlichen Fall, dass er diese Sache überlebte und irgendwann seine FBI-Kollegen zu dem Versteck führen musste, in das man ihn wahrscheinlich jetzt verfrachten würde. Am meisten Sorge machte ihm, während er in dem Bus hin und her geschaukelt wurde, dieses verdammte, extrastarke Klebeband. Dieses Band, mit dem man gewiss mühelos Triebwerke an Flugzeugen befestigen konnte, würde beim Abreißen bestimmt jedes einzelne Haar aus seinen Augenbrauen mitnehmen und vermutlich auch einige Fetzen Gesichtshaut. Und, guter Gott, erst das Band über seinem Mund. Was für ein Anblick würde das sein? Seine Lippen blutverschmiert auf dem Kleister eines Klebebandes hängen zu sehen? Aber vielleicht war das ja fester Bestandteil des Plans, vielleicht war das der erste Vorgeschmack auf die Folter, die ihm bevorstand. Oder vielleicht wollten seine Entführer ihm ja dieses Band nie mehr von den Augen nehmen.

Woodall litt Höllenqualen unter dem Klebefilm, was seine Konzentration sehr beeinträchtigte. Schon nach der dritten Abbiegung konnte er nicht mehr genau sagen, in welche Richtung sie fuhren. Es waren drei Leute, in deren Gewalt er sich befand. Einer, seinem schnaufenden Atem nach zu urteilen übergewichtig, saß dicht neben ihm auf der Rückbank und roch nach Schweiß. Einer steuerte den Kleinbus mit einer ziemlich schnittigen Geschwindigkeit durch den Mittagsverkehr in Manhattan und ein dritter saß auf dem Beifahrersitz, denn zweimal hatte Woodall gehört, wie er das Fenster herunter- und dann wieder heraufsurren ließ. Er wünschte sich, dass er wenigstens mit ihnen reden könnte. Er könnte ihnen vielleicht vormachen, dass er als einflussreicher FBI-Mann dafür sorgen konnte ... Nein, dachte er und schob empört diesen Gedanken beiseite. Das würde er nicht tun. Allenfalls dann, wenn sie ihm drohten, das Klebeband abzureißen. Die Fahrt war erschreckend kurz. Der Kleinbus holperte in eine Tiefgarage und kam nach einigen schwungvoll ausgefahrenen Abwärtskurven auf einem Parkplatz zum Stehen.

Der Dicke neben ihm öffnete die Tür und zog Woodall am Arm aus seinem Sitz. Nach ein paar Schritten klingelte eine Liftglocke, die Woodall bekannt vorkommen wollte. Vielleicht derselbe Lifttyp, dachte er. Der Aufzug im Federal Plaza, wo sein Büro war, hörte und fühlte sich genauso an. Der Dicke führte ihn einen langen Flur hinunter, wobei sein Schnaufen immer heftiger wurde, und klopfte schließlich an einer Tür. Ein Türöffner brummte und sie traten ein. Das eigentliche Hauptquartier von Gortheon? Was, zum Teufel, hatte er da entdeckt?

»Agent Miller«, hörte er sich den Dicken vorstellen und fragte sich, ob die Terroristen mittlerweile schon so durchorganisiert oder so versnobt waren, dass sie sich mit »Agent« betiteln ließen.

»Die erste Tür links bitte. Sie werden erwartet.«

Ein letzter Ruck von Agent Millers fettem Arm und sie betraten einen Raum, in dem Woodall die Gegenwart einer Gruppe von Menschen roch. Verschiedene Aftershaves, verschiedene Mundsprays, verschiedene Schweißdünste.

»Das ist der Mann, der in die Telefonzelle von Gortheon eingebrochen ist, Sir«, sagte Agent Miller.

»Nehmen Sie ihm die Augenbinde und den Mundschutz ab«, sagte eine Stimme vom Ende des Raumes und Woodall spürte, wie Fingernägel versuchten, sich zwischen seine Haut und das Tape zu bohren. Er fing sofort verzweifelt an, zu protestieren. Er würgte in den Knebel und versuchte, sich aus der eisernen Umklammerung des Agent Miller zu lösen.

»Nehmen Sie erst das Lösungsmittel, gottverdammt. Oder wollen Sie sein halbes Gesicht abreißen?«, schrie jemand aus dem Raum.

»Ja, Sir«, brummte der Dicke, so als käme ihm das gar nicht gelegen.

Woodall spürte eine kühle Flüssigkeit auf der Stirnhaut, an den Handgelenken und dann am Mund, die übel schmeckte, aber das Band fast schmerzfrei Millimeter für Millimeter ablöste.

»Sie hätten sich eine Menge Ärger ersparen können, wenn Sie pünktlich zu unserem vereinbarten Treffen erschienen wären«, hörte Woodall eine vertraute, vorwurfsvolle Stimme schnarren. CIA-Vizedirektor Greg Foster.

Als er endlich die Augen öffnete und sie langsam an die Helligkeit im Versammlungsraum gewöhnte, sah er ein Dutzend angespannter und betroffener Gesichter, die er alle kannte. Sie alle bekleideten Posten in einiger Höhe bei der Central Intelligence

Agency und sie blickten ihn an, als sei er soeben mit einem Knall im Bikini aus einer großen Geburtstagstorte gesprungen.
»Tut mir Leid, dass ich zu spät komme. Der verdammte Verkehr«, sagte Woodall, der so erleichtert war wie noch nie in seinem Leben. Beinahe hätte er vor Freude geweint.
»Warum haben Sie sich in unseren Büros in Chinatown herumgetrieben? Was hatten Sie da zu suchen?«, fragte einer der Herren, dessen Namen Woodall vergessen hatte, aber an dessen Funktion er sich vage erinnern konnte. Irgendwas mit Kommunikation. Vermutlich der Hausherr bei Gortheon.
»Ich bin lediglich einem ernst zu nehmenden Hinweis auf ein staatenübergreifendes Verbrechen nachgegangen«, verteidigte sich Woodall kraftlos. Der alte Ärger über die Chuzpe der Gummisohlen stieg sofort wieder in ihm auf. Was bildeten sich diese Leute überhaupt ein? Mieteten ein halb verfallenes Haus an, stellten dort ihre beschissene, geheime Telefonzentrale unter, und wenn man draufkam, taten sie so, als hätte man Bundesgesetze gebrochen. Die Macht dieser Leute wurde immer größer – und mit ihr ihre Arroganz. Bald würden sie sich einen Dreck um bestehende Gesetze scheren und einfach tun und lassen, was sie wollten. Wenn man sie fragte, war das ohnehin das Beste für dieses Land.
Provozierend setzte er hinzu: »Und wenn ich mich recht entsinne, ist das genau das, wofür das FBI zuständig ist.«
»Darüber reden wir später«, sagte ein anderer, mit einem etwas versöhnlicheren Ton. »Sie konnten nicht wissen, was Sie dort finden würden. Es ist eines unserer Relais, das wir aufgebaut haben, um anonymen Quellen eine Chance zu geben, sich schnell und ohne viele Fragen zu erleichtern. Über dieses Relais und das angeschlossene Switchboard werden Anrufe in Sekundenschnelle weitergeleitet an jeden Punkt in unserer Behörde.«
»An jeden Punkt auf diesem Planeten«, korrigierte ein anderer Herr stolz.

»Nun …«, Woodall breitete die Arme aus und fürchtete, er würde für diese Frechheit seinen Job verlieren. Hier saßen die wichtigsten Köpfe der CIA und sie wurden täglich wichtiger und größer – und er stand da wie ein Showmaster, der sein Publikum begrüßt und lächelte. »Herzlichen Glückwunsch zu dieser Einrichtung.«

»Das führt uns nirgendwohin«, kläffte Greg Foster vom Kopfende des Tisches. Er war nervös. Nervöser, als ihn je einer der an diesem Tisch versammelten Kollegen erlebt hatte. In seinem langen Gesicht waren im Laufe des Vormittags hektische rote Flecken erschienen und häufig verlor er während seiner Erklärungen und Vorträge den Faden und wühlte quälend lang in seinen Papieren, bevor er weiterreden konnte. »Ich habe Sie nicht zu diesem Gespräch heute gebeten, um über die modernen Mittel der Telekommunikation zu reden.«

»Nicht? Schade. Wissen Sie, das interessiert mich nämlich wirklich.«

Woodall spielte den Überraschten, den Empörten und gab sich dabei insgeheim einen Oscar für die überzeugendste Darstellung eines selbstmörderischen Arschlochs. Schon wieder forderte er mit seiner Kaltschnäuzigkeit den Zorn der Gummisohlen heraus. Jeder einzelne dieser Herren war mächtig genug, seine Karriere durch einen einzigen Anruf zu beenden. Wenn er so weitermachte, dann würde er schon morgen seinen neuen Posten im FBI-Archiv antreten dürfen. Aber, verdammt, Tony Woodall war wütend. Er hatte Todesängste ausgestanden unter diesem verdammten Klebeband und gefürchtet, er werde nie wieder seiner Frau einen Kuss geben können, ohne höllische Schmerzen zu spüren. Und er wollte jetzt nicht den loyalen, braven Mitarbeiter spielen. Er konnte es einfach nicht.

»Mister Woodall, ich fürchte, Ihre anmaßende Frechheit wird Sie noch reuen«, sagte Greg Foster in einer Kälte, die die Zimmertemperatur negativ zu beeinflussen schien.

»Nein, wirklich, diese Telekommunikation …« Der FBI-Mann gefiel sich jetzt in seiner Rolle des anarchischen Rebellen. Er lief auf und ab wie ein Physiklehrer, der seinen Schülern die Grundbegriffe der Schwerkraft erklärt. Seine Stimme troff vor Ironie und falscher Bewunderung: »Faszinierend. Faszinierend zum Beispiel, wieso die Nummer Ihrer Firma Gortheon bei zwei terroristischen Zellen in Europa gefunden wurde, die den Auftrag bekommen hatten, größere Anschläge auszuführen.«

»Was sagen Sie da?«, fuhr einer ihn an.

»Der Petersdom in Rom und das deutsche Parlament. Ich weiß nicht, wie Sie bei der CIA das nennen. Wir nennen so was jedenfalls ›größere Anschläge‹. Und beide Strolche riefen zufälligerweise bei Gortheon an. So kam ich auf Ihre Telefonzentrale.«

»Sie hätten diese Informationen zuständigkeitshalber sofort an uns weiterleiten müssen«, klang es aus der Herrenrunde.

»Wirklich? Aber dann hätte ich ja nie erfahren, dass Gortheon in Wirklichkeit Ihre eigene Erfindung ist, oder? Und es wäre mir auch das interessante Detail entgangen, dass die bösen Buben vor ihren Attentaten noch kurz bei der CIA Bescheid sagen.«

Jetzt ließ sich Woodall in den einzigen freien Sessel an diesem Tisch fallen und fühlte sich aufrecht, ehrlich und klug. Das Gefühl hielt nicht sehr lange an.

»Die Sache mit den Anschlägen ist Schnee von gestern, meine Herren«, sagte Greg Foster und blätterte in seinen Unterlagen. »Sie haben es vielleicht schon in den Nachrichten gesehen – in Italien wurde eine dieser russischen Kofferbomben gefunden und ein erschossener Albaner, der sie den bisherigen Ermittlungen zufolge von einem Mann namens Petrowich in Tirana erworben hatte. In Deutschland verhinderten die dortigen Behörden den Selbstmordanschlag eines Marokkaners, der mit einem Cargo-Flugzeug in das Reichstagsgebäude fliegen wollte.«

Woodall atmete auf. Danke, Eddie, sagte er leise. Und danke,

John Matini, den ich nie kennen gelernt habe. Wenn der verrückte Ire und der unbekannte Italiener wieder daheim waren, dann würde er Eddie eine ganze St-Patrick's-Day-Parade und dem Italiener – nun ja – eine Pasta nach seinem Wunsch stiften. Wie sehr bereute Woodall in dieser Minute, dass er nicht damit prahlen konnte, dass er und er allein – mit seinem eigenen Geld und seinen eigenen Freunden – zwei Katastrophen abgewendet hatte. Niemand würde es jemals erfahren. Aber, andererseits, niemand hatte auch jemals erfahren, wie das wirklich damals gewesen war mit Skip Fenton. Es gab auf dieser Welt also doch so etwas wie Gerechtigkeit.

»Aber warum haben die Terroristen vorher bei der CIA angerufen?«, fragte Woodall und tat unschuldig. »Habe ich hier etwas verpasst oder ist da etwas fundamental faul bei der C-I-A?«

In die letzten Buchstaben, aufreizend deutlich und langsam gesprochen, kippte er mit einem Mal seinen ganzen Ärger und die jahrelang angestaute Frustration über die arroganten Geheimniskrämer auf den Konferenztisch. Für einen kurzen Moment fühlte er sich unendlich erleichtert.

Bis Greg Foster sprach. »Es ist in der Tat etwas faul bei der C-I-A«, äffte er den frechen Ton des FBI-Verbindungsmannes nach. »Und wenn Sie heute pünktlich zu diesem Treffen erschienen wären, statt in Bereichen herumzuschnüffeln, die Sie nicht das Geringste angehen, dann wüssten Sie es schon. Wir hatten einen Verräter in unseren Reihen.«

Für diejenigen der Herren, die das noch nicht wussten, war das ein echter Schock. Woodall hörte, wie Atemluft eingezogen und stoßartig wieder ausgelassen wurde. Unter anderem seine eigene Atemluft.

»Ich bin teilweise mit verantwortlich für diese Sache und ich werde, sobald ich diese Sache wieder ins Reine gebracht habe, beim Präsidenten um meine Ablösung als Vizedirektor bitten«, sagte Foster zerknirscht. »Es ist ein Mann, dem ich vertraut habe und der mich und die Firma, der vor allem unser Land auf das Schändlichste betrogen hat. Ich habe mich dafür verwandt, dass dieser Mann zum kommissarischen Leiter der CT-Abteilung ernannt wurde. So lange, bis der fähigste Nachfolger für meinen alten Posten aus dem Feld zurückkam. Kalim Fazzar, meine Herren, war das faulste Ei, das Amerika jemals ausgebrütet hat. Das ist die schreckliche Wahrheit. Er hielt nicht nur regelmäßigen Kontakt zu diesem Prinzen des Terrors, sondern auch zu -zig anderen terroristischen Zellen auf der ganzen Welt. Er hat versucht, einen unserer besten Männer zu töten, Stephen Margolis, unterwegs in Afghanistan. Vermutlich hat er auch große Summen Geldes beiseite geschafft. Nun müssen wir alles daransetzen, um diesen Mann, der seit einigen Stunden auf der Flucht ist, wiederzufinden, dingfest zu machen und vor ein Militärgericht zu stellen. Wir benötigen dafür Ihre Hilfe, Agent Woodall.«

Hoppla, dachte der Angesprochene beklommen. So schnell kann die Wirklichkeit einem den Schneid abkaufen. Eben noch fühlte er sich, als könne er die CIA nehmen und schütteln wie einen morschen Baum und schon war er wieder ihr Handlanger.

»Deswegen wollte ich Sie unbedingt und von Anfang an bei diesem Treffen dabei haben«, sagte Foster nun und weder seiner Stimme noch seinem ausdruckslosen Blick war anzumerken, ob er dem vorlauten Bundespolizisten aus seiner Kaltschnäuzigkeit später einen Strick drehen würde. »Im ganzen Land, von Alaska bis Puerto Rico, von Maine bis Hawaii, muss ab sofort nach Kalim Fazzar gesucht werden. In jeder Absteige, jedem Restaurant, jeder Autovermietung. Ich will, dass alle Häfen, alle Flughäfen, alle Grenzübergänge, alle Bahnhöfe, alle Bootsstege und selbst das Kennedy-Space-Center rund um die Uhr nach diesem Mann Ausschau halten. Jede Mautstelle an den Highways und jeder Tankwart, jeder Busschaffner und Scheißhausputzer und jede Empfangsdame muss sein Foto kennen und die Nummer, die sie anrufen soll, wenn sie ihn sieht. Haben Sie das verstanden?«

»Ich denke, der Punkt ist klar formuliert«, sagte Woodall und erkannte nicht zum ersten Mal in seinem Leben, aber diesmal sehr nachdrücklich, dass er nicht das Zeug hatte zum Helden. Er hatte eigentlich nur Glück gehabt, denn seine Freunde in Deutschland und Italien hatten etwas verhindern können, was gar nicht eingetreten wäre, wenn er nicht zuvor die Regeln übertreten hätte. Niemand – und ganz gewiss nicht sein Land – würde ihm jemals dafür danken, was er getan hatte. Und niemandem konnte er es jemals sagen, ohne sich selbst in Gefahr zu bringen. Das Glücksgefühl von vorhin war verpufft. Er fühlte sich jetzt wie ausgewrungen. Wertlos, hilflos, ein Versager.

»Der Fahndungsbefehl geht sofort raus«, sagte er und entfernte sich aus der Runde der mächtigen Herren.

43. Kapitel

Taschkent, Usbekistan

Stephen Margolis fühlte sich nach einer heißen Dusche auf dem Stützpunkt der Luftwaffe unweit von Taschkent wie neugeboren. Die Truppe stellte ihm auch eine frische Uniform zur Verfügung, Zivilkleidung hatten sie nicht im Angebot. Rick Ullrich verbrachte den größten Teil des Vormittages damit, sich von einem eigens eingeflogenen Offizier der Delta Force *de-briefen* zu lassen, was bedeutete, dass er wieder und wieder die Ereignisse der Nacht beschrieb, als Major Bolivar und seine Truppe in den Hinterhalt gerieten.

Aziz humpelte an einer Krücke in der Nähe des Sanitätszeltes auf und ab, dem Anschein nach, damit er stets in der Nähe war, wenn sein angeschlagenes Bein oder seine angebrochenen Rippen nach Salben und Verbänden verlangten, in Wirklichkeit deswegen, weil eine blonde, üppige Militärärztin namens Lieutenant Cornelia Parker, die diese Salben und Verbände verabreichte, seine levantinische Phantasie in Flammen gesetzt hatte.

Nadir hatte seine Kleider nicht gewechselt, er hatte seine Decke auf einem Hügel am Zaun ausgebreitet und blickte auf die Bergkette im Süden, die Usbekistan von seiner Heimat trennte. Mit Getöse startete gerade ein Geschwader amerikanischer Kampfjets, um irgendwo tief im Süden Afghanistans Widerstandsnester des Feindes zu bombardieren. Es war ein kalter Wintertag und die schwarzen Jets verschwanden donnernd in einem strahlenden Himmel.

»Wir warten auf dich und deine Familie«, sagte Margolis und setzte sich neben den Afghanen auf die Decke. »Lisa und die

Mädchen würden sich freuen, wenn ihr eine Weile bei uns wohntet. Bis ihr was Besseres gefunden habt.«

Nadir, aus seinen Gedanken aufgeschreckt, lächelte nervös. Dann schüttelte er den Kopf. »Meine Familie ist tot«, sagte er.

»Waren es die Taliban?«

»Nein, die Amerikaner. Eine verirrte Rakete.«

»Und dennoch hast du uns geholfen? Danke, dass du mich angerufen hast. Deine Warnungen haben vielen Menschen das Leben gerettet. Und du hast dein eigenes Leben dafür aufs Spiel gesetzt.«

»Es war nicht schwer«, wehrte Nadir ab. »Sie brauchten mich als Dolmetscher, wenn ich bei dieser Firma Gortheon angerufen habe und mich zu Doktor Jamal durchfragen musste. Es schien, als habe der Prinz von Doktor Jamal seine Befehle oder zumindest wichtige Anweisungen bekommen.«

Margolis hob den Kopf und kniff entschlossen die Augen zusammen. »Jeder hohe Mitarbeiter der CIA hat einen geheimen Codenamen, den nur er und seine Informanten kennen. Ich glaube aber, dass ich weiß, wer dieser Doktor Jamal ist. Ohne deine Hilfe wäre das niemals gelungen. Danke, Nadir.«

»Ich habe nur den Wunsch meiner Frau erfüllt. Sie wollte Gerechtigkeit. Und Frieden.«

Margolis dachte lange nach. »Ich danke Gott an jedem Tag für meine kluge Frau. Und nun danke ich ihm auch für deine. Ich danke dir, dass du ihren Wunsch erfüllt hast.«

Nadir schüttelte den Kopf. »Der Wunsch ist noch lange nicht erfüllt. Afghanistan ist kein Land, in dem Gerechtigkeit blüht und der Frieden sich wohlfühlt. Ihr werdet das noch merken und wir wissen es schon längst.«

Margolis legte seinen Arm um die Schultern des jungen Mannes. »Ich bringe dich nach Amerika«, versprach er. »Wir fliegen in einer Stunde mit einem Militärtransporter ab.«

Wieder schüttelte Nadir den Kopf. »Mein Platz ist in meiner

Heimat. Du weißt, ich bin Lehrer. Wenn unsere Kinder jetzt eines brauchen, dann sind das Lehrer. In ihren Köpfen wurde bisher nur Hass und Krieg gesät. Vielleicht beginnt jetzt wenigstens eine Zeit der Ruhe. Ich glaube es nicht, aber ich wünsche es.«

»Wenn ich irgendetwas tun kann, um dir zu helfen, wirst du es mir sagen?«

»Ja. Lass mich nun bitte allein, es ist Zeit für das Gebet.«

Margolis erhob sich und ging zurück zu dem hässlichen Betongebäude, in dem sich das Hauptquartier befand. Er drehte sich noch einmal um und sah, wie Nadir auf seiner Decke kniend sich gegen Mekka verneigte. Rick Ullrich trat aus dem Gebäude, endlich erlöst von den Fragen seines Offiziers.

»Er betet«, stellte der Elitesoldat mit Blick auf Nadir fest. Es war zweifellos das erste Mal, dass der Mann aus Jenkins County, Kansas, einen Moslem bei der Verrichtung seiner religiösen Pflicht sah. »Kommt er mit uns?«

»Er will hier bleiben.«

»Schade. Mein Colonel fragte, ob er vielleicht bereit wäre, uns ein paar Tricks zu verraten. Ich dachte immer, wir würden alle Tricks kennen, aber das eine oder andere können wir von den Kerlen hier bestimmt noch lernen. Sagt der Colonel. Ich hoffe, er meinte nicht die Sandalen ...«

Aziz gesellte sich zu den beiden. »Ich habe gehört, dass eine Maschine zur Abreise vorbereitet wird«, sagte er.

»Willst du, dass ich einen Zwischenstopp in Beirut arrangiere?«, fragte Margolis mit einem Augenzwinkern.

»Nein. Ich bin schwer verletzt und nicht transportfähig. Doktor Parker wird das attestieren.«

»Doktor Cornelia Parker?« Ullrich, der ebenfalls von ihr behandelt worden war, zog erstaunt die Augenbrauen in die Höhe.

»Was gibt es da zu glotzen?«, fragte Aziz gereizt. »Ich muss

jetzt gehen. Mein Bein tut weh, ich brauche neue Umschläge.« Er reichte Margolis die Hand. »Es war mir kein Vergnügen, Sie kennengelernt zu haben, und ich wünsche, dass ich Sie niemals wiedersehen werde. Sie bringen Unglück. Aber danke dafür, dass Sie mein Leben gerettet haben.«
Margolis schlug ein und schüttelte die Hand des schmalen Mannes mit dem affigen Bärtchen, den er einige Male am liebsten erwürgt hätte. »Wenn Sie Abdul Gahid sehen, dann sagen Sie ihm, dass wir noch eine Rechnung offen haben. Ich vergesse nichts.«
»Abdul Gahid auch nicht«, gab Aziz zurück. »Obwohl ich wünsche, er würde mich für eine Weile vergessen. Dann hätte ich mehr Zeit mit Doktor Parker …«
»Aber diese Frau ist einfach riesig!«, wunderte sich Ullrich. »Sei bloß vorsichtig, sie könnte dich erdrücken!«
»Ihr Amerikaner«, lachte Aziz im Weggehen. »Ihr werdet den Orient niemals verstehen.«
»Mr. Margolis?« Ein bulliger Offizier in Air-Force-Uniform trat zu ihnen, Rick Ullrich grüßte ehrfürchtig und stand stramm. »Ich bin General Lester und würde gerne ein paar Takte mit Ihnen reden.«
Der General führte Margolis hinter das Betongebäude und deutete auf einen Container unter einem tarnfarbenen Netz, der etwas abseits auf dem Gelände stand. Neben dem fensterlosen Kasten war eine Satellitenschüssel aufgestellt.
»Sie wurden in der vergangenen Nacht von einer Predator-Drohne angegriffen, ist das korrekt?« Er wartete die Antwort nicht ab. »Das Ding wurde von hier aus gesteuert. Da drin sitzen Ihre Jungs. Wir von der Air Force haben uns immer dagegen gewehrt, dass ihr Gummisohlen eure eigene Luftwaffe aufbaut, weil ihr nur Unfug damit anrichten würdet. Und jetzt sehen wir ja, wie Recht wir damit hatten.«
»Sind Sie sicher?«

»Positiv. Die Kampfdrohne wurde von hier aus gesteuert.« Margolis machte einen Schritt auf den Container zu, aber der General hielt ihn sofort am Oberarm fest. Sein Griff war hart und drückte die ganze Verachtung eines altgedienten Militärs gegenüber den ehrgeizigen Amateuren vom Geheimdienst aus, die plötzlich bei der Luftwaffe mitspielen wollten.

»Keiner darf da hinein. *Off Limits,* selbst für mich. Auf meinem eigenen Stützpunkt«, sagte er. »Dieser Krieg, wie immer er am Ende ausgeht, hat jetzt schon einen strahlenden Sieger, der mit jedem Tag mächtiger und unverschämter wird. Die CIA. Die Gummisohlen dürfen neuerdings alles und müssen nicht einmal mehr um Erlaubnis fragen. Operieren außerhalb jeder Kontrolle und können tun und lassen, was sie für richtig halten. Haben ihre eigenen Elitetruppen und ihre eigenen Drohnen. Bald werden sie ihre eigenen F-18-Bomber fliegen und einen eigenen Schlüssel zu den Atombomben bekommen.« Der General grollte im drohenden Ton eines Löwen, der einen anderen Löwen in seinem Territorium wittert. »Deswegen habe ich die Hubschrauber losgeschickt, die Sie heute Morgen fanden. Ich habe das nicht nur aus Nächstenliebe getan. Sie sind der wandelnde Beweis dafür, dass man der CIA nicht ihre eigene Luftwaffe geben kann. Ich erwarte, dass Sie daheim entsprechend handeln.«

»Ich werde aufräumen, das verspreche ich Ihnen. Und ich habe eine ziemlich genaue Ahnung, wo ich anfangen muss.« Margolis dachte kurz nach und stemmte die Arme in die Hüften. »Moment mal … Wenn meine eigenen Leute uns angegriffen haben, wer hat dann Sie geschickt? Woher wussten Ihre Leute, wo wir zu finden waren?«

»Einer unserer Vertrauensmänner hat uns gewarnt, dass bei Ghostum eine Gruppe von unseren Leuten in Not sei.« Der General wollte nicht mehr zu diesem Thema sagen. »Da drüben rollt die Maschine an, die Sie hier herausbringt. Sind Sie reisefertig?«

»Einer Ihrer Vertrauensmänner?«, bohrte Margolis nach, während er dem General folgte, der mit großen Schritten auf das Flugfeld strebte. »Ich kann mir nicht vorstellen, wie einer Ihrer Vertrauensleute an diese Information gekommen ist.«

»Sorry, das ist vertraulich.« General Lester hütete sich, den Namen des Mannes zu nennen, der der Luftwaffe bei den Verhandlungen mit den usbekischen Behörden behilflich gewesen war, als es darum ging, auf ihrem Gebiet eine amerikanische Basis einzurichten. Abdul Gahids Identität würde er dem neugierigen CIA-Agenten bestimmt nicht preisgeben.

44. Kapitel

Carter's Creek, Chesapeake Bay

Er erreichte das Ferienhaus des Margolis-Nachbarn nach zahlreichen Irrwegen, denn er besaß keine Anschrift, sondern nur das Foto vom Kaminsims seines Kollegen. Der Tankwart wollte dieses Haus in einer Siedlung im Osten gesehen haben. »Ja, genau, bei der übernächsten Kreuzung links und dann die Böschung runter bis zum Meer. Da irgendwo.« Aber der Verkäufer im Drugstore, bei dem Kalim Fazzar sich eine zweite Meinung holte, schwor, dass es viel weiter südlich läge, und er wusste das genau, weil sein Kumpel Jake da mal die Wasserrohre ausgetauscht hatte. Beim McDonald's in Irvington erkannte der Assistant Manager es als das Haus seiner ersten Freundin, das gar nicht in dieser Gegend stand, sondern viel weiter im Süden und durchaus nicht am Wasser. Gottverdammt, die Häuser hier sahen alle gleich aus. Es war schon kurz vor Mitternacht, als Fazzar erkannte, dass der Tankwart, den er als Ersten befragt hatte, Recht hatte. Das einsame Haus, das, jedenfalls in der Dunkelheit, bis ins Detail so aussah wie das auf dem Urlaubsfoto, lag am Fuß einer Böschung, der Garten ging hinaus zur Bucht und auf der Veranda und im Wohnzimmer brannte noch Licht.

Fazzar ließ die Corvette an der Straße stehen und ging zu Fuß über den gepflegten Rasen. Statt an der Tür zu schellen, beschloss er, sich erst zu vergewissern, ob dies tatsächlich die Fluchtburg der Margolis-Frauen war. Vorsichtig schlich er am Eingang vorbei und um das Gebäude herum, um einen Blick ins Innere zu erhaschen. Er sah hinter dichten Gardinen Bilder an den Wänden, Teile von Möbelstücken und Lampenschirme, aber er sah nicht die blonde Mähne von Lisa, die er sehen wollte, bevor er in dieses Haus eindrang. Die Zeit war nicht mehr auf seiner Seite. Eine einzige dumme Verwechslung, das falsche Haus, die falsche Gegend, und die Zeit, die sie kosten konnte, würde ihm das Genick brechen. Er näherte sich gerade dem großen Fenster, das zum Garten führte, als mit einem Mal alles Licht im Haus erlosch. Nun stand er in schwarzer Finsternis und wusste nicht einmal mehr, wie er sicher und ohne Krach zu schlagen zu seinem Auto zurückkehren sollte. Seine Hand tastete automatisch nach seiner Dienstwaffe, aber noch bevor sie den Knauf erreichte, hörte er eine knallharte, weibliche Stimme.

»Nimm deine Hände hoch!«, sagte die Stimme. Inzwischen hatten sich seine Augen an das schwache Licht der fernen Straßenbeleuchtung gewöhnt und er konnte erkennen, dass er geradewegs in den Doppellauf einer Schrotflinte blickte.

»Nicht schießen«, stammelte er vorsichtig und schloss vorsichtshalber die Augen, falls seine Bitte nicht erhört wurde. »Lisa? Bist du das?«

»Wer bist du?«

»Kalim Fazzar. Lisa? Bitte, sag mir, dass du das bist.«

»Gott im Himmel, Kalim, du hast mir einen Heidenschrecken eingejagt!«, keuchte Lisa und ließ die Schrotflinte sinken. Aber sie legte die Waffe nicht weg. Steven hatte sie nicht umsonst vor dem Mann mit der silbernen Corvette gewarnt. »Ich hätte dich fast umgeblasen!«

In diesem Moment ging das Licht im Haus wieder an und die beiden Mädchen erschienen als Umrisse hinter den Gardinen im Fenster.

Kreidebleich stand Fazzar vor der Tür und hob beide Hände in die Luft. »Es tut mir Leid, wenn ich dich erschreckt habe«, sagte er. »Ich muss dringend mit dir sprechen.«

»Woher wusstest du, wo wir sind?«

»Stephen hat es mir gesagt«, log er. »Darf ich reinkommen? Es ist verdammt kalt hier draußen.«

Lisa gehörte jedenfalls nicht zu der unvorsichtigen Art von Frauen. »Was willst du von uns? Machst du dir immer noch Sorgen um Steve? Brauchst du nicht. Er ist auf dem Heimweg. Ich habe schon mit ihm gesprochen.«

»Gott sei Dank«, heuchelte Fazzar Erleichterung, während sein Gehirn fieberhaft zu ermitteln versuchte, was hier ganz und gar nicht stimmte. Als er die Lösung gefunden hatte, war es schon zu spät. Obwohl die Lösung ganz einfach war: Lisa Margolis hatte ihn erkannt, aber sie setzte die Schrotflinte nicht ab.

»Paula«, rief sie nach hinten, ohne ihn aus den Augen zu lassen. »Ruf die Polizei an.«

»Okay«, kam die Bestätigung von einer der Gestalten hinter dem Vorhang.

»Tu das nicht, Lisa. Bitte. Ich bitte dich.«

»Steve hat mir erzählt, dass du ihn fast umgebracht hättest.«

»Das ist nicht wahr.«

»Das werden wir klären.«

Die Flinte bewegte sich keinen Millimeter von seinem Bauch weg. Wenn sie die Nerven verlor oder er nur eine unbedachte Bewegung machte, dann würden seine Eingeweide und der größte Teil seines Rückgrates auf einem gepflegten Rasen an der Bucht landen.

»Lisa, ich habe dir nicht die Wahrheit gesagt.«

»Die interessiert mich auch nicht. Spar dir deine Wahrheit für die Polizei auf.«

»Es ist aber anders, als du denkst. Ich wollte Steve nichts Böses tun. Und euch auch nicht. Es ist nur ... ich war nicht immer ganz ehrlich.«

»Ich höre dir nicht zu.«

»Bitte!«, flehte er. »Ich habe nichts ...« Unrechtes getan, wollte er sagen. Aber das traf die Sache nicht im Kern. In seiner jetzigen Lage konnte er sich keine Ungenauigkeiten erlauben. »Ich wollte Steve nur warnen. Jemand anders hat ...«

»Es ist immer jemand anders. Stimmt doch, oder?«, versetzte Lisa kühl.

»Ich habe Geld von der Firma unterschlagen«, sagte er und senkte den Kopf. »Viel Geld. Alles zusammengerechnet etwa sechs Millionen Dollar. Ich habe sie heimlich auf Konten im Ausland geschafft. Für meinen Ruhestand und ein kleines Familienglück. Ich habe es nicht für mich getan, sondern für mich und meine zukünftige Frau. Und für die Kinder, die wir haben werden. Es tut mir Leid und wenn ich einen legalen Weg finden könnte, das wieder zurückzuzahlen, dann würde ich es tun. Bitte, glaub mir, Lisa.«

Endlich hatte ihre Maske aus Entschlossenheit und Hass einen kleinen Riss bekommen. Sie spürte, dass Kalim Fazzar nicht log. Niemand erkennt Lügen besser als die Mutter zweier Töchter, sagte sie oft im Kreise ihrer Freundinnen. Aber wenn er nicht log, was zum Teufel wollte er dann von ihnen? Sie zwinkerte – und Kalim Fazzar wusste nach zwanzig Jahren CIA genug über das Wesen des Zwinkerns, um ihr in ebendiesem Moment die Flinte aus der Hand zu schlagen. Sie landete, ohne dass ein Schuss sich löste, auf den Holzdielen der Veranda. Kalim kam die zwei Stufen empor.

»Paula«, sagte Lisa ohne den Blick von ihm zu nehmen. »Paula, was ist mit der Polizei?«

»Ich bin nicht durchgekommen«, sagte eine Stimme hinter ihr. Paula stand in der Tür, die Arme verschränkt und mit einem Gesicht des Trotzes, wie Linda es schon seit vielen Jahren nicht mehr gesehen hatte. »Kalim hat nichts Unrechtes getan. Die verdammten Gummisohlen stopfen unsere Steuergelder doch nur irgendwelchen Dritte-Welt-Diktatoren in den Arsch.«

»Paula ...?«, empörte sich die Mutter.

»Es tut mir Leid, Mom. Aber Kalim und ich, wir sind ein Paar.

Schon seit zwei Jahren. Wir konnten es euch nicht sagen und wir wollten es auch nicht sagen.«

Rosie reagierte sofort und zerstörte die spannungsvolle Stille, die Paulas Geständnis folgte, mit einem übermütigen Quietschen. »Paula und Kalim! Ich fasse es nicht! Weiß Daddy davon? Ihr beide wollt heiraten?«

»Was dagegen, Prinzessin?«, schnappte Paula gereizt.

Rosie schmollte. »Nenn mich doch nicht so!«

»Ich habe meine Tochter nicht großgezogen für einen Mann mit einer silbernen Corvette«, sagte Lisa fassungslos.

»Und doch wird deine Tochter mit ihm gehen«, stellte Paula klar. »Wo immer er hinwill.«

Sie lächelte Kalim an, er erwiderte ihr Lächeln nervös.

»Ich bin gekommen, um sie abzuholen«, sagte er kleinlaut.

»Wo wollt ihr hin? In den Mittleren Osten? Willst du für den Rest deines Lebens nur verschleiert aus dem Haus? Hast du dir jemals Gedanken darüber gemacht?«

Lisa war kurz davor, in Tränen auszubrechen. Mit einer scharfen, unerwarteten Wendung war die, wie sie meinte, gut ausgebaute, ruhige Straße ihres Lebens zu einer hässlichen Buckelpiste verkommen. Und sie, als Mutter zweier Töchter, hatte sich für eine Art wandelnden Lügendetektor gehalten? Bockmist! Sie hatte keine Ahnung, was vorgegangen war. Vielleicht war Paula schon längst zum Islam übergetreten, Arabisch studierte sie ja bereits. Und Rosie schlief heimlich mit ihrem achtundsiebzigjährigen Professor oder dem gepiercten Sänger einer Rockband. In einem Leben, das plötzlich aus dem Ruder lief, war Platz für jede hässliche Überraschung. Lisa unternahm einen letzten, verzweifelten Versuch.

»Paula, dieser Mann, mit dem du überall hingehen willst, hat deinen Vater betrogen, die CIA betrogen und Geld gestohlen.«

»Er hat Daddy nichts anhaben wollen. Er hatte nur Angst, dass ihr unsere Verbindung nicht billigen würdet. Und das stimmt ja wohl auch. Alles, was er getan hat, hat er für mich getan. Es ist okay.«

»Er hat versucht, deinen Vater zu töten.«

»Bestimmt nicht!«

»Das war ein anderer«, sagte Kalim, der bis jetzt nicht gewagt hatte, den Streit zu unterbrechen. Er streckte seine Hand aus und Paula ergriff sie. »Ich werde gut auf eure Tochter aufpassen, Lisa. Ich liebe sie. Ich habe dir und auch Steve nicht immer alles erzählen können, aber ich habe versucht, euch zu beschützen. Jemand sollte euch umbringen. Das habe ich verhindert. Wenn Steve zurückkommt, muss er in der Firma gründlich aufräumen. Bleibt hier, bis er euch abholt. Hier seid ihr in Sicherheit.«

»Wovon zum Teufel redest du? Wer wollte uns umbringen, wenn nicht du?«, grollte Lisa.

»Steve wird es wissen ...« Kalim machte plötzlich einen Schritt nach vorne, als hätte ihm ein Unsichtbarer in den Rücken getreten und brach zusammen. Einfach so. Kein weiteres Wort mehr. Er riss nur die Augen auf in stummer Ratlosigkeit und sank auf den Holzboden. Paula schrie auf, als sie das Blut aus seinem Mund sprudeln sah.

»Es tut mir unendlich Leid, dass Sie das mit ansehen mussten«, sagte ein Mann im grauen Anzug und Ledermantel. Auf seinem schmalen Kopf saß ein breitkrempiger Hut, als hätte er zu viele CIA-Filme mit Max von Sydow gesehen. Er behielt die Pistole im Anschlag und trat aus dem Dunkel der Bäume in den Schein des Verandalichtes.

Lisa erkannte ihn trotz des Hutes sofort. Sie hatte ihn ein paar Mal bei gesellschaftlichen Anlässen gesehen und zuletzt öfter im Fernsehen. Es war Greg Foster, der neue Vizedirektor der CIA. Lisa ging zu Boden. Aber nicht, weil sie schwach geworden wäre. Sie nahm die Schrotflinte in die Hand und hielt die Mündung dem Besucher entgegen. Rosie hatte das Gesicht hinter beiden Händen verborgen und wimmerte lautlos.

»Nicht doch, Lisa«, sagte Foster milde. »Legen Sie die Waffe ruhig beiseite. Sie brauchen keine Angst zu haben. Der Spuk ist vorbei. Dieser Kerl hier ...«, er winkte mit seiner schallgedämpften Pistole in Richtung Fazzar, über dessen Leichnam Paula lag und weinte, »dieser Mann war ein gefährlicher Terroristenchef. Ich habe Beweise dafür, dass er der Drahtzieher hinter einem weltweiten Netzwerk von Terror ist. Er wollte Sie alle umbringen, er wollte Steve umbringen und er wollte sogar den Präsidenten umbringen lassen.«

»Lügner! Mörder!«, schrie Paula.

Foster nahm die Anschuldigungen mit gnädiger, verständnisvoller Miene hin. »Ich wollte es auch erst nicht glauben. Seine Tarnung war gut, wir haben ihm ja schließlich alles beigebracht, was wir konnten. Ich war sein Lehrer. Vielleicht können Sie meinen Schmerz nachempfinden. Ich habe seine Englischprüfungen korrigiert, habe mich immer um ihn gekümmert und mich persönlich für ihn eingesetzt. Und das ist nun der Dank.«

»Sie haben ihn umgebracht«, presste Lisa Margolis hervor, als würde die Ungeheuerlichkeit des Mordes dadurch verständlicher, dass sie es laut aussprach.

»Nun ja.« Foster tat amüsiert. »Wenn ich Ihre Unterhaltung richtig interpretiert habe, dann bin ich Ihnen nur zuvorgekommen. Fazzar wollte schließlich Ihre Tochter entführen. Aber Spaß beiseite, Lisa. Dies hier ist eine Maßnahme der Regierung und ich bitte Sie um Verständnis und Kooperation. Sie sind Steves Frau, Sie sollten genug professionelles Verständnis aufbringen.«

Foster fühlte sich unbesiegbar. Als das FBI ihm gemeldet hatte, Kalim Fazzar sei hier an der Chesapeake Bay gesichtet worden, da hatte er sofort die Zuständigkeit an sich gerissen. An sich allein. Er wollte den Fall persönlich und auf seine Art zu Ende bringen – dann blieb es ihm doch erspart, den Präsidenten um seine Ablösung zu bitten und noch einmal von vorne anzufangen. Vieles war missglückt auf seiner großen Mission. Der Präsident war am Leben, Serene Shepard vom Erdboden verschluckt, vermutlich geflüchtet. Mustafa Mbir war gestorben, ohne die tödliche Seuche zu säen, und die Anschläge in Europa waren vereitelt worden. Der Prinz war verschwunden und vielleicht tot. Aber das waren nur geringe Rückschläge, die er verkraften konnte. Der große Plan litt darunter nicht. Die Grünen Brüder waren immerhin aus Gaza ausgeschwärmt und in allen Ecken der Welt lauerten seine Truppen auf neue Befehle. Er war immer noch Dschingis Khan, Alexander der Große, er war Stalin und Hitler. Er war Doktor Jamal. Er war Salah ad-Din Yusuf ibn Ayyub, der mächtige Eroberer und Befreier.

Paula erwachte aus ihrem Schock und Lisa ahnte, was sie gleich tun würde. Bevor sich Paula wie eine Löwin auf den Mann im Ledermantel stürzen konnte, nahm sie ihre Tochter fest in den Arm und streichelte ihren Kopf. Die Waffe hielt sie weiterhin auf Foster gerichtet, auch wenn der Lauf alles andere als ruhig war.

»Ich habe nicht das geringste professionelle Verständnis für jemanden, der einen Mann in den Rücken schießt«, sagte sie mit fester Stimme.

»Schade, Lisa. Ich hatte gehofft, Sie würden uns das Ganze nicht so schwer machen. Sie gehen jetzt ins Haus, alle drei, und warten dort. Und geben Sie mir bitte die Waffe.«

Bevor er noch Zeit hatte zu reagieren, riss Paula ihrer Mutter die Schrotflinte aus der Hand, hielt sie in Richtung des Mörders und drückte ab. Foster hatte noch nicht einmal Zeit, seine Pistole hochzuheben, so überraschend kam die Attacke. Er war eben kein Feldagent und seine Reflexe nicht auf Waffenkampf und direkte Konfrontation geschult. Sie reichten gerade dafür aus, sich aus dem Dunkel anzuschleichen und einen ahnungslosen Mann in den Rücken zu schießen. Greg Foster war ein Stratege, ein Genie, ein Phantom. Kein Killer.

Statt eines donnernden Knalls erklang nur ein metallisches Klicken. Die Flinte war nicht geladen. Foster, ein wenig aus der Fassung über seine Unvorsichtigkeit, ging rasch auf das Mädchen zu und schlug ihr mit der flachen Hand ins Gesicht.

»Dummes Ding«, fuhr er sie an. »Los, rein in das Haus, sofort. Und machen Sie kein Aufsehen. Das Haus ist umstellt von bewaffneten Agenten. Man verdächtigt Sie der Mithilfe an Fazzars Verbrechen. Ich weiß natürlich, dass das Unfug ist – nicht wahr, Paula?«

»Friss Scheiße und stirb!«, schrie Paula.

»Sie werden sehr an Ihrer Haltung arbeiten müssen, junge Dame. Ich werde sehen, was ich für Sie tun kann. Aber gehen Sie nun hinein und verhalten Sie sich ruhig, bis ich Ihnen ein Zeichen gebe.«

Lisa zog Paula, die vor innerer Anspannung zu zerplatzen drohte, neben sich her, griff auch Rosie, die noch immer zitternd und bewegungsunfähig an der Tür stand, und brachte die beiden Mädchen ins Wohnzimmer. Sie wusste nicht mehr, was zu tun war, und hatte nur noch das Ziel, mit ihren Töchtern dieses Haus lebend wieder zu verlassen. Sie war hin- und hergerissen zwischen der Angst vor dem Mann im Ledermantel und der Hoffnung, dass es sich tatsächlich so verhielt, wie er gesagt hatte. Dass Kalim Fazzar ein Verbrecher war und die CIA die Sache nun im Griff hatte. Aber wenn, wie er sagte, das Haus von Agenten umstellt war – wieso trug Foster dann den Toten allein zu seinem Wagen und warf ihn in den Kofferraum? Lisa beobachtete ihn durch das Küchenfenster.

»Er wird zurückkommen und uns alle töten«, sagte plötzlich Paula, deren Gesicht gerötet war von den Tränen um Kalim und dem Schlag des Mörders. Rosie heulte auf und umklammerte ihre Schwester wie ein kleines Mädchen im Sturm. »Er wird uns umbringen, Mom!«

Lisa hätte ihr gerne gesagt, dass sie keine Angst haben sollte, dass dieser Mann schließlich der Vizedirektor der CIA war und kein verrückter Amokläufer. Dass gewiss bald seine Mitarbeiter aus ihren Verstecken auftauchen würden und dass im Laufe des Abends noch die Nachricht im Fernsehen gesendet würde, der Hintermann der Terroristen sei gefasst und unschädlich gemacht. Und dass es der Behörde hoffentlich gelänge, ihren, Steves und vor allem Paulas Namen aus dieser Angelegenheit herauszuhalten. Dies war schließlich Amerika ... Der letzte Gedanke, so unsinnig und doch so tröstlich, echote immer wieder in ihrem Kopf. Dies war schließlich Amerika. Sie sah, wie Foster, bevor er den Kofferraum schloss, ein Paket, vielleicht einen Aktenkoffer, aus dem Wagen holte. Als er näher kam, den silbernen Schein der einsamen Straßenlaterne im Rücken, erkannte sie, dass er einen Benzinkanister trug.

»Raus hier!«, rief sie. Das Haus hatte zwei Türen, die vordere, auf die sich der Mann mit dem Benzinkanister zubewegte, und die hintere zur Veranda. Lisa stürmte durch das Zimmer zum Hinterausgang – und fand die Tür fest verriegelt. Foster hatte sie eingeschlossen. Die beiden Mädchen verstanden sofort, was die plötzliche Panik ihrer Mutter bedeutete, und wollten ein Fenster öffnen. Aber die Fenster in diesem Ferienhaus waren nur zu kippen und das Glas hatte der Juwelier von derselben Glaserwerkstatt liefern lassen, die auch sein einbruchsicheres Schaufenster ausgestattet hatte. Ferienhäuser waren schließlich nie sicher vor Vandalen und der Juwelier verspürte keine Lust, sich sein Urlaubsdomizil von irgendwelchen Punks und Pennern zerstören zu lassen.

»Wir sind gefangen!«, schrie Rosie.

Lisa griff zum Telefon und wusste schon, dass es sinnlos war. Die Leitung war gekappt. Keine Verbindung nach draußen.

»Wo ist dein Handy?«, fragte sie Rosie.

»Der Akku ist leer. Und ich habe das Ladegerät vergessen!«, heulte die Tochter.

Durch die gekippten Fenster begann der unverwechselbare Geruch von Benzin ins Wohnzimmer zu wabern.
»Schreit, schreit so laut ihr könnt!« Jede ging zu einem anderen Fenster, Paula eilte die Treppe hoch, um vom Schlafzimmer oben ihre Not in die Nacht zu rufen. Aber das nächste Haus lag fast eine halbe Meile entfernt und war ebenfalls nur gelegentlich bewohnt. Es war nicht Hochsaison an der Chesapeake Bay. Lisa unternahm den sinnlosen Versuch, Foster, der stumm den Kanister an den Holzwänden entleerte, von seinem Vorhaben abzubringen.
»Tun Sie das nicht! Sie können uns doch hier nicht verbrennen lassen!«
»Tut mir wirklich Leid. Allein schon wegen Steve. Es wird ihm das Herz brechen. Na ja, seine eigene Schuld. Wenn er gestorben wäre, wie ich es für ihn vorgesehen hatte, dann wäre ihm das erspart geblieben. Aber ich verspreche Ihnen, er wird ein Jahr bezahlten Sonderurlaub erhalten.«
Foster sagte das ohne eine Spur von Bosheit. Er schien tatsächlich fest davon überzeugt, dass er ein netter Vizedirektor war.
»Bedanken Sie sich bei Ihrer Tochter Paula«, sagte er. »Sie hat sich mit dem falschen Mann eingelassen. Wenn Fazzar nicht ausgerechnet hierher gekommen wäre, hätte ich ihn woanders erwischt und Sie wären da nicht hineingezogen worden.«
»Wir werden Sie nicht verraten. Wir werden niemandem etwas sagen«, flehte Lisa, ihr Gesicht zwischen das Fenster und den Rahmen gepresst wie ein verzweifeltes Tier in seinem Käfig.
»Ich weiß«, sagte Foster und kramte in den Taschen seines Ledermantels nach einem Feuerzeug.
Mit einem Mal hatte er denselben ratlosen Gesichtsausdruck, den Lisa zuvor bei Kalim Fazzar gesehen hatte. Den Ausdruck stummen Nichtverstehens und unendlicher Überraschung. Aus dem Obergeschoss hallten Paulas verzweifelte Schreie in die Stille des nächtlichen Waldes und wurden vom Wind ohne Ziel

über die trägen Wasser der Bucht getragen. Foster fiel vornüber in ein Blumenbeet und mit Widerwillen sah Lisa, wie der gestutzte Stamm eines kräftigen Rosenstocks sich durch seinen Hals bohrte.
»Sind Sie in Ordnung?«, fragte eine Stimme aus der Dunkelheit. Paulas Schreien hörte auf und wenig später hörte Lisa ihre Schritte auf der Treppe.
»Wer sind Sie?«, fragte Lisa stotternd. Rosie und Paula erschienen neben ihr.
»Ich bin ein ehemaliger Geschäftspartner Ihres Mannes«, sagte der Dicke mit den Glupschaugen, der sich langsam aus dem Schatten löste und auf sie zukam. »Gerade angekommen, weil ich einen Neubürger in das Land der Freiheit bringen musste. Und wie ich sehe, kam ich keinen Augenblick zu früh.«
»Ich verstehe das nicht ... Wer sind Sie?«
»Das tut nichts zur Sache. Steve wird Ihnen alles erzählen. Vielleicht. Vielleicht auch nicht. Schließlich ist er ja beim Geheimdienst, nicht wahr.«
Lisa hörte ihr eigenes, nervöses Lachen und verspürte eine Welle der Dankbarkeit angesichts dieses hässlichen, dicken Mannes.
Er kam noch einen Schritt auf sie zu, stieg mit angewiderter Miene über den toten Foster hinweg und reichte ihr ein Stück Papier.
»Das ist ein Geschenk für Steve. Ein kleines Zeichen meiner Verbundenheit. Er hat zwar nicht bezahlt, aber das ist nicht seine Schuld. Wenn er morgen zurückkommt und schnell reagiert, dann ist noch nichts verloren.«
»Was ist das?« Lisa faltete das Papier auf und sah eine lange Reihe von arabischen Schriftzeichen. Es sah aus wie eine Liste von Namen oder Orten.
»Ach, nichts Besonderes. Das Mitgliedsverzeichnis eines Vereins, den Steve unbedingt schließen will. Er nennt sich ›Die

Grünen Brüder‹. Na ja! Steve wird schon wissen, was zu tun ist. Hat mich wirklich gefreut, Sie kennen zu lernen. Aber ich muss leider weiter. Geschäfte, Sie verstehen. Oh ...« Erst jetzt schien er die beiden Mädchen zu bemerken. »Welche von Ihnen ist Paula?«

»Das bin ich.«

»Es tut mir wirklich Leid, Paula. Wegen Kalim. Er war ein guter Mann. Mein Bester in diesem Teil der Welt. Tut mir Leid. Also, auf Wiedersehen. Ach ja, ich schließe eben noch die Vordertür auf, damit Sie hier nicht versauern müssen.«

Der Mann verschwand und sie hörten, wie der Schlüssel von außen umgedreht wurde. Die Margolis-Frauen eilten zur Tür und sahen eben noch, wie der Dicke zu einem bulligen Dodge-Kleinbus watschelte, der hinter Fosters Wagen geparkt war. Neben dem Bus stand die hochgewachsene, dünne Gestalt eines zweiten Mannes. Der Dicke sagte ihm in scharfem Ton etwas auf Arabisch und der andere Mann verschwand schnell im Wagen. Als er sich bewegte, sah Lisa sein Gesicht und sie hätte schwören können, dass sie ihn schon einmal gesehen hatte. Nicht persönlich, aber in den Nachrichten. In den Zeitungen. Jedenfalls sah er einem sehr bekannten Mann sehr ähnlich. Mit einer Ausnahme: Er trug keinen Bart und keinen Turban.

Ein Neubürger im Land der Freiheit. Die Autotür fiel ins Schloss, der Motor heulte auf und sofort brauste der Kleinbus in die Nacht davon. Lisa stand noch eine Weile auf der Veranda, in jedem Arm eine weinende Tochter, und sagte sich, dass sie sich sicherlich getäuscht hatte. Das Licht war schlecht gewesen, kein Licht, in welchem man eine positive Identifizierung vornehmen könnte. Nein, sie würde Steve gegenüber diese Sache noch nicht einmal erwähnen. Er würde sie nur auslachen.

45. Kapitel

Washington, D.C.

Serene Shepard schlug die Augen auf und fürchtete, erblindet zu sein. Absolute Dunkelheit umgab sie. Langsam erwachten ihre Sinne und sie erkannte, dass ihre Augen nicht erloschen, sondern nur verbunden waren. Sie stand aufrecht, ihre Arme waren mit einem dünnen Strick über dem Kopf zusammengebunden und fühlten sich an, als würden sie jede Sekunde aus den Gelenken gerissen. In ihrem Kopf kreischte eine klägliche Symphonie aus Schmerzen. Jede Faser ihres Körpers tat weh, brannte oder jaulte nach Salbe, Pflaster und Eisbeuteln.

Sie erinnerte sich an die letzten Momente wie an das Ende eines absurden Filmes, den sie unter starkem Alkoholeinfluss gesehen hatte – nichts passte mehr zusammen, sinnlos bewegten sich Figuren durch einen dimensionslosen Raum. Das einzig Reale waren die rot-weiß-blauen Fahnen an der Wand und das Essstäbchen in ihrer Hand. Plötzlich hatte eine Fanfare die Ruhe erschüttert. Alle im Saal waren aufgesprungen, hatten Beifall geklatscht. Zwischen fremden Hinterköpfen, sich reckenden Hälsen und zum Applaus erhobenen Händen sah sie das vertraute, grinsende Gesicht ihres Kunden auftauchen. Des größten Kunden aller Zeiten. Ihn noch, und dann konnte sie ruhen. Vage war sie sich bewusst gewesen, was sie zu tun bereit war, und die Hitze in ihrem Körper war mit jedem Schritt, den der Präsident auf sie zukam, größer geworden. Sie kannte ihren Fluchtweg, hatte den Großen Ballsaal und seine Auswege diesmal gründlicher untersucht als seinerzeit die Mehrzweckhalle in Brooklyn. Nur schnell musste sie sein. Schnell durch die hysterische Menge tauchen, die wie vor einem plötzlich erschienenen bösen Geist zurückwich, dem zuckenden Körper ihres Kunden. Schnell zum Seitenausgang, der ins Treppenhaus mündete. Dort würden ein oder zwei Agenten postiert sein, aber Serene würde sie mit zwei Fußtritten außer Gefecht setzen, bevor die Beamten überhaupt kapierten, was mit ihnen geschah. Und weiter zu einer Feuerleiter neben der Küche, ein Sprung aus zwei Meter Höhe in einen Müllcontainer, der günstig stand und ihren Fall abfedern würde. Das Auto stand voll getankt zweihundert Meter entfernt. Und dann fahren, fahren, die ganze Nacht durchfahren, so wie damals nach der Hinrichtung von Tante Gayle und dem Bastard Roy Edwards. Sie würde wieder bis nach Kalifornien fahren und noch einmal neu anfangen. Vielleicht die nächste Maschine nach Costa Rica nehmen, in eine kleine Bucht an der Pazifikküste, wo Papageien und tellergroße Schmetterlinge herumflatterten und Faultiere in den Bäumen hingen. Vielleicht wieder eine Tauchschule gründen und Schülerinnen vernaschen und nie mehr an Doktor Jamal mit seinem Agentenhut denken und nicht daran, dass sie der mächtigsten Nation der Welt ihren Führer geraubt hatte.

Die einzige Entscheidung, die zu treffen war, betraf das Ziel: Wollte sie dem Kunden das Wurfgeschoss in das Auge, den Kehlkopf oder ins Herz jagen? Sie entschied sich für das Augen, was am sichersten war. Selbst wenn sie das verfehlen sollte, hatte der Pfeil aus ihrer geübten Hand genug Wucht, um die Gesichtsknochen oder auch die Stirn zu durchschlagen und tief ins Hirn zu dringen. Während alle um sie herum jubelten und applaudierten, schloss Serene, das Stäbchen fest zwischen Daumen und Zeigefinger der rechten Hand geklemmt, die Augen und konzentrierte sich, atmete, wie sie es gelernt hatte, um die inneren Körperkräfte, das geheimnisvolle *Qi*, strömen zu lassen, Geist und Fleisch zu vereinen und dann mit einer ungeheuren Wucht und unfehlbarer Genauigkeit zuzuschlagen. Wer sie sah, mochte meinen, sie kämpfe mit plötzlichen Magenkrämpfen oder habe beschlossen, hier, inmitten des Großen Ballsaals, zu Ehren der chinesischen Gastgeber eine Tai-Chi-Übung zu veranstalten. Sie sammelte Kraft in ihren Beinen, spürte, wie die Energie durch ihren Rücken in die Schultern strömte und weiter in ihre rechte Hand, die sie langsam nach hinten führte, um sie dann in einem perfekten Bogen und mit unglaublicher Schnelligkeit und Gewalt zum Wurf zu führen. Aber Finger aus Eisen legten sich um ihren Wurfarm und bogen ihn mit einem knochenbrecherischen Ruck auf den Rücken. Serene jaulte auf vor Schmerz, aber niemand bemerkte sie. Zu groß war der Jubel für den Präsidenten, der das Spalier der chinesischen und amerikanischen Gäste abschritt und hier und da stehenblieb, um einen Händedruck entgegenzunehmen und ein paar unverbindliche Worte zu wechseln.

»Mach bloß keinen Unsinn«, hörte sie eine gepresste Stimme direkt in ihr Ohr sagen. »Wir beide verlassen jetzt den Raum ganz langsam, als wäre nichts geschehen. Wie zwei alte Freundinnen. Ich habe eine Pistole auf dein Rückgrat gerichtet. Eine falsche Bewegung und du bist hinüber.«

Es war die Secret-Service-Beamtin, Linda, mit der sie an der Sushi-Bar verabredet war. Serene spannte ihre Muskeln an, um die Kräfte ihrer Widersacherin zu testen, und musste feststellen, dass Linda ihr überlegen war. Zahllose Stunden des Eisenpumpens in den Fitnessräumen der Behörde und eine solide Kung-Fu-Ausbildung, die Serenes Künsten um nichts nachstand, gaben der zwanzig Jahre jüngeren Frau einen klaren Vorteil. Keiner der Gäste bemerkte, dass die aufregende Frau mit der Löwenmähne lautlos abgeführt wurde. Als die Shanghaier Filmbosse wieder an ihrem Tisch Platz nahmen, um der kurzen Ansprache des Präsidenten zu lauschen, bemerkten sie zwar den leeren Platz – aber keiner der Herren war so stark an der Anwesenheit der erfolgreichen Copyright-Anwältin interessiert, dass er Fragen gestellt hätte.

Den Körper der Killerin eng an ihren gedrückt, führte Linda ihre Gefangene an den Secret-Service-Agenten vorbei, die sich einen Scherz über Lindas neue Eroberung nicht verkneifen konnten.

»Ich bin gleich wieder da«, sagte Linda zu den feixenden Agenten und verschwand mit Serene in einem betongrauen Treppenhaus, das zu einer Tiefgarage führte. Wieso zum Teufel alarmiert die Frau nicht ihre Kollegen?, dachte Serene ratlos. Wieso schreit sie nicht Zeter und Mordio und verdient sich eine Beförderung? Nur eine Antwort wollte ihr einfallen: Linda selbst stand im Sold dieses undurchsichtigen Doktor Jamal. Aus irgendeinem perversen, unverständlichen Grund hatte sich der Plan geändert und sie hatte nichts zu befürchten.

»Jetzt kannst du mich loslassen«, sagte Serene, als sie in der Garage angekommen waren. Inzwischen war sie überzeugt davon, dass sie und Linda für ein und denselben Mann arbeiteten.

»Warum denn so eilig? Jetzt fängt der Spaß doch erst richtig an!«

Die Stimme war wieder ganz nah an ihrem Ohr, Serene spürte einen heißen Atem wie von einem Raubtier. Dann, sie waren an einem Kombi angekommen, lockerte Linda den Druck ihrer Hände und ließ Serene los. Doch noch bevor diese sich umdrehen konnte, traf sie der Schlag des Pistolenknaufs so hart über dem rechten Ohr, dass ihr letzter Gedanke einer splitternden, aufgesprungenen Schädeldecke galt.

Serene, die blind und gefesselt aus ihrer Ohnmacht erwachte, fand sich nun, mehr stehend als sitzend, auf einem erhöhten Stuhl wieder, vielleicht einem Barhocker. Ihre Hände waren über dem Kopf zusammengebunden, ihre Beine schwach, alle Muskeln breiig und nutzlos. Allein den Kopf zu heben und in die Finsternis zu blinzeln, kostete so viel Kraft, dass sie wünschte, die Ohnmacht würde wiederkommen. Sie spürte, dass sie nackt war. Ein frostiger Hauch kam von irgendwoher und jedes einzelne Härchen an ihrem Körper stellte sich auf. Sie dachte an die Papageien in Costa Rica, an die tellergroßen, bunten Schmetterlinge. Gab es noch einen Weg dorthin? Eine widerliche Vorstellung schlich sich wie ein Dieb in ihre Phantasie: Sie hing mit verbundenen Augen in einem Verlies, in einer mittelalterlichen Folterkammer. Wenn ihre Peiniger ihr das Tuch von den Augen nahmen, dann würde sie Daumenschrauben, Zangen und glühende Kohlen sehen. Sie war eine Gefangene des Geheimdienstes. Es gab keine verfassungsmäßigen Rechte mehr. Nicht für sie, die versucht hatte, den Präsidenten zu ermorden. Sie erinnerte sich, dass sie neulich in ihrem Hotelzimmer in der *Newsweek* einen Kommentar gelesen hatte, der die Frage aufwarf, ob die Folterung von Verdächtigen ein legitimes Mittel sei, um einen neuen Terroranschlag zu verhindern. Jemand, der sie nun offenbar vernehmen wollte, schien diese Frage mit einem klaren »Ja« beantwortet zu haben. Und niemand würde ihn stoppen. Amerika war bereit, nein, mehr als das, es schrie nach Vergeltung und harten Strafen mit allen Mitteln. Das Land der Freiheit war plötzlich bereit für Prozesse ohne Justiz, für Verhaftungen ohne Beweise. Ernst zu nehmende Publizisten, die Schmerz nur vom Zahnarztbesuch kannten, diskutierten die Vorzüge von Folter.

Serene wurde schlecht. Sie würgte und hustete, ihr Magen verkrampfte sich vor Angst. Sie bereute. Jeden einzelnen Kunden bereute sie. Mögen ihre Seelen in Frieden ruhen, dachte sie in der Hoffnung, dass Gott, irgendwo da draußen, sie hören würde. Tigger und Robarb, ihre beiden treuen Rottweiler, kamen ihr zuerst in den Sinn. Aber dann auch Amber oder Ginger, die australische Studentin, deren Genick sie so einfach und so gedankenlos zerbrochen hatte wie einen Zahnstocher nach dem Essen. Für nichts weiter als ein beschissenes kleines Hühnchenspiel. Rabbi Weintraub, der Fanatiker, und viele seiner Gefolgsleute. Hörte sie ihre ruhelosen Seelen in der Ferne lachen? Gab es Gott und war er bereit, sich nach ihr umzusehen? Nach allem, was sie getan hatte? Würde er ihr glauben, wenn sie beteuerte, dass ihr jetzt alles Leid tat und dass sie entschlossen war, ein besserer Mensch zu werden?

»Gott? Bist du da irgendwo?«, hörte sie sich flüstern. Ihre Lippen, die diese Worte formten, waren ausgetrocknet und von Schorf überzogen. Ihr Kiefer loderte vor Schmerz. Jemand hatte sie maßlos verprügelt, während sie noch ohnmächtig war.

»Ich bin hier«, antwortete eine kalte Stimme. Die Stimme einer Frau. Linda Vergelt. »Ich bin deine Göttin.«

»Wo bin ich?«

»Mach dir keine Sorgen. Alles ist, wie es sein soll. Du bist in meinem Partykeller.«

Serene spürte, wie Tränen der Angst ihre Kehle zuschnürten und gegen den schwarzen Stoff ihrer Augenbinde drückten. Ihre Stimme klang wie die eines kleinen, unartigen und reumütigen Mädchens. »Ich sage alles. Alles. Bitte, tun Sie mir nicht weh …«

»Was willst du mir sagen?«

Die Stimme kam jetzt aus einer anderen Richtung. Linda schlich offenbar um sie herum wie ein Raubtier um ihre wehrlose Beute.

»Wer mich beauftragt hat. Ich kenne seinen Namen. Ich kann ihn identifizieren. Ich kann alles aufklären. Bitte …«

Sie spürte, wie eine Hand sich ihrem Hinterkopf näherte. Mit einem Ruck wurde der Verband von ihren Augen gerissen. Das gleißende Licht zerbiss in einer Sekunde ihre Sehnerven. Sie war geblendet und sah nichts als die Negativabbildung eines Raumes. Leere Wände, Peitschen und Zangen, Leder und Ketten. Also hatte ihre schlimmste Befürchtung sich bewahrheitet.

»Bitte, tun Sie mir nichts«, flehte die Löwin. »Ich habe Schmerzen. Ich brauche einen Arzt.«

Langsam wie ein Mondschatten kam Linda Vergelt in ihr Gesichtsfeld, das sich langsam an das grelle Licht gewöhnte. Linda trug eine schwarze Schürze aus Leder und einen Elektrostab in ihrer Hand. Sonst nichts. Ihre etwas zu weit auseinander stehenden Augen in ihrem asymmetrischen Gesicht musterten die entblößte Gefangene mit Gier und Wohlgefallen.

»Ich bin deine Göttin«, sagte die Wahnsinnige. »Du gehörst mir alleine.«

Zur Untermauerung ihres Anspruchs versetzte sie der Wehrlosen einen knüppelharten Schlag mit ihrer Elektrokeule. Serene erkannte den Schmerz sofort wieder. Offenbar hatte die Irre sie während ihrer Bewusstlosigkeit mehrmals mit dem Stromgeber traktiert. Das heftige Zucken ihres Körpers fegte den Barhocker beiseite und nun hing sie wie ein Stück Schlachtfleisch an den wunden Armgelenken und wollte schreien. Aber ihre Kraft reichte nicht einmal mehr dazu.

Linda Vergelt in ihrer schwarzen Lederschürze beschloss, dass es genug für heute war. Die Gefangene hatte zwar eine starke Konstitution und war gut durchtrainiert, aber irgendwann würde sie einfach abdanken und sterben und dann wäre der Spaß vorzeitig beendet. Das war schon zwei Mal geschehen, mit der Studentin und mit dem Taxifahrer, und Linda fand das lästig. Nicht nur war das Vergnügen viel zu schnell vorüber. Zudem hatte sie die Leichen am Hals und musste schauen, wo sie sie unauffällig wieder loswurde. Diesmal würde sie es besser machen. Zwei, vielleicht drei Wochen, vielleicht bis ins neue Jahr wollte sie sich mit dieser außergewöhnlichen Person hier unten in ihrem geheimen Partykeller beschäftigen. Sie löste die Deckenfessel und ließ Angelica Bishop auf eine dünne, blaue Trainigsmatte niedersinken, warf ihr sogar eine Decke über, damit sie nicht fror, denn es war plötzlich kalt geworden in Washington. Laut Wetterbericht sollte es in dieser Nacht den ersten Schnee geben.

»Bis morgen«, sagte sie zum Abschied. »Morgen gibt es auch was zu essen. Wenn ich es nicht vergesse.«
»Bitte, bitte«, wimmerte die Gefangene, die ihre eigene Stimme nicht mehr erkannte und selbst kurz davor war, den Verstand zu verlieren: »Ich will nach Costa Rica. Ich sage alles.«
Linda stand an der Tür und knipste das Licht aus.
»Ich weiß«, sagte sie fröhlich. »Alles. Und, du wirst sehen, alles und noch viel mehr ...«

Epilog

Forrest Lane, Virginia

Zwanzig Zentimeter Neuschnee bis zum Morgen, eine weiße Weihnacht. Steve Margolis erwachte früh, er hatte seinen inneren Wecker gestellt und der funktionierte noch immer. Er ließ Lisa, nachdem er sie eine Weile lächelnd angesehen hatte, friedlich schlummern und schlich leise die Treppe hinunter, um niemanden aufzuwecken. Die Töchter wohnten nun wieder beide bei ihren Eltern, nur vorübergehend, leider. Er hätte sie gerne immer um sich gehabt, wie jeder gute Vater. Aber er wusste auch, dass er sie nicht festhalten konnte. Trotzdem war er dankbar für die Zeit mit ihnen. Besonders dankbar für die Zeit mit Paula. Verschlossen wie immer, verstockt und manchmal direkt feindselig hatte sie auf seine ersten Gesprächsversuche reagiert. Aber er hatte sie langsam weich gekocht. Er hatte ihr Dinge erzählt, die er noch nicht einmal seiner Frau anvertraut hatte. Er sagte ihr die ganze Wahrheit über seine Arbeit und seine letzte Reise. Er hatte mindestens drei eiserne Regeln und Vorschriften gebrochen, als er das tat. Aber, verdammt, Männer, die ihre Familie retten wollten, mussten manchmal Regeln brechen. Das war eine – leicht abgewandelte – Weisheit von Tony Woodall, dem Verbindungsmann des FBI bei der CIA, den Margolis gut genug kannte und gern genug mochte, um ihm schon vor Jahren seine private Telefonnummer mitzuteilen und ihn zu bitten, doch mal auf ein Steak, ein Bier und ein Football-Spiel in Forrest Lane vorbeizukommen. Tony Woodall war nie zum Grillen erschienen, aber er hatte immerhin den Anstand, sich abzumelden. Er scheide aus dem Dienst aus, sagte er. Wollte sich nur bei Margolis für die vielen Jahre vertrauensvoller Zusammenarbeit bedanken und so weiter und so weiter. Er hatte einen steinreichen Onkel in Italien, der ihn unverhofft zu sich eingeladen hatte, und zu dem wollte er jetzt ziehen und für den Rest seiner Tage auf einer Terrasse über dem Mittelmeer sitzen und Poker spielen. Jedenfalls hatte Woodall ihm diese alte Weisheit, die offenbar von Lincoln oder einem vergleichbaren Kaliber stammte, als Merkspruch hinterlassen. Man musste auch mal bereit sein, die Regeln zu brechen. Margolis brach die Regeln seines Jobs und der Firma und erzählte seiner Tochter Paula alles. Sie hörte zu. Unwillig erst, dann aufmerksam. Schließlich interessiert. Am Ende kam er kaum voran, weil sie ihn mit Fragen ständig unterbrach. Vielleicht weniger wegen des Inhalts seiner abenteuerlichen Storys. Es schien ihm, als interessiere sie sich dafür gar nicht so sehr und wisse viel mehr seine Offenheit und Ehrlichkeit zu schätzen. Er berichtete von Abdul Gahid und Aziz, dem Mann mit dem Kulturbeutel. Von Jurij, den er in der Höhle zurückgelassen hatte und von dem er immer noch hoffte, dies sei tatsächlich sein letzter Wunsch gewesen. Er berichtete von Nadir, über den sie alles wissen wollte, und von ihrem nüchternen Abschied auf einem Hügel an einer Luftwaffenbasis in Usbekistan.

»Ich glaube, er war direkt froh, mich loszuwerden«, sagte Margolis nachdenklich. Der emotionslose Abschied von Nadir ließ ihm keine Ruhe. Immerhin hatte der Afghane unter Lebensgefahr Informationen weitergegeben, die viele Menschenleben retteten. Er hatte dazu beigetragen, Doktor Jamal alias Gregory Walter Foster zu überführen. Und doch hatte er Margolis am Ende weggeschickt. Der Amerikaner hätte es niemals zugegeben, aber ihm erschien dieses sonderbare Verhalten etwas undankbar.

»Ich glaube, das ganze Land wäre froh, uns loszuwerden«, sagte Paula, deren Ansichten schon immer etwas verschroben gewesen waren, wie Margolis fand.

»Aber wir können ihnen helfen, ihr Land wieder auf die Beine zu stellen«, sagte Margolis beleidigt. »Wir haben sie von diesem Terrorregime der Taliban befreit. Ganz umsonst!«
Paula verzog ihr Gesicht zu einer verächtlichen Grimasse. Lisa tat manchmal dasselbe. Die Ähnlichkeit zwischen den beiden war ihm bis zu diesem Zeitpunkt nie aufgefallen. »Ihr wolltet etwas ganz anderes erreichen. Sie hätten noch hundert Jahre unter den Taliban leiden können und niemand hätte sich darum gekümmert. Zufällig passte euch der Krieg gerade in den Kram. Was ihr für sie getan habt – angeblich –, das war lediglich Kollateralnutzen. Und dafür sollen sie auch noch dankbar sein?«
Früher hätte Margolis die Diskussion an diesem Punkt unterbrochen, weil er böse wurde. Jetzt ließ er seine Tochter weiterreden und hörte ihr zu. Überhaupt hörte er ihr zum ersten Mal richtig zu. Er fragte sich zwar, woher sie ihre Ideen hatte, aber er hörte trotzdem zu. Und er ahnte, dass, wenn dieser dreiwöchige Sonderurlaub, den der Betriebsarzt ihm verordnet hatte, erst einmal abgelaufen war, die Arbeit bei der Firma nie wieder so sein würde wie vorher.
Lisa sah ihren Mann oft mit Paula zusammen und begann diese plötzliche Vertrautheit seltsam zu finden.
»Worüber sprecht ihr beiden denn ständig?«, fragte sie eines Abends im Bett.
»Über nichts. Die Arbeit, das Leben ...«
»Wenn du auch nur einen Versuch machst, sie anzuwerben, dann bringe ich dich um.«
»Ich? Sie anwerben? Wie kommst du denn auf so was?«
Sie lächelte nur und löschte das Licht. »Weil Paula die beste verdammte Agentin wäre, die jemals auf Gottes schöner Erde gewandelt ist. Sie hat dein Talent für Sprachen ...«
»Und das ist alles? Das soll schon reichen?«
»Und meine Klugheit. Gute Nacht.«
Das Haus war noch ziemlich kalt und Margolis fröstelte, als er

den Fuß der Treppe erreichte. Leise, leise ging er in die Küche und goss sich ein Glas Milch ein, leise, leise ging er ins Wohnzimmer und schaltete den Fernseher ein. Er war nicht katholisch und er interessierte sich wenig für Weihnachten, aber er wollte einfach sehen, was er hier sah. Die Live-Übertragung vom Petersdom, den Segen des Papstes. Er sah sie von Anfang bis Ende. Sah die Gläubigen auf dem Petersplatz, den alten, gebückten Mann, das herrliche Gebäude. Und sah, dass nichts geschah.

»Was machst du da?« Lisas Stimme ließ ihn hochfahren. »Seit wann machst du dir was aus dem Papst?«

»Ich wollte mich nur vergewissern ...«, sagte er und hob zur Kapitulation beide Arme hoch.

»Du hast Urlaub!«, ermahnte sie ihn streng. Mochte die Welt aus den Fugen geraten, die Mannschaftsführerin der Volleyballer hatte stets nur das Wohl ihres eigenen Teams im Blick.

»Ja. Genau«, sagte er und dankte Gott für seine kluge Frau.

»Ich lege mich wieder hin«, sagte sie und verschwand. »Geschenke gibt's später«, rief sie von der Treppe.

Margolis konnte nicht mehr schlafen. Langsam wurde es hell und er beschloss, sich anzuziehen und einen kleinen Spaziergang zu unternehmen. Nichts war schöner als ein Spaziergang im Neuschnee am Weihnachtsmorgen. Er mummelte sich in seinen Wintermantel ein und ging die friedliche Straße hinunter, bog am Sportplatz rechts ab in den Wald und berauschte sich an der klaren Luft und der Unschuld dieses Morgens. Als er nach einer guten Stunde wieder heimwärts steuerte, wartete vor dem Haus ein weißer Dodge-Kleinbus mit laufendem Motor. Eine füllige Gestalt war soeben dabei, von seinem Haus zurück zum Wagen zu schleichen, sehr vorsichtig, um unterwegs nicht auszurutschen. Im Näherkommen erkannte Margolis den Besucher, der einen dicken Pelzmantel trug.

»Hey!«, rief er ihn an. Leise genug, um die Nachbarn nicht auf-

zuwecken. Laut genug, um die Bewegung des Libanesen gefrieren zu lassen. »Was hast du hier verloren?«
Abdul Gahid lächelte breit und schien nicht im Mindesten überrascht, Margolis um diese Uhrzeit hier draußen anzutreffen.
»Ich habe eine Bombe in deinen Briefkasten gelegt, was denkst du?«
Margolis fand das nicht lustig.
»Okay. Ich habe dir ein Geschenk gemacht«, sagte der Glupschäugige. »Darf ich das? Ein kleines, unverbindliches Geschenk. Es ist Weihnachten, um Himmels willen.«
»Ich will kein Geschenk von dir.« Die toten Marines von Beirut ließen sich nicht durch noch so große Geschenke besänftigen. »Ich will dich hinter Gittern. Sei froh, dass ich keine Waffe bei mir habe.«
Gahid breitete unschuldig beide Arme aus. »Glaubst du immer noch, ich hätte tatsächlich was mit der Sache im Libanon zu tun? Hätte ich dann die Air Force geschickt, um dich und die anderen zu retten? Hätte ich dann ...«
»Was machst du überhaupt in diesem Land?«, unterbrach ihn Steve. »Soweit ich weiß, steht dein Name immer noch auf den Fahndungslisten.«
»Ich sagte dir doch, das hindert mich nicht an der Einreise. Nein, Margolis, ich wollte, dass du und sonst niemand mich für unschuldig erklärt. Das war, wenn man deine Geschichte in Betracht zieht, etwas zu viel verlangt. Jedenfalls zu diesem Zeitpunkt. Nun schau mal in deinen Briefkasten. Darin habe ich ein komplettes Dossier versteckt, das lückenlos nachweist, dass ich nichts mit der Sache zu tun hatte. Ich nenne dir darin sogar die wahren Schuldigen. Gratis. Ich will nur, dass du nicht weiter schlecht von mir denkst. So was belastet mich, weißt du das?«
Margolis wusste, dass der Mann im Pelzmantel nicht log. Er hatte seinen Frauen das Leben gerettet. Er hatte ihm die Namensliste der Grünen Brüder zukommen lassen, die allesamt

festgenommen worden waren, bevor sie Schaden anrichten konnten. Selbst wenn er sich bemühte, er konnte nicht mehr schlecht von dem Libanesen denken. Aber selbst wenn er sich bemühte, konnte er ihn das nicht wissen lassen.
»Ich werde mir das ansehen«, befand er so kalt wie der Weihnachtsmorgen.
»Mehr kann ich nicht verlangen«, sagte Gahid mit einer ironischen Verbeugung.
»Wo ist der Prinz?«
Der Libanese wurde plötzlich ernst. »Den werdet ihr nicht los. Tot oder lebendig. Nicht für Geld und nicht in tausend Jahren.« Dann grinste er. »Wenn du allerdings den Neubürger ohne Bart meinst, den ich neulich ins Land gebracht habe ... der hat leider seinen Teil des Handels nicht eingehalten. Ich habe ihn dann irgendwo abgesetzt. Wenn ich mich recht entsinne, war es in der Bronx. Im Gebiet eines fiesen Haitianers, der sich Voodoo-Mann nennt. Finstere Gegend.«
»Du hättest ihn uns übergeben können. Du hast dir eine Menge Geld entgehen lassen.«
»Ach ja? So wie die ersten zweihundertfünfzig Millionen, die ich nie gesehen habe? Aber wo wir gerade dabei sind, Margolis. Ich habe eine Bitte.«
Margolis horchte auf.
»Jetzt, wo Kalim Fazzar nicht mehr ist, da braucht ihr doch sicher einen neuen Mann. Einen, der sich genauso auskennt und fix im Kopf ist.«
»Worauf willst du hinaus?«
»Ich hätte jemanden.«
»Vergiss es!«
»Du weißt ja noch gar nicht, wen ich meine. Der Mann ist zuverlässig und wendig. Er kennt sich im Mittleren Osten aus wie sonst keiner. Mich selbst vielleicht ausgenommen. Er ist intelligent und riecht immer gut.«

Margolis trat einen und dann zwei Schritte zurück. »Nicht mit mir!«, sagte er. »Nicht Aziz!«

»Er hat eine reizende amerikanische Verlobte. Eine angesehene Air-Force-Ärztin. Bald wird er US-Staatsbürger sein!«

»Sag kein Wort mehr!« Margolis biss sich auf die Lippen, weil er plötzlich lachen musste. So heftig wie schon seit Jahren nicht mehr.

»Der Mann liebt dich, er verehrt dich. Er würde alles für dich tun. Er würde für dich durchs Feuer gehen!« Nun musste auch Abdul Gahid lachen. »Er hat sich schon immer einen ruhigen Schreibtischjob gewünscht!«

»Er kann seine Papiere bei der Personalverwaltung einreichen«, gluckste Margolis, dem die Tränen aus beiden Augen rannen und der fürchtete, jeden Moment hintenüber in den Schnee zu fallen.

»Soll ich ihm ein Führungszeugnis schreiben?«, prustete Gahid zurück. »Meinst du, das würde was bringen?«

»Verschwinde! Ich will dich nie wieder sehen!« Margolis wischte sich die Augen. Tränen und Schnee liefen über sein Gesicht. Beide Männer atmeten schwer und husteten, Margolis fürchtete, die Nachbarn aufgeweckt zu haben.

»Ich habe noch eine Bitte«, sagte Gahid, plötzlich wieder sehr ernst.

»Ja?«, sagte Margolis, ebenfalls ernst. Jetzt kommt's, dachte er.

»Ich habe leider keine kluge Frau, die mich erinnert. Ich habe meine verdammten Betablocker in Beirut vergessen. Mein Blutdruck geht langsam durch die Decke. Könntest du mir mit einer Portion von deinen aushelfen?«

Margolis trat auf ihn zu, legte den Arm um die bepelzte Schulter seines Gastes und führte ihn über den Neuschnee in sein Haus.

»Danke, Gott!«, sang er, viel zu laut, und jetzt war er sich sicher, dass er die Nachbarn aufgeweckt hatte. »Danke, Gott, für kluge Frauen …«

Raymond A. Scofield
bei Knaur:

Gelber Kaiser

Roman

Die Tibet-Verschwörung

Roman

Babylon

Roman

Knaur